KB202458

DuckDB 인 액션

SQL만 알면 되는 로컬 데이터 분석,
DuckDB로 가볍게 시작한다

DuckDB In Action

by Mark Needham, Michael Hunger, Michael Simons

DuckDB 인 액션

SQL만 알면 되는 로컬 데이터 분석, DuckDB로 가볍게 시작한다

초판 1쇄 발행 2025년 5월 7일 **지은이** 마크 니드햄, 마이클 헝거, 마이클 시몬스 **옮긴이** 김의윤 **펴낸이** 한기성 **펴낸곳** (주)도서출판 인사이트 **편집** 한동훈 **교정** 김창수 **영업마케팅** 김진불 **제작·관리** 이유현 **용지** 유피에스 **출력·인쇄** 예림인쇄 **제본** 예림원색 **등록번호** 제2002-000049호 **등록일자** 2002년 2월 19일 **주소** 서울시 마포구 연남로5길 19-5 **전화** 02-322-5143 **팩스** 02-3143-5579 **이메일** insight@insightbook.co.kr **ISBN** 978-89-6626-477-3 책값은 뒤표지에 있습니다. 잘못 만들어진 책은 바꾸어 드립니다. 이 책의 정오표는 https://blog.insightbook.co.kr에서 확인하실 수 있습니다.

프로그래밍 **인사이트**

DuckDB
인 액션

SQL만 알면 되는 로컬 데이터 분석,
DuckDB로 가볍게 시작한다

마크 니드햄, 마이클 헝거, 마이클 시몬스 지음 | 김의윤 옮김

인사이트

라이너와 스테판에게
마이클 시몬스(Michael Simons)

이 책을 세상의 불의, 가난, 전쟁, 질병으로 고통받고 있는 모든 사람에게 바칩니다.
인류가 모두를 위한 더 나은 세상을 만들기 위해 협력하는 대신에,
부와 권력에 대한 탐욕으로 미래와 지구를 낭비하는 것은 참으로 안타까운 일입니다.
이 책의 인세 대부분은 세상을 더 나은 곳으로 만들기 위해 노력하는 자선 단체에 기부할 것입니다.
마이클 헝거(Michael Hunger)

차례

1장 DuckDB 소개 1

2장 DuckDB 시작하기 15

3장   SQL 쿼리 실행하기   29

4장   데이터의 고급 집계와 분석   75

옮긴이의 글

"어떤 데이터베이스를 써야 할까?"

데이터를 다루는 사람이라면 누구나 한 번쯤 마주하는 고민입니다. PostgreSQL, MySQL, MongoDB, Spark, Snowflake 등 선택지는 다양하지만, 각자의 특성과 한계가 뚜렷해 쉽게 결정을 내리기 어려운 것이 현실입니다.

저 역시 사내 데이터레이크에서 100만 건에서 많게는 1억 건에 가까운 데이터를 로컬로 내려받아 분석하는 일을 자주 합니다. 컬럼 수가 1,000개를 넘는 경우도 드물지 않아 "필요한 컬럼만 뽑아서 따로 관리해야 할까?" 고민할 때도 많았습니다.

로컬에서 데이터를 다루기 위해 Spotfire나 pandas 같은 도구를 수작업으로 사용하는 게 당연한 일처럼 여겨졌고, 실무에서는 데이터 분석보다 도구를 다루는 시간이 점점 더 늘어나고 있었습니다. 분석 업무는 갈수록 늘어나지만, 이 과정을 더 효율적으로 처리할 수 있는 현실적인 대안을 찾기는 쉽지 않았습니다.

그 무렵 지금까지의 작업 방식이 데이터 분석에 최적화되어 있지 않다는 생각이 들기 시작했습니다. 그러던 중 DuckDB를 접하게 되었고 마치 "SQLite가 트랜잭션 처리용이라면, DuckDB는 분석 처리용이다."라는 말처럼 전혀 다른 차원의 분석 경험을 하게 되었습니다.

DuckDB는 컬럼 기반 메모리 포맷을 사용하여 컬럼 수가 많거나 특정 컬럼 단위로 분석할 때 매우 빠르고 유연하게 작동했습니다. 실제로 저처럼 컬럼 기반으로 데이터를 자주 탐색하는 사용자에게는 특히 강력한 도구였습니다.

무엇보다 가볍고 직관적인 인터페이스 덕분에 데이터베이스에 대한 깊은 사전 지식 없이도 쉽게 익숙해질 수 있었고, 제가 필요로 했던 분석 조건을 정확히 만족시켜 주었습니다. 단일 파일 기반인데도 놀라운 성능을 보여줘 "이렇게 간단한 구조가 이렇게 강력할 수 있나?"하는 생각이 절로 들었습니다.

바로 이런 경험이 이 책을 번역하게 된 계기가 되었습니다. 복잡한 설정 없이 높은 성능을 내면서 다양한 파일 포맷과 클라우드 환경에 유연하게 연동되는 분석용 데이터베이스가 필요했는데, DuckDB가 정확히 그런 도구였습니다.

특히 DuckDB는 CSV, Parquet, JSON 등 다양한 형식을 직접 쿼리할 수 있으며 pandas, Arrow, Python, R 등 주요 데이터 과학 도구와도 매끄럽게 연동된다는 점이 매우 매력적이었습니다. 단일 노드에서 멀티코어 병렬 처리를 지원하여 기가바이트 단위의 데이터도 빠르게 처리할 수 있고 단일 파일 기반 또는 인메모리로 동작해서 확장성과 이동성 면에서도 탁월합니다.

최근에는 AI 데이터베이스 솔루션인 DeepSeek SmallPond가 DuckDB의 견고한 아키텍처와 분석 성능을 기반으로 구축되는 등 DuckDB는 최신 AI 시스템에서도 그 가치를 입증해 나가고 있습니다.

이 책은 저자가 DuckDB v0.10.0 버전을 기준으로 집필하였으나 번역 과정에서는 최신 버전인 v1.2.1의 내용을 적극 반영하였습니다. MotherDuck 사용을 비롯한 주요 기능이 최신 버전에 맞춰 크게 향상되었기 때문입니다. 특히 새로 추가된 DuckDB UI는 신선한 충격이라는 표현이 어울릴 정도로 매우 직관적이면서도 강력한 도구입니다. 사용성과 생산성 면에서 깊은 인상을 주었습니다. 이에 따라 UI 기능을 별도의 부록으로 정리하여 함께 소개합니다.

이 책은 분석용 데이터베이스라는 DuckDB의 본질에 집중하여 실제 업무에 어떻게 적용할 수 있는지 체계적으로 안내합니다. 기본적인 SQL 문법부터 고급 집계와 윈도 함수, 재귀 쿼리까지 다양한 기법을 익힐 수 있으며, CSV, Parquet 같은 파일 포맷은 물론 클라우드 환경 활용, 데이터 파이프라인 설계, 애플리케이션 배포, 대용량 데이터세트 처리까지 폭넓은 실전 노하우를 담고 있습니다. 각 장은 이론과 실습이 균형 있게 구성되어 있어 개념을 이해한 뒤 바로 실무에 적용해 볼 수 있습니다.

이 책은 데이터 엔지니어, SQL 기초 지식이 있는 개발자, 더 효율적인 데이터 분석 방법을 찾는 분석가, 조직의 데이터 인프라를 개선하려는 실무자는 물론, 데이터 분석에 관심 있는 입문자나 학생들에게도 유용한 길잡이가 될 것입니다. 저 역시 번역을 진행하면서 많은 것을 새롭게 배우고 DuckDB의 성능과 유연함을 깊이 체감할 수 있었습니다.

이 책이 여러분의 데이터 분석 여정에 든든한 길잡이가 되길 바라며 DuckDB가 열어줄 새로운 가능성과 만나는 경험을 마음껏 누려 보기를 바랍니다!

끝으로 풍성한 내용을 담을 수 있도록 지지와 배려를 아끼지 않은 도서출판 인사이트에 깊이 감사드립니다.

– 김의윤
2025년 3월

추천의 글

환영합니다, 독자 여러분. 이 책은 DuckDB에 관한 내용을 담고 있습니다. DuckDB에 관한 이 책의 서문을 쓰는 것이 다소 비현실적으로 느껴지는데, 모든 일이 빠르게 진행된 탓입니다. 데이터 관리 시스템의 세계는 천천히 움직입니다. 70년대에 시작된 소프트웨어 프로젝트들이 여전히 시장에서 강력한 위치를 차지하고 있습니다.

우리가 2018년 어느 저녁 암스테르담의 요스트(Joost) 바에 앉아 새로운 시스템을 만들기로 결심한 지 불과 몇 년밖에 지나지 않았습니다. 이전에도 이런 생각을 해 보긴 했지만, 터무니없다는 것을 알았기에 망설였습니다. 흔히들 새로운 데이터베이스 시스템을 성공시키려면 '천만 달러'가 필요하다고들 말합니다. 하지만 우리는 똑같이 터무니없는 계획을 세웠습니다. 이전에는 누구도 만들지 않았던 새로운 종류의 데이터 관리 시스템, 바로 인프로세스(in-process) 분석 시스템을 만들기로 했습니다. 아마도 기존의 규칙들은 이 새로운 시스템에는 통하지 않을지도 모른다고 생각했습니다. 맥주를 몇 잔 더 마신 뒤 우리는 DuckDB 아키텍처에 대한 대략적인 초안을 대부분 결정했습니다. 바로 다음 날부터 우리는 코딩을 시작했습니다.

1년 후인 2019년에 우리는 코드 저장소를 공개하고 사람들에게 알리기 시작했습니다. 마침, 2019년 시그모드(SIGMOD) 학회가 암스테르담에서 열려 그 자리에서 DuckDB의 첫 데모를 선보일 수 있었습니다. 우리가 학회를 공동 주최한 덕분에 기념품 가방에 스티커를 몰래 넣어 일종의 바이럴 마케팅을 일찍이 시도하기도 했습니다. 동시에 소스 코드 저장소도 공개했습니다. 말하자면 "오리가 가방에서 나온 셈(Duck was out of the bag)"이었죠.[1]

매일 수천 개의 오픈 소스 프로젝트가 시작되지만, 대다수는 — 아쉽게도 또는 당

---

1 (옮긴이 주) 영어 관용구 "the cat is out of the bag"(비밀이 드러나다)를 DuckDB에 맞게 변형한 언어 유희입니다.

연하게도—주목받지 못한 채 사라집니다. DuckDB도 그렇게 되리라 생각했습니다.—대부분의 사람이 'DuckDB'에 관심조차 두지 않을 것이라 예상했습니다. 그런데 놀라운 일이 일어났습니다. GitHub 저장소의 별(stars)이 조금씩 쌓이기 시작했습니다. 우리는 이것이 DuckDB의 설계 목표 중 하나인 '사용 편의성' 덕분이라고 생각합니다. 데이터 시스템 분야에서는 전 세계가 데이터베이스 시스템 연구의 값진 성과와 우리가 만든 시스템을 감사하게 사용해야 한다는 인식이 지배적이었습니다. 하지만 우리는 걱정스러운 현상을 목격했습니다. 바로 수십 년간의 연구 성과가 단지 사용하기 어렵다는 이유로 외면받고 있었습니다. 데이터 시스템에 약간의 패러다임 전환이 필요하다는 판단 아래 우리는 실제 사용자를 위한 시스템을 만들기로 했습니다. DuckDB의 설계 목표 중 하나는 실무자들이 가장 많이 불평해 온 문제들을 해결하고 누구나 손쉽게 사용할 수 있는 분석 시스템을 만드는 것이었습니다.

어떻게든 사람들은 이를 알아차린 것 같습니다. 트위터였던 소셜 네트워크에서의 활동과 특히 해커 뉴스(Hacker News)에 정기적으로 소개되면서 큰 인기를 얻게 되었습니다. 이제 DuckDB는 매달 수백만 건 다운로드되며 가장 큰 기업부터 가장 작은 임베디드 장치에 이르기까지 모든 곳에서 사용되고 있습니다. MotherDuck은 실무자들이 선호하는 DuckDB 스타일의 강력한 로컬 컴포넌트를 그대로 유지하면서 클라우드로 확장할 수 있는 호스팅 버전을 제공합니다. 이제 사람들은 심지어 DuckDB에 관한 책까지 쓰고 있습니다.

우리는 마크와 두 명의 마이클이 이 책을 통해 DuckDB의 이야기를 여러분에게 전하게 되어 기쁩니다. 이렇게 훌륭한 팀이 이 책을 집필한 것은 우리에게 영광입니다. 그들은 도전적인 데이터 기술을 개발자들이 재미있고 몰입감 있게, 그러면서도 깊이를 잃지 않는 방식으로 설명하는 데 탁월한 전문가입니다. 우리는 여러분이 이 책을 즐기길 바라며, 물론 DuckDB와 함께 작업하는 것도 즐기길 바랍니다.

—마크 라스펠트(MARK RAASVELDT)와 하네스 뮐라이젠(HANNES MÜHLEISEN)
DuckDB 창시자, 2023

지은이의 글

이 책은 DuckDB — 현대적이고 빠른 임베디드 분석 데이터베이스 — 를 다룹니다. DuckDB는 여러분의 기기에서 실행되며, JSON, CSV, Parquet, SQLite, Postgres를 포함한 다양한 소스로부터 수 기가바이트의 데이터를 손쉽게 처리할 수 있습니다. DuckDB는 파이썬(Python)과 R 생태계와도 깊이 통합되어 있어 메모리 내 데이터 프레임을 복사하지 않고도 직접 쿼리를 실행할 수 있습니다. 이제 일상적인 데이터 처리를 위해 군이 클라우드 데이터 웨어하우스를 설정할 필요 없이 로컬 또는 클라우드에서 DuckDB를 바로 실행할 수 있습니다.

DuckDB를 사용하면 관계형 데이터 분석 작업을 매끄럽게 수행할 수 있습니다. 사용하기 매우 편리하고 배우기 쉽습니다. 무엇보다도 파이썬 환경과 애플리케이션에 SQLite처럼 내장하여 사용할 수 있습니다. 우리는 최적의 학습 방식을 제시했다고 확신하며, 명령줄 인터페이스(CLI) 내장 모드, 파이썬 통합, 데이터 파이프라인 구축 및 데이터 처리 기능을 담아내면서도 DuckDB와 함께 최신 SQL을 부담 없이 깊이 탐구할 수 있게 여러분을 안내합니다.

우리는 모두 오랜 경험을 지닌 데이터 전문가이자 교육자이지만 — 그래프, 실시간 컬럼형, 관계형 데이터베이스 등 서로 다른 분야의 출신이지만 — 그럼에도 우리는 모두 DuckDB에서 가치 있는 무언가를 발견했고 이에 대해 이야기할 가치가 있다고 생각합니다. 우리는 DuckDB를 사용하는 과정을 정말 즐기고 있습니다. DuckDB는 각자의 전문 분야뿐만 아니라 그 외의 분야에서도 유용한 도구입니다.

감사의 글

MotherDuck의 공동 창립자이자 CEO인 조던 티가니(Jordan Tigani)에게 감사의 말을 전합니다. 그는 우리의 기술 편집자로서 성실한 작업과 피드백을 통해 예제와 글을 한층 더 발전시켜 주었습니다. 또한 각 장을 꼼꼼하게 검토하고 피드백을 남겨 준 모든 기술 리뷰어에게도 큰 감사를 드립니다. 특히 원안을 검토해 준 마르코스 오르티즈(Marcos Ortiz), 게오르크 하일러(Georg Heiler), 제이콥 매트슨(Jacob Matson), 그리고 모든 코드를 확인해 준 디르크 고메즈(Dirk Gomez)에게 깊은 감사의 인사를 전합니다.

마크 라스펠트(Mark Raasveldt), 하네스 뮐라이젠(Hannes Mühleisen), 알렉스 모너한(Alex Monahan)의 글과 설명은 DuckDB의 내부 작동 방식, 그 배경에 있는 아이디어, 그리고 우리가 미처 알지 못했던 SQL 묘기에 대해 많은 것을 가르쳐 주었습니다. 정말 감사드립니다!

라이언 보이드(Ryan Boyd)와 메흐디 쿠아자(Mehdi Quazza)에게도 많은 감사의 말을 전합니다. 귀중한 피드백을 제공했을 뿐만 아니라 더 많은 사람이 이 책을 알 수 있도록 많은 도움을 주었습니다.

매닝(Manning)의 편집팀에도 감사를 표합니다. 특히 우리와 긍정적으로 소통해 준 론다 메이슨(Rhonda Mason)과 조나단 제닉(Jonathan Gennick), 꼼꼼한 교정과 빠른 피드백으로 큰 도움을 준 크리스티안 버크(Christian Berk)에게 감사드립니다. 마이클 헝거(Michael Hunger)와 마이클 사이먼스(Michael Simons)는 한두 번쯤은 눈살을 찌푸렸을 수도 있겠지만, 그래프와 관계형 접근 방식이 공존할 수 있음을 자부심 있게 인정해 준 Neo4j의 동료들에게 감사 인사를 전합니다. DuckDB는 우리가 소프트웨어 사용자에 대해 공감하며 이해하는 데 큰 영향을 주었습니다.

모든 리뷰어들─안드레이 아브라마슈치(Andrej Abramušić), 아빌라시 바부 조티엔드라 바부(Abhilash Babu Jyotheendra Babu), 안잔 바추(Anjan Bacchu), 크리스 볼야드(Chris Bolyard), 티아고 브리토 보르게스(Thiago Britto Borges), 나디르 닥터(Nadir Doctor), 디디에 동세즈(Didier Donsez), 디르크 고메즈(Dirk Gómez),

사이먼 휴잇(Simon Hewitt), 앤드류 주드(Andrew Judd), 마디하 칼리드(Madiha Khalid), 시메온 레이저존(Simeon Leyzerzon), 노엘 레바레스(Noel Llevares), 세바스찬 마이어(Sebastian Maier), 엘리 마요스트(Eli Mayost), 수밋 팔(Sumit Pal), 아눕 K. 파리크(Anup K. Parikh), 사샤 산코바(Sasha Sankova), 윌리엄 자미르 실바(William Jamir Silva), 가네시 스와미나탄(Ganesh Swaminathan), 메리 앤 티게센(Mary Anne Thygesen), 로히니 우풀루리(Rohini Uppuluri), 앤킷 비르마니(Ankit Virmani), 원디 울데(Wondi Wolde), 헹 장(Heng Zhang) ― 여러분의 제안 덕분에 이 책이 더 나은 책이 되었습니다.

그리고 당연하게도 직장 업무와 병행하며 이 책을 집필하는 과정에서 개인 생활과 여가 시간에 무리가 따랐습니다. 우리의 미친 아이디어를 항상 지지해 준 가족에게 감사드립니다.

이 책에 대하여

우리는 참고서를 쓰고 싶지 않았습니다(그건 공식 문서가 대신할 수 있으니까요). 대신, 우리가 DuckDB를 사용하면서 느꼈던 설렘과 즐거움을 여러분과 나누고 싶었고, 우리가 집필하면서 느꼈던 재미를 독자 여러분도 이 책의 페이지 하나하나에서 새로운 것을 배우면서 느끼길 바랐습니다. 이 책은 빠른 전개, 풍부한 정보, 실습 중심, 유용한 내용을 담고 있으며, 이해하기 쉽고 실용적인 예제들로 구성되어 있습니다.

이 책을 읽어야 할 사람

이 책의 이상적인 독자는 인프라 설정 없이 기존의 구조화된 데이터를 효율적으로 분석하고자 하는 데이터 엔지니어, 데이터 과학자 또는 개발자입니다. 명령줄 도구에 익숙하고 편안하게 다룰 수 있어야 하며, 파이썬에 대한 기본 지식이 있다면 더욱 좋습니다. 우리는 간단한 SQL 구문부터 시작하여 고급 분석 문장까지 단계적으로 다룰 것입니다. DuckDB는 주요 운영체제에서 모두 사용 가능하며 설치 과정이 필요 없습니다. 실행 파일을 다운로드하여 실행하는 것만으로 충분합니다. 서버리스(serverless) 분석 플랫폼인 MotherDuck에 대한 장에서 MotherDuck을 사용해 보려면 계정을 만들어야 합니다.

이 책의 구성: 로드맵

1장과 2장에서는 DuckDB에 대한 간단한 소개로 시작하며 최신 데이터 파이프라인에서의 사용 사례와 그 위치를 제시합니다. 먼저 3장에서 DuckDB CLI(명령줄 인터페이스) 사용법을 먼저 배우고 SQL의 기초로 넘어갑니다. 4장에서는 기본적인 SQL 구문과 문장을 다룬 후 고급 집계, 윈도 함수, 재귀 SQL 등 고급 데이터 분석의 세계로 들어갑니다. 물론 DuckDB가 제공하는, 벤더별로 특화된 개발자 친화적인 확장 기능도 함께 다룹니다.

DuckDB는 여러 가지 측면에서 매력적입니다. 그중 하나가 데이터를 저장하는 방식을 강제하지 않는다는 점입니다. 5장에서는 데이터를 테이블로 적재하지 않고도 다양한 파일 포맷 위에서 SQL 엔진을 실제로 사용할 수 있는 방법을 다룹니다.

6장에서는 DuckDB의 파이썬 통합을 깊이 있게 탐구한 후, 7장에서 클라우드 환경에서 MotherDuck을 사용하는 방법을 소개합니다.

이를 통해 효과적인 데이터 파이프라인 구축(8장)과 데이터 애플리케이션 배포(9장)에 필요한 모든 도구를 갖추게 됩니다.

10장에서는 한 걸음 물러나 대용량 데이터세트를 다룰 때 고려해야 할 사항을 논의하고 지금까지 배운 내용을 적용합니다.

DuckDB는 CLI와 뛰어난 파이썬 통합을 제공할 뿐만 아니라 자바(Java), C, C++, 줄리아(Julia), 러스트(Rust), 그리고 그 외 많은 언어와도 통합됩니다. 부록에서는 이러한 통합들, 특히 자바에서 DuckDB를 사용하는 방법을 살펴봅니다.

코드에 대하여

이 책에는 번호가 매겨진 코드와 일반 텍스트 안의 코드 등 소스 코드 예제가 많이 포함되어 있습니다. 두 경우 모두 소스 코드는 **고정 폭 글꼴**로 편집하여 일반 텍스트와 구분했습니다. 때때로 같은 장의 이전 단계에서 변경된 부분을 강조하기 위해 기존 코드에 새로운 기능이 추가된 코드 줄처럼 **굵은 글씨**로 표시한 경우도 있습니다.

많은 경우 원본 소스 코드는 책에 맞게 재구성되었습니다. 예를 들어 책의 지면을 고려하여 줄바꿈을 추가하거나 들여쓰기를 수정했습니다. 드물게는 이런 방법으로도 충분하지 않아서 코드에 줄이 이어짐을 표시하는 기호(➥)를 포함하기도 했습니다. 이때 기호로 인해 생긴 공백을 제거하여 코드가 제대로 작동되게 하거나 긴 URL을 수정해야 할 수도 있습니다.

추가로 본문에서 코드에 대해 설명할 때는 소스 코드에 포함된 주석이 코드에서 종종 생략됩니다. 코드에는 중요한 개념을 강조하기 위해 주석을 달아 설명한 부분이 많습니다.

　실행 가능한 코드 조각은 이 책의 온라인 버전인 라이브북(liveBook)² 에서 확인할 수 있습니다. 이 책의 전체 예제 코드는 매닝(Manning) 웹사이트³ 및 GitHub⁴ 에서 다운로드할 수 있습니다. 한국어판의 예제 코드는 인사이트 홈페이지, *https://blog.insightbook.co.kr* 에서 확인할 수 있습니다.

---

2 *https://livebook.manning.com/book/duckdb-in-action*
3 *https://www.manning.com/books/duckdb-in-action*
4 *https://github.com/duckdb-in-action/examples*

지은이 소개

마크 니드햄(Mark Needham)

마크 니드햄은 클릭하우스(ClickHouse)의 제품 마케팅 엔지니어로 실시간 데이터 웨어하우스에 관한 숏폼 제작과 블로그 포스팅을 담당하고 있습니다. 또한 개발자 경험을 담당하며 제품 수정 및 문서 개선을 통해 개발자들이 더 쉽게 시작할 수 있도록 돕고 있습니다.

마크는 지난 10년 동안 데이터 인프라 분야에서 일해 왔으며, 처음에는 Neo4j에서 그래프 데이터베이스를 다루었고, 이후 스타트리(StarTree)에서 Apache Pinot를 활용한 실시간 분석에 주력했습니다. 지난 15년간 소프트웨어 개발 경험을 블로그(*markhneedham.com*)에 기록해 왔으며, 데이터와 AI 주제를 다룬 짧은 교육 영상을 유튜브(*https://www.youtube.com/@learndatawithmark*)에 올렸습니다.

X에서는 *@markhneedham*으로 활동합니다.

마이클 헝거(Michael Hunger)

마이클 헝거는 35년 이상 소프트웨어 개발에 열정을 쏟아 왔습니다. 지난 14년 동안 오픈 소스 Neo4j 그래프 데이터베이스에서 다양한 역할을 맡았으며 최근에는 제품 혁신 및 개발자 제품 전략 부문 책임자로 일했습니다. Neo4j에 합류하기 전에는 대규모 자바 프로젝트에서 컨설팅을 했고 오라클, 인포믹스, MySQL 데이터베이스를 위한 SQL 코드를 다수 작성했습니다. 2006년에는 Jequel SQL DSL을 만들었으며 이는 나중에 유사한 프로젝트들과 병합되었습니다.

개발자로서 마이클은 프로그래밍 언어, 도구, 기술의 다양한 측면에 관심을 가지고 있으며, 매일 새로운 것을 배우고, 흥미롭고 야심 찬 오픈 소스 프로젝트에 참여하고, 소프트웨어 관련 책과 글을 쓰고 기고하는 것을 즐깁니다. 그의 관심사는 자바, 코틀린, GraphQL, 그래프 데이터베이스, 생성형 AI, 최신 데이터 분석에 걸쳐 있습니다. 마이클은 수많은 콘퍼런스에서 강연을 했고 일부 콘퍼런스의 조직에도 기여했습니다. 이러한 노력 덕분에 자바 챔피언 프로그램에 선정되었고 12년 넘게 잡지 《자바 스펙트럼(*Java SPEKTRUM*)》에 '이펙티브 자바(Effective Java)'라는 격월 칼럼을 기고하고 있습니다. 그리고 지역 학교에서 매주 여학생 전용 코딩 수업을 운영하며 아이들이 프로그래밍을 배울 수 있도록 돕고 있습니다.

그의 블로그(*https://www.jexp.de*)에서 마이클의 글과 프로젝트에 대한 더 자세한 내용을 확인할 수 있습니다.

마이클 시몬스(Michael Simons)

마이클 시몬스는 자바 챔피언이자 Neo4j의 선임 소프트웨어 엔지니어이며,
20년 넘게 개발자로 일해 왔습니다. Neo4j에서 폭넓은 자바 생태계에 Neo4j
를 통합하는 데 핵심적인 역할을 맡고 있습니다.

그래프 데이터베이스 분야에 들어오기 전, 독일의 유틸리티 산업에서 일하
며 독일의 대형 전력망 운영사들과 발전 회사들을 위해 SQL을 사용하여 에너
지 사용량을 계산하고 예측했습니다. 이는 분석 데이터베이스가 주류가 되기 훨씬 이전의 일이었습니다.
요즘에도 기계에 결과를 만들어내도록 지시하는 대신, SQL(물론 Cypher도 포함해서)의 선언적 특성을
사용하여 결과를 얻는 것을 즐깁니다.

자바와 관계형 및 그래프 데이터베이스를 연결하는 주제로 수년간 여러 콘퍼런스에서 활발하게 연사
로 활동해 왔습니다. 베스트셀러인 《스프링 부트 2(*Spring Boot 2*)》의 저자이자 소프트웨어 아키텍처 문
서화에 관한 책 《arc42 by Example》의 공동 저자이기도 합니다. 또한 블로그(*info.michael-simons.eu*)
에 활발히 글을 쓰고 있습니다.

여가 시간에는 여전히 아마추어 운동선수가 되기를 꿈꾸며 다음번 마라톤을 준비하지 않을 때는 웹사
이트(*biking.michael-simons.eu/history*)에 DuckDB를 사용하여 자신의 자전거 기록을 문서화하고 있습
니다.

옮긴이 소개

김의윤

삼성전자에서 소프트웨어 엔지니어로 재직 중이며 반도체 설계 엔지니어들의 생산성을 극대화하기 위한
다양한 인하우스 소프트웨어 솔루션들을 개발하고 있습니다. '스마트한 도구 개발이 곧 조직 역량 강화로
이어진다'라는 신념 아래 폭증하는 반도체 데이터를 효율적으로 다루기 위한 방안을 지속적으로 모색하
고 있습니다. 또한 파이썬 전문가로서 축적해 온 지식과 경험을 사내에 활발히 공유하면서 동료들과 함께
성장해 나가고 있습니다.

책 표지 그림에 대해

《DuckDB 인 액션》의 표지 그림은 '키토의 농부 여인(Paisanne Dequito)'으로, 1788년 자크 그라세 드 생소뵈르(Jacques Grasset de Saint-Sauveur)가 출판한 컬렉션에서 가져온 작품입니다. 각 일러스트는 수작업으로 섬세하게 그려지고 채색되었습니다.

당시에는 사람들의 복장만으로도 그들이 사는 지역과 직업을 쉽게 파악할 수 있었습니다. 매닝은 컴퓨터 업계의 창의성과 진취성을 기리고자 수 세기 전 지역 문화의 다채로운 모습을 담은 이 컬렉션의 그림을 책 표지로 되살렸습니다.

1장

D u c k D B   I n   A c t i o n

DuckDB 소개

☑ **1장에서 다루는 내용**

- 빅데이터 시대에 단일 노드 인메모리(in-memory) 데이터베이스인 DuckDB가 등장한 이유
- DuckDB로 할 수 있는 일들
- DuckDB의 작동 방식과 이를 데이터 파이프라인에 적용하는 방법

여러분이 이 책을 집어 든 순간, 지난 10년간 우리가 익혀 온 빅데이터 시스템의 통념을 거스르는 듯한 기술을 배울 준비가 되어 있다는 사실이 무척 반갑고 기대됩니다. 우리는 DuckDB를 매우 즐겁게 사용해 왔으며 이 책을 읽고 나서 여러분도 우리처럼 열광하게 되면 좋겠습니다. 이 책은 실습을 중심으로 간결하고 빠르게 학습할 수 있게 구성되었으며 예제 코드도 풍부하게 담았습니다.

이 책을 읽고 나면 DuckDB로 다양한 포맷의 테이블 데이터를 분석할 수 있을 것입니다. 또한 데이터 구조 변형(transformation), 데이터 정리(cleanup), 데이터 형식 변환(conversion)을 위한 유용한 도구도 새롭게 갖추게 됩니다. DuckDB를 파이썬 노트북과 프로세스에 통합하면 pandas 데이터프레임(DataFrame)이 성능을 발휘하지 못할 때 이를 대체할 수 있습니다. DuckDB와 Streamlit을 사용하면 데이터 분석 애플리케이션을 빠르게 구축할 수 있습니다. 자, 함께 시작해 봅시다!

1.1 DuckDB란 무엇인가요?

DuckDB는 최신의 임베디드 분석 데이터베이스로 사용자의 기계에서 실행되며 다양한 소스에서 기가바이트 단위의 데이터를 효율적으로 처리하고 쿼리할 수 있게

해 줍니다. 임베디드 데이터베이스는 네트워크를 통해 접근하지 않고 사용자의 애플리케이션이나 노트북 같은 다른 프로세스 내에서 실행됩니다. DuckDB는 2018년 당시 네덜란드 국립 수리·컴퓨터 과학 연구소(Centrum Wiskunde & Informatica, CWI)에서 데이터베이스 시스템을 연구하던 마크 라스펠트(Mark Raasveldt)와 하네스 뮐라이젠(Hannes Mühleisen)이 만들었습니다.

DuckDB의 창립자들과 CWI는 DuckDB의 더 큰 발전을 위해 DuckDB Labs를 스타트업으로 분리했습니다. DuckDB 엔지니어링 팀은 DuckDB를 더 효율적이고 사용하기 쉬우며 더 나은 호환성을 달성하는 데 주력하고 있습니다.

비영리 단체인 DuckDB 재단은 DuckDB 프로젝트의 지식재산권을 보호하고 MIT 라이선스 하에 오픈 소스 프로젝트의 지속성을 보장함으로써 DuckDB 프로젝트를 관리합니다. DuckDB 재단의 운영과 DuckDB의 개발은 상용 멤버들이 지원하며 협회 회원들은 개발 로드맵에 대한 의견을 제시할 수 있습니다.

DuckDB가 로컬 데이터 처리에 중점을 두는 반면, 또 다른 스타트업인 MotherDuck은 클라우드와 에지(edge)에서 데이터를 처리할 수 있는 분산형 셀프서비스 분석 시스템으로 DuckDB를 확장하는 것을 목표로 합니다. MotherDuck은 DuckDB에 협업 및 공유 기능을 추가하고 모든 종류의 클라우드 스토리지에서 데이터를 처리하는 것을 지원합니다.

DuckDB 생태계는 매우 넓어서 많은 사람과 조직이 통합 작업이나 일반적으로 사용 가능한 애플리케이션을 만들 수 있을 뿐 아니라 그 가능성에 대한 기대감을 품을 수도 있습니다. 다행히도 DuckDB 커뮤니티는 매우 유용하고 친절하며 디스코드(Discord)[1]와 GitHub[2]에서 만날 수 있습니다. DuckDB 공식 문서는 대부분의 질문에 답할 수 있을 만큼 충분히 포괄적이고 상세합니다.

DuckDB는 CSV, JSON, Parquet, Apache Arrow와 같은 다양한 포맷의 로컬 및 원격 파일(예: 클라우드 버킷이나 URL의 파일)뿐만 아니라 MySQL, SQLite, Postgres와 같은 데이터베이스를 모두 결합할 수 있게 해 줍니다. 또한 파이썬 스크립트나 주피터 노트북에서 pandas나 Polars 데이터프레임을 직접 쿼리할 수 있습니다. 그림 1.1에 DuckDB가 일반적으로 어떻게 사용되는지 나와 있습니다.

---

1 *https://discord.duckdb.org*
2 *https://github.com/duckdb/duckdb*

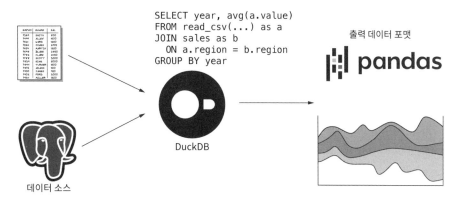

```
SELECT year, avg(a.value)
FROM read_csv(...) as a
JOIN sales as b
  ON a.region = b.region
GROUP BY year
```

출력 데이터 포맷

DuckDB

데이터 소스

그림 1.1 DuckDB와 생태계 내 다른 도구들

pandas나 Polars 데이터프레임 라이브러리와 달리 DuckDB는 진정한 분석용 데이터베이스로서 대용량 데이터를 몇 초 안에 처리할 수 있는 효율적인 데이터 처리 메커니즘이 구현되어 있습니다. DuckDB의 SQL 문법(DuckDB's SQL dialect)을 사용하면 복잡한 쿼리도 더 간결하게 표현할 수 있습니다. DuckDB의 이러한 표현력 덕분에 더 많은 작업을 단일 쿼리로 처리할 수 있어서 다중 실행을 피할 수 있으며 비용면에서도 더 효율적일 수 있습니다.

코어 데이터베이스 엔진의 아키텍처는 효율적인 처리와 메모리 관리를 위한 기반이 됩니다. 그림 1.2에 DuckDB에서 쿼리가 어떻게 처리되는지 보여주는 다이어그램이 나와 있습니다.

파서   플래너   옵티마이저   물리적 플래너

SQL → 문장 → 최적화되지 않은 논리 계획 → 최적화된 논리 계획 → 물리적 계획

그림 1.2 DuckDB 쿼리 처리 파이프라인의 전체적인 개요

DuckDB도 다른 데이터베이스와 마찬가지로 SQL 파서, 쿼리 실행 플래너, 쿼리 런타임으로 쿼리를 처리하는 방식은 같다는 것을 알 수 있습니다. DuckDB의 쿼리 엔진은 *벡터화되어* 있습니다. 이는 데이터 청크를 병렬로 처리하며 최신 멀티코어 CPU 아키텍처를 효과적으로 활용할 수 있다는 의미입니다. DuckDB는 시스템에 새로운 기능을 추가하는 여러 확장 기능과 사용자 정의 함수를 지원하며 CLI, API를 포함하여 다양한 사용자 인터페이스를 제공하고, 데이터 처리 라이브러리 등 외부 시스템과의 긴밀한(low-level) 통합도 가능합니다.

1.2 왜 DuckDB에 주목해야 할까요?

DuckDB를 사용하면 대규모 Apache Spark 클러스터를 구성하거나 수백 기가바이트의 데이터를 처리하는 클라우드 데이터 웨어하우스를 운용할 필요 없이 빠르고 즐겁게 데이터 분석을 할 수 있습니다. 다양한 데이터 소스에 직접 접근해 데이터를 전송하거나 복사하지 않고 데이터가 있는 위치에서 바로 처리함으로써 작업을 더 빠르고 간단하게, 그리고 비용 효율적으로 처리할 수 있습니다. 이는 시간과 비용을 절약할 뿐만 아니라 번거로움도 줄여 줍니다.

예를 들어 우리는 최근에 S3에 있는 AWS 액세스 로그 파일을 처리해야 했습니다. 일반적으로는 압축된 JSON 파일에 대해 AWS Athena SQL 쿼리를 실행합니다. 이 과정은 분석 서비스가 스캔하는 데이터의 양에 따라 비용이 많이 들기도 합니다. 대신에 DuckDB를 EC2 VM에 배포하고 데이터 가까이에서 파일을 쿼리하면 처리한 데이터 볼륨이 아닌 VM 비용만 지급하면 되므로 훨씬 적은 비용으로 운용할 수 있습니다.

DuckDB를 사용하면 여러 가지 실험을 진행하고 아이디어와 가설을 로컬에서 빠르게 검증할 수 있으며 이 모든 작업은 오직 SQL만 사용하여 이루어집니다. DuckDB는 ANSI SQL 표준을 충실히 따르는 동시에 다음과 같은 혁신적인 기능을 통해 SQL 문법을 확장합니다.

- SELECT * EXCLUDE() 및 SELECT * REPLACE()를 사용하여 SELECT * 쿼리를 간소화함
- 모든(ALL) 컬럼에 대한 정렬 및 그룹화 기능. 예를 들어 GROUP BY ALL은 사용자가 모든 필드 이름을 입력하는 수고를 덜어 줌
- 로우와 컬럼을 전치(transpose)하는 PIVOT 및 UNPIVOT 기능
- STRUCT 데이터 타입과 관련된 함수들이 복잡한 중첩 데이터를 쉽게 다룰 수 있게 해 줌

DuckDB는 데이터 파이프라인과 데이터 준비 과정을 간소화하여 본격적인 분석, 탐구, 실험에 더 많은 시간을 할애할 수 있게 도와줍니다. 그런 점에서 우리는 DuckDB에 대한 기대가 큽니다.

이 책에서는 DuckDB에 대한 다음의 내용을 알려주고자 합니다.

- 분석 작업에서는 SQLite보다 더 빠릅니다.
- Spark 클러스터보다 설정이 간단합니다.
- pandas보다 자원 요구사항이 낮습니다.
- Polars처럼 이상한 러스트(Rust) 에러를 발생시키지 않습니다.
- Postgres, Redshift, 기타 관계형 데이터베이스보다 설정과 사용이 더 쉽습니다.
- Talend보다 데이터 변환이 더 빠르고 강력합니다.

1.3 언제 DuckDB를 사용하는 게 좋을까요?

DuckDB는 SQL로 표현할 수 있는 모든 분석 작업에 사용할 수 있습니다. 단, 데이터가 이미 준비된 상태여야 하고(스트리밍이 아닌) 데이터 볼륨이 수백 기가바이트를 넘지 않는 구조화된 데이터(예: 테이블이나 문서)에 적합합니다. DuckDB는 앞서 언급한 다양한 데이터 포맷을 처리할 수 있고 다른 시스템과 통합하여 확장할 수 있습니다.

데이터가 사용자의 시스템(로컬 또는 프라이버시가 보장된 호스팅 환경)을 떠나지 않기 때문에 DuckDB는 개인 정보와 관련된 데이터, 예를 들어 건강 정보, 가정 자동화 데이터, 환자 데이터, 개인 식별 정보, 재무 보고서 등과 같은 데이터를 분석하는 데 매우 유용합니다.

DuckDB가 잘 해결할 수 있는 일반적인 분석 작업의 예시는 다음과 같습니다.

- 로그 파일을 저장된 위치에서 직접 분석하여 새로운 위치로 복사할 필요 없이 처리
- 러너가 심박수를 모니터링하듯 자신의 개인 의료 데이터를 정량화
- 스마트 미터에서 얻은 데이터를 사용하여 발전 및 소비 보고
- 자전거와 자동차 같은 교통수단의 최신 운행 데이터 최적화
- 머신러닝 학습을 위해 사용자 생성 데이터의 전처리 및 정리

DuckDB의 장점 중 하나는 데이터프레임 표현에서 데이터를 복사하지 않고도 pandas나 Polars의 데이터프레임에 이미 존재하는 데이터에 직접 접근하여 더 효율적으로 처리할 수 있다는 것입니다. DuckDB가 생성한 출력이나 테이블에 대해서도 마찬가지입니다. 추가 메모리 사용이나 데이터 전송 없이 데이터프레임으로 사용할 수 있습니다.

1.4 언제 DuckDB를 사용하지 말아야 할까요?

DuckDB는 분석용 데이터베이스라서 트랜잭션이나 병렬 쓰기 접근에 대한 지원이 최소한으로 제공됩니다. 따라서 제멋대로 들어오는 입력 데이터를 처리하고 저장하는 애플리케이션이나 API에는 적합하지 않습니다.

DuckDB로 처리할 수 있는 데이터 볼륨은 주로 사용자 컴퓨터의 메모리에 의해 제한됩니다. 메모리를 넘어서 디스크로 데이터를 처리하는 기능(메모리 부족 상황 처리)을 지원하긴 하지만, 이는 주로 마지막 몇 퍼센트의 처리 작업이 메모리에 맞지 않는 예외적인 상황을 겨냥한 기능입니다. 대부분은 DuckDB로 처리할 수 있는 데이터의 양이 몇백 기가바이트 정도로 제한되며 이 모든 데이터가 메모리에 있어야 하는 것은 아닙니다. DuckDB는 필요한 데이터만 로드하도록 최적화되어 있기 때문입니다.

DuckDB는 데이터 분석 사용 사례들의 롱테일에 초점을 맞추기 때문에 데이터 소스, 도구, 애플리케이션이 복잡하게 구성된 수 테라바이트의 데이터를 처리하는 엔터프라이즈 환경에서는 DuckDB가 적합하지 않을 수 있습니다. DuckDB는 지속적으로 업데이트되는 라이브 데이터 스트림 처리를 지원하지 않습니다. 데이터 업데이트는 새 테이블이나 신규 데이터의 대규모 청크(chunk)[3]를 한 번에 로드하는 방식으로 이루어져야 합니다. 또한 DuckDB는 스트리밍 실시간 데이터베이스가 아니기 때문에 스트림에서 데이터를 미니 배치로 생성하고, 이러한 미니 배치들을 어딘가에 저장한 후 DuckDB에서 이를 쿼리할 수 있도록 하는 과정을 직접 구현해야 합니다.

1.5 사용 사례

DuckDB 같은 도구는 사용 사례가 다양합니다. 가장 흥미로운 점은 DuckDB가 기존의 클라우드, 모바일, 데스크톱, 명령줄 애플리케이션과 통합되어 백그라운드에서 조용히 그 역할을 수행한다는 점입니다. 이러한 예에서 알 수 있듯이 DuckDB는 SQLite처럼 널리 사용될 수 있지만, 트랜잭션 데이터 저장소가 아니라 분석 처리를 위해 사용됩니다. 사용자의 기기에서 나가서는 안 되는 데이터, 예를 들어 건강, 훈련, 재무 또는 가정 자동화 데이터 등을 분석할 때는 효율적인 로컬 인프라가 유

---

3 (옮긴이 주) 데이터 덩어리 단위

용합니다. 로컬에서 분석과 전처리를 하면 스마트 미터나 센서와 같은 에지 디바이스에서 전송해야 할 데이터의 양을 줄일 수 있습니다.

또한 DuckDB는 로그 파일과 같은 대용량 데이터세트를 빠르게 분석하는 데 유용하며 데이터가 저장된 위치에서 계산과 축약이 가능하여 데이터 전송 시간과 비용을 크게 절감할 수 있습니다. 현재 클라우드 공급업체들은 BigQuery, Amazon Redshift, AWS Athena 같은 고가의 분석 서비스를 통해 이러한 데이터를 처리하며 처리된 데이터 볼륨에 따라 요금을 부과합니다. 앞으로는 이러한 서비스의 상당 부분을 DuckDB 기반의 예약된 클라우드 함수로 대체할 수 있을 것입니다. 또한 중간 결과를 클라우드 스토리지에 저장함으로써 여러 처리 기능을 연결할 수 있으며 이렇게 저장된 결과는 감사나 검토 용도로 다시 활용할 수 있습니다.

데이터 과학자들은 DuckDB의 최신 쿼리 엔진을 활용해 pandas나 다른 데이터 프레임 라이브러리를 사용할 때보다 데이터 준비, 분석, 필터링, 집계를 더 효율적으로 할 수 있습니다. 게다가 이 모든 작업이 파이썬이나 R API를 사용하는 노트북 환경에서 벗어나지 않고도 가능합니다. 이를 통해 데이터 과학 사용자들은 더 큰 데이터 볼륨을 더 빠르고 효율적으로 활용할 수 있는 고급 데이터 분석 기능을 갖추게 됩니다. 이러한 사례 중 일부를 책의 뒷부분에서 보여드리겠습니다. 또한 설정의 복잡성을 크게 줄일 수 있어서 데이터 운영 팀이 필요하지 않습니다.

마지막으로 흥미로운 사용 사례는 클라우드 스토리지, 에지 네트워크, 로컬 장치 간의 분산 데이터 분석입니다. 예를 들어 현재 MotherDuck에서는 클라우드와 로컬 양쪽에서 DuckDB를 실행할 수 있도록 개발하고 있습니다.

1.6 DuckDB는 어디에 적합할까요?

이 책은 여러분이 분석하거나 변환하려는 데이터가 있다고 가정합니다. 이 데이터는 CSV, Parquet, JSON과 같은 플랫 파일이나, Postgres나 SQLite와 같은 다른 데이터베이스 시스템에 있을 수 있습니다. 이 책의 GitHub 저장소[4]에서 예제 데이터를 받을 수 있습니다.

사용 사례에 따라 DuckDB를 일시적으로 사용하여 데이터의 구조를 변환하고 필터링한 후 다른 포맷으로 전달할 수 있습니다(그림 1.3). 하지만 대부분의 경우에

---

4 *https://github.com/duckdb-in-action/examples*

는 후속 고성능 분석을 위해 데이터를 저장할 테이블을 생성하게 될 것입니다. 이 과정에서 컬럼 이름, 데이터 유형 및 값을 변환하고 수정할 수도 있습니다. 입력 데이터가 중첩된 문서라면 데이터를 해체(unnest)하고 평탄화(flatten)해야 관계형 데이터 분석을 더 쉽고 효율적으로 할 수 있습니다.

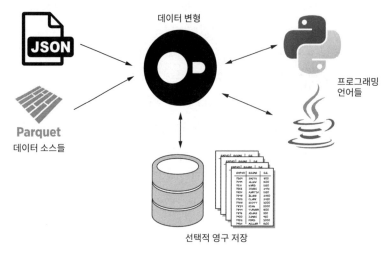

그림 1.3 데이터 파이프라인에서 DuckDB 활용하기

다음 단계에서는 해당 분석이나 변환에 도움이 되는 SQL 기능이나 DuckDB의 특징을 결정해야 합니다. 또한 *탐색적 데이터 분석*(Exploratory Data Analysis, EDA)을 수행하면서 데이터의 분포, 범위, 관계에 대한 개요를 빠르게 파악할 수 있습니다.

데이터를 파악한 후에는 본격적으로 분석 작업을 진행할 수 있습니다. 이 단계에서는 관련된 SQL 문을 점진적으로 작성하면서 각 단계에서 생성된 결과 샘플이 기대와 일치하는지 확인합니다. 이 과정에서 추가적인 테이블이나 뷰를 생성할 수 있으며, 이후 윈도 함수, 공통 테이블 표현식, 피벗과 같은 고급 SQL 기능을 사용할 수도 있습니다. 마지막으로 결과를 어떤 방식으로 활용할지 결정해야 합니다. 즉, 파일이나 데이터베이스로 다시 변환하거나, 애플리케이션 또는 API를 통해 사용자에게 제공하거나, 주피터 노트북이나 대시보드에서 시각화할 수 있습니다.

1.7 데이터 처리 흐름 단계

이 절에서는 DuckDB의 아키텍처와 기능 세트의 몇 가지 핵심 요소를 개괄적으로 설명하여 전반적인 이해를 돕고자 합니다. 그림 1.4와 같이 데이터 로드부터 테이블 채우기, 분석을 위한 SQL 작성, 결과 시각화까지 DuckDB를 사용하는 실제 흐름에 따라 절을 구성했습니다.

그림 1.4 데이터 처리 흐름

1.7.1 데이터 포맷 및 소스

DuckDB는 수많은 데이터 포맷과 데이터 소스를 지원하며 간단한 설정만으로 데이터를 검사하고 분석할 수 있도록 합니다. SQL 서버 같은 다른 데이터 시스템과는 달리, 사전에 스키마 세부 사항을 미리 지정할 필요가 없습니다. 데이터를 읽을 때 데이터베이스는 적절한 기본 설정과 데이터에서 추출한 스키마 정보를 사용하며, 필요할 때 이를 수정하면 됩니다.

 DuckDB를 사용하면 초기 데이터 엔지니어링에 대한 부담을 줄이고 데이터 처리 및 분석에 더 집중할 수 있습니다. DuckDB는 실무자들이 구축한 오픈 소스 프로젝트이므로 사용성에 큰 중점을 둡니다 — 만약 어떤 기능이 사용하기에 너무 어렵다면 누군가는 커뮤니티에 개선을 제안하고 수정 사항을 제출할 것입니다. 또한 기본 기능으로 충분하지 않다면 확장 기능(예: 지리 데이터 또는 전체 텍스트 검색)을 활용하여 필요한 기능을 추가할 수 있습니다.

DuckDB는 다양한 데이터 포맷을 지원합니다.

- CSV 파일은 대량으로 병렬 로드할 수 있으며 컬럼이 자동으로 매핑됩니다.
- 데이터프레임의 메모리는 동일한 파이썬 프로세스 내에서 DuckDB가 직접 처리하므로 데이터를 별도로 복사할 필요가 없습니다.
- JSON 포맷은 구조 해체, 평탄화, 관계형 테이블로 변환할 수 있습니다. DuckDB는 JSON 포맷의 데이터를 저장하기 위한 JSON 타입도 제공합니다.
- Parquet 파일은 스키마 메타데이터와 함께 쿼리할 수 있습니다. 쿼리에서 사용

된 조건문은 Parquet 저장소 계층에서 먼저 평가되므로 불필요한 데이터 로딩을 줄일 수 있습니다. 이는 데이터 레이크에 이상적인 컬럼 형식입니다.

- Apache Arrow의 컬럼 형식 데이터를 데이터 복사나 변환 없이 Arrow Database Connectivity(ADBC)를 통해 읽을 수 있습니다.
- S3 또는 GCP 같은 클라우드 버킷에서 데이터에 액세스하면 전송과 복사 인프라가 줄어들고 대용량 데이터를 저렴하게 처리할 수 있습니다.

1.7.2 데이터 구조

DuckDB는 다양한 테이블, 뷰, 데이터 타입을 처리합니다. 테이블 컬럼, 처리 과정, 결과를 위해 문자열(varchar), 숫자(정수, 실수, 소수), 날짜, 타임스탬프, 간격, 불(Boolean), BLOB(바이너리 대형 객체) 같은 전통적인 데이터 타입 외에도 다양한 데이터 타입을 제공합니다.

 DuckDB는 또한 다음과 같이 열거형, 리스트, 맵(딕셔너리), 구조체 같은 구조화된 데이터 타입을 지원합니다.

- 열거형(Enum): 인덱스로 참조되는 명명된 요소들의 집합으로, 데이터를 효율적으로 저장하고 처리할 수 있습니다.
- 리스트(List) 또는 배열(Array): 동일한 유형의 여러 요소를 보유하며 이 리스트를 처리하는 다양한 함수가 제공됩니다.
- 맵(Map): 키를 기준으로 데이터 포인트를 관리할 수 있는, 효율적인 키-값 쌍입니다. JSON 처리에 자주 사용되며 다양한 방식으로 구성하고 접근할 수 있습니다.
- 구조체(Struct): 항상 동일한 키가 동일한 데이터 타입의 값을 갖는, 일관된 키-값 구조입니다. 이러한 특성 덕분에 더 효율적으로 구조체를 저장, 추론, 처리할 수 있습니다.

DuckDB는 또한 사용자가 직접 데이터 타입과 데이터베이스 확장을 만들어 추가적인 데이터 타입을 제공할 수 있습니다. DuckDB는 표현식을 통해 다른 데이터에서 생성된 가상 컬럼 또는 파생 컬럼을 생성하는 기능도 제공합니다.

1.7.3 SQL 개발하기

데이터를 분석할 때는 일반적으로 데이터의 형태를 이해하는 것부터 시작합니다. 그런 다음 간단한 쿼리에서 시작하여 기본 구성 요소를 기반으로 점차 복잡한 쿼리를 작성하게 됩니다. 데이터 소스, 테이블, 뷰의 컬럼과 데이터 타입을 파악하기 위해 DESCRIBE 명령어를 사용할 수 있습니다. 이 정보를 바탕으로 시간, 위치, 아이템 타입과 같이 관심 있는 차원별로 그룹화하거나 전체적으로 카운트 쿼리나 count(*)를 실행하여 데이터세트의 기본 통계 및 분포를 얻을 수 있습니다. 이를 통해 사용할 데이터의 특성과 기대할 수 있는 내용에 대한 유용한 통찰을 얻을 수 있습니다.

DuckDB는 컬럼별 통계를 제공하는 SUMMARIZE 절을 지원합니다.[5] 주요 통계는 다음과 같습니다.

- count
- min, max, avg, std(표준 편차)
- approx_unique(고윳값의 추정 개수)
- percentiles(25%, 50%, 75% 분위수)
- null_percentage(데이터 일부가 null인 경우)

분석 쿼리를 작성할 때는 LIMIT을 사용하여 데이터의 하위 집합으로 작업을 시작하거나 단일 입력 파일만을 조회할 수 있습니다. 먼저 필요한 결과 컬럼을 정리하세요(예: 날짜 변환을 위한 strptime 등). 이러한 컬럼들을 기준으로 그룹화할 수 있습니다. 그런 다음 필요에 따라 데이터에 집계와 필터를 적용합니다. DuckDB는 전통적인 min, avg, sum 같은 함수부터 histogram, bitstring_agg, list 같은 고급 함수 또는 approx_count_distinct 같은 근사 함수까지 제공합니다.[6] 또한 백분위수, 엔트로피(entropy), 회귀(regression) 계산, 왜도(skewness)를 포함한 고급 집계(aggregation) 기능도 지원합니다. 누적 합계나 이전 및 다음 로우와의 비교가 필요할 때는 aggregation OVER (PARTITION BY column ORDER BY column2 [RANGE ...]) 같은 윈도 함수를 사용할 수 있습니다. 분석 문장에서 반복적으로 사용하는 부분은 공통 테이블 표현식(Common Table Expression, CTE)이나 뷰로 이름을 지정하여 추출할 수 있습니다. 또한 가독성을 높이기 위해 부분 계산을 서브쿼리(subquery)로 분리하여 그 결과를 존재 여부 확인이나 중첩된 데이터 준비에 사용할 수도 있습니다.

---

[5] *https://duckdb.org/docs/guides/meta/summarize.html*
[6] *https://duckdb.org/docs/sql/aggregates.html*

분석 문장을 작성하는 중에도 언제든지 결과를 확인하여 결과가 여전히 올바른지 잘못된 방향으로 빠지지 않는지 확인할 수 있습니다. 이제 쿼리 결과를 활용하는 단계로 넘어가겠습니다.

1.7.4 결과 사용 또는 처리하기

문장을 작성하여 DuckDB에서 분석 결과를 빠르게 얻었습니다. 그다음 단계는 무엇일까요?

결과를 보관해 두면 유용할 수 있습니다(예: 파일이나 테이블에 저장). CREATE TABLE <name> AS SELECT ...를 사용하여 결과로부터 테이블을 생성하는 것은 간단합니다. DuckDB는 CSV, JSON, Parquet, Excel, Apache Arrow와 같은 다양한 포맷으로 데이터를 저장할 수 있습니다. 또한 확장 기능을 통해 SQLite, Postgres 등 다른 데이터베이스 포맷도 지원합니다. 결과 집합이 작다면 DuckDB CLI를 사용하여 데이터를 CSV나 JSON으로 출력할 수도 있습니다.

그런데 그림 한 장이 로우 1,000개보다 더 많은 것을 전달하기 때문에 데이터 시각화를 선호하는 경우가 많습니다. 내장된 bar 함수를 사용하여 데이터의 인라인 막대 차트를 렌더링할 수 있습니다. youplot 같은 명령줄 플롯 생성 도구를 사용하여 터미널에서 빠르게 결과를 확인할 수도 있습니다.

대부분의 경우 파이썬이나 자바스크립트의 방대한 생태계를 활용하여 결과를 시각화하게 됩니다. 이 경우 결과를 데이터프레임으로 변환한 후 파이썬의 matplot-lib, ggplot, R의 ggplot2, 자바스크립트의 d3, nivo, observable 같은 도구를 사용하여 다양한 차트로 렌더링할 수 있습니다. 이를 시각적으로 표현한 내용이 그림 1.5에 나와 있습니다.

DuckDB는 매우 빠르기 때문에 API를 통해 데이터를 직접 쿼리하여 결과를 바로 제공하면 웹, 명령줄, 모바일 클라이언트에서 사용할 수 있습니다. 소스 데이터의 크기가 너무 커서 이동하기가 어렵고 결과 데이터가 상대적으로 작을 때만(데이터 볼륨의 1% 미만) 전통적인 클라이언트-데이터베이스 서버 설정이 필요합니다. 이외에도 DuckDB를 애플리케이션(예: Streamlit으로 구축)이나 대시보드 도구에 내장하여 로컬 미가공 데이터(raw data)나 로컬 DuckDB 데이터베이스에서 실행할 수 있습니다.

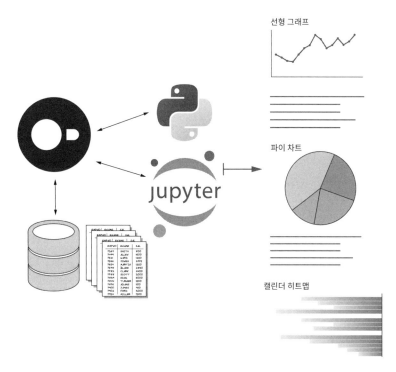

그림 1.5 대시보드나 주피터 노트북에서 데이터 시각화하기

요약

- DuckDB는 새롭게 개발된 분석용 데이터베이스로 인메모리 처리에 뛰어납니다.
- DuckDB 데이터베이스는 확장된 SQL 문법을 지원하며 확장 기능을 통해 새로운 기능을 추가할 수 있습니다.
- DuckDB는 로컬 및 원격 소스에서 다양한 형식을 네이티브로 읽을 수 있습니다.
- 파이썬, R 등 다양한 언어와 매끄럽고 효율적으로 통합되어 있습니다.
- 인프로세스(in-process) 데이터베이스로서 데이터 복사 없이 데이터를 효율적으로 처리할 수 있습니다.
- 전통적인 데이터 타입 외에도 리스트, 맵, 구조체, 열거형을 지원합니다.
- DuckDB는 데이터 타입과 값에 대한 다양한 함수를 제공하여 데이터 처리와 가공(shaping)이 훨씬 쉽습니다.
- 데이터가 가공된 형태를 파악한 후 SQL 쿼리를 단계적으로 작성하면 제어를 유

지할 수 있습니다.

- 쿼리 결과는 보고서 생성, 차트 시각화, 새로운 포맷으로 출력하기 등 다양한 방식으로 활용할 수 있습니다.

2장

DuckDB 시작하기

☑ **2장에서 다루는 내용**
- DuckDB 명령줄 인터페이스(CLI)를 설치하고 사용법 학습하기
- DuckDB CLI에서 명령어 실행하기
- 원격 파일 쿼리하기

DuckDB가 무엇이고 2020년대 초반에 주목받게 된 이유를 이해했으니 이제 DuckDB 사용법을 익혀 봅시다. 이 장에서는 DuckDB 명령줄 인터페이스(CLI)를 중점적으로 다룹니다. 먼저 다양한 환경에 맞춰 CLI를 설치하는 방법을 배우고, 기본(built-in) 명령어를 학습하겠습니다. 원격 CSV 파일을 쿼리하는 실습으로 이 장을 마무리하겠습니다.

2.1 지원되는 환경

DuckDB는 다양한 프로그래밍 언어와 운영체제(Linux, Windows, macOS)를 지원하고, Intel/AMD와 ARM 아키텍처에서도 사용할 수 있습니다. 이 글을 쓰는 시점에서 명령줄, 파이썬, R, 자바, 자바스크립트, 고(Go), 러스트, Node.js, 줄리아(Julia), C/C++, ODBC, JDBC, WASM, 스위프트를 지원합니다. 이 장에서는 DuckDB 명령줄만 집중적으로 설명하는데, 이것이 DuckDB를 가장 빠르게 익히는 방법이라고 생각하기 때문입니다. DuckDB CLI는 서버를 별도로 설치할 필요가 없는데, DuckDB가 임베디드 데이터베이스이므로 CLI를 사용하는 경우 CLI 실행 파일에 DuckDB가 내장되어 있기 때문입니다.

명령줄 도구는 GitHub 릴리스 페이지에 게시되고, 운영체제와 아키텍처에 따라 다양한 패키지가 제공됩니다. 설치 가능한 전체 패키지 목록은 설치 페이지[1]에서 확인할 수 있습니다.

2.2 DuckDB CLI 설치하기

설치는 '복사하여' 설치하는 방식이므로 설치 프로그램이나 라이브러리가 필요하지 않습니다. CLI는 duckdb라는 단일 바이너리로 구성됩니다. 이제 DuckDB를 어떻게 설치하는지 알아보겠습니다.

2.2.1 macOS

macOS에서는 다음 코드에 나와 있듯이 홈브루(Homebrew) 패키지 설치 프로그램[2]을 사용하는 것을 공식적으로 권장합니다.

코드 2.1 홈브루를 사용하여 macOS에서 DuckDB 설치하기

```
/bin/bash -c "$(curl -fsSL https://raw.githubusercontent.com/\
Homebrew/install/HEAD/install.sh)"
brew install duckdb
```

> 홈브루 패키지 관리자를 설치하는 경우에만 필요하며, 이미 설치되어 있는 경우에는 실행하지 마세요.

2.2.2 Linux와 Windows

사용 중인 특정 아키텍처와 버전에 따라 Linux와 Windows 용으로 다양한 패키지가 제공됩니다. 전체 목록은 GitHub 릴리스 페이지[3]에서 확인할 수 있습니다. 다음 코드에서는 AMD64 아키텍처를 사용하는 Linux에서 DuckDB CLI를 실행하는 방법을 알아보겠습니다.

코드 2.2 Linux에서 DuckDB 설치하기[4]

```
wget https://github.com/duckdb/duckdb/releases/download/v1.2.1/\
duckdb_cli-linux-amd64.zip
unzip duckdb_cli-linux-amd64.zip
./duckdb -version
```

> 잊지 말고 GitHub 릴리스 페이지에서 이 링크를 최신 버전으로 업데이트하세요.

---

1   *https://duckdb.org/docs/installation/index*
2   *https://brew.sh*
3   *https://github.com/duckdb/duckdb/releases*
4   (옮긴이 주) Windows 및 그 외 환경의 DuckDB 설치는 *https://duckdb.org/docs/installation/* 참고하세요.

2.3 DuckDB CLI를 사용하는 방법

CLI를 실행하는 가장 간단한 방법은 다음과 같습니다. 네, 정말 짧고 빠릅니다.

duckdb

이 명령을 입력하면 DuckDB와 CLI가 실행됩니다. 그러면 다음과 같은 출력이 나타납니다.

```
v1.2.1 8e52ec4395
Enter ".help" for usage hints.
Connected to a transient in-memory database.
Use ".open FILENAME" to reopen on a persistent database.
```

데이터베이스는 모든 데이터와 함께 일시적으로 메모리에 유지됩니다. 데이터베이스는 CLI를 종료하면 사라지는데, 종료하려면 .quit 또는 .exit를 입력하면 됩니다.

2.3.1 SQL 문

SQL 문을 명령줄에 직접 입력하거나 붙여 넣을 수도 있고 세미콜론과 줄바꿈으로 입력을 종료할 수 있습니다. 세미콜론이 없으면 줄바꿈을 해서 계속 입력할 수 있습니다. SQL 문은 바로 실행되고 결과는 간결한 표 형식으로 출력됩니다. 출력 형식을 변경하는 방법은 2.5.1절을 참조하세요. 실행 시간이 긴 작업에는 진행률 표시줄이 나타납니다. 다음 코드는 몇 가지 상숫값을 선택하는 간단한 예제입니다.

코드 2.3 간단한 select 문

```
select v.* from values (1),(3),(3),(7) as v;
```

기본 출력은 표 형식입니다.

```
| col0  |
| int32 |
|-------|
|     1 |
|     3 |
|     3 |
|     7 |
```

2.3.2 닷(Dot) 명령어

SQL 문과 명령어 외에도 CLI에는 CLI에서만 사용할 수 있는 특별한 명령어, 즉 닷 (.) 명령어가 있습니다. 이 명령어를 사용하려면 실행하려는 명령어 이름 앞에 점 (.)을 붙여 입력합니다. 명령어에 인수가 필요할 때는 명령어 뒤에 공백으로 구분 하여 입력합니다. 닷 명령어는 반드시 한 줄로 입력해야 하며 점 앞에는 공백이 없 어야 합니다. 일반 SQL 문이나 명령어와 달리 줄 끝에 세미콜론을 붙일 필요가 없 습니다.

자주 사용하는 닷 명령어는 다음과 같습니다.

- .open   현재 데이터베이스 파일을 닫고 새 파일을 엽니다.
- .read   SQL 파일을 읽어서 CLI에서 실행합니다.
- .tables   현재 사용 가능한 테이블과 뷰를 나열합니다.
- .timer on/off SQL 실행 시간 출력을 토글합니다.
- .mode   출력 포맷을 제어합니다.
- .maxrows   기본적으로 표시할 로우 수를 제어합니다(duckbox 포맷용).
- .excel   다음 명령의 출력을 스프레드시트로 보여줍니다.
- .exit, .quit 또는 ctrl-d   CLI를 종료합니다.

전체 명령어 목록은 .help로 확인할 수 있습니다.

2.3.3 CLI 인수

DuckDB CLI는 데이터베이스 모드 설정, 출력 포맷 제어, CLI를 인터랙티브 모드 로 실행하기를 선택할 수 있는 인수를 받을 수 있습니다. 사용 방법은 다음과 같습 니다.

```
duckdb [OPTIONS] FILENAME [COMMANDS]
```

가장 자주 사용하는 CLI 인수는 다음과 같습니다.

- -readonly   데이터베이스를 읽기 전용 모드로 엽니다.
- -json   출력 모드를 json으로 설정합니다.
- -line   출력 모드를 line으로 설정합니다.
- -unsigned   서명되지 않은 확장자를 로드할 수 있게 허용합니다.

- -s COMMAND 또는 -c COMMAND   제공된 명령어를 실행한 후 CLI를 종료합니다. 특히 .read 닷 명령어와 함께 사용하면 주어진 파일 이름에서 입력을 읽을 때 유용합니다.

다음은 CLI를 매개변수화하여 쿼리 결과를 JSON으로 출력하는 방법을 보여주는 예제입니다.

```
duckdb --json -c "select v.* from values (1),(3),(3),(7) as v;"

[{"col0":1},
{"col0":3},
{"col0":3},
{"col0":7}]
```

CLI에서 사용 가능한 인수 목록을 확인하려면 duckdb -help 명령어를 실행하면 됩니다.

2.4 DuckDB의 확장 시스템

DuckDB는 데이터베이스의 핵심 기능에 포함되지 않은 추가 기능을 제공하기 위한 확장 시스템을 제공합니다. 확장 기능은 DuckDB에 설치할 수 있는 패키지처럼 생각하면 됩니다.

　DuckDB는 사용하는 배포판에 따라 다양한 여러 확장이 미리 로드되어 있습니다. duckdb_extensions 함수를 호출하여 설치 여부에 상관없이 사용 가능한 모든 확장의 목록을 확인할 수 있습니다. 이 함수가 반환하는 필드를 확인하는 것으로 시작해 보겠습니다.

코드 2.4 duckdb_extensions 출력 포맷

```
DESCRIBE
SELECT *
FROM duckdb_extensions();
```

duckdb_extensions 함수는 확장 프로그램의 이름, 설치 여부, 실제 로드 상태 등 다양한 정보를 반환합니다.

column_name varchar	column_type varchar	null varchar	key varchar	default varchar	extra varchar
extension_name	VARCHAR	YES	NULL	NULL	NULL
loaded	BOOLEAN	YES	NULL	NULL	NULL
installed	BOOLEAN	YES	NULL	NULL	NULL
install_path	VARCHAR	YES	NULL	NULL	NULL
description	VARCHAR	YES	NULL	NULL	NULL
aliases	VARCHAR[]	YES	NULL	NULL	NULL
extension_version	VARCHAR	YES	NULL	NULL	NULL
install_mode	VARCHAR	YES	NULL	NULL	NULL
installed_from	VARCHAR	YES	NULL	NULL	NULL

자, 그럼 우리의 기계에 설치된 확장 기능을 확인해 봅시다.

```
SELECT extension_name, loaded, installed
from duckdb_extensions()
ORDER BY installed DESC, loaded DESC;
```

쿼리를 실행한 결과는 다음과 같습니다.

extension_name varchar	loaded boolean	installed boolean
autocomplete	true	true
fts	true	true
icu	true	true
jemalloc	true	true
json	true	true
parquet	true	true
shell	true	true
tpch	true	true
arrow	false	false
aws	false	false
azure	false	false
delta	false	false
excel	false	false
httpfs	false	false
iceberg	false	false
inet	false	false
motherduck	false	false
mysql_scanner	false	false
postgres_scanner	false	false
spatial	false	false

```
| sqlite_scanner   | false   | false    |
| substrait        | false   | false    |
| tpcds            | false   | false    |
| vss              | false   | false    |

| 24 rows                     | 3 columns |
```

어떤 확장 기능이든 INSTALL 명령어와 확장의 이름을 입력하여 설치할 수 있습니다. 이렇게 설치한 확장 기능은 데이터베이스에 설치되지만 바로 로드되지는 않습니다. 확장 기능을 로드하려면 LOAD 명령어 뒤에 확장 기능의 이름을 입력하면 됩니다. 확장 기능 메커니즘은 멱등성[5]을 갖고 있어 두 명령어를 여러 번 실행해도 오류가 발생하지 않습니다.

 DuckDB 0.8 버전부터는 데이터베이스가 필요하다고 판단할 때 설치된 확장 기능을 자동으로 로드하므로 LOAD 명령어가 필요하지 않을 수도 있습니다.

기본적으로 DuckDB는 인터넷에 있는 파일을 쿼리할 수 없지만, 공식 httpfs 확장을 통해 이 기능을 사용할 수 있습니다. 만약 배포판에 이 기능이 없다면 httpfs 확장을 설치하여 사용하면 됩니다.

```
INSTALL httpfs;
LOAD httpfs;
```

이 확장은 HTTP(S) 서버에 호스팅된 파일을 로컬로 다운로드하지 않고 직접 쿼리할 수 있게 해 주며 S3와 몇몇 클라우드 스토리지 프로바이더도 지원합니다. 다음 명령어를 입력하여 httpfs가 설치된 위치를 확인할 수 있습니다.

```
FROM duckdb_extensions()
SELECT loaded, installed, install_path
WHERE extension_name = 'httpfs';
```

다음과 같은 출력이 표시될 것입니다.

---

5 (옮긴이 주) 멱등성(idempotent)은 동일한 연산을 여러 번 적용하더라도 결과가 달라지지 않는 성질을 의미합니다. 예: abs(-5) == abs(abs(-5))

loaded boolean	installed boolean	install_path varchar
true	true	/path/to/httpfs.duckdb_extension

이 확장 프로그램이 현재 로드되고 설치되었음을 확인할 수 있으며 설치된 위치도 확인할 수 있습니다.

2.5 CSV 파일을 DuckDB CLI로 분석하기

모든 데이터 엔지니어가 일반적으로 수행하는 작업을—CSV 파일의 데이터 이해하기—CLI로 시연하며 시작하겠습니다! 데이터가 원격 HTTP 서버나 클라우드 스토리지(S3, GCP, HDFS)에 저장되어 있어도 DuckDB는 수동 다운로드와 가져오기 과정 없이 직접 처리할 수 있습니다. CSV와 Parquet 같이 지원되는 상당수 파일 포맷은 기본적으로 병렬로 처리하므로 여러분의 데이터를 DuckDB로 매우 빠르게 가져올 수 있습니다.

우리는 GitHub에서 CSV 파일을 찾다가 여러 국가의 총인구 통계가 포함된 데이터세트를 발견했습니다.[6] 다음 쿼리를 작성하여 레코드의 수를 계산할 수 있습니다.

```
SELECT count(*)
FROM 'https://github.com/bnokoro/Data-Science/raw/master/'
    'countries%20of%20the%20world.csv';
```

이 쿼리를 실행하면 200개가 넘는 국가의 인구 데이터가 있음을 보여주는 출력이 표시됩니다.

count_star() int64
227

---

6 *https://mng.bz/KZKZ*

여기서처럼 URL 또는 파일 이름이 특정 확장자(예: .csv)로 끝나면 DuckDB는 이를 자동으로 처리합니다. 그런데 동일한 CSV 파일의 짧은 링크를 자동으로 처리하려고 하면 어떻게 될까요?

```
SELECT count(*)
FROM 'https://bit.ly/3KoiZR0';
```

이 쿼리를 실행하면 다음과 같은 오류가 발생합니다.

```
Binder Error:
No extension found that is capable of reading the file "https://bit.ly/3KoiZR0"
* If this file is a supported file format you can explicitly use the reader functions,
such as read_csv, read_json or read_parquet
```

이 링크는 CSV 파일이지만 .csv 접미사가 없어서 DuckDB는 이를 알지 못합니다. read_csv_auto 함수를 사용하여 이 문제를 해결할 수 있습니다. 이 함수는 .csv 접미사가 없어도 제공된 URI를 CSV 파일로 처리합니다. 업데이트된 쿼리는 다음과 같습니다.

코드 2.5 원격 파일의 포맷 지정하기

```
SELECT count(*)
FROM read_csv_auto("https://bit.ly/3KoiZR0");
```

이 쿼리는 포맷을 추론할 수 있는 표준 링크를 사용한 쿼리와 동일한 결과를 반환합니다.

2.5.1 결과 모드

결과를 표시할 때는 .mode <name> 명령어를 사용하여 다양한 모드 중에서 결과 모드를 선택할 수 있습니다. 사용 가능한 모드의 목록을 확인하려면 .help mode를 입력하면 됩니다.

이 장에서 우리는 유연한 테이블 구조를 반환하는 duckbox 모드를 사용했습니다. DuckDB는 대략 두 가지 범주로 나눌 수 있는 여러 모드를 제공합니다.

- *테이블 기반*: 컬럼 수가 적을 때 적합한 모드로, duckbox, box, csv, ascii, table, list, column이 있습니다.
- *라인 기반*: 컬럼 수가 많을 때 적합한 모드로, json, jsonline, line이 있습니다.

이외에 html, insert, trash(출력 없음) 등 이들 범주에 속하지 않는 모드도 있습니다.

첫 번째 쿼리에서는 CSV 파일의 레코드 수를 세었지만, 이 파일에 어떤 컬럼들이 있는지 확인해 보는 것도 흥미로울 것입니다. 기본 모드를 사용하면 컬럼이 많이 잘릴 수 있으니 line 모드로 변경한 후 쿼리를 실행하겠습니다.

```
.mode line        라인 모드로
                  변경합니다.
SELECT *
FROM read_csv_auto("https://bit.ly/3KoiZR0")
LIMIT 1;
```

이 쿼리를 실행한 결과는 다음 코드에 나와 있습니다.

코드 2.6 라인 모드의 결과

```
                       Country = Afghanistan
                        Region = ASIA (EX. NEAR EAST)
                    Population = 31056997
                 Area (sq. mi.) = 647500
       Pop. Density (per sq. mi.) = 48,0
     Coastline (coast/area ratio) = 0,00
                 Net migration = 23,06
  Infant mortality (per 1000 births) = 163,07
           GDP ($ per capita) = 700
                  Literacy (%) = 36,0
             Phones (per 1000) = 3,2
                    Arable (%) = 12,13
                     Crops (%) = 0,22
                     Other (%) = 87,65
                       Climate = 1
                     Birthrate = 46,6
                     Deathrate = 20,34
                   Agriculture = 0,38
                      Industry = 0,24
                       Service = 0,38
```

출력에서 볼 수 있듯이 line 모드는 duckbox보다 훨씬 더 많은 공간을 차지하지만, 컬럼이 많은 데이터세트를 초기에 탐색할 때는 가장 적합한 모드입니다. 사용하고자 하는 컬럼의 하위 집합을 결정한 후에는 언제든지 다른 모드로 변경할 수 있습니다.

이 데이터세트에는 다양한 국가에 대한 흥미로운 정보가 가득합니다. 이제 국가의 수를 세고, 모든 국가에서 최대 인구수와 평균 면적을 구하는 쿼리를 작성해 보겠습니다. 이번 쿼리는 몇 개의 컬럼만 반환하므로 duckbox 모드로 다시 전환하여 쿼리를 실행하겠습니다.

```
.mode duckbox
SELECT count(*) AS countries,
       max(Population) AS max_population,
       round(avg(cast("Area (sq. mi.)" AS decimal))) AS avgArea
FROM read_csv_auto("https://bit.ly/3KoiZR0");
```

| countries | max_population | avgArea |
int64	int64	double
227	1313973713	598227.0

지금까지의 과정에서는 테이블을 생성하지 않았고 DuckDB가 실제로 할 수 있는 일의 극히 일부만 살펴보았습니다. 앞선 예제는 모두 인터랙티브 모드에서 실행했지만 DuckDB CLI는 비인터랙티브 모드로도 실행할 수 있습니다. DuckDB는 표준 입력을 읽고 표준 출력에 쓰기를 지원하므로 이를 통해 다양한 파이프라인을 구축할 수 있습니다.

　이제 서유럽 국가들의 인구, 출생률, 사망률을 추출한 후 이 데이터를 담은 새 로컬 CSV 파일을 생성하는 스크립트를 작성하며 실습을 마무리하겠습니다. 다음 명령어[7]를 실행하기 전에 DuckDB CLI에서 .exit 명령어를 사용하여 종료하거나 새 탭을 열어야 합니다.

```
duckdb -csv \
 -s "SELECT Country, Population, Birthrate, Deathrate
     FROM read_csv_auto('https://bit.ly/3KoiZR0')
     WHERE trim(region) = 'WESTERN EUROPE'" \
> western_europe.csv
```

서유럽 데이터가 포함된 western_europe.csv 파일의 첫 몇 줄은 명령줄 도구나 텍스트 편집기를 사용하여 확인할 수 있습니다. head 도구를 사용하면 첫 6개 줄을—헤더와 5개의 데이터 로우로 구성된—다음과 같이 확인할 수 있습니다.

```
head -n6 western_europe.csv
```

7　(옮긴이 주) Windows 환경에서는 역슬래시(\)가 줄넘김으로 인식되지 않으니 한 줄로 작성해야 합니다.

그러면 출력은 표 2.1과 같이 표시됩니다.

표 2.1 western_europe.csv의 첫 6개 줄은
서유럽 일부 국가의 인구, 출생률, 사망률을 보여줍니다.

Country	Population	Birthrate	Deathrate
Andorra	71,201	8.71	6.25
Austria	8,192,880	8.74	9.76
Belgium	10,379,067	10.38	10.27
Denmark	5,450,661	11.13	10.36
Faroe Islands	47,246	14.05	8.7

Parquet 파일을 생성할 수도 있지만, 그렇게 하면 출력을 Parquet 확장자를 가진 파일로 직접 파이프할 수 없습니다. 이때는 다음 예시와 같이 COPY ... TO 절을 사용하여 파일 이름을 목적지로 지정하면 됩니다.

코드 2.7 Parquet 파일에 명시적으로 쓰기

```
duckdb \
-s "COPY (
    SELECT Country, Population, Birthrate, Deathrate
    FROM read_csv_auto('https://bit.ly/3KoiZR0')
    WHERE trim(region) = 'WESTERN EUROPE'
  ) TO 'western_europe.parquet' (FORMAT PARQUET)"
```

그런 다음 Parquet 파일의 내용을 Parquet 리더, 심지어 DuckDB 자체를 사용하여 볼 수 있습니다!

```
duckdb -s "FROM 'western_europe.parquet' LIMIT 5"
```

결과는 표 2.1에 있는 것과 동일합니다.

> ### 📦 반복적인 설정과 사용을 위한 구성 파일
>
> 반복적으로 사용하는 설정과 사용법은 구성 파일 $HOME/.duckdbrc에 저장할 수 있습니다. 이 파일은 DuckDB를 시작할 때 이 파일의 내용을 읽고 파일에 있는 모든 명령어—닷 명령어와 SQL 명령어—는 모두 .read 명령어 하나로 실행됩니다. 이를 통해 CLI 설정 상태와 SQL 명령어로 초기화하려는 내용을 저장할 수 있습니다.
>
> $HOME/.duckdbrc 파일에 들어갈 수 있는 예시로는 DuckDB를 시작할 때 표시되는 사용자 지

정 프롬프트와 환영 메시지가 있으며, 다음처럼 설정할 수 있습니다.

```
-- 오리 머리 0> 프롬프트
.prompt '0> '
-- 예제 SQL 문장
select 'Begin quacking now '||cast(now() as string) as "Ready, Set, ...";
```

요약

- DuckDB는 파이썬, R, 자바, 자바스크립트, 줄리아, C/C++, ODBC, WASM, 스위프트용 라이브러리로 사용할 수 있습니다.
- CLI는 출력 제어, 파일 읽기, 내장 도움말 등 추가적인 닷 명령어를 지원합니다.
- .mode 명령어를 사용하면 duckbox, line, ascii 등 다양한 표시 방식을 활용할 수 있습니다.
- httpfs 확장을 설치하면 HTTP 서버에서 CSV 파일을 직접 쿼리할 수 있습니다.
- DuckDB CLI를 사용하면 테이블을 만들지 않아도 외부 데이터세트를 쿼리하고, 그 결과를 표준 출력이나 파일로 저장하여 데이터 파이프라인 작업 단계 중 하나로 활용할 수 있습니다.

3장

D u c k D B   I n   A c t i o n

SQL 쿼리 실행하기

☑ **3장에서 다루는 내용**

- SQL 문의 다양한 카테고리와 기본 구조
- 실제 데이터세트를 수집하기 위한 테이블과 구조 생성하기
- 대규모 데이터세트를 자세히 분석하기 위한 기본 사항 마련하기
- DuckDB 전용 SQL 확장 기능

이제 DuckDB CLI에 대해 배웠으니 SQL 두뇌를 자극할 차례입니다. 이 장 전체에서는 DuckDB CLI 버전을 사용합니다. 하지만 여기서 다루는 모든 예제는 파이썬 클라이언트, 자바 JDBC 드라이버 등 지원되는 환경 또는 언어 인터페이스에도 완전히 적용할 수 있습니다.

3장에서는 몇 가지 기본적이고 필수적인 SQL 문을 빠르게 훑어본 뒤, 고급 쿼리로 넘어가겠습니다. SQL 기본 사항뿐 아니라 공통 테이블 표현식과 윈도 함수 같은 더 복잡한 주제도 다룰 예정입니다. DuckDB는 두 가지 모두 지원하며 이 장에서는 DuckDB로 최고의 인메모리 온라인 분석 처리(OLAP)를 수행하기 위한 쿼리 작성 방법을 배울 것입니다.

예제를 준비하고 실행하려면 2장에서 다룬 DuckDB를 사용한 데이터 수집에 대한 개념을 알고 있어야 합니다. 특히 어떻게 CSV 파일을 수집하고 암시적(자동) 또는 명시적 컬럼 감지를 처리하는지 이해하고 있어야 합니다. 또한 1장에서 소개한 데이터 타입에 대한 지식도 도움이 될 것입니다. 데이터를 바로 쿼리하고 싶다면 SQL의 SELECT 문을 자세히 다루는 3.4.3절로 넘어가기를 바랍니다. 다만, 우리

는 생성된 데이터나 존재하지 않는 데이터에 대한 쿼리를 작성하기보다는 테이블과 구조를 먼저 정의하고 데이터를 채운 다음 이를 쿼리하는 접근 방식이 더 낫다고 생각합니다.

3.1 간단한 SQL 복습

*SQL 쿼리*는 여러 문(statement)으로 구성되며 각 문은 다시 절(caluse)로 구성됩니다. *명령어*는 CLI 또는 지원되는 다른 클라이언트에 제출된 쿼리입니다. DuckDB CLI에서 명령어 끝에 세미콜론을 붙입니다. SQL 명령어에서는 공백을 자유롭게 사용할 수 있습니다. 명령어를 보기 좋게 정렬하거나 한 줄에 입력할 수 있으며 어떤 방식을 선택하든 문제없습니다. SQL은 키워드와 식별자에 대해 대소문자를 구분하지 않습니다.

대부분의 문장은 동작을 변경하는 여러 절을 지원하며 그중 가장 눈에 띄는 절은 WHERE, GROUP BY, ORDER BY 절입니다. WHERE 절은 최종 결과에 포함될 로우에 대한 조건을 추가하고, GROUP BY 절은 많은 값을 하나 이상의 키를 기준으로 정의된 그룹으로 집계하고, ORDER BY 절은 반환되는 결과의 순서를 지정합니다.

이어서 태양광 발전량 데이터를 활용한 실제 사례를 통해 분석 작업에 필요한 각 문장과 절을 사용하는 방법을 설명하겠습니다. 이 예제는 각 개념을 구체적인 예시로 살펴보고 이를 직접 여러분의 업무나 분석에 어떻게 적용할 수 있는지 이해를 돕는 데 목표가 있습니다.

3.2 에너지 생산 분석하기

에너지 소비와 생산은 OLAP[1] 분석에서 한동안 주요 주제로 다뤄졌습니다. 15분 간격으로 사용량을 측정하는 스마트 미터는 여러 산업─금속 가공업이나 대규모 생산 공장─에서 널리 사용되면서 이제는 꽤 일반화되었습니다. 이러한 측정치는 에너지 사용량에 따른 가격 책정이나 사용량 예측 등에 활용됩니다.

스마트 모니터링 시스템이 보급되면서 이제는 가정에서도 에너지 데이터를 자세히 확인할 수 있게 되었으며 이는 해가 갈수록 더욱 보편화되고 있습니다. 집에 태

---

1 (옮긴이 주) OLAP(Online Analytical Processing, 온라인 분석 처리)는 다차원 데이터를 실시간으로 분석하는 기술입니다.

양광 발전 설비와 스마트 미터가 설치되어 있다고 상상해 보세요. 대규모 산업체처럼 전력 사용 계획을 세우거나 태양광 발전 설비 비용을 회수하는 시점을 예측하고 싶을 것입니다. 이를 위해 반드시 복잡한 시계열 데이터베이스나 실시간 대시보드를 사용할 필요는 없습니다. DuckDB와 이 장에서 사용하는 예제들이 여러분만의 유용한 보고서를 만드는 데에 좋은 출발점이 되기를 바랍니다.

다음 예제에서 사용할 데이터세트는 미국 에너지부에서 태양광 데이터 수집 (Photovoltaic Data Acquisition, PVDAQ)이라는 이름으로 제공됩니다(*https://mng.bz/9d6o*). 이 데이터세트는 GitHub에 문서화되어 있습니다.[2] 또한 미국 에너지부의 국립 재생 에너지 연구소는 PVDAQ[3]를 통해 분할된 CSV/Parquet 파일을 가져올 수 있는 간단하고 멋진 API를 제공합니다. 이 데이터는 무료로 이용할 수 있으며 최소한의 개인 정보만 요구합니다. 데이터세트는 크리에이티브 커먼즈 저작자 표시 라이선스[4]에 따라 게시됩니다. 3장의 데이터세트는 이 책의 자료로 제공된 데이터세트의 일부이며 쉽게 접근할 수 있도록 변경 없이 재배포합니다.

 왜 우리는 최신 센서로 훨씬 더 정밀하게 값을 측정할 수 있으면서도 15분 간격으로 측정값을 저장할까요? 15분이라는 간격은 앞서 언급한 가격 책정과 스마트한 소비를 위한 간격 설정과 같은 목적에 적합하면서도 대부분의 최신 관계형 시스템에서 쉽게 처리할 수 있을 만큼 작은 단위이기 때문입니다. 전력 출력이나 소비량은 와트(W) 또는 킬로와트(kW) 단위로 측정되고 보통 킬로와트시(kWh) 단위로 판매됩니다. 이러한 15분 간격의 데이터는 W 단위를 kWh로 쉽게 변환할 수 있고 발전량 차트를 작성하기에도 충분한 정확도를 유지합니다. 대부분의 경우 최소한 1시간 단위로 값을 평활화해야 합니다 — 구름으로 인한 태양광 발전량의 급격한 상승과 하락은 종종 무의미합니다. 날씨 예보 차트를 참고하고 일일 단위 측정값을 사용하면, 주말과 공휴일을 고려하여 작은 불규칙성을 완화하는 데 적합한 기준 간격을 도출할 수 있습니다.

3.2.1 데이터세트 다운로드

CSV 파일을 거치지 않고 데이터를 로드하기 위해 DuckDB의 `httpfs` 확장을 사용하겠습니다. `httpfs` 확장을 설치하려면 DuckDB CLI에서 `install httpfs; load httpfs;`를 실행합니다. 실습은 다음 데이터 파일을 사용합니다.

---

2 *https://github.com/openEDI/documentation/blob/main/pvdaq.md*
3 *https://developer.nrel.gov/docs/solar/pvdaq-v3*
4 *http://opendefinition.org/licenses/cc-by*

- *https://oedi-data-lake.s3.amazonaws.com/pvdaq/csv/systems.csv*: 이 파일은 PVDAQ에서 측정하는 모든 태양광 시스템의 목록을 담고 있습니다.
- *2019년과 2020년의 시스템 10, 34, 1,200의 측정값*: URL은 앞으로 설명할 스키마에 따라 구성되며, `system_id`와 `year` URL 매개변수를 적절히 변경하면 됩니다. 이 데이터에 접근하려면 API 키가 필요한데 우리는 `DEMO_KEY`를 사용하겠습니다.

데이터를 가져오기 위한 URL은 다음과 같으며, API 키, 시스템 ID, 연도를 쿼리 문자열 매개변수로 전달합니다.

```
https://developer.nrel.gov/api/pvdaq/v3/data_file?api_key=DEMO_KEY&system_
id=34&year=2019
```

만약 어떤 이유로든 위 URL에 접근할 수 없다면 이 책의 소스 코드에 들어 있는 ch03_db 데이터베이스 내보내기 파일을 사용하여 전체 데이터세트를 불러오면 됩니다. 새 데이터베이스에 ch03_db를 가져오려면 다음 명령어를 사용하세요.[5]

```
duckdb my_ch03.db
import database 'ch03_db';
```

💡 또 다른 방법은 DuckDB CLI에서 ATTACH 'md:_share/duckdb_in_action_ch3_4/d0c085
84-1d33-491c-8db7-cf9c6910eceb';을 통해 motherduck.com에서 제공하는 원격 데이터베이스를 사용하는 것입니다. 공유된 이 예시는 읽기 전용이지만 우리가 사용한 모든 데이터를 포함하고 있으며 삽입 작업 등을 제외한 모든 예제를 따라 할 수 있습니다. 12장에서는 MotherDuck이 제공하는 서비스에 대해 자세히 다룰 예정입니다.

우리가 이 데이터세트를 선택한 데는 명확한 이유가 있습니다. 이 데이터세트의 도메인은 이해하기 쉬우면서도 적당히 복잡해서 실제 현실 세계의 요구사항에 부합하는 다양한 분석 개념을 소개하기에 적합합니다. 모든 분석 과정이 그렇듯이 결국에는 일관성 없는 데이터를 마주치게 됩니다. 이 데이터세트의 일부 시리즈에서도 이러한 문제가 있습니다.

---

5 (옮긴이 주) 'ch03_db' 가져오기 수행 시, 3장의 데이터 삽입 과정에서 충돌 오류가 발생할 수 있습니다. 따라서 3장 예제를 직접 실행할지 import를 사용할지 선택해야 합니다.

준비된 데이터베이스를 사용하지 않더라도 미가공 데이터(raw data)를 가져오기 위한 쿼리에 대해 걱정하지 않아도 됩니다. 곧 이 부분을 다룰 예정입니다. 다음 절에서는 먼저 데이터베이스 스키마를 논의하고 생성한 후 여러 태양광 시스템의 측정값을 다운로드하는 과정을 다루겠습니다.

3.2.2 대상 스키마

DuckDB는 *관계형 데이터베이스 관리 시스템*(Relational Database Management System, RDBMS)입니다. 즉, 데이터를 관계로 저장하고 관리하는 시스템을 의미합니다. *관계*(relation)는 기본적으로 테이블의 수학적 용어입니다.

각 *테이블*은 이름이 지정된 로우의 모음입니다. 테이블의 각 로우는 동일한 이름의 컬럼 집합을 가지며, 각 컬럼은 특정 데이터 타입으로 정의됩니다. 테이블 자체는 스키마 안에 저장되며, 스키마 컬렉션은 접근할 수 있는 전체 데이터베이스를 구성합니다.

> ✅ *대리 키*(surrogate key)란 무엇일까요? 테이블에서 로우를 참조하려면 각 로우마다 고윳값을 가진 컬럼이나 모든 로우에서 고유한 컬럼 조합이 필요합니다. 이러한 컬럼을 보통 기본 키(primary key)라고 부릅니다. 그러나 데이터베이스에 저장되는 모든 데이터가 고유한 속성을 갖는 것은 아닙니다. 예를 들어 사람의 이름을 고유 키나 기본 키로 사용한다면 매우 나쁜 선택입니다. 이러한 시나리오에서 데이터베이스 스키마 설계자는 종종 일정하게 증가하는 숫자 컬럼이나 *범용 고유 식별자*(Universally Unique Identifier, UUID)를 포함한 컬럼을 대리 키로 추가합니다.

우리 데이터세트의 스키마는 소수의 테이블로 구성되어 있습니다(그림 3.1 참조). 이 테이블들은 정규화되어 있어서 조인(join) 작업을 시연하거나 설명하기 쉽게 되어 있습니다. 우리가 작업할 세 가지 테이블은 다음과 같습니다.

- `systems` — 발전량을 측정하는 시스템 정보를 담고 있습니다.
- `readings` — 시스템에서 실제로 측정한 데이터를 담고 있습니다.
- `prices` — 에너지를 판매할 때 적용된 가격을 담고 있습니다. 예제에서는 가격이 킬로와트시당 유로 센트(cents/kWh)로 측정되지만 다른 단위로 킬로와트시당 가격을 사용하는 것도 가능합니다.

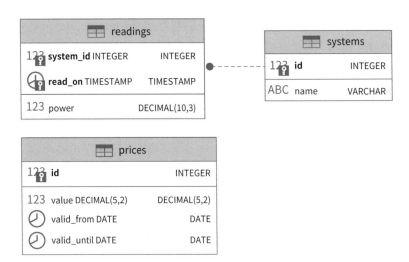

그림 3.1 에너지 소비 스키마

systems 테이블은 CSV세트에 정의된 ID를 사용합니다. 우리는 이를 외부에서 생성된 대리 키로 취급합니다. prices 테이블은 SEQUENCE를 사용하고 readings 테이블은 *연결된 자연 키*(concatenated natural key)(측정을 시행한 시스템의 ID와 값을 측정한 시점의 타임스탬프)를 사용합니다.

3.3 데이터 정의 언어 쿼리

우리는 이미 DuckDB를 사용할 때 스키마에 테이블을 먼저 생성하지 않아도 다양한 소스를 쿼리할 수 있다는 점을 확인했습니다. 하지만 DuckDB는 완전한 기능을 갖춘 관계형 데이터베이스 관리 시스템(RDBMS)이므로 데이터세트를 삽입하기 전에 데이터 정의 언어(Data Definition Language, DDL) 쿼리를 사용하여 대상 스키마부터 생성해야 합니다. 새 테이블은 CREATE TABLE 문으로 생성하며, 기존 테이블은 ALTER TABLE 문으로 수정할 수 있습니다. 더 이상 필요 없는 테이블은 DROP TABLE 문을 사용하면 됩니다.

 DuckDB는 데이터 정의 언어의 모든 절(clause)을 지원하지만, 이 장에서는 간결함을 위해 그 중 일부만 사용합니다. 지원하는 모든 절을 보려면 반드시 문(statement) 관련 문서[6]를 참조하세요.

6 *https://duckdb.org/docs/sql/statements/overview*

3.3.1 CREATE TABLE 문

모니터링할 시스템을 위한 테이블을 CREATE TABLE 문으로 생성해 보겠습니다. 생성할 테이블의 이름과 컬럼 목록을 지정해야 합니다. 전체 문장에 적용되는 수정자와 같은 다른 옵션들은 선택 사항입니다. 컬럼 목록은 컬럼의 이름, 타입, 그리고 필요에 따라 컬럼 제약 조건으로 정의합니다.

코드 3.1 기본적인 CREATE TABLE 문

```
CREATE TABLE IF NOT EXISTS systems (
    id          INTEGER PRIMARY KEY,
    name        VARCHAR(128) NOT NULL
);
```

> IF NOT EXISTS는 선택적인 절로 전체 명령을 멱등하게 만들어 테이블이 이미 존재하더라도 실패하지 않게 합니다.

> PRIMARY KEY를 사용하면 기본 키 역할을 하는 필수 컬럼이 되고 고유한 키가 됩니다. 인덱스도 추가됩니다.

> NOT NULL 수정자는 해당 컬럼을 필수 컬럼으로 만듭니다 (실제 NULL 값을 삽입할 수 없습니다).

이전 예제와 여기서 생성한 테이블을 활용한 후속 예제에서 우리는 기본 키, 고유 키, 외래 키 등 다양한 제약 조건을 적용했습니다. 이는 CREATE 문에서 사용 가능한 옵션을 보여주는 동시에 데이터 무결성도 중요하게 생각하기 때문입니다.

DuckDB에서 — 거의 모든 다른 데이터베이스와 마찬가지로 — 제약 조건은 대량의 데이터를 로드할 때 일반적으로 성능에 부정적인 영향을 미치는데, 해당 제약 조건을 위한 인덱스를 다시 생성하거나 업데이트해야 하며 규칙 검사를 수행해야 하기 때문입니다. 무결성 검사가 필요하지 않다면 이러한 제약 조건을 생략하세요.

 DuckDB는 CREATE OR REPLACE TABLE 문도 제공합니다. 이 문은 기존 테이블을 삭제하고 새로운 정의로 대체합니다. 그러나 테이블을 무조건 삭제하면 잠재적인 데이터가 사라질 수 있으므로 우리는 테이블을 조건 없이 삭제하는 것보단 더 안전하다고 여겨지는 IF NOT EXISTS 절을 더 선호합니다.

readings 테이블은 기존과 조금 다른 방식으로 정의되어 있습니다. 이 테이블은 system_id와 timestamp 컬럼을 함께 사용하는 복합 기본 키를 갖습니다. system_id는 systems 테이블을 참조하는 컬럼이며, timestamp는 읽힌 날짜와 시간을 담은 컬럼입니다. 이러한 기본 키 제약 조건은 하나의 컬럼으로 직접 정의될 수 없으며 컬럼 목록 외부에 있어야 합니다.

코드 3.2 멱등성을 가진 readings 테이블 생성하기

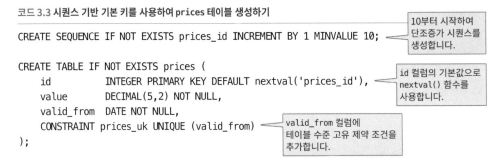

```
CREATE TABLE IF NOT EXISTS readings (
    system_id    INTEGER NOT NULL,
    read_on      TIMESTAMP NOT NULL,
    power        DECIMAL(10,3) NOT NULL DEFAULT 0 CHECK(power >= 0),
    PRIMARY KEY (system_id, read_on),
    FOREIGN KEY (system_id) REFERENCES systems(id)
);
```

여기서는 데이터 품질을 보장하기 위해 여러 절을 사용했습니다. 전력 측정값은 기본값 0으로 가정하며, 컬럼 검사 제약 조건을 추가해서 음수 값을 입력할 수 없게 했습니다.

컬럼 목록 뒤에 복합 기본 키를 정의하는 방법입니다.

외래 키 제약 조건도 테이블 제약 조건이며 컬럼 정의 뒤에 위치합니다.

마지막으로 prices 테이블을 살펴 보겠습니다. 스크립트에는 명령문이 두 개인데, 이는 증가하는 숫자 값을 대리 기본 키(surrogate primary key)로 사용하기 때문입니다. 이를 위해 DEFAULT 선언에서 nextval() 함수를 호출합니다. nextval() 함수는 시퀀스 이름을 입력으로 받습니다. 시퀀스는 숫자 값이며 테이블 정의와는 독립적으로 데이터베이스에 저장됩니다. CREATE SEQUENCE로 시퀀스를 생성합니다.

코드 3.3 시퀀스 기반 기본 키를 사용하여 prices 테이블 생성하기

```
CREATE SEQUENCE IF NOT EXISTS prices_id INCREMENT BY 1 MINVALUE 10;

CREATE TABLE IF NOT EXISTS prices (
    id           INTEGER PRIMARY KEY DEFAULT nextval('prices_id'),
    value        DECIMAL(5,2) NOT NULL,
    valid_from   DATE NOT NULL,
    CONSTRAINT prices_uk UNIQUE (valid_from)
);
```

10부터 시작하여 단조증가 시퀀스를 생성합니다.

id 컬럼의 기본값으로 nextval() 함수를 사용합니다.

valid_from 컬럼에 테이블 수준 고유 제약 조건을 추가합니다.

왜 valid_from을 기본 키로 사용하지 않을까요? 애플리케이션 초기에는 판매 가격만 처리하면 될 테지만 나중에는 구매 가격도 처리해야 할 수 있습니다. 이를 모델링하는 방법은 여러 가지가 있습니다. 예를 들어 별도 테이블을 추가하거나 가격이 판매 가격인지 구매 가격인지를 구분하는 type 컬럼을 prices 테이블에 추가할 수 있습니다. valid_from을 기본 키로 사용하면 같은 날짜에 서로 다른 유형의 가격을 설정할 수 없게 됩니다. 따라서 단순 기본 키 대신 복합 기본 키로 변경해야 합니다. 다른 데이터베이스에서는 기본 키나 고유 키를 삭제하고 다시 생성할 수 있지만, DuckDB에서는 이를 지원하지 않으므로 이러한 변경을 위해 더 큰 규모의 마이그레이션이 필요할 수 있습니다.

또한 기본 키 값을 업데이트하는 것은 인덱스뿐만 아니라 데이터 구조적 측면에서도 비용이 많이 듭니다. 예를 들어 기본 키 컬럼이 이미 외래 키의 참조 컬럼으로 사용되고 있다면 변경이 까다로울 수 있습니다. 모든 제약 조건은 인덱스를 기반으로 하며 기본 키 값을 변경하면 종종 해당 인덱스를 다시 구성해야 하는데, 이는 성능 저하와 높은 비용을 유발합니다. 여러 테이블을 한 번의 트랜잭션에서 업데이트하는 것은 오류의 흔한 원인이며 종종 데이터 일관성이 깨질 위험이 있습니다. 반면에 readings 테이블에서는 이러한 위험이 없습니다. timestamp 컬럼을 기본 키로 사용했기 때문에 측정값은 본질적으로 변경되지 않는(immutable, 불변) 특성을 가져서 일관성 문제가 발생하지 않습니다.

 SELECT sequence_name FROM duckdb_sequences();를 사용하여 데이터베이스의 기존 시퀀스를 검토하세요.

3.3.2 ALTER TABLE 문

스키마 정의는 복잡한 작업이며 조직에서는 보통 스키마 설계에 많은 노력을 기울입니다. 하지만 처음부터 모든 상황을 고려하여 완벽하게 들어맞는 스키마를 설계하는 경우는 거의 없습니다. 요구사항이 지속적으로 변화하기 때문입니다. 예를 들어 가격의 유효성을 기록해야 하는 요구사항이 생긴다면 새로운 컬럼을 추가해야 합니다. 이러한 경우에는 ALTER TABLE 문을 사용하여 테이블을 수정하면 됩니다.

```
ALTER TABLE prices
ADD COLUMN IF NOT EXISTS valid_until DATE;
```

> 많은 DDL 관련 문은 IF NOT EXISTS 절을 지원하며 현재 사용 중인 스키마를 다룰 때 발생할 수 있는 오류를 줄입니다.

또한 ALTER TABLE을 사용하면 컬럼을 삭제(DROP)하거나 이름을 변경(RENAME)할 수 있으며 테이블 이름도 변경(RENAME)할 수 있습니다. 기본값 같은 일부 컬럼 옵션은 변경할 수 있지만, 이 글을 쓰는 시점까지는 제약 조건을 추가, 삭제, 변경하는 것은 지원하지 않습니다. 따라서 제약 조건을 변경하려면 테이블을 다시 생성해야 합니다.

테이블을 생성하는 다른 방법이 있는데 그중 하나가 *Create Table As Select*(CTAS)입니다. 이는 테이블의 형태(shape)와 내용을 한 번에 복제하는 빠르고 간편한 방법입니다. 예를 들어 prices 테이블을 복제하려면 다음과 같이 작성하면 됩니다.

```
CREATE TABLE prices_duplicate AS
SELECT * FROM prices;
```

또한 LIMIT 0 절을 추가하여 데이터 없이 테이블의 스키마만 복사하거나 WHERE 절을 사용하여 조건에 맞는 데이터를 포함한 테이블 구조를 복사할 수도 있습니다.

3.3.3 CREATE VIEW 문

CREATE VIEW 문은 쿼리의 뷰를 정의합니다. 이는 기본적으로 모든 조건과 변환을 포함하여 쿼리를 표현하는 SQL 문을 저장합니다. 뷰는 쿼리에서 일반 테이블이나 관계처럼 동작하며 추가적인 조건이나 변환을 적용할 수 있습니다. 일부 데이터베이스는 뷰를 구체화하지만 그렇지 않은 경우도 있습니다.[7] DuckDB는 뷰를 쿼리할 때 뷰를 정의한 SQL 문을 실행합니다. 성능 문제가 발생할 때는 CTAS 문을 사용하여 뷰의 데이터를 임시 테이블로 저장하는 방법(materialize)을 고려할 수 있습니다. WHERE 절 안에서 뷰를 쿼리할 때 사용한 추가 조건은 종종 *푸시다운 조건자* (pushdown predicate)[8]로 작동합니다. 즉, 뷰를 정의하는 쿼리에 조건이 추가되어 최적화되며 데이터가 로드된 이후에 필터로 사용되지 않습니다.

우리 시나리오에서 유용한 뷰는 시스템별, 일별 발전량을 kWh 단위로 보여주는 뷰입니다. 이 뷰는 해당 값을 계산하는 로직과 이를 위한 그룹화 문장들을 함께 캡슐화합니다. 뷰는 데이터베이스 내에서 API를 만드는 아주 좋은 방법입니다. 이 API는 애드혹(ad hoc) 쿼리와 애플리케이션 모두에서 사용할 수 있습니다. 내부 계산 로직이 변경되더라도 뷰의 구조를 그대로 유지하면서 다시 생성할 수 있어서 외부 애플리케이션에는 영향을 주지 않습니다.

GROUP BY 절은 관계형 데이터베이스에서 빼놓을 수 없는 필수 요소입니다. 그 이유는 3장 후반부에서 자세히 살펴보겠습니다. 이번 예제에서는 GROUP BY 절이 시스템별, 일별로 총발전량을 계산한다는 점만 이해하면 충분합니다. SELECT 목록에서 사용된 sum 함수는 집계 함수로, 그룹에 속한 값들을 집계합니다.

코드 3.4 시스템과 일별 발전량 보기 만들기

```
CREATE OR REPLACE VIEW v_power_per_day AS
SELECT system_id,
       date_trunc('day', read_on)     AS day,
       round(sum(power) / 4 / 1000, 2) AS kWh,
FROM readings
GROUP BY system_id, day;
```

뷰를 생성할 때 기반 테이블에 데이터가 없어도 해당 테이블만 있으면 문제가 되지

---

7 (옮긴이 주) 구체화된 뷰(materialized view)는 쿼리 성능을 높이기 위해 결과를 테이블 형태로 미리 저장한 뷰입니다. 용어를 구체화된 뷰로 통일하지 않고 맥락에 따라 번역했습니다.
8 (옮긴이 주) 푸시다운 조건자는 쿼리 실행 시, 데이터가 있는 곳에서 필터를 먼저 적용하여 필요한 데이터만 가져오는 최적화 기법입니다. 이를 통해 쿼리 성능을 크게 개선할 수 있습니다.

않습니다. 우리는 readings 테이블을 생성했지만 아직 데이터를 삽입하지 않아서 SELECT * FROM v_power_per_day로 뷰를 쿼리하면 현재는 아무 결과도 반환되지 않습니다. 이 뷰는 3.4.1절에서 다시 다룰 예정이며 이후 3장과 4장의 여러 예제에서 사용됩니다.

3.3.4 DESCRIBE 문

사실상 모든 관계형 데이터베이스는 데이터베이스 스키마 쿼리에 DESCRIBE 문을 지원합니다. 기본적으로 DESCRIBE 문은 테이블과 뷰에 사용합니다.

> 관계형 데이터베이스는 관계형 모델과 궁극적으로는 관계 대수에 기반을 둡니다. 관계형 모델은 1970년 에드거 F. 코드(Edgar F. Codd)에 의해 처음 제안되었습니다. 본질적으로 모든 데이터는 관계로 그룹화된 튜플(tuple) 집합으로 저장됩니다. 튜플은 속성의 정렬된 목록으로 테이블의 컬럼 목록이라고 볼 수 있습니다. *테이블*은 튜플 집합의 관계입니다. 뷰 또한 튜플의 관계이고 쿼리의 결과 또한 마찬가지입니다. 그래프 데이터베이스는 관계형 데이터베이스와 대조적으로 엔터티(entity) 간의 실제 관계를 저장하는 방식입니다. 하지만 이 책에서는 관계형 모델에서 정의한 개념을 기준으로 용어를 사용합니다.

DuckDB의 DESCRIBE 문은 테이블뿐만 아니라 뷰, 쿼리, 집합 등 관계로 취급되는 모든 객체에 대해서도 작동합니다. 예를 들어 DESCRIBE readings;를 통해 readings 테이블을 조회할 수 있습니다. 결과는 다음과 유사할 것입니다.

column_name varchar	column_type varchar	null varchar	key varchar	default varchar	extra varchar
system_id	INTEGER	NO	PRI	NULL	NULL
read_on	TIMESTAMP	NO	PRI	NULL	NULL
power	DECIMAL(10,3)	NO	NULL	0	NULL

테이블에서 선택한 컬럼들의 특정 하위 집합(새로운 튜플)에 대해서도 조회할 수 있습니다. 예를 들어 다음과 같은 쿼리를 실행하면

```
DESCRIBE SELECT read_on, power FROM readings;
```

다음과 같은 결과를 출력합니다.

column_name varchar	column_type varchar	null varchar	key varchar	default varchar	extra varchar
read_on	TIMESTAMP	NO	PRI	NULL	NULL
power	DECIMAL(10,3)	NO	NULL	0	NULL

마지막으로 DESCRIBE VALUES (4711, '2023-05-28 11:00'::timestamp, 42); 같이 임의로 만든 튜플을 조회할 때도 동일하게 작동합니다.

column_name varchar	column_type varchar	null varchar	key varchar	default varchar	extra varchar
col0	INTEGER	YES	NULL	NULL	NULL
col1	TIMESTAMP	YES	NULL	NULL	NULL
col2	INTEGER	YES	NULL	NULL	NULL

> 데이터의 구조가 확실하지 않을 때는 언제든지 DESCRIBE 문을 사용하세요. 이 문은 모든 유형의 관계뿐 아니라 로컬 및 원격 파일에서도 작동합니다. 사용 중인 파일의 유형에 따라 DuckDB가 DESCRIBE 문을 최적화하는 효율성이 달라집니다. 예를 들어 원격 파일(예: Parquet 포맷의 파일)은 매우 빠르게 조회할 수 있지만, CSV 파일은 스키마를 포함하지 않기 때문에 엔진이 내용을 샘플링해야 하며 이에 따라 처리 속도가 느려질 수 있습니다.

3.4 데이터 조작 언어 쿼리

데이터베이스의 맥락에서 데이터를 삽입, 삭제, 수정, 조회하는 모든 문은 *데이터 조작 언어*(Data Manipulation Language, DML)로 분류됩니다. 이 절에서는 먼저 INSERT와 DELETE 문을 다루고 그 후에 데이터 쿼리를 설명하겠습니다. 다만, UPDATE 문은 자세히 다루지 않습니다. SQL 쿼리의 멋진 점은 쿼리들이 매우 자연스럽게 조합된다는 점입니다. 예를 들어 WHERE 절에서 배운 내용은 INSERT, DELETE, UPDATE, SELECT 문에서도 동일하게 적용됩니다.

3.4.1 INSERT 문

데이터를 생성할 때는 INSERT 문을 사용합니다. 데이터 삽입 작업은 간단한 '실행 후 잊어 버리는(fire-and-forget)' 문장부터 충돌을 완화하고 높은 데이터 품질을 보장하는 복잡한 문장까지 다양합니다. 우리는 먼저 코드 3.3에서 만든 prices 테이블에 기본적이고 단순한 방식으로 데이터를 채워나가며 시작합니다. INSERT 문을 작성할 때는 먼저 어디에 삽입할지를 지정한 후 어떤 데이터를 삽입할지를 명시해야 합니다. *어디에*는 테이블 이름 — 여기서는 prices 테이블입니다. *어떤 데이터*는 컬럼 값 목록으로, 반드시 테이블의 컬럼 타입, 순서와 일치해야 합니다. 이 예시에서는 숫자 두 개와 문자열 두 개로 구성된 값을 로우 하나에 삽입하며 문자열 값은 자동으로 DATE 타입으로 변환됩니다.

```
INSERT INTO prices
VALUES (1, 11.59, '2018-12-01', '2019-01-01');
```

위 쿼리는 몇 가지 측면에서 취약합니다. 첫째, 컬럼 순서에 의존하는 방식은 테이블 구조가 변경되는 즉시 쿼리를 실행할 수 없게 될 수 있습니다. 또한 여기서는 명시적으로 1을 고유 키로 사용했습니다. 만약 이 쿼리를 두 번째로 실행하면 테이블에 이미 주어진 키를 가진 로우가 존재하기 때문에 당연히 실패하게 됩니다. 기본 키가 고유해야 한다는 제약 조건을 두 번째 로우는 위반하게 됩니다.

```
INSERT INTO prices
  VALUES (1, 11.59, '2018-12-01', '2019-01-01');
Constraint Error:
Duplicate key "id: 1" violates primary key constraint.
```

스키마만으로는 이러한 충돌을 완전히 방지할 수 없지만, 비표준인 ON CONFLICT 절을 사용하여 아무 작업도 수행하지 않도록 설정함으로써 완화할 수 있습니다. DO NOTHING 절은 기본적으로 기본 인덱스(이 경우에는 id 컬럼)를 기준으로 작동합니다. 여전히 취약하긴 하지만 이제 이 문장은 최소한 멱등성[9]을 갖게 됩니다.

```
INSERT INTO prices
VALUES (1, 11.59, '2018-12-01', '2019-01-01')
ON CONFLICT DO NOTHING;
```

이 경우 멱등성은 생각보다 유용하지 않을 수 있습니다. 오류가 발생하지는 않지만 아마도 기대했던 결과가 나오지 않을 가능성이 큽니다. 이 예제에서는 삽입하고자 하는 모든 컬럼을 명시하고 ID 값은 명시적으로 지정하지 않는 것이 더 나은 해결책입니다. 애초에 우리는 이미 ID를 생성하는 컬럼에 시퀀스와 기본값을 정의했습니다.

---

9 (옮긴이 주) 같은 명령어를 여러 번 실행해도 결과가 변경되지 않는 성질

```
INSERT INTO prices(value, valid_from, valid_until)
VALUES (11.47, '2019-01-01', '2019-02-01'),
       (11.35, '2019-02-01', '2019-03-01'),
       (11.23, '2019-03-01', '2019-04-01'),
       (11.11, '2019-04-01', '2019-05-01'),
       (10.95, '2019-05-01', '2019-06-01');
```

실패할 또 다른 가능성이 있습니다. 우리는 유효 날짜(validity date)를 고유 키로 정의했습니다. 이러한 오류가 발생하면 비즈니스 관점에서 타당한 방식으로 대응할 수 있습니다. 즉, 해당 키에서 충돌이 발생하면 기존 값을 삽입하거나 대체하는 방식으로 처리하는 겁니다. 다음 예제에서는 새로운 가격을 사용하여 이전 가격을 업데이트합니다.

```
INSERT INTO prices(value, valid_from, valid_until)
VALUES (11.47, '2019-01-01', '2019-02-01')
ON CONFLICT (valid_from) ─────────────────┐   테이블에 여러 제약 조건(기본 키와 고유 키)이
    DO UPDATE SET value = excluded.value;      있으므로 어떤 키에서 충돌 완화가 일어나야
                                               하는지 명시해야 합니다.
```

3.4.2절에서 이 주제를 다시 살펴보겠습니다.

물론 SELECT 문을 실행한 결과를 INSERT 문에서 입력으로 사용할 수 있습니다. 곧 SELECT 문의 구조를 자세히 살펴보겠지만, 예제를 완성하기 위해 다음과 같이 사용해 보세요. 이 문장은 INSERT 절로 데이터를 전달하는 파이프라인 역할을 한다고 생각하면 이해하기 쉽습니다. 코드 3.5에 나와 있듯이 prices.csv 파일에서 모든 데이터를 읽고(SELECT) 해당 파일에서 등장하는 순서대로 삽입합니다(이 파일은 이 책의 GitHub 저장소 ch03 폴더[10]에서 찾을 수 있습니다).

코드 3.5 다른 관계로부터 데이터 삽입하기

```
INSERT INTO prices(value, valid_from, valid_until)
SELECT * FROM 'prices.csv' src;
```

SELECT 문을 자세히 살펴보기 전에 systems 테이블을 채우고 첫 번째 측정값 데이터 묶음을 로드해 보겠습니다. INSERT 문을 올바르게 작성하려면 CSV 데이터의 구조를 이해해야 합니다. 이를 위해 DESCRIBE 문을 모든 관계형 객체(relation)에 사용할 수 있다는 점 — 이번에는 CSV 파일을 읽어 정의된 관계 — 을 활용하겠습니다.

---

10 *https://github.com/duckdb-in-action/examples*

```
INSTALL httpfs;
LOAD httpfs;
```

httpfs 확장을 설치하고 로드하여
URL에 접근할 수 있게 합니다.

```
DESCRIBE SELECT * FROM
    'https://oedi-data-lake.s3.amazonaws.com/pvdaq/csv/systems.csv';
```

타입 힌트를 지정하지 않으면 systems.csv는 DuckDB에서 다음과 같이 보입니다.

column_name varchar	column_type varchar	null varchar	key varchar	default varchar	extra varchar
system_id	BIGINT	YES	NULL	NULL	NULL
system_public_name	VARCHAR	YES	NULL	NULL	NULL
site_id	BIGINT	YES	NULL	NULL	NULL
site_public_name	VARCHAR	YES	NULL	NULL	NULL
site_location	VARCHAR	YES	NULL	NULL	NULL
site_latitude	DOUBLE	YES	NULL	NULL	NULL
site_longitude	DOUBLE	YES	NULL	NULL	NULL
site_elevation	DOUBLE	YES	NULL	NULL	NULL

데이터 삽입에는 system_id와 system_public_name이 적절해 보입니다. 하지만 파일에 중복 데이터가 포함되어 있다면 삽입이 실패할 가능성이 있습니다. 중복을 필터링하는 가장 간단한 방법은 SELECT 문의 컬럼 절에 DISTINCT 키워드를 적용하는 것입니다. 다음 예제에서 보듯이 이 방법을 사용하면 선택한 모든 컬럼에서 고유한 집합을 유지할 수 있습니다.

코드 3.6 다른 테이블에서 고유한 로우 집합 삽입하기

```
INSTALL httpfs;
LOAD httpfs;

INSERT INTO systems(id, name)
SELECT DISTINCT system_id, system_public_name
FROM 'https://oedi-data-lake.s3.amazonaws.com/pvdaq/csv/systems.csv'
ORDER BY system_id ASC;
```

3.2.1절에서 선택한 시스템은 특정 이유로 선택되었습니다. 우리의 요구사항(15분 간격의 측정값을 포함)에 적합하기 때문에 시스템 34의 데이터세트로 시작합니다. 그런데 이 데이터는 일관성이 부족한 부분이 몇 개 있습니다. 예를 들어 전력 출력 값이 때때로 NULL(비어 있음) 또는 음수로 기록되어 있습니다. CASE 표현식으로 누락된 값을 기본값 0으로 설정하려 합니다.

DuckDB는 URL에서 파일 타입이나 구조가 무엇인지 명확하게 식별할 수 없습니다(예: .csv나 .parquet 같은 친숙한 확장자를 사용하지 않음). 데이터베이스는 올바른 파일 타입을 추론할 수 없으므로 이 문제를 해결하려면 read_csv_auto 함수(다음 코드 참조)를 사용해야 합니다.

코드 3.7 첫 번째 읽기 데이터세트 다운로드하고 처리하기

```
INSERT INTO readings(system_id, read_on, power)
SELECT SiteId, "Date-Time",
       CASE
             WHEN ac_power < 0 OR ac_power IS NULL THEN 0
             ELSE ac_power END
FROM read_csv_auto(
     'https://developer.nrel.gov/api/pvdaq/v3/data_file?' ||
     'api_key=DEMO_KEY&system_id=34&year=2019'
     );
```

방금 로드한 2019년 시스템 34의 데이터 샘플은 다음과 같이 조회할 수 있습니다.[11]

```
SELECT * FROM readings
WHERE date_trunc('day', read_on) = '2019-08-26' AND power <> 0;
```

이 예제의 출력은 다음과 같이 보입니다.

```
┌───────────┬─────────────────────┬───────────────┐
│ system_id │       read_on       │     power     │
│   int32   │      timestamp      │ decimal(10,3) │
├───────────┼─────────────────────┼───────────────┤
│        34 │ 2019-08-26 05:30:00 │      1700.000 │
│        34 │ 2019-08-26 05:45:00 │      3900.000 │
│        34 │ 2019-08-26 06:00:00 │      8300.000 │
│         · │          ·          │             · │
│         · │          ·          │             · │
│         · │          ·          │             · │
│        34 │ 2019-08-26 17:30:00 │      5200.000 │
│        34 │ 2019-08-26 17:45:00 │      2200.000 │
│        34 │ 2019-08-26 18:00:00 │       600.000 │
├───────────┴─────────────────────┴───────────────┤
│ 51 rows (6 shown)                      3 columns │
└──────────────────────────────────────────────────┘
```

---

11 (옮긴이 주) 6 shown으로 보이게 하려면 .maxrows 6 실행 후 다시 해당 문장을 실행하세요.

이제 읽기 테이블에 데이터를 삽입했으므로 코드 3.4에서 생성한 v_power_per_day 뷰도 데이터를 반환합니다. 기억하세요, v_power_per_day는 일별 그룹을 생성하고 전력 값을 합산하는 역할을 합니다. 다음과 같이 실행하면 결과를 확인할 수 있습니다.

```
SELECT * FROM v_power_per_day WHERE day = '2019-08-26';
```

출력은 다음과 같습니다.

system_id int32	day date	kWh double
34	2019-08-26	716.9

뷰의 정의가 기억나지 않는다면 다시 확인해 보세요. 뷰는 날짜를 하루 단위로 절삭(truncate)하고 해당 날짜의 측정값을 합산하는 등의 로직을 캡슐화할 때 매우 좋은 방법입니다. 이 예제도 이런 방식을 사용했습니다.

해당 쿼리는 URL 매개변수를 제외하면 기본적으로 2020년도를 조회하는 쿼리와 같습니다. 그렇다면 range 함수를 사용하여 파일 이름 목록을 생성해서 이를 인라인 테이블처럼 사용하는 쿼리를 작성해 보면 어떨까요?

```
SELECT * FROM (
    SELECT 'https://' || years.range || '.csv' AS v
    FROM range(2019,2021) years
) urls, read_csv_auto(urls.v);
```

이 쿼리는 이론적으로는 문제가 없지만 DuckDB에서 테이블 함수(4.9절 참조)를 구현한 방식에 제약이 있어서 (아직) 작동하지 않습니다. 이 글을 쓰는 현재까지는 테이블 함수에 상수 매개변수만 쓸 수 있습니다. 더욱이 read_csv나 read_parquet는 입력 매개변수를 통해 스키마를 학습하고 파일을 읽기 때문에 선후 관계 문제(chicken-and-egg problem)가 해결되어야 합니다.

3.4.2 데이터 병합

데이터를 처리하다 보면 데이터세트에 중복된 항목이 있거나 데이터베이스에 이미 존재하는 항목을 삽입할 때가 있습니다. 3.4.1절에서 보았듯이 새 데이터를 정제하고 정리하는 것이 유일한 목적이라면 충돌을 무시할 수도 있지만, 때로는 새 데이터를 기존 데이터와 병합하고 싶을 때도 있습니다. 이러한 목적을 위해 DuckDB는 일부 다른 데이터베이스에서 MERGE INTO로 알려진 ON CONFLICT DO UPDATE 절을 제공합니다. 예제에서는 동일한 시스템에 대해 여러 계측기에서 얻은 다수의 측정값이 있을 수 있으며 우리는 평균 측정값을 계산하고자 합니다. 충돌 시 아무것도 하지 않는 대신 이제 DO UPDATE를 사용합니다.

코드 3.8에서는 먼저 임의의 측정값을 삽입하고 그다음 동일한 장치에 같은 시간에 대한 측정값을 삽입하려고 시도합니다. 두 번째 삽입 시도는 기본 키가 아닌 system_id와 read_on으로 구성된 복합 키에서 충돌이 일어날 겁니다. DO UPDATE 절에서 충돌이 발생했을 때 취할 동작을 지정합니다. 업데이트 절은 필요한 만큼 많은 컬럼을 업데이트할 수 있으며, 이는 사실상 병합/업서트(upsert)[12]를 기능을 수행합니다. 또한 CASE 문과 같이 복잡한 표현식도 사용할 수 있습니다.

코드 3.8 충돌 시 새로운 값 계산하기

```
INSERT INTO readings(system_id, read_on, power)
  VALUES (10, '2023-06-05 13:00:00', 4000);

INSERT INTO readings(system_id, read_on, power)
  VALUES (10, '2023-06-05 13:00:00', 3000)
ON CONFLICT(system_id, read_on) DO UPDATE        여기에 동작을
                                                  지정합니다.
SET power = CASE
  WHEN power = 0 THEN excluded.power              원본 데이터세트의 컬럼은 .excluded라는
  ELSE (power + excluded.power) / 2 END;          별칭으로 참조할 수 있습니다.
```

 DuckDB는 또한 ON CONFLICT DO UPDATE와 ON CONFLICT DO NOTHING의 간단한 대안으로 각각 INSERT OR REPLACE와 INSERT OR IGNORE를 제공합니다. 하지만 INSERT OR REPLACE는 이전 예제처럼 기존 값을 결합하는 기능이 없으며 충돌 대상을 정의할 수도 없습니다.

3.4.3 DELETE 문

우리가 사용하는 데이터 소스에는 몇몇 이상치(outlier)가 들어 있습니다. 우리는 시간의 서로 다른 분(minutes) 단위에 측정된 여러 읽기 값을 가져왔는데, 이를 데이터세트에서 제외하고 싶습니다. 이를 처리하는 가장 쉬운 방법은 DELETE 문을 적

---

12 (옮긴이 주) update와 insert의 합성어

용하여 해당 데이터를 삭제하는 겁니다. 다음 DELETE 문은 부정형 IN 연산자(NOT IN)로 조건을 지정하여 삭제할 로우를 필터링합니다. 이 연산자는 왼쪽 표현식이 오른쪽에 있는 표현식 집합에 포함되는지 확인합니다. date_part는 날짜와 타임스탬프를 다루는 DuckDB의 많은 내장 함수 중 하나입니다. (다음 코드에서 보듯이) 이 함수는 타임스탬프에서 특정 부분―이 경우에는 read_on 컬럼에서 분(minutes)―을 추출합니다.

코드 3.9 로드한 데이터 정리하기

```
DELETE FROM readings
WHERE date_part('minute', read_on) NOT IN (0,15,30,45);
```

때로는 이러한 특이점과 불일치를 미리 알고 있어서 데이터를 로드한 후에 따로 정리할 필요가 없을 수도 있습니다. 이 예제처럼 시간 기반 데이터에서는 time_bucket 함수를 활용하여 데이터를 삽입하는 문장(ingesting statement)을 작성할 수 있었습니다. 우리는 데이터 가져오기를 한 후에야 이러한 불일치를 발견했으며, 이를 강조하는 것이 의미가 있다고 생각합니다.

3.4.4 SELECT 문

이 절에서는 SELECT 문과 수집한 데이터를 쿼리하는 것을 중점적으로 설명해 보겠습니다. SELECT 문은 데이터베이스에서 로우 형태로 데이터를 검색할 수 있으며 중첩하여 사용하면 임시 관계(ephemeral relation)를 생성합니다. 우리가 이미 보았듯 이러한 관계는 다시 쿼리하거나 데이터를 삽입하는 데 사용할 수 있습니다.

SELECT 문의 필수 절과 표준 작성 순서입니다.

코드 3.10 SELECT 문의 구조

```
SELECT select_list
FROM tables
WHERE condition
GROUP BY groups
HAVING group_filter
ORDER BY order_expr
LIMIT n
```

표준 SQL과 DuckDB에 특화 변형된 SQL 문법에는 더 다양한 절(clause)이 있으며 일부는 4장에서 설명할 예정입니다. DuckDB 공식 문서에는 **SELECT** 문을 설명하는 전용 페이지[13]가 있으며 **SELECT** 문의 각 절을 구성하는 방법에 대한 참고 자료로 이를 활용하기를 권장합니다.

우리는 다음 절이 중요하니 꼭 이해해야 한다고 생각합니다.

- **JOIN**과 함께 사용되는 **FROM**
- **WHERE**
- **GROUP BY**

이 절들은 쿼리의 소스를 정의하기, 읽기 쿼리와 쓰기 쿼리를 필터링하기, 그리고 궁극에는 데이터를 재구성하는 역할을 합니다. 또한 데이터 쿼리 외에도 다양한 맥락에서 사용됩니다. **ORDER**처럼 단어만 봐도 항목을 정렬한다고 추정할 수 있는 이해하기 쉬운 절도 많습니다.

SELECT와 FROM 절

데이터를 읽는 모든 표준 SQL 문은 **SELECT** 절로 시작합니다. **SELECT** 절은 최종적으로 로우로 반환될 컬럼이나 표현식을 정의합니다. 만약 **SELECT** 문에서 소스 테이블의 모든 것을 가져오고 싶다면 *를 사용할 수 있습니다.

 때때로 **SELECT** 절을 반환될 컬럼을 선택한다는 의미에서 투영(projection)이라고 부릅니다. 반면 실제로 로우를 선택하는 작업은 **WHERE** 절에서 이뤄집니다.

SELECT와 **FROM** 절은 서로 보완적인 관계이며, 우리는 둘 중 하나를 먼저 설명하거나 함께 설명할 수 있습니다. 예를 들어 **FROM** 절은 쿼리의 나머지 부분이 작동할 데이터의 출처를 지정하며 대부분의 쿼리에서 하나 이상의 테이블이 됩니다. **FROM** 절에 둘 이상의 테이블이 나열되거나 **JOIN** 절이 추가로 사용되면 이를 테이블 결합이라고 합니다.

다음 문장은 prices 테이블에서 로우 두 개를 반환합니다. 여기서 소개하는 **LIMIT** 절은 반환되는 로우의 개수를 제한합니다. 특히 데이터세트의 크기를 정확히 알지 못한다면 가져오는 데이터의 양을 제한하는 것이 현명합니다. 이렇게 하면 네트워

---

[13] *https://duckdb.org/docs/sql/statements/select*

크 트래픽이 과도하게 발생하거나 클라이언트가 응답하지 않는 상황을 방지할 수 있습니다.

```
SELECT *
FROM prices
LIMIT 2;
```

이 쿼리는 처음 두 개의 로우를 반환합니다. ORDER 절이 없으면 반환되는 로우의 순서는 실제로 정의되지 않으며 여러분의 인스턴스에서는 순서가 다를 수 있습니다.

id int32	value decimal(5,2)	valid_from date	valid_until date
1	11.59	2018-12-01	2019-01-01
10	11.47	2019-01-01	2019-02-01

DuckDB의 변형된 SQL 문법은 이전 코드를 단순히 FROM prices;로 줄일 수 있게 해 줍니다(제한 없이 실행하면 모든 로우가 반환되지만, 3.4.1 절에서 해당 테이블의 내용을 이미 확인했으므로 괜찮습니다).

WHERE 절

WHERE 절을 사용하면 쿼리에 조건을 추가하여 데이터를 필터링할 수 있습니다. 조건은 하나 이상의 표현식으로 구성됩니다. SELECT, DELETE 또는 UPDATE 문을 사용하여 선택된 데이터는 이러한 조건식과 일치해야 해당 작업에 포함됩니다. 이를 통해 관심 있는 데이터의 하위 집합만 선택할 수 있습니다. 논리적으로 WHERE 절은 FROM 절 다음 또는 DELETE 또는 UPDATE 문 다음에 즉시 적용됩니다.

이번 예제에서는 임의로 설정한 LIMIT을 보다 적절한 조건으로 변경하여, 특정 연도(2000년)의 가격만 포함하도록 WHERE 절을 추가했습니다. DuckDB의 SQL 확장 기능을 사용하고 있음을 주목하세요. 별표 선택 시에는 SELECT *를 생략하고 FROM 절에서 시작할 수 있습니다.

```
FROM prices
WHERE valid_from BETWEEN
'2020-01-01' AND '2020-12-31';
```

> BETWEEN 키워드는 x <= v AND v <= y의 축약형입니다.

예제 데이터에 따르면 해당 쿼리는 로우 11개를 반환합니다.

```
| id    | value        | valid_from | valid_until |
| int32 | decimal(5,2) | date       | date        |
|       |              |            |             |
|    15 |         8.60 | 2020-11-01 | 2023-01-01  |
|    17 |         8.64 | 2020-10-01 | 2020-11-01  |
|     · |            · |          · |           · |
|     · |            · |          · |           · |
|     · |            · |          · |           · |
|    25 |         9.72 | 2020-02-01 | 2020-03-01  |
|    26 |         9.87 | 2020-01-01 | 2020-02-01  |
|                                                  |
| 11 rows (4 shown)                    4 columns   |
```

GROUP BY 절

하나 이상의 컬럼을 기준으로 그룹화하면 각 컬럼의 고윳값별로 하나의 출력 로우가 생성됩니다. 즉, 해당 필드가 일치하는 모든 로우를 함께 그룹화할 수 있습니다. 그런 다음 그룹화된 값을 count, sum, avg, min, max 같은 집계 함수를 통해 집계하여 해당 그룹에 대한 단일 값을 생성합니다. 이를 활용하면 일일 평균 읽기 횟수를 계산하거나 주별 고객 수의 합계를 구하는 등의 작업을 할 수 있습니다. GROUP BY 절이 지정되면 선택 목록에 집계가 없더라도 해당 쿼리는 항상 집계 쿼리가 됩니다. DuckDB에는 집계 함수의 일부가 아닌 모든 컬럼으로 쿼리를 그룹화할 수 있게 해주는 GROUP BY ALL이라는 편리한 확장 기능이 있습니다. 그림 3.2는 로우의 선택이 year 컬럼으로 그룹화되는 방식과 여기에 count, avg, min, max 집계를 적용한 결과를 보여줍니다.

선택할 수 있는 집계 함수는 다양합니다. 앞서 다룬 비교적 표준적인 함수 외에 자주 사용되는 유용한 함수입니다.

- List — 각 그룹의 모든 값을 리스트 구조로 집계합니다
- any_value — 비그룹화 컬럼에서 임의의 값을 선택합니다
- first 또는 last — 결과가 정렬되었다면 비그룹화 컬럼에서 첫 번째 또는 마지막 값을 선택합니다

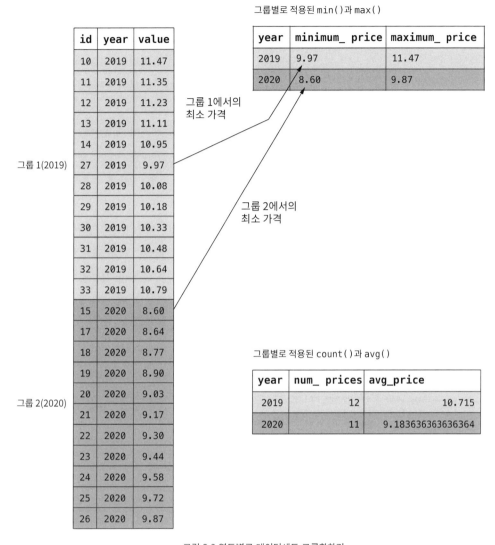

그림 3.2 연도별로 데이터세트 그룹화하기

- arg_max와 arg_min — 최댓값 또는 최솟값을 가진 로우에서 표현식의 값을 찾는 일반적인 작업을 해결합니다
- bit_and, bit_or, bit_xor 및 기타 — 집합에 대해 작동하는 비트 연산
- median, *분위수 계산, 공분산 계산, 일반 회귀* — 포괄적인 통계 집계 세트

전체 목록은 DuckDB 웹사이트[14]에서 확인할 수 있습니다. 이러한 지식을 바탕으로 우리의 데이터세트에서 무엇을 할 수 있는지 살펴보겠습니다.

3.4.4절에서 시작한 가격 예제를 다시 살펴보겠습니다. 먼저 우리는 특정 연도의 가격을 찾기 위해 WHERE 절을 추가했습니다. 그것도 흥미로운 분석이었지만, 연도별 최소 및 최대 가격을 찾아보면 어떨까요?

2019년부터 2020년까지의 최저 및 최고 가격을 찾기 위해 가격이 유효했던 연도별로 그룹화하고 min과 max 집계를 사용할 것입니다. valid_from 컬럼은 날짜 데이터이지만, 우리는 연도만 원합니다. date_part 함수를 사용하면 연도를 추출할 수 있습니다. 다만 별칭 없이 사용하면 결과 컬럼의 이름은 date_part('year', valid_from)과 같이 표시됩니다. 이는 가독성도 좋지 않지만 말하기도 불편합니다. 따라서 AS 키워드로 year라는 별칭을 부여합니다. DuckDB에서는 SQL 표준과 달리 GROUP BY 절에서 별칭을 직접 사용할 수 있으며, 이는 매우 유용한 기능입니다. year를 GROUP BY 절에 지정하면 year가 그룹화 키가 되고, 해당 연도의 고윳값이 버킷 역할을 하며 우리가 선택한 컬럼의 최솟값과 최댓값이 계산됩니다.

코드 3.11 그룹화된 집계

```
SELECT date_part('year', valid_from) AS year,
       min(value) AS minimum_price,
       max(value) AS maximum_price
FROM prices
WHERE year BETWEEN 2019 AND 2020
GROUP BY year
ORDER BY year;
```

> SELECT 절에 원하는 만큼 집계 함수를 사용할 수 있습니다.

> SELECT 절에서 사용한 별칭을 GROUP BY 절에서 다시 사용할 수 있다는 점에 주목하세요.

이 쿼리의 결과는 다음과 같습니다.

year int64	minimum_price decimal(5,2)	maximum_price decimal(5,2)
2019	9.97	11.47
2020	8.60	9.87

---

14 *https://duckdb.org/docs/sql/aggregates*

DuckDB는 날짜 부분을 다룰 때 여러 선택지를 제공합니다. 우리가 사용한 범용 date_part 함수처럼 날짜의 특정 부분을 매개변수로 지정할 수도 있습니다. DuckDB에는 'day', 'hour', 'minute' 등 날짜 요소에 대한 식별자가 있습니다. 또한 이러한 요소에 대한 전용 함수도 제공하므로 코드 3.11에서는 year(valid_from)을 사용할 수도 있었습니다. 범용 함수는 특정 부분을 문장의 다른 표현식에서 동적으로 결정해야 하거나 이식성이 필요한 SQL을 작성할 때 유용합니다. 반면 전용 함수는 더 읽기 쉽고 직관적입니다.

VALUES 절

VALUES 절은 개수가 고정된 로우를 지정할 때 사용합니다. 우리는 이미 데이터를 삽입할 때 이러한 사례를 보았는데 이는 꽤 흔하게 사용됩니다. 하지만 DuckDB에서 VALUES 절은 일부 다른 데이터베이스보다 더 다재다능한데, 독립 실행형 문장으로도 사용할 수 있고 FROM 절의 일부로 사용할 수도 있으며 임의의 로우와 컬럼 개수를 가질 수 있습니다. 여기 몇 가지 유용한 시나리오가 있습니다. 예를 들면 조건을 설정하기 위한 시드 데이터를 설정할 때입니다.

컬럼 두 개뿐인 단일 로우를 정의하는 방법입니다. 예를 들어 간단히 VALUES (1,2);로 작성할 수 있습니다.

```
| col0  | col1  |
| int32 | int32 |
|     1 |     2 |
```

단순히 튜플을 여러 개 나열—VALUES (1,2), (3,4);—함으로써 로우를 여러 개 생성할 수 있다는 점에 주목하세요. 괄호를 추가해서 감쌀 필요가 없습니다.

```
| col0  | col1  |
| int32 | int32 |
|     1 |     2 |
|     3 |     4 |
```

하지만 만약 VALUES ((1,2), (3,4));와 같이 괄호를 추가하면 컬럼이 두 개인 단일 로우가 생성되며, 각 컬럼에는 구조화된 타입이 포함됩니다.

col0 struct(integer, integer)	col1 struct(integer, integer)
(1, 2)	(3, 4)

FROM 절에 튜플을 사용하면 결과 데이터의 컬럼과 타입에 이름을 지정할 수 있습니다. 다음 절에서 조인(JOIN) 로직을 다루면서 이를 활용할 것입니다. 다음 코드 조각은 VALUES 절 내에서 컬럼이 세 개인 로우를 두 개 정의하고 컬럼 이름을 포함하는 인라인 명명 테이블을 생성합니다. 해당 테이블의 이름은 임의로 t라고 지었습니다.

```
SELECT *
FROM (VALUES
    (1, 'Row 1', now()),
    (2, 'Row 2', now())
) t(id, name, arbitrary_column_name);
```

이 결과로 생성되는 가상 테이블은 다음과 같습니다.

id int32	name varchar	arbitrary_column_name timestamp with time zone
1	Row 1	2023-06-02 13:44:30.309+02
2	Row 2	2023-06-02 13:44:30.309+02

JOIN 절

단일 Parquet나 CSV 파일을 분석할 때는 JOIN 절을 사용하지 않고도 할 수 있지만, 이 절을 건너뛰지 않는 게 좋습니다. 조인은 두 테이블이나 관계를 연결하는 데 사용하는 기본적인 관계형 연산입니다. 관계는 조인의 *왼쪽*(left)과 *오른쪽*(right)으로 구분하며, 조인에서 왼쪽은 먼저 나열된 테이블을 의미합니다. 이러한 연결을 통해 이전에는 별도로 존재하던 정보를 결합하여 새로운 관계를 만들 수 있으며 이를 통해 새로운 통찰력을 끌어낼 수 있습니다.

조인은 양쪽 테이블에서 서로 일치하는 로우의 쌍을 생성합니다. 매칭 과정은 보통 왼쪽 테이블의 키 컬럼이 오른쪽 테이블의 컬럼과 동일한 경우에 이뤄집니다. 테이블을 조인할 때 외래 키 제약 조건이 반드시 필요한 것은 아닙니다. 우리는 JOIN .. ON 절보다는 JOIN .. USING에 기반한 SQL 표준 정의를 선호하며, 다음 예제와 이후 책 전체에서 이 방식을 사용합니다. 그럼에도 조인은 FROM 절에서 테이블을 단순히 나열하고 WHERE 절에서 키 컬럼을 비교하는 방식으로도 표현할 수 있습니다.

> ✅ 우리는 조인을 벤 다이어그램으로 설명하지 않습니다. 조인 연산은 순수한 집합 연산이 아니며, 벤 다이어그램은 집합 연산을 표현하는 데 더 적합하기 때문입니다. SQL에는 UNION, INTERSECT, EXCEPT 같은 집합 연산이 있으며 DuckDB는 이러한 연산을 모두 지원합니다. 반면에 조인은 관계 대수의 곱집합에 기반하며 간단히 말해서 모든 데이터를 서로 조합한 다음 필터링하는 방식입니다. 본질적으로 모든 다른 조인은 CROSS JOIN에서 파생됩니다. 그런 다음 내부 조인(INNER JOIN)은 조건에 따라 필터링하고 왼쪽(LEFT) 또는 오른쪽 외부 조인(RIGHT OUTER JOIN)은 여기에 합집합(UNION)을 추가하는 방식으로 동작하지만, 조인에서 사용하는 집합 연산은 이 정도가 전부입니다.

다음 예제에서 우리는 VALUES 절을 사용하여 고정된 개수의 로우에 지정한 값 세트를 갖는 가상 테이블을 정의합니다. 이렇게 값 세트를 지정하면 조인 로직을 이해하는 데 도움이 되며 예제에서 조인의 원본 테이블과 결과 로우를 직접 확인할 수 있습니다. 일반적으로 서로 다른 테이블을 조인하는 경우가 많으며, 우리의 예제에서도 전력 측정값과 가격 데이터를 조인하는 방식을 다룰 것입니다.

조인하는 가장 간단한 방법은 내부 조인(INNER JOIN, 그림 3.3)이며, 이는 기본으로 적용되는 조인 방식이기도 합니다. 내부 조인은 왼쪽 테이블과 오른쪽 테이블에서 동일한 값을 갖는 컬럼을 기준으로 로우를 매칭합니다.

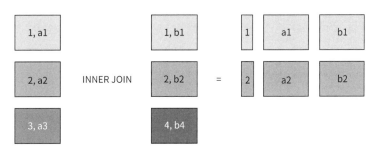

그림 3.3 내부 조인은 키가 동일한 쌍만 매칭함

두 관계에 이름이 같은 컬럼이 있다면 USING 절로 지정할 수 있습니다. USING 절은 지정된 컬럼을 두 관계에서 해당 컬럼을 찾아 자동으로 조인을 수행하며, 이는 ON 절을 사용하여 직접 지정하는 방식(ON tab1.col = tab2.col)과 동일하게 작동합니다.

코드 3.12 내부 조인 사용하기

```
SELECT *
FROM
    (VALUES (1, 'a1'),
            (2, 'a2'),
            (3, 'a3')) l(id, nameA)
JOIN
    (VALUES (1, 'b1'),
            (2, 'b2'),
            (4, 'b4')) r(id, nameB)
USING (id);
```

> 이는 ON l.id = r.id와 동일합니다.

이 결과는 다음과 같습니다.

id int32	nameA varchar	nameB varchar
1	a1	b1
2	a2	b2

반면에 외부 조인(outer join)은 관계를 지정한 방향의 테이블에서 다른 테이블에 일치하는 항목이 없는 로우에 대해서는 NULL 값을 보충합니다. 데이터베이스에 있는 각각의 발전 시스템을 생각해 보세요. 이 중 일부는 공급업체 정보를 다른 테이블에 추가로 저장했을 수 있고, 다른 일부는 그렇게 하지 않았을 수 있습니다. 이런 경우 모든 시스템 목록을 반환하면서 공급업체 정보가 있으면 함께 제공하고 해당 공급업체 정보가 없으면 빈 컬럼을 제공해야 한다면 외부 조인을 사용해야 합니다. 다음 코드는 LEFT OUTER JOIN을 사용하여 왼쪽 관계의 모든 로우를 포함하고 일치하는 항목이 없는 로우에는 NULL 값을 보충합니다.

코드 3.13 왼쪽 외부 조인 사용하기

```
SELECT *
FROM
```

```
        (VALUES (1, 'a1'),
               (2, 'a2'),
               (3, 'a3')) l(id, nameA)
LEFT OUTER JOIN
        (VALUES (1, 'b1'),
               (2, 'b2'),
               (4, 'b4')) r(id, nameB)
USING (id)
ORDER BY id;
```

다음은 코드 3.13에서 가상 테이블을 LEFT OUTER JOIN으로 조인한 결과입니다.

```
| id    | nameA   | nameB   |
| int32 | varchar | varchar |

|     1 | a1      | b1      |
|     2 | a2      | b2      |
|     3 | a3      | NULL    |
```

왼쪽 테이블의 모든 로우가 포함되었으며 a3에는 NULL 값이 추가되었습니다. OUTER JOIN을 LEFT에서 RIGHT로 변경하고 어떤 값이 포함되는지 확인해 보세요. LEFT와 RIGHT OUTER JOIN 모두 로우 3개를 반환합니다. 로우 4개를 모두 가져오고 싶다면 다음 코드에 나와 있듯이 전체 외부 조인(FULL OUTER JOIN)을 사용해야 합니다.

코드 3.14 **전체 외부 조인 사용하기**

```
SELECT *
FROM
        (VALUES (1, 'a1'),
               (2, 'a2'),
               (3, 'a3')) l(id, nameA)
FULL OUTER JOIN
        (VALUES (1, 'b1'),
               (2, 'b2'),
               (4, 'b4')) r(id, nameB)
USING (id)
ORDER BY id;
```

로우 4개가 반환되며, NULL 값은 2개입니다. 하나는 nameA에, 다른 하나는 nameB에 해당합니다.

id int32	nameA varchar	nameB varchar
1	a1	b1
2	a2	b2
3	a3	NULL
4	NULL	b4

그림 3.4에서는 왼쪽 외부 조인을 보여주며, 앞서 코드에서 사용한 전체 외부 조인과 비교를 위해 오른쪽 외부 조인도 같이 있습니다. 외부 조인은 항상 내부 조인이 제공하는 로우를 포함하지만, 항상 외부 조인을 사용하는 것이 옳다고 할 수는 없습니다. 내부 조인은 다른 테이블에 일치하는 데이터가 없는 로우를 필터링하므로 이는 종종 필요한 조건입니다. 반면에 외부 조인은 필수 데이터에 선택적 데이터를 보강하고 싶을 때 주로 적합합니다.

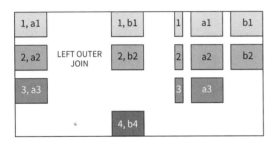 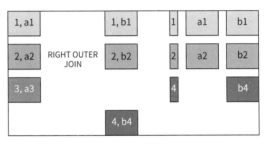

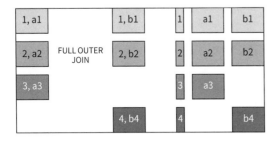

그림 3.4 외부 조인의 유형

앞 예제에서는 두 테이블 모두 id 컬럼이 있어서 조인 조건에 USING 절을 적용했습니다. 그런데 이번 예제에서는 systems 테이블에 id 컬럼을 정의하고 readings 테이블에서는 이를 참조하는 외래 키 컬럼을 system_id로 정의했습니다. 따라서 ON 절을 사용해야 합니다. 해당 컬럼을 기준으로 조인을 수행하면 항상 일치하는 로우가 생성되는데, 이는 조인 컬럼(id)이 system_id 외래 키로 참조하도록 정의되어 있기 때문입니다. 즉, readings 테이블에는 systems 테이블과 일치하지 않는 로우가 존재할 수 없습니다.

```
SELECT name, count(*) as number_of_readings
FROM readings JOIN systems ON id = system_id
GROUP BY name;
```

 곱집합(Cartesian product)은 첫 번째 집합의 각 요소를 두 번째 집합의 각 요소와 조합하여 두 집합의 요소로부터 생성할 수 있는 모든 순서쌍의 목록을 나타내는 수학 용어입니다. 곱집합의 크기는 각 집합의 크기를 곱한 값과 같습니다.

더 많은 조인 유형이 있는데 CROSS JOIN은 모든 튜플의 곱집합을 생성하고, ASOF(*as of*)는 유효 기간이 제한된 가격을 다룰 때 유용합니다. 예를 들어 ASOF 조인은 시간적 유효성(temporal validity)을 기준으로 한 테이블의 로우를 다른 테이블의 로우와 매칭하는 데 사용합니다(사실상 〈=, 〈, 〉, 〉= 같은 부등호 조건이 있다면 어떤 것이든 적용 가능합니다). ASOF 조인은 4.8절에서 자세히 다룹니다.

 COPY TO 명령어

CSV 파일을 중심으로 데이터 파이프라인을 구축하다 보면 종종 파일마다 하나의 공통 컬럼을 가진 데이터가 여러 파일에 분산되어 있습니다. 만약 이 파일들을 공통 컬럼을 중복하지 않고 정확히 파일 하나로 줄이고 싶다면 어떻게 해야 할까요? 내부 조인과 COPY TO 명령어를 사용하면 쉽게 해결할 수 있습니다. COPY TO 명령어는 어떤 관계든 가져와 지정된 포맷으로 파일에 복사합니다.

```
duckdb -c "COPY (SELECT * FROM 'production.csv' JOIN 'consumption.csv'
USING (ts) JOIN 'export.csv' USING (ts) JOIN 'import.csv' USING (ts) )
TO '/dev/stdout' (HEADER)"
```

이 명령어는 공유 컬럼 ts를 기준으로 CSV 파일 4개를 결합하고 SELECT * 문에서 공유 컬럼의 복사본을 하나만 남기고 결과를 표준 출력으로 복사합니다.

이 절을 일종의 경고에 가까운 내용을 덧붙이며 마무리하려고 합니다. 내부 조인과 외부 조인 예제에서 우리는 키 컬럼 값이 다른 테이블에서 발견되지 않을 때 어떤 일이 발생하는지만 다루었습니다. 하지만 조인 컬럼 중 하나가 조인 테이블의 한쪽 또는 양쪽에서 동일한 값을 여러 번 포함하고 있다면 어떻게 될까요? 다음 코드에 서 알아보겠습니다. 왼쪽 테이블에서 id 컬럼의 값 2가 2번 등장하고, 오른쪽 테이 블에서는 id 컬럼의 값 3이 2번 등장합니다.

코드 3.15 중복 키 컬럼을 가진 테이블 간의 내부 조인

```
SELECT *
FROM
    (VALUES (1, 'a1'),
            (2, 'a2'),
            (2, 'a2'),
            (3, 'a3')) l(id, nameA)
JOIN
    (VALUES (1, 'b1'),
            (2, 'b2'),
            (3, 'b3'),
            (3, 'b3')) r(id, nameB)
USING (id)
ORDER BY id;
```

이 문장의 결과는 이전처럼 로우 4개가 아니라 5개가 됩니다.

id int32	nameA varchar	nameB varchar
1	a1	b1
2	a2	b2
2	a2	b2
3	a3	b3
3	a3	b3

이는 스키마를 정의할 때 대비할 수 있는 것입니다. 일반적으로 조인은 사전에 알고 있는 컬럼을 기준으로 수행합니다. 우리의 예제에서는 systems 테이블의 id 컬럼과 readings 테이블의 system_id 컬럼으로 참조되는 쌍이 이에 해당합니다. systems 테이블에서 id 컬럼은 기본 키로 정의되므로 항상 고윳값일 것입니다. 따라서 해당 테이블에서는 한 번만 나타날 수 있습니다. readings 테이블에는 외래 키로 정의되 며 이는 다른 테이블에 존재해야 함을 의미합니다. 외래 키는 일반적으로 데이터베 이스에서 이른바 인덱스를 생성하는데, 이는 모든 로우를 탐색하지 않고 빠르게 조 회할 수 있게 하며, 이 덕분에 조인의 성능이 크게 향상됩니다. 외래 키는 고유할 필

요가 없으며 대부분의 모델에서도 그러합니다. 우리의 예제에서 readings 테이블 (오른쪽)에서 동일한 system_id 값이 여러 번 등장하는 것은 일반적인 상황입니다. 이는 특정 시스템이 한 번만 발전되도록 설계되지 않았다면 당연한 현상입니다.

WITH 절

WITH 절은 공통 *테이블 표현식*(Common Table Expression, CTE)으로도 알려져 있습니다. CTE는 특정 쿼리 내에서만 유효한 일종의 뷰입니다. 뷰처럼 쿼리의 일부 논리를 독립적인 문장으로 캡슐화하거나 최소한 더 큰 쿼리 안에서 일정 부분을 격리하여 사용하고 싶을 수 있습니다. 뷰를 생성하는 것도 더할 나위 없이 좋지만, 더 큰 쿼리의 특정 컨텍스트에서만 그 결과가 필요한 경우에는 원하지 않을 수 있습니다. 또한 CTE에는 뷰와 차별화되는 특별한 특성이 있습니다. 뷰는 다른 뷰를 참조할 수 있지만 중첩할 수는 없습니다. CTE는 동일한 WITH 절 안에서 정의된 다른 CTE를 참조할 수 있습니다. 이를 이용하면 점진적으로 쿼리 논리를 구축할 수 있습니다.

　WITH 절을 사용하면 FROM 절에 서브쿼리를 정의하는 안티패턴을 막을 수 있습니다. FROM 절에서 소스 관계로 사용하는 서브쿼리는 문법적으로나 의미적으로 문제가 없지만, 서브 쿼리의 결과가 그 자체로 관계라서 읽기 어려운 경우가 많습니다. 또한 중첩 서브쿼리는 자기 자신을 참조할 수 없습니다.

　특정 컬럼에서 최댓값을 포함하는 로우를 찾을 때는 일반적으로 FROM 절에 서브 쿼리를 사용하여 다음과 같이 계산합니다.

```
SELECT max_power.v, read_on
FROM (
  SELECT max(power) AS v FROM readings
)  max_power
JOIN readings ON power = max_power.v;
```

코드 3.16에 나와 있듯이 서브쿼리는 비교적 간단하며 CTE로 다시 작성해도 처음에는 큰 차이가 없어 보입니다. 동일한 쿼리를 사용하되 FROM 절에서 분리하여 WITH 절에 이름을 추가하면 됩니다. JOIN 문은 그대로 유지됩니다.

코드 3.16 서브쿼리를 CTE로 대체하기

```
WITH max_power AS (
  SELECT max(power) AS v FROM readings
)
SELECT max_power.v, read_on
FROM max_power
JOIN readings ON power = max_power.v;
```

이와 같이 비교적 단순하고 기본적인 쿼리라면 서브쿼리와 CTE 중 어느 것을 사용해도 큰 차이가 없습니다. 그러나 시스템별, 시간당 최대 평균 발전량 등을 구한다면 어떨까요? max와 avg 같은 집계 함수는 중첩할 수 없으므로(즉, avg(max(v))와 같은 작업은 할 수 없으므로) 개별 집계를 사용해야 합니다.

어떤 로우가 특정 컬럼의 최솟값 또는 최댓값을 포함하는지에 대한 질문은 매우 흔한 작업이어서 DuckDB에는 이를 수행하는 두 가지 내장 함수가 있습니다. 바로 arg_max와 arg_min입니다. 이들 함수는 두 번째 매개변수의 최솟값 또는 최댓값이 처음 발생하는 로우의 컬럼에 대해 첫 번째 매개변수로 정의된 표현식을 계산합니다. 다음 쿼리는 데이터세트에서 발전량이 가장 큰 로우 하나만 반환합니다(코드 3.16의 쿼리처럼 로우 다섯 개를 반환하지 않습니다). 이는 arg_max가 최댓값과 일치하는 첫 번째 값을 찾으면 즉시 멈추지만 조인은 일치하는 모든 로우를 포함하기 때문입니다.

```
SELECT max(power), arg_max(read_on, power) AS read_on
FROM readings;
```

다음 쿼리는 코드 3.17에 나와 있으며 arg_max 집계를 사용합니다. 이 쿼리는 먼저 시스템별, 시간당 평균 발전량으로 측정값을 그룹화하는 복잡한 로직을 캡슐화하여—첫 번째 집계를 생성하고—이를 per_hour라는 이름의 CTE에 담은 후 해당 CTE를 가져와 그 위에 두 번째 집계를 계산합니다.

코드 3.17 여러 그룹 생성하기

```
WITH per_hour AS (          ┌─ CTE에 적절한
    SELECT system_id,       │  이름 사용하기
           date_trunc('hour', read_on) AS read_on,
           avg(power) / 1000 AS kWh ─┐
    FROM readings            │ 시간당 및 일당 평균값이 우리가 필요로 하는
    GROUP BY ALL             │ 첫 번째 집계입니다. GROUP BY ALL은
)                            │ 집계의 일부가 아닌 모든 컬럼에서
                             │ 그룹을 생성하는 DuckDB 확장입니다.
```

```
SELECT name,
       max(kWh),
       arg_max(read_on, kWh) AS 'Read on'
FROM per_hour
   JOIN systems s ON s.id = per_hour.system_id
WHERE system_id = 34
GROUP by s.name;
```

> 우리가 찾고 있는 중첩 집계입니다.

> FROM 절에서 CTE를 드라이빙 테이블로 사용하기

결과를 보면 앙드레 애거시 예비 아카데미(Andre Agassi Preparatory Academy)가 데이터세트에서 가장 높은 발전량을 기록한 시스템을 보유하고 있습니다.[15]

name varchar	max(kWh) double	Read on timestamp
[34] Andre Agassi Preparatory Academy	123.75	2020-04-09 11:00:00

 우리는 이 건물을 조사했으며 측정치와 값이 일치함을 확인했습니다. 태양광 설치를 다루는 팩트 시트에 따르면 "2010년 4월부터 2011년 7월까지 봄바드(Bombard) 사는 라스베가스 애거시 아카데미에 있는 5개 건물의 지붕과 3개의 태양광 지지 구조물에 샤프(Sharp) 240와트 태양광 모듈을 2,249개 설치했습니다."[16]

CTE는 뷰와 서브쿼리로는 불가능한 또 다른 강력한 기능을 제공합니다. WITH 절에 RECURSIVE 키워드를 추가하면 CTE를 다른 후속 CTE나 FROM 절뿐만 아니라 자기 자신까지 참조할 수 있습니다. 기본적으로 이러한 재귀 CTE는 코드 3.18에서 볼 수 있는 패턴을 따릅니다. 이를 구현하려면 재귀를 시작하기 위한 일종의 초깃값(initial seed)이 필요합니다. 트리 구조라면 이 과정은 간단합니다. 즉, 부모 로우가 없는 로우를 가져와 이를 UNION 절의 리프(leaf)로 사용하면 됩니다.

코드 3.18 재귀 SQL로 그래프 형태의 구조 선택하기

```
CREATE TABLE IF NOT EXISTS src (
    id INT PRIMARY KEY,
    parent_id INT, name VARCHAR(8)
);
```

---

15 (옮긴이 주) 코드 3.17의 결과와 같은 결과를 얻으려면 코드 3.7를 수정하여 2020년도 데이터를 삽입하거나 import database 'ch03/ch03_db';로 전체 데이터를 가져와야 합니다.

16 *https://mng.bz/jXKp*

```
INSERT INTO src (VALUES
    (1, null, 'root1'),
    (2,    1, 'ch1a'),
    (3,    1, 'ch2a'),
    (4,    3, 'ch3a'),
    (5, null, 'root2'),
    (6,    5, 'ch1b')
);

WITH RECURSIVE tree AS (
    SELECT id,
           id AS root_id,
           [name] AS path
    FROM src WHERE parent_id IS NULL

    UNION ALL
    SELECT src.id,
           root_id,
           list_append(tree.path, src.name) AS path
    FROM src
      JOIN tree ON (src.parent_id = tree.id)
)
SELECT path FROM tree;
```

> 새 리스트를 리스트 리터럴로 초기화하세요.

> 이는 재귀를 위한 초깃값입니다.

> 주어진 부모 ID와 일치하는 항목이 src 테이블에 남아 있지 않을 때까지 재귀적으로 조인하세요.

결과는 모두 루트에서 시작하여 해당 리프까지 이어지는 여러 개의 경로로 구성됩니다.

```
|         path          |
|       varchar[]       |
|-----------------------|
| [root1]               |
| [root2]               |
| [root1, ch1a]         |
| [root1, ch2a]         |
| [root2, ch1b]         |
| [root1, ch2a, ch3a]   |
```

이 예제는 list_append를 사용하여 트리의 루트에서 리프까지의 경로를 이름으로 집계합니다. list_prepend를 사용하고 매개변수를 뒤집어서 리프에서 루트 노드까지의 경로를 생성할 수도 있습니다.

연습 삼아 트리에서 가장 긴 경로를 한번 계산해 보세요. 재귀 CTE는 그대로 유지하지만, SELECT 문에서 배운 arg_max 함수를 리스트의 length 집계와 함께 적용해야 합니다.

3.5 DuckDB 전용 SQL 확장

DuckDB 개발자들은 접근하기가 더 쉽고 사용자 친화적인 SQL을 목표로 삼았습니다. 이를 위해 선택한 한 가지 방법으로 자신들의 SQL 구현에 일반적인 작업을 쉽게 처리할 수 있는 기능을 추가했습니다. 이 절에서는 이러한 추가 기능을 소개하겠습니다.

3.5.1 SELECT 다루기

SELECT *는 양날의 검입니다. 작성이 간단하며 결과 튜플에는 대체로 필요한 데이터가 포함되지만, 관계의 모든 컬럼을 선택하면 다음과 같은 문제가 발생할 수 있습니다.

- 테이블 정의가 변경(컬럼 추가 또는 제거)되면 결과 튜플이 불안정해질 수 있습니다.
- 데이터베이스 서버나 프로세스에 더 많은 메모리 부담을 줍니다.
- DuckDB는 임베디드 데이터베이스이며 네트워크 트래픽을 포함하지 않지만, 비임베디드 데이터베이스에서는 셀렉트-스타(select-star)가 더 많은 트래픽을 유발합니다.
- 셀렉트-스타는 인덱스 전용 스캔을 방해할 수 있습니다. 인덱스 전용 스캔은 쿼리가 인덱스를 사용할 수 있을 때 발생하며, 다른 IO를 피할 수 있도록 해당 인덱스의 열만 반환합니다. 인덱스 전용 스캔은 대부분의 경우 바람직한 동작입니다.

SELECT * 쿼리를 지나치게 많이 사용하는 것은 권장되지 않지만, 경우에 따라 때로는 필요하며 DuckDB는 실제로 SELECT * 쿼리를 더 안전하게 사용할 수 있는 두 키워드, EXCLUDE와 REPLACE를 추가했습니다. 정말로 모든 컬럼이 필요하다고 확신한다면 DuckDB에서는 SELECT 문의 단순화된 버전, 즉 SELECT 절을 완전히 생략하고 사용할 수 있습니다. FROM 절로 시작하는, 예를 들어 FROM prices처럼 작성할 수 있습니다. 코드 3.22에서 이 기능을 사용하는 예제를 소개합니다.

일부 컬럼을 EXCLUDE로 제외하기

EXCLUDE는 스타 쿼리에서 하나 이상의 컬럼을 제외합니다. 이는 많은 컬럼이 있는 테이블이나 관계에서 거의 모든 컬럼이 필요하지만, 사용 사례와 무관한 컬럼 몇 개만 제외하고 싶을 때 유용합니다. 보통은 관심 있는 컬럼을 모두 열거하고 관심 없는 컬럼을 제외해야 합니다. 예를 들어 prices 테이블에서 관련 데이터만 가져오고 싶다면 다음과 같이 작성할 겁니다.

```
SELECT value, valid_from, valid_until FROM prices;
```

이 방식은 컬럼이 몇 개 이상만 넘어가도 매우 빠르게 번거로워지고 실수할 위험도 커집니다. EXCLUDE 절을 사용해서 관심 없는 컬럼만 열거하면 됩니다.

```
SELECT * EXCLUDE (id)
FROM prices;
```

컬럼을 원하는 만큼 제외할 수 있습니다. 이렇게 쓰면 SELECT *만으로도 유연성을 대부분 살리면서 스타의 가독성을 유지하고 불필요한 접근을 방지할 수 있습니다.

결과를 REPLACE로 재구성하기

v_power_per_day 뷰에 대해 생각해 보세요. 이는 kWh를 소수점 단위로 계산합니다. 일부 사용자는 정숫값만 반환하고 싶을 수 있습니다. 이 경우 전체 뷰를 다시 작성하지 않고 kWh 컬럼만 반올림한 값으로 대체하고 나머지 컬럼은 그대로 선택하면 됩니다.

```
SELECT * REPLACE (round(kWh)::int AS kWh)
FROM v_power_per_day;
```

REPLACE 절에는 x AS y 구조 쌍을 하나 이상 받는데, 여기서 x는 원래 선택 목록의 컬럼을 참조하는 표현식으로 함수나 다른 변환을 적용할 수 있으며 y는 원래 선택 목록에서 사용된 이름입니다.

결과의 구조는 같지만, kWh 컬럼은 이제 정수 컬럼입니다.[17]

```
| system_id | day  | kWh   |
| int32     | date | int32 |
```

---

17 (옮긴이 주) 코드 3.7을 참고하여 시스템 10, 34, 1200에 대해 2019년, 2020년 데이터를 수집하거나 `import database 'ch03/ch03_db';`로 데이터를 가져와야 1587 로우를 얻습니다.

```
|      1200 | 2019-08-29 |      289 |
|         . |          . |        . |
|         . |          . |        . |
|         . |          . |        . |
|        10 | 2020-03-19 |        0 |
|                                    |
| 1587 rows (2 shown)   3 columns    |
```

컬럼의 동적 프로젝션과 필터링

show prices;로 prices 테이블을 다시 살펴봅시다. 이 테이블에는 가격의 유효성에 대한 정보를 담고 있는 컬럼 두 개가 있습니다.

column_name varchar	column_type varchar	null varchar	key varchar	default varchar	extra varchar
id	INTEGER	NO	PRI	nextval('prices_id')	NULL
value	DECIMAL(5,2)	NO	NULL	NULL	NULL
valid_from	DATE	NO	UNI	NULL	NULL
valid_until	DATE	YES	NULL	NULL	NULL

COLUMNS 표현식은 정규 표현식을 기반으로 하나 이상의 컬럼을 프로젝션, 필터링, 집계를 할 수 있습니다. 예를 들어 유효성 정보를 포함하는 컬럼만 선택하려면 다음과 같이 테이블을 쿼리하면 됩니다.

SELECT COLUMNS('valid.*') FROM prices LIMIT 3;

이는 관련된 컬럼을 모두 반환합니다.

valid_from date	valid_until date
2018-12-01	2019-01-01
2019-01-01	2019-02-01
2019-02-01	2019-03-01

이름이 비슷한 컬럼이 많은 테이블을 다룰 때 이 기법이 유용합니다. 예를 들어 측정값 또는 측정값을 저장하는 테이블이 이에 해당할 수 있습니다. 좀 더 구체적으

로 측정할 때 많은 측정값을 많이 생성하는 IoT 센서를 생각해 보세요. 이 사용 사례에는 또 다른 흥미로운 기능이 있습니다. 동적 컬럼 선택에 함수를 적용하여 원하는 만큼 계산된 컬럼을 생성할 수 있습니다. 여기서는 price 테이블에서 valid라는 단어를 포함하는 모든 컬럼에 대해 최댓값을 한 번에 계산합니다.

```
SELECT max(COLUMNS('valid.*')) FROM prices;
```

이 쿼리는 valid_from과 valid_until의 최댓값을 결과로 제공합니다.

max(prices.valid_from) date	max(prices.valid_until) date
2023-01-01	2024-02-01

WHERE 절에 AND로 여러 조건을 조합하면서 조건을 길게 작성 중이라면 COLUMNS 표현식으로 더 간결하게 작성할 수 있습니다. 2020년에만 유효한 가격을 찾으려면 valid_from과 valid_until 컬럼이 2020년 1월 1일과 2021년 1월 1일 사이인 모든 로우를 가져와야 하며, 다음 쿼리가 바로 이 요구사항을 정확히 표현합니다.

```
FROM prices WHERE COLUMNS('valid.*') BETWEEN '2020-01-01' AND '2021-01-01';
```

정규 표현식 .*가 낯설 수 있습니다. 사용자는 대부분 LIKE 연산자와 함께 쓰는 %와 _ 와일드카드가 더 익숙합니다. % 문자는 0개, 1개 또는 여러 개의 문자와 일치하고 _ 기호는 정확히 1개의 문자만 일치합니다. 다행히도 COLUMNS는 람다(lambda) 함수를 지원합니다.

💡 람다 함수는 코드 내에서 전달하고 사용할 수 있는 독립적인 기능 블록입니다. 람다 함수는 프로그래밍 언어마다 불리는 이름이 다릅니다. 예를 들어 자바, 코틀린, 파이썬에서는 람다 표현식, 스위프트에서는 클로저(closure), C에서는 블록(block)이라고 합니다.

앞서 언급한 가격의 범위를 선택하는 쿼리는 다음과 같이 작성할 수도 있습니다.

```
FROM prices
WHERE COLUMNS(col -> col LIKE 'valid%')
BETWEEN '2020-01-01' AND '2021-01-01';
```

> COLUMNS 표현식 내부의 표현식은 컬럼 이름이 주어진 텍스트와 비슷하면 참으로 평가하는 람다 함수입니다.

마지막으로 COLUMNS 표현식을 REPLACE나 EXCLUDE 조건과 함께 쓸 수도 있습니다. prices 테이블의 모든 컬럼에서 최댓값을 계산하되 생성된 id 값을 제외하고 싶다면 다음과 같이 하면 됩니다.

```
SELECT max(COLUMNS(* EXCLUDE id)) FROM prices;
```

3.5.2 이름으로 삽입하기

코드 3.6을 기억하나요? 그 코드에서 우리는 INSERT INTO target(col1, col2) SELECT a, b FROM src 형태의 문장을 사용하여 systems 테이블을 채웠습니다. 이 방식은 작동하지만 유지 관리에는 취약할 수 있습니다. INSERT 문은 선택한 컬럼의 순서가 대상 테이블에 정의된 컬럼의 순서와 일치해야 하거나 INTO 절과 선택 목록에 컬럼 이름을 각각 반복해서 써야 하기 때문입니다.

DuckDB는 BY NAME 절로 이 문제를 해결합니다. 코드 3.6은 다음과 같이 다시 작성할 수 있으며 소스와 대상 컬럼 이름 매핑을 한곳에 모아 둘 수 있습니다. 코드에서 BY NAME 키워드는 뒤따르는 SELECT 절의 컬럼이 대상 테이블의 컬럼과 이름을 기준으로 매칭되어야 함을 나타냅니다.

코드 3.19 이름으로 삽입하기

```
INSERT INTO systems BY NAME
SELECT DISTINCT
      system_id AS id,
      system_public_name AS name
FROM 'https://oedi-data-lake.s3.amazonaws.com/pvdaq/csv/systems.csv'
ON CONFLICT DO NOTHING;
```

삽입에 새로운 컬럼을 추가하거나 컬럼을 제거하더라도 이제 쿼리 한 곳만 바꾸면 됩니다. 하지만 null이 아닌 컬럼(NOT NULL)과 같은 제약 조건은 그대로 지켜야 합니다.

3.5.3 별칭 접근: 어디서나 활용하기

아마 눈치채지 못했겠지만, 이미 우리가 다룬 예제 중 일부는 표준이어야 하는—하지만 그렇지 않은—기능에서 이점을 얻고 있습니다. 컬럼에 별칭을 지정한 순간, 이후의 절에서도 해당 별칭을 그대로 참조할 수 있습니다. 코드 3.20에서 우리는 비집계 별칭 is_not_system10을—선택 목록에서 정의된—WHERE 절과 GROUP BY 절에서 컬럼 정의를 반복하지 않고 그대로 사용합니다. 이러한 기능은 많은 다른 관계형 데이터베이스에서는 불가능합니다. 우리가 sum 집계에 부여한 별칭 power_per_month에도 마찬가지로 적용됩니다. HAVING 절에서도 동일하게 접근할 수 있습니다.

코드 3.20 WHERE, GROUP BY, HAVING 절에서 별칭에 접근하기

```
SELECT system_id > 10 AS is_not_system10,
       date_trunc('month', read_on) AS month,
       sum(power) / 1000 / 1000 AS power_per_month
FROM readings
WHERE is_not_system10 = TRUE          ← 비집계를 참조하는 별칭에 접근하기
GROUP BY is_not_system10, month
HAVING power_per_month > 100;          ← 집계를 참조하는 별칭에 접근하기
```

3.5.4 모든 관련 컬럼의 그룹화와 정렬하기

GROUP BY 절을 다루는 절에서 설명했듯이 모든 비집계 컬럼은 반드시 GROUP BY 절에 열거되어야 합니다. 비집계 컬럼이 많으면 고통스러운 경험일 수 있는데, DuckDB 는 GROUP BY ALL 사용을 허용하여 이를 완화합니다. v_power_per_day를 다음 코드와 같이 다시 작성할 수 있습니다.

코드 3.21 모든 비집계 값으로 그룹화 집합 생성하기

```
CREATE OR REPLACE VIEW v_power_per_day AS
SELECT system_id,
       date_trunc('day', read_on)      AS day,
       round(sum(power)  / 4 / 1000, 2)  AS kWh,
FROM readings
GROUP BY ALL;
```

이와 유사한 개념이 정렬에도 있습니다. ORDER BY ALL은 결과를 포함된 컬럼을 기준으로 왼쪽에서 오른쪽으로 정렬합니다. 새로 생성된 뷰를 다음과 같이 쿼리해 보세요.

```
SELECT system_id, day FROM v_power_per_day ORDER BY ALL;
```

결과는 먼저 system_id를 기준으로 먼저 정렬하고 그다음 day를 기준으로 정렬합니다. 셀렉트-스타를 사용한 경우에는 컬럼의 순서가 테이블이나 뷰 정의에 따라 정해집니다. 다음 문장은 DuckDB에서 유효한 SQL이며 일별 발전량(kWh)을 시스템별, 날짜별, kWh별로 정렬하여 반환합니다.

코드 3.22 **SELECT 절 생략하기와 정렬 단순화하기**

```
FROM v_power_per_day ORDER BY ALL;
```

3.5.5 데이터 샘플링하기

대규모 데이터세트를 다룰 때는 모든 데이터를 살펴보는 대신 일부를 샘플링하고 싶을 때가 많습니다. 적어도 시스템 34의 측정값을 가져왔다면 데이터베이스에 레코드가 50,000개 이상일 겁니다. 이는 SELECT count(*) FROM readings로 확인할 수 있습니다. 0이 아닌 전력 측정값을 빠르게 살펴보려면 n퍼센트 또는 n개의 로우 샘플을 다음과 같이 요청해야 합니다.

코드 3.23 **관계 샘플링하기**

```
SELECT power
FROM readings
WHERE power <> 0
USING SAMPLE 10%
    (bernoulli);
```

데이터 크기의 약 10%에 해당하는 샘플을 검색합니다.

사용할 샘플링 방법을 지정합니다.

이 방법은 임의로 제한을 두는 것보다 훨씬 더 쉽고 유연하며 더 나은, 신뢰할 만한 개요를 보여줍니다. 샘플링 자체는 확률적 샘플링 방법을 사용하지만, REPEATABLE 절에 시드를 지정하면 동일한 결과를 얻을 수 있습니다. 퍼센트로 지정한 샘플링 비율이 정확한 값을 의미하지는 않습니다. 예를 들어 이 예제에서 power 컬럼의 값이 0이 아닌 약 20,000개의 로우에서 약 2,000개 정도의 차이가 발생할 수 있습니다.

DuckDB에 특정 샘플링 비율을 지정하면 system 샘플링을 적용하며 각 벡터를 동일한 확률로 포함합니다. 벡터를 대상으로 샘플링하는 방식은 튜플을 대상으로 하는 방식(대안적인 베르누이(bernoulli) 방법으로 수행됨)보다 매우 효율적이며 추가적인 오버헤드가 없습니다.

벡터 하나의 크기는 대략 튜플 2,048개로 이루어져 있어[18] 데이터세트가 작으면 모든 데이터가 포함되거나 전부 제외될 수 있으므로 이 방법은 적합하지 않습니다. 전력 값이 0보다 큰 측정값이 약 100,000개인 경우에도 더 균등하게 분포된 샘플링을 얻을 수 있는 bernoulli를 추천합니다.

샘플링 크기가 고정되었다면 저수지(reservoir)라고 불리는 방법을 사용합니다.

---

18 *https://duckdb.org/docs/api/c/data_chunk* 참조

저수지는 먼저 요청한 크기만큼 요소를 채우고 나머지를 스트리밍하면서 저수지 안의 요소를 무작위로 교환합니다. 이 흥미로운 기술에 대해 더 자세한 내용은 공식 문서 Samples 항목[19]에서 배울 수 있습니다.

3.5.6 선택적 매개변수가 있는 함수

DuckDB의 일부 함수(예: read_json_auto)는 필수 매개변수와 하나 이상의 선택적 매개변수를 사용하며 선택적 매개변수에는 합리적인 기본값이 설정되어 있습니다. 예로 언급한 read_json_auto 함수에는 매개변수가 17개 있으며, 다음 코드로 확인할 수 있습니다.

```
SELECT DISTINCT unnest(parameters)
FROM duckdb_functions()
WHERE function_name = 'read_json_auto';
```

타입이 다른 오버로드가 있으므로 여기서는 DISTINCT를 사용했습니다. 다행히도 DuckDB는 이름을 지정하여 선택적 인수를 전달하는 기능을 제공합니다. 날짜 형식(dateformat)만 지정하고 싶다면 다음 코드와 같이 name=value 문법을 사용하면 됩니다.

코드 3.24 이름이 지정된 매개변수 사용하기

```
echo '{"foo": "21.9.1979"}' > 'my.json'
duckdb -s \
"SELECT * FROM read_json_auto(
  'my.json',
  dateformat='%d.%M.%Y'
)"
```

여기서는 dateformat이라는 이름의 매개변수를 사용합니다.

dateformat 매개변수를 사용했기 때문에 DuckDB는 ISO 형식이 아닌 문자열도 정확하게 날짜로 파싱할 수 있습니다.

```
| foo        |
| date       |
| 1979-01-21 |
```

요약

- SQL 쿼리는 여러 문장으로 구성되며 각 문장은 다시 여러 절로 구성됩니다. 쿼리는 데이터 정의 언어(DDL) 또는 데이터 조작 언어(DML)로 분류됩니다.

- DML 쿼리는 로우의 생성, 읽기, 업데이트, 삭제를 다룹니다.

- 데이터 조작에는 단순히 영구적인 상태를 변경하는 작업뿐 아니라 기존 관계를 새로운 관계로 변환하는 작업도 포함합니다. 따라서 데이터 읽기도 DML에 속합니다.

- CREATE TABLE과 CREATE VIEW 같은 DDL 쿼리는 DuckDB에서 영구적인 스키마를 생성하는 데 사용됩니다. 이는 다른 관계형 데이터베이스와 동일하며, DuckDB가 데이터베이스를 디스크에 저장된 상태로 시작했든 메모리 기반 모드로 시작했든 관계없이 독립적으로 실행됩니다.

- 엄격한 스키마는 데이터 불일치를 더 쉽게 드러냅니다. 제약 조건 오류로 인해 불일치가 있는 데이터를 무작정 가져오려고 하면 작업이 실패합니다.

- 제약 조건 오류는 로우를 생성하거나 업데이트할 때 ON CONFLICT에 정의된 적절한 동작을 정의하여 완화할 수 있습니다.

- DuckDB는 SELECT * EXCLUDE(), SELECT * REPLACE() 같은 혁신적인 기능과 더 직관적인 별칭 사용 덕분에 SQL을 더 쉽게 작성할 수 있습니다.

D u c k D B   I n   A c t i o n

4장

데이터의 고급 집계와 분석

☑ **4장에서 다루는 내용**

- 데이터 수집 과정에서 데이터 준비, 정리, 집계 수행하기
- 윈도 함수를 사용하여 데이터세트의 다양한 파티션에 대한 새로운 집계 생성하기
- 서브쿼리의 다양한 유형 이해하기
- 공통 테이블 표현식(CTE) 사용하기
- 모든 집계에 필터 적용하기

4장의 목표는 DuckDB 같은 분석 데이터베이스를 사용하여 명령형 프로그래밍 언어로 작성해야 하는 코드 양보다 훨씬 적은 코드로 보고서를 생성하는 방법에 대한 아이디어를 제공하는 것입니다. 3장에서 쌓은 기초를 바탕으로 진행하지만, 단순한 SELECT xyz FROM abc 쿼리 수준에 머무르지는 않을 것입니다. 최신 SQL 학습에 시간을 투자하는 일은 절대 헛되지 않습니다. 이 장에서 다룰 SQL 문법과 기능은 DuckDB가 실행되거나 임베디드되는 모든 환경에서 사용할 수 있으며 애플리케이션의 기능을 더 풍부하게 해 줄 것입니다.

4.1 데이터 수집 중에 사전 집계하기

이제 우리의 예제 시나리오를 계속 진행해 보겠습니다. 3.4.1절에서 우리는 태양광 발전 그리드의 데이터로 작업했는데 — 일부 일관성 문제가 있었지만 — 이 데이터는 우리의 스키마와 아이디어에 잘 맞았습니다. 기억하세요, 우리의 목표는 측정값을 15분 간격으로 저장하는 것이었습니다. 3.2.1절에서 다운로드한 데이터세트를 살펴보면 일부는 15분이 아닌 다른 간격으로 기록되어 있는 것을 알 수 있습니

다. 파일을 빠르게 살펴보려면 tail 명령어를 사용하면 됩니다. 이 명령어는 파일의 마지막 *n*줄을 보여줍니다(앞부분을 보고 싶다면 head 명령어를 사용하면 됩니다). 2020_10.csv에 tail 명령어를 사용하면 1분 간격으로 측정된 데이터가 포함되어 있음을 확인할 수 있습니다.

```
> duckdb -s ".maxwidth 4" -s "FROM read_csv_auto('2020_10.csv') LIMIT 3"
```

SiteID int64	Date-Time timestamp	...	module_temp_3 double	poa_irradiance double
10	2020-01-23 11:20:00	...	14.971	748.36
10	2020-01-23 11:21:00	...	14.921	638.23
10	2020-01-23 11:22:00	...	14.895	467.67
3 rows			16 columns	(4 shown)

또한 2020_1200.csv는 다른 간격 ─ 이번에는 5분 ─ 인데 전체적인 구조도 달라 보입니다.

```
> duckdb -s ".maxwidth 4" -s "FROM read_csv_auto('2020_1200.csv') LIMIT 3"
```

SiteID int64	Date-Time timestamp	...	ac_power_metered int64	power_factor double
1200	2020-01-01 00:00:00	...	20	0.029
1200	2020-01-01 00:05:00	...	20	0.029
1200	2020-01-01 00:10:00	...	20	0.029
3 rows			6 columns	(4 shown)

기억하세요, 이 데이터 파일들은 모두 같은 데이터 풀(pool)에서 가져왔습니다. 그럼에도 서로 다른 소스 간에 일관성이 없습니다. 데이터 분석은 종종 바로 이런 문제를 다룹니다. DuckDB가 제공하는 날짜, 시간, 타임스탬프를 다루는 많은 함수 중 하나인 time_bucket()을 사용해 보겠습니다. time_bucket()은 타임스탬프를 지정한 간격에 맞춰 잘라 정렬하고 필요하면 오프셋을 지정하여 특정 시간 기준으로 정렬해서 *시간 버킷*을 만듭니다. 시간 버킷은 센서 측정값 및 관련 데이터를 집계하는 강력한 메커니즘입니다. GROUP BY와 평균(avg) 집계 함수를 함께 사용하면 데이터를 준비하고 최종적으로 요구사항에 맞게 가져올 수 있습니다. 15분 간격으로

시간 버킷을 만들고 각 버킷에 속하는 측정값의 평균 발전량을 계산해 보겠습니다.

 다음 예제는 3장의 예제들을 따라 하면서 systems 테이블을 채웠을 경우에만 작동합니다.[1]

쿼리를 살펴보면 CASE WHEN THEN ELSE END 구조, 즉 CASE 문을 볼 수 있으며, 이 구문은 if/else 구조처럼 작동합니다. 여기서는 0보다 작거나 비어 있는(NULL) 측정치를 0으로 바꾼 후에 평균을 계산합니다. 이 데이터세트의 특이한 점 중 하나입니다. 아마도 센서의 오작동이나 네트워크 문제일 겁니다. 정확한 원인은 알 수 없지만, 이 데이터는 반드시 처리해야 합니다. 여기서 우리는 NULL 값을 음수 값처럼 취급하고 0으로 제한하기로 결정했습니다. 다만 이러한 방식이 계산에 영향을 미친다면 집계 함수에 FILTER 사용을 고려해 볼 수 있습니다. 4.6.3절에서 이에 대해 자세히 다루겠습니다.

코드 4.1 수집하는 동안 데이터 정리하고 구조 변환하기

```
INSERT INTO readings(system_id, read_on, power)
SELECT any_value(SiteId),
       time_bucket(
           INTERVAL '15 Minutes',
           CAST("Date-Time" AS timestamp)
       ) AS read_on,
       avg(
           CASE
               WHEN ac_power < 0 OR ac_power IS NULL THEN 0
               ELSE ac_power END)
FROM
    read_csv_auto(
        'https://developer.nrel.gov/api/pvdaq/v3/' ||
        'data_file?api_key=DEMO_KEY&system_id=10&year=2019'
    )
GROUP BY read_on
ORDER BY read_on;
```

> CSV 파일에서 SiteId 컬럼의 값을 임의로 선택합니다. 이 파일은 시스템별로 구성되어 있어 각 로우의 SiteId 값이 동일하므로 어느 하나를 선택해도 문제없습니다. 집계(avg)를 계산해야 하므로 any_value()를 적용해야 합니다.

> 타임스탬프를 15분 단위로 잘라 냅니다. 표준 SQL 문법으로 이 컬럼을 명시적으로 타임스탬프로 변환(cast)한 점에 주목하세요. 또한 변환된 값에 별칭(read_on)을 설정했습니다.

> 여기서 avg는 결과를 이전에 생성된 버킷으로 그룹화하기 때문에 해당 버킷에 포함된 모든 측정값의 평균을 계산합니다.

나머지 데이터세트도 동일한 방식으로 가져올 수 있습니다. FROM 절에서 파일 이름을 그에 맞게 변경하면 됩니다.

 DuckDB에는 날짜와 시간 기반 함수가 더 많이 있습니다. 궁금한 것이 있다면 공식 문서[2]를 확인해 보세요. 거의 모든 문자열을 적절한 날짜나 타임스탬프로 파싱할 수 있습니다.

---

1 (옮긴이 주) import database 'ch03/ch03_db'; 실행하여 4장 예제 사용을 준비하세요.
2 *https://duckdb.org/docs/sql/functions/timestamp*

데이터를 전혀 수집하지 않고 외부 파일에 기반한 인메모리 분석을 모두 수행할지, 수집 과정에서 어느 정도 집계할지, 또는 분석 과정에서만 집계할지는 일반적으로 데이터세트의 크기, 장기 저장에 대한 목표, 추가 처리 요구사항 등 여러 요소들 간의 트레이드오프(tradeoff)에 따라 결정됩니다. 따라서 여기서 일반적으로 적용 가능한 솔루션을 만들려는 시도는 실패할 수밖에 없습니다. 이 시나리오에서는 교육적 목적을 위해 데이터를 수집하고 집계하며 데이터세트를 공유할 수 있을 만큼 작게 유지하기로 했습니다.

4.2 데이터 요약하기

보통은 심층 분석에 들어가기 전에 새로운 데이터세트의 특성을 파악하기 마련입니다. 값의 개수(우리의 예제에서는 몇 개의 측정값이 있는지), 숫자 값들의 분포와 크기(와트인지 킬로와트인지 모르면 보고서가 명백히 잘못될 수 있음), 시계열 데이터의 시간 간격 크기 등이 그 예입니다. DuckDB에는 이러한 정보를 빠르게 제공하는 독특한 명령어 SUMMARIZE가 있습니다. 데이터베이스에서 SUMMARIZE readings; 를 실행하면 됩니다. 결과는 이와 비슷할 것입니다.

column_name varchar	column_type varchar	max varchar	...	q75 varchar	count int64
system_id	INTEGER	1200	...	1200	151879
read_on	TIMESTAMP	2020-06-26 11:00:00	...		151879
power	DECIMAL(10,3)	133900.000	...	5125	151879

컬럼이 더 많이 있지만 가독성을 위해 목록을 줄여서 표시했습니다. .mode line을 실행하여 CLI를 라인 모드로 전환한 다음 readings의 하위 집합을 요약합니다.

SUMMARIZE SELECT read_on, power FROM readings WHERE system_id = 1200;

결과는 다음과 같습니다.

```
    column_name = read_on
    column_type = TIMESTAMP
            min = 2019-01-01 00:00:00
            max = 2020-06-26 11:00:00
  approx_unique = 53461
```

```
            avg = NULL
            std = NULL
            q25 = 2019-05-16 14:22:30
            q50 = 2019-09-29 04:52:30
            q75 = 2020-02-11 20:37:30
          count = 52072
null_percentage = 0.00


    column_name = power
    column_type = DECIMAL(10,3)
            min = 0.000
            max = 47873.333
  approx_unique = 8824
            avg = 7122.5597121293595
            std = 11760.089219586542
            q25 = 20
            q50 = 27
            q75 = 9532
          count = 52072
null_percentage = 0.00
```

SUMMARIZE는 테이블에 직접 사용할 수 있을 뿐만 아니라 앞서 코드 조각에서 본 것
처럼 쿼리 결과에도 사용할 수 있습니다. 심지어 데이터를 전혀 로드하지 않아도
SUMMARIZE;를 적용할 수 있습니다. 또한 CSV 또는 Parquet 파일에 대해서도 바로
실행할 수 있습니다.

4.3 서브쿼리

여러분이 관리하는 시스템에서 총발전량의 평균을 계산한다고 상상해 보세요. 이
를 위해서는 집계 함수 avg와 sum을 적용해야 합니다. 그런데 이들을 중첩할 수 없
다는 것이 밝혀졌습니다. 다음과 같이 단순히 접근하면,

```
SELECT avg(sum(kWh)) FROM v_power_per_day GROUP BY system_id;
```

다음과 같은 오류가 발생합니다.

```
Binder Error:
aggregate function calls cannot be nested

LINE 1: SELECT avg(sum(kWh)) FROM v_power_per_day GROUP BY system_id;
                   ^
```

이 계산은 단계적으로 진행해야 하는데 서브쿼리가 이를 달성하는 한 가지 방법입니다. 다음 예제에서 이를 확인할 수 있습니다.

코드 4.2 서브쿼리를 사용하여 중첩된 집계 계산하기

```
SELECT avg(sum_per_system)
FROM (
    SELECT sum(kWh) AS sum_per_system
    FROM v_power_per_day
    GROUP BY system_id
);
```

이 문장은 이제 avg(sum_per_system) = 133908.087 값을 충실히 반환합니다. 이 문장의 내부 쿼리는 두 가지 특징을 갖습니다.

- 로우를 여러 개 반환합니다.
- 외부 쿼리의 값에 의존하지 않습니다.

이 쿼리는 *비상관 서브쿼리*(uncorrelated subquery)라고 합니다. 비상관 서브쿼리는 단순히 다른 쿼리 안에 중첩된 쿼리인데, 이는 마치 외부 쿼리가 내부 쿼리의 결과를 기반으로 실행되는 것처럼 작동합니다.

이제 여러분이 마주할 수 있는 다음 질문으로 넘어가 보겠습니다. 어느 날, 어떤 시스템이 발전량이 가장 많을까요? 이 문제는 WHERE 절에서 비교 연산의 오른쪽에 서브쿼리를 사용하는 방식으로 해결할 수 있습니다. 다음 코드에서 보여드리겠습니다.

코드 4.3 비교 연산의 오른쪽에 위치한 서브쿼리

```
SELECT read_on, power
FROM readings
WHERE power = (SELECT max(power) FROM readings);
```

이 서브쿼리는 단일 스칼라 값만 반환한다는 점에서 첫 번째 것과 다릅니다. 이를 *스칼라 비상관 서브쿼리*(scalar, uncorrelated subquery)라고 합니다.

---

 arg_min과 arg_max는 최솟값이나 최댓값이 나타나는 로우의 표현식을 계산하는 집계 함수입니다. 단일 표현식에만 관심이 있다면 이 함수를 사용하는 것이 서브쿼리보다 더 나은 해결책입니다. 만일 하나 이상의 표현식이나 최솟값 또는 최댓값이 아닌 다른 값을 평가하려면 조건절에서 서브쿼리를 피할 수 없습니다.

결과적으로 다음과 같이 읽힙니다. *최대 출력 133,900W로 다섯 번 서로 다른 시점에 발전되었습니다.* 다음 코드 조각에서 전체 결과를 볼 수 있습니다.

read_on timestamp	power decimal(10,3)
2019-05-08 12:15:00	133900.000
2019-05-23 10:00:00	133900.000
2019-05-23 11:30:00	133900.000
2019-05-28 11:45:00	133900.000
2020-04-02 11:30:00	133900.000

만약 시스템별로 최대 발전량과 측정 시각(read_on)을 구하려면 어떻게 해야 할까요? 기존 서브쿼리는 전체 최대 발전량에 대한 값만 보여주므로 작업이 어려울 수 있습니다. 따라서 서브쿼리가 서로 다른 로우에 대해 다른 값을 반환하게 해야 합니다. 이를 위해 내부 쿼리에서 외부 쿼리의 필드를 참조하는 상관 서브쿼리를 사용하면 됩니다. 다음 코드에서 확인해 보세요.

코드 4.4 상관 스칼라 서브쿼리 사용하기

```
SELECT system_id, read_on, power
FROM readings r1
WHERE power = (
    SELECT max(power)
    FROM readings r2
    WHERE r2.system_id = r1.system_id
)
ORDER BY ALL;
```

> 이 조건은 서브쿼리를 외부 쿼리와 연관시키는 부분이며 전력 값의 비교가 아닙니다.

이 서브쿼리가 *스칼라 상관 서브쿼리*(scalar, correlated subquery)입니다. 내부 쿼리는 외부 쿼리와 연관되어 있으며 데이터베이스는 외부 쿼리의 각 행마다 내부 쿼리를 평가해야 합니다. 이 결과에서 다시 전체 최댓값에 대한 다섯 개의 날짜를 볼 수 있으며 이제 시스템 10과 시스템 1,200이 발전한 최댓값도 볼 수 있습니다.

system_id int32	read_on timestamp	power decimal(10,3)
10	2019-02-23 12:45:00	1109.293
34	2019-05-08 12:15:00	133900.000

```
|    34 | 2019-05-23 10:00:00 |   133900.000 |
|    34 | 2019-05-23 11:30:00 |   133900.000 |
|    34 | 2019-05-28 11:45:00 |   133900.000 |
|    34 | 2020-04-02 11:30:00 |   133900.000 |
|  1200 | 2020-04-16 12:15:00 |    47873.333 |
```

서브쿼리를 표현식으로 사용하면 조인으로 다시 작성할 수 있습니다. 단, 중첩된 집계를 계산하는 경우는 예외입니다. 마지막 예시는 다음 코드처럼 작성할 수 있습니다.

코드 4.5 비상관 서브쿼리와 외부 테이블의 조인

```
SELECT r1.system_id, read_on, power
FROM readings r1
JOIN (
    SELECT r2.system_id, max(power) AS value
    FROM readings r2
    GROUP BY ALL
) AS max_power ON (
    max_power.system_id = r1.system_id AND
    max_power.value = r1.power
  )
ORDER BY ALL;
```

이 방법이 가독성에 도움이 되는지는 여러분의 판단에 달려 있습니다. 다른 관계형 데이터베이스에서는 대규모 테이블의 각 로우에 대해 상관 서브쿼리를 평가하는 것이 느릴 수 있기 때문에 사람들은 종종 이 방식을 사용합니다. 반면에 DuckDB는 서브쿼리 비상관화 옵티마이저를 사용하여 서브쿼리를 외부 쿼리와 독립적으로 만들기에 사용자가 직접 서브쿼리를 조인으로 재작성할 필요 없이 자유롭게 표현력 있는 쿼리를 작성할 수 있습니다. SQL을 재작성하여 특정 서브쿼리를 수동으로 비상관화하는 것이 불가능한 경우도 있습니다. 내부적으로 DuckDB는 특별한 유형의 결합을 사용하여 모든 서브쿼리를 비상관화합니다. 실제로 DuckDB는 비상관화되지 않은 서브쿼리의 실행을 지원하지 않습니다.

이는 여러분이 쿼리의 가독성과 표현력, 해결하려는 비즈니스 문제에만 집중하게 해 준다는 점에서 긍정적입니다. 게다가 DuckDB을 사용하면 전체적인 큰 그림에 모든 시간을 집중할 수 있습니다. 즉, 어떤 타입의 서브쿼리를 사용할지 고민할 필요가 전혀 없습니다.

4.3.1 표현식으로 사용하는 서브쿼리

JOIN에서 관계로 사용되지 않는 모든 형태의 서브쿼리는 상관 서브쿼리와 비상관 서브쿼리를 포함하여 모두 표현식입니다. 따라서 다양한 연산자를 함께 사용할 수 있습니다.

= 연산자와 부등호 연산자 〈, 〈=, 〉=, 〉는 서브쿼리가 정확히 로우 하나만 반환하는 스칼라 값이어야 합니다. 스칼라와 비스칼라(nonscalar) 서브쿼리를 함께 사용할 때는 집합(set) 비교를 할 수 있는 연산자 — IN, EXISTS, ANY, ALL — 를 추가로 이용할 수 있습니다.

집합 비교에서도 서브쿼리를 사용할 수 있습니다. *다른 쿼리에서 반환된 모든 로우 또는 임의의 로우와 비교했을 때 조건을 만족하는 모든 로우를 식별합니다.* 이 절에서 다룰 인위적인 예시는 모두 v = 7을 반환합니다.

EXISTS

다른 테이블의 로우 중 하나에 어떤 값이 존재할 경우에 테이블에서 해당 값이 포함된 모든 로우를 선택하고 싶을 때가 있습니다. 이때는 EXISTS 표현식을 사용하면 됩니다.

코드 4.6 EXISTS 표현식과 함께 사용하는 서브쿼리

> 컬럼 v 하나만 갖는
> 인라인 테이블 s를 정의합니다.

```
.mode line
SELECT * FROM VALUES (7), (11) s(v)
WHERE EXISTS (SELECT * FROM range(10) WHERE range = v);
```

IN

EXISTS는 다음 코드에서 보듯이 보통 IN 연산자를 사용하는 비상관 서브쿼리로 다시 작성할 수 있습니다. 외부 값이 서브쿼리의 결과에 한 번이라도 포함되어 있으면 IN 연산자는 참으로 평가됩니다.

코드 4.7 IN 표현식과 함께 사용하는 서브쿼리

```
.mode line
SELECT * FROM VALUES (7), (11) s(v)
WHERE v IN (SELECT * FROM range(10));
```

이 점을 알고 있으면 DuckDB 이외의 관계형 데이터베이스를 다룰 때 유용합니다. 일부 데이터베이스는 서브쿼리에 대해 DuckDB만큼 온갖 종류의 최적화를 수행하지 않을 수 있기 때문입니다.

ANY

IN 연산자는 각 값에 대해 동등 비교를 합니다. 하지만 때로는 어떤 값이 부등호 조건을 만족하는지를 답해야 하는 상황에 처할 수도 있습니다. 이런 경우 원하는 비교 연산자와 함께 ANY 연산자를 사용해야 합니다. 다음 코드에서 보듯이 외부 값이 내부 값 중 하나와 비교하여 참으로 평가되면 전체 표현식도 참이 됩니다.

코드 4.8 ANY 표현식과 함께 사용하는 서브쿼리

```
.mode line
SELECT * FROM VALUES (7), (11) s(v)
WHERE v <= ANY (SELECT * FROM range(10));
```
ANY 앞에 비교 연산자를 추가했다는 점에 유의하세요.

ALL

마지막으로 ALL 연산자를 살펴보겠습니다. 이 연산자는 외부 값이 서브쿼리의 내부 값 전체와 비교하여 모두 참일 때만 전체가 참으로 평가됩니다. 다음 예시에서 보듯이 서브쿼리의 모든 값과 비교하여 조건을 만족하는 로우를 찾을 때 유용합니다. = ANY()는 IN()으로 대체할 수 있지만, ALL 연산자에는 단순화된 대체 문법이 없습니다.

코드 4.9 ALL 표현식과 함께 사용하는 서브쿼리

```
.mode line
SELECT * FROM VALUES (7), (11) s(v)
WHERE v = ALL (SELECT 7);
```

4.4 그룹화 집합

코드 3.2에서 우리는 특정 시점의 실제 발전량, 날짜, 시간 값을 포함하는 readings 테이블을 생성했습니다. 또한 국립 재생 에너지 연구소(National Renewable Energy Laboratory)에서 가져올 수 있는 여러 예시 데이터세트들을 제안했습니다. 이런 데이터세트를 볼 때는 항상 특정 속성의 최솟값, 최댓값 또는 평균과 같은 전반적인 개요를 확인하면 좋습니다. 때로는 삭제하고 싶은 이상치가 있거나 단위 설정에 실수가 있을 수도 있습니다. 이를 계산하는 가장 쉬운 방법은 다음 예시와 같이 GROUP BY 절을 사용하지 않고 쿼리 하나에서 처리하는 것입니다. 이렇게 하면 전체 테이블이 하나의 버킷으로 처리되어 집계됩니다.

코드 4.10 다양한 집계 함수를 사용하여 가져온 데이터의 타당성 확인하기

```
SELECT count(*),
       min(power) AS min_W, max(power) AS max_W,
       round(sum(power) / 4 / 1000, 2) AS kWh
FROM readings;
```

> 발전량을 계산할 때 15분당 와트(W) 단위를 킬로와트시(kWh) 단위로 변환하는 과정은 다음과 같습니다. 먼저 값들을 합산한 후 4로 나누어 와트시(Wh) 단위를 얻고, 이를 다시 1,000으로 나누어 최종적으로 킬로와트시 단위의 결과를 얻습니다.

제안대로 진행했다면 이전 쿼리의 결과로 readings 테이블에 다음과 같이 주요 수치가 표시되어야 합니다.

count_star() int64	min_W decimal(10,3)	max_W decimal(10,3)	kWh double
151879	0.000	133900.000	401723.22

측정값은 합리적으로 보이며 최솟값이 0인 것—야간에는 발전이 없습니다—도 이상하지 않습니다. 이미 그림 3.2에서 GROUP BY 절을 배웠으니 한 단계 더 나아가 킬로와트시 발전량과 시스템별 발전량을 살펴보겠습니다. 또한 시스템별 측정 횟수도 확인할 것입니다. 여러 해에 걸친 데이터를 가져와 15분 간격으로 절삭했기 때문에 연간 약 35,040개의 측정값이 있어야 합니다. 다음 코드에서 보듯이 GROUP BY system_id, year를 실행하여 이 가정이 맞는지 확인할 수 있습니다.

코드 4.11 기본적으로 하나의 그룹화 키 집합을 갖는 일반적인 GROUP BY

```
SELECT year(read_on) AS year,
       system_id,
       count(*),
       round(sum(power) / 4 / 1000, 2) AS kWh
FROM readings
GROUP BY year, system_id
ORDER BY year, system_id;
```

결과는 예상과 일치합니다. 일부 유효하지 않은 값이 다수 있었고, 두 번째 연도의 데이터는 2020년 중반에 끝났습니다.

year int64	system_id int32	count_star() int64	kWh double
2019	10	33544	1549.34
2019	34	35040	205741.9

```
| 2019 | 1200 | 35037 |  62012.15 |
| 2020 |   10 | 14206 |    677.14 |
| 2020 |   34 | 17017 | 101033.35 |
| 2020 | 1200 | 17035 |  30709.34 |
```

이제 전체 합계(예: 전체 측정 횟수와 연간 발전량, 연도별 및 시스템별 발전량, 전체 발전량)는 어떻게 구할까요? 다시 말해서 그룹별로 세부 수준이 다른 정보를 보여주는 드릴 다운(drill down) 보고서를 만들 수 있을까요? 우리가 지금 계산기에 숫자를 하나씩 입력하여 수동으로 합산하거나 초기 쿼리처럼 그룹화 키(grouping key) 없이 count 쿼리를 추가로 작성할 수 있지만, 더 좋은 방법이 있습니다. 바로 다음에 소개할 *그룹화 집합*(grouping set)입니다.

코드 4.12 명시적으로 그룹화 집합 사용하기

```
SELECT year(read_on) AS year,
       system_id,
       count(*),
       round(sum(power) / 4 / 1000, 2) AS kWh
FROM readings
GROUP BY GROUPING SETS ((year, system_id), year, ())
ORDER BY year NULLS FIRST, system_id NULLS FIRST;
```

아래 문장을 분석하기 전에

```
GROUP BY GROUPING SETS ((system_id, year), year, ())
```

결과를 먼저 살펴보겠습니다.

year int64	system_id int32	count_star() int64	kWh double
NULL	NULL	151879	401723.22
2019	NULL	103621	269303.39
2019	10	33544	1549.34
2019	34	35040	205741.9
2019	1200	35037	62012.15
2020	NULL	48258	132419.83
2020	10	14206	677.14
2020	34	17017	101033.35
2020	1200	17035	30709.34

그룹화 집합은 여러 버킷을 생성하여 집계를 계산합니다.

- system_id와 year를 조합한 값으로 정의한 버킷(우리의 예시에서는 6가지 서로 다른 조합이므로 로우 6개가 생성됨)
- year 단독으로 정의한 버킷. 이 집합에 포함되지 않지만 다른 집합에 포함된 키 (여기서는 system_id가 해당됨)는 NULL 값으로 처리됨
- 마지막 버킷(())은 빈 버킷 또는 그룹으로 설명될 수 있음 — 다른 모든 키에 대해 NULL 값이 할당됨

이 결과에는 코드 4.11의 모든 결괏값에 더해 연도별 측정 횟수(year만으로 그룹화)와 전체 측정 횟수(아무것도 그룹화하지 않음)가 포함되어 있습니다.

ROLLUP 단축 절을 사용해도 같은 결과를 얻을 수 있습니다. 다음 예시에서 보듯이 ROLLUP 절은 자동으로 이전에 논의한 집합을 *n+1* 그룹화 집합으로 생성합니다. 여기서 *n*은 ROLLUP 절에 포함된 항목의 개수입니다.

코드 4.13 GROUP BY ROLLUP 사용하기

```
SELECT year(read_on) AS year,
       system_id,
       count(*),
       round(sum(power) / 4 / 1000, 2) AS kWh
FROM readings
GROUP BY ROLLUP (year, system_id)
ORDER BY year NULLS FIRST, system_id NULLS FIRST;
```

모든 연도의 시스템별 총계 역시 가능합니다. ROLLUP을 사용하지 않고 GROUP BY GROUPING SETS로 돌아가 수동으로 합계를 추가할 필요 없이 GROUP BY CUBE를 사용하면 됩니다. GROUP BY CUBE는 하위 그룹들을 생성하지 않고 실제 조합(2n개의 그룹화 집합)을 생성합니다. 우리의 예시에서는 (year, system_id), (year), (system), () 조합을 생성합니다.

코드 4.14 GROUP BY CUBE 사용하기

```
SELECT year(read_on) AS year,
       system_id,
       count(*),
       round(sum(power) / 4 / 1000, 2) AS kWh
FROM readings
GROUP BY CUBE (year, system_id)
ORDER BY year NULLS FIRST, system_id NULLS FIRST;
```

이는 다음과 같은 결과를 생성합니다.

```
┌───────┬───────────┬──────────────┬───────────┐
│ year  │ system_id │ count_star() │    kWh    │
│ int64 │   int32   │    int64     │  double   │
├───────┼───────────┼──────────────┼───────────┤
│ NULL  │     NULL  │      151879  │ 401723.22 │
│ NULL  │       10  │       47750  │   2226.48 │
│ NULL  │       34  │       52057  │ 306775.25 │
│ NULL  │     1200  │       52072  │  92721.48 │
│ 2019  │     NULL  │      103621  │ 269303.39 │
│ 2019  │       10  │       33544  │   1549.34 │
│ 2019  │       34  │       35040  │  205741.9 │
│ 2019  │     1200  │       35037  │  62012.15 │
│ 2020  │     NULL  │       48258  │ 132419.83 │
│ 2020  │       10  │       14206  │    677.14 │
│ 2020  │       34  │       17017  │ 101033.35 │
│ 2020  │     1200  │       17035  │  30709.34 │
├───────┴───────────┴──────────────┴───────────┤
│ 12 rows                             4 columns │
└───────────────────────────────────────────────┘
```

우리는 이제 여러 쿼리 대신 간단한 쿼리 하나로 측정값의 전체적인 개요를 볼 수 있습니다. 우리가 도중에 추가한 모든 상세 분석은 그룹화 집합으로 표현할 수 있습니다. 여기서는 예시의 가독성을 위해 최솟값과 최댓값은 생략했습니다.

4.5 윈도 함수들

윈도와 윈도에 적용된 함수는 최신 SQL과 분석에서 핵심 요소입니다. 윈도 함수는 일반적으로 다른 로우를 참조할 수 있습니다. 보통 SQL 함수는 집계 연산을 하는 경우가 아니라면 한 번에 현재 로우 하나만 볼 수 있습니다. 하지만 집계 연산을 사용하면 여러 로우를 하나로 묶어서 결과를 생성하기 때문에 로우의 개수가 줄어듭니다.

일반적인 집계 함수와 달리 윈도 함수는 여러 로우를 출력 로우 하나로 그룹화하지 않습니다. 즉, 각 로우는 고유한 개별성을 유지합니다. 만약 다른 로우를 들여다보고 싶다면 윈도 함수를 사용하면 됩니다. 윈도는 해당 윈도 내부의 데이터에 적용하려는 함수 뒤에 오는 OVER () 절에 정의됩니다. 윈도 자체는 작업을 수행할 로우의 범위를 정의하며, 정해진 크기와 순서에 따라 데이터세트 위를 이동하는 창(window)이라고 생각할 수 있습니다. 윈도 작업(windowing)은 관계를 독립적인 파티션으로 나누어 선택적으로 파티션들을 정렬하고 주변 값들을 함수로 계산하여 각 로우에 새로운 컬럼을 추가하는 방식으로 작동합니다.

모든 로우를 조회하려면 빈 윈도 OVER()를 사용하면 됩니다. 만약 다른 필드와 일치하는 값을 갖는 모든 로우를 보려면 해당 필드를 기준으로 파티션을 설정하면 됩니다. 마지막으로 중요한 한 가지 더, 인접한 로우를 보고 싶다면 프레임을 사용하면 됩니다.

윈도의 크기는 파티션의 크기와 같지 않습니다. 즉, 모두 독립적으로 정의할 수 있습니다. 윈도의 내용을 함수에 제공하여 새로운 값을 계산합니다. 윈도의 맥락에서만 작동하는 전용 함수가 몇 가지 있지만, 일반 집계 함수는 모두 윈도 함수로 사용할 수 있습니다.

이는 다음과 같은 용도로 사용할 수 있습니다.

- 순위 매기기
- 윈도별 독립적인 집계 계산하기
- 윈도별 누계 계산하기
- lag나 lead를 통해 이전 또는 이후 로우에 접근하여 변화 계산하기

구체적인 예를 살펴봅시다. 시스템과 발전량이 가장 많은 상위 3개의 시간(15분 단위로)을 검색한다고 가정해 보겠습니다. 한 가지 단순한 접근법은 다음과 같이 발전량으로 결과를 정렬하고 상위 3개 로우로 제한하는 것입니다.

```
SELECT * FROM readings ORDER BY power DESC LIMIT 3;
```

이 방법을 사용하면 다음과 같은 결과가 나옵니다.

system_id int32	read_on timestamp	power decimal(10,3)
34	2019-05-08 12:15:00	133900.000
34	2019-05-23 10:00:00	133900.000
34	2019-05-23 11:30:00	133900.000

이 결과는 시스템 34의 서로 다른 날짜에 대한 기록을 보여주지만, power 컬럼의 값이 모두 같다는 점에 주목해야 합니다. 이 정도로 충분할 수 있지만, 요구사항에 완벽히 부합하지 않을 수 있습니다. 발전량의 원시 값을 보면 우리는 단지 가장 많이 발전된 시간(상위 1위)만 가져왔을 뿐 상위 3개의 발전량 각각에 대한 기록을 가져온 것은 아닙니다. 올바른 상위 3개를 계산하기 위해 우리는 윈도 함수 dense_rank()를 사용할 것입니다. 이 함수는 동일한 순위에 대해 순위를 건너뛰지 않고 각 로우에 대해 순위를 계산합니다. 코드 4.15에 소개된 dense_rank는 순위를 건너뛰지 않고 현재 로우의 순위를 반환합니다. 예를 들어 동일한 발전량을 가진 로우 5개가 1위로 매겨진다면 다음으로 발전량이 큰 로우는 6위가 아닌 여전히 2위로 순위가 매겨집니다. 만약 순위를 건너뛰는 방식이 필요하다면(즉, 다음 로우를 2위가 아닌 6위로 표시하고 싶다면) rank 함수를 사용하면 됩니다.

코드 4.15 올바르게 구현한 상위 n개 쿼리

```
WITH ranked_readings AS (
    SELECT *,
            dense_rank()
                OVER (ORDER BY power DESC) AS rnk
    FROM readings
)
SELECT *
FROM ranked_readings
WHERE rnk <= 3;
```

> 여기서 발전량을 내림차순으로 정렬한 후 각 로우에 대해 윈도 함수가 적용됩니다.

이제 결과가 크게 달라졌습니다. 그림 4.1을 보면 power 대한 세 개의 서로 다른 값이 내림차순으로 표시됩니다. 4.6.2절에서 QUALIFY 절을 배울 때 이 내용을 다시 다

system_id	read_on		power	rnk
34	2019-05-08	12:15:00	133900.000	1
34	2019-05-23	10:00:00	133900.000	1
34	2019-05-23	11:30:00	133900.000	1
34	2019-05-28	11:45:00	133900.000	1
34	2020-04-02	11:30:00	133900.000	1
34	2019-05-09	10:30:00	133700.000	2
34	2019-05-10	12:15:00	133700.000	2
34	2019-03-21	13:00:00	133600.000	3
34	2019-04-02	10:30:00	133600.000	3

발전량을 기준으로 정렬된 데이터세트에 대해 이동하는 윈도

발전량이 감소하는 지점에서 순위가 변경됨

그림 4.1 발전량에 대해 적용 가능한 가장 단순한 윈도

루며, 순위를 기준으로 필터링하는 WHERE 절의 다소 어색한 조건을 피하는 방법을 살펴보겠습니다.

OVER() 절 내부의 윈도 정의에 포함된 ORDER 절은 선택 사항이며 문장의 끝에 쓰는 ORDER BY 절과 달리 쿼리 결과를 정렬하지 않습니다. OVER() 절 내에서 사용될 때 ORDER BY는 윈도 함수가 실행되는 순서를 정의합니다. ORDER BY를 생략하면 윈도 함수는 임의의 순서로 실행됩니다. 앞선 예제에서 ORDER BY를 생략한 것은 의미가 없기 때문인데, 정렬되지 않은 상태에서는 dense_rank가 항상 1이 되기 때문입니다. 다음 절에서는 ORDER BY를 안전하게 생략할 수 있는 예제를 살펴보겠습니다.

4.5.1 파티션 정의하기

앞서 언급한 발전량 순위 결과는 이전보다 나아졌지만, 각 시스템의 발전량이 수십 배나 차이가 나기 때문에 아직 그다지 유용하지 않습니다. 시스템을 구분하지 않고 순위를 계산하면 원하는 결과를 얻지 못할 수 있습니다. 이 경우엔 시스템별로 상위 3개의 기록값이 필요하며, 각 시스템이 자체적으로 데이터의 파티션을 구성하게 됩니다. 파티션을 생성하면 윈도 함수가 적용되는 독립적으로 서로 관계없는 데이터 조각으로 관계가 나뉩니다. PARTITION BY 절을 사용하여 파티션 구성 방식을 정의하지 않으면, 전체 관계를 단일 파티션으로 취급합니다. 윈도 함수는 자신이 평가 중인 로우가 포함된 파티션 외부의 값은 접근할 수 없습니다.

시스템별 상위 n개의 측정값을 요청하는 것은 파티션화 작업에 해당합니다. 결과의 가독성을 위해 다음 예시에서는 시스템별로 발전량이 가장 높은 2개의 측정값만 요청해 보겠습니다.

코드 4.16 윈도에 파티션 적용하기

```
WITH ranked_readings AS (
    SELECT *,
           dense_rank()          이동 윈도(moving window)의
             OVER (              정의 시작하기
               PARTITION BY system_id      파티션 정의하기:
               ORDER BY power DESC          윈도
             ) AS rnk
    FROM readings
)
SELECT * FROM ranked_readings WHERE rnk <= 2
ORDER BY system_id, rnk ASC;
```

system_id	read_on		power	rnk
10	2019-02-23	12:45:00	1109.293	1
10	2019-03-01	12:15:00	1087.900	2
34	2019-05-08	12:15:00	133900.000	1
34	2019-05-23	10:00:00	133900.000	1
34	2019-05-23	11:30:00	133900.000	1
34	2019-05-28	11:45:00	133900.000	1
34	2020-04-02	11:30:00	133900.000	1
34	2019-05-09	10:30:00	133700.000	2
34	2019-05-10	12:15:00	133700.000	2
1200	2020-04-16	12:15:00	47873.333	1
1200	2020-04-02	12:30:00	47866.667	2
1200	2020-04-16	13:15:00	47866.667	2

첫 번째 파티션(시스템 10)

파티션 함수(여기서는 순위)가 파티션 경계에서 초기화됨

두 번째 파티션(시스템 34)

power 기준으로 정렬된 데이터세트를 따라 이동하는 윈도 (오름차순, 1 로우 높이)

세 번째 파티션(시스템 1200)

그림 4.2 윈도를 적용하기 전 데이터 파티셔닝

그림 4.2의 결과에서 순위의 숫자가 어떻게 반복되는지 자세히 보세요. 이제 각 파티션 내부에서 개별적으로 계산되었으며, 이는 데이터세트에 대한 해석이 매우 대조적으로 보이게 합니다.

모든 시스템에서 1위와 2위를 볼 수 있습니다. 시스템 34는 최대 발전율인 133,900W에 5번 도달했고 두 번째로 높은 발전율에는 2번 도달했습니다. 시스템 1,200은 최대 발전율에 단 1번, 두 번째로 높은 발전율에는 2번 도달했습니다. 윈도는 시스템별로 파티션되었고 발전량을 기준으로 정렬되었습니다.

물론, 순위 작업이 파티션 내에서 적용할 수 있는 유일한 작업은 아닙니다. avg, sum, max, min과 같은 집계 함수도 윈도 컨텍스트에서 사용할 수 있는 좋은 선택지입니다. 윈도 컨텍스트 내에서 집계를 사용할 때의 차이점은 집계 함수를 적용하더라도 생성되는 로우의 개수는 변하지 않는다는 점입니다. 각 시스템의 일일 발전량 그리고 추가 컬럼에는 시스템의 전체 평균 발전량을 함께 선택하고 싶다고 가정해 봅시다. GROUP BY ROLLUP 사용을 고려할 수 있습니다—이 방법이 틀린 것은 아닙니다. 하지만 이 경우 그룹화 집합은 상당히 커지게 되며(GROUP BY ROLLUP (system_id, day, kwh)) 평균값을 추가 컬럼이 아닌 추가 로우로 생성하게 됩니다. 찾고자 하는 값(시스템별 전체 발전량)은 시스템 값은 있지만 날짜 값이 없는 로우에서 발견하게 되겠죠.

추가 로우를 피하는 한 가지 방법은 *셀프 조인*(self-join)인데, 원하는 집계 그룹화를 키를 기준으로 선택하여 같은 테이블을 다시 조인하는 방식입니다. 이렇게 하면 원하는 결과는 얻을 수 있지만, 전체 테이블을 두 번 스캔해야 하므로 읽기도 어렵고 성능도 좋지 않을 가능성이 큽니다. 파티션된 윈도 컨텍스트에서 avg를 사용하는 방법이 가독성도 뛰어나고 성능도 우수합니다. 집계 함수—이 경우 avg(kWh)—는 뒤따르는 윈도에 대해 계산됩니다. 따라서 로우의 개수를 변경하지 않고 각 로우에 표시됩니다. 또한 파티션에 의해 정의된 각 시스템에 대해 계산됩니다.

```
SELECT *,
      avg(kWh) ◄──── 파티션에 대한
        OVER (         집계 계산하기
          PARTITION BY system_id
        ) AS average_per_system
FROM v_power_per_day;
```

그리고 추가 컬럼에서 요청한 값을 확인할 수 있습니다.

system_id int32	day date	kWh double	average_per_system double
10	2019-01-01	2.19	4.444051896207586
10	2019-01-04	5.37	4.444051896207586
.	.	.	.
.	.	.	.
.	.	.	.
1200	2019-07-25	232.37	170.75771639042347
1200	2019-04-29	210.97	170.75771639042347
1587 rows (4 shown)			4 columns

평균값 계산을 위한 값은 집계에 전달되는 순서와 무관하므로 윈도 정의 내에서 ORDER BY를 생략했음을 주목하세요. 경험적 규칙으로서, 로우 수를 변경하지 않고 집계를 쿼리에 추가하는 상황에서 셀프 조인을 고려한다면 윈도 함수를 사용하는 것이 바람직합니다.

4.5.2 프레이밍(Framing)

상위 *n* 쿼리는 스트리밍 서비스에서 상위 *n* 차트를 보여주고 싶을 때 유용합니다.

이번 예제에서는 더 흥미로운 질문을 던져 봅시다. *시스템 전체에서 생산된 에너지의 7일 이동 평균(7-day moving average)은 어떻게 구하는가?* 이 질문에 답하려면 다음을 수행해야 합니다.

- 15분 간격의 측정값을 일별로 집계(그룹화 및 합산)
- 일자와 시스템을 기준으로 파티션 생성
- 7일 단위의 프레임 생성

여기서 프레이밍(framing)이 중요한 역할을 합니다. *프레이밍은 각 로우를 기준으로 상대적인 위치까지의 로우를 집합으로 지정해서 함수가 평가하게 합니다.* 현재 로우부터의 거리는 현재 로우를 기준으로 앞이나 뒤로 설정됩니다. 이 거리는 로우의 개수를 정수로 지정하거나 정렬 기준 값에서 일정한 범위 차이(range delta) 표현식으로 지정할 수 있습니다.

앞으로 나올 예제에서는 가독성을 높이고 윈도 정의에 집중하기 위해 3장에서 정의한 v_power_per_day 뷰를 사용합니다. 이 뷰는 시스템별, 일별 발전량을 kWh 단위로 반환합니다. v_power_per_day를 CTE로 쉽게 표현할 수도 있습니다.

다음 문장은 시스템별 윈도에 대한 평균 발전량을 계산합니다. 윈도는 일자를 따라 이동하며 7일 단위 너비(이전 3일, 해당 일자, 이후 3일)를 사용합니다. 다음 문장은 윈도를 정의하기 위해 모든 옵션을 활용했습니다.

코드 4.17 윈도 함수 적용을 위한 범위 파티션 사용하기

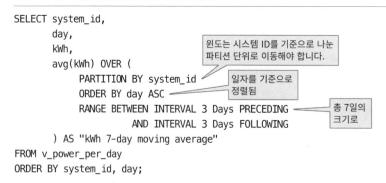

```
SELECT system_id,
       day,
       kWh,
       avg(kWh) OVER (
           PARTITION BY system_id
           ORDER BY day ASC
           RANGE BETWEEN INTERVAL 3 Days PRECEDING
                   AND INTERVAL 3 Days FOLLOWING
       ) AS "kWh 7-day moving average"
FROM v_power_per_day
ORDER BY system_id, day;
```

결과에는 소스 측정값에 포함된 전체 일수만큼의 로우를 반환하므로 예시에서는 일부분만 보여드리겠습니다. 그림 4.3은 윈도의 크기와 로우가 어떻게 포함되는지를 보여줍니다.

system_id	day	kWh	kWh 7-day moving average
10	2019-01-01	2.19	4.7075000000000005
10	2019-01-02	5.55	4.69
10	2019-01-03	5.72	4.5523333333333334
10	2019-01-04	5.37	4.707142857142857
10	2019-01-05	4.62	5.154285714285714
10	2019-01-06	3.69	4.864285714285715
10	2019-01-07	5.81	4.541428571428571
10	2019-01-08	5.32	3.8142857142857145
10	2019-01-09	3.52	3.3800000000000003
10	2019-01-10	3.46	3.6957142857142853
10	2019-01-11	0.28	3.7542857142857144
10	2019-01-12	1.58	3.7214285714285715
10	2019-01-13	5.9	3.7814285714285716
10	2019-01-14	6.22	4.064285714285715
10	2019-01-15	5.09	4.042857142857143
1200	2019-01-01	46.81	42.7875
1200	2019-01-02	24.78	40.444
1200	2019-01-03	53.1	59.89833333333333
1200	2019-01-04	46.46	55.87142857142857
1200	2019-01-05	31.07	56.79857142857143
1200	2019-01-06	157.17	62.63857142857142
1200	2019-01-07	31.71	82.05142857142857
1200	2019-01-08	53.3	102.12428571428572
1200	2019-01-09	65.66	105.99714285714286
1200	2019-01-10	188.99	83.61285714285714
1200	2019-01-11	186.97	79.31999999999998
1200	2019-01-12	58.18	72.66000000000001
1200	2019-01-13	0.48	64.62857142857145
1200	2019-01-14	1.66	39.99571428571429

파티션 1 내부의 네 번째 윈도, 현재 로우와 이전 3개, 이후 3개 로우에 평균 함수 적용

첫 번째 파티션

이동 방향

파티션 2 내부의 첫 번째 윈도, 현재 로우와 이후 3개 로우에 평균 함수 적용

두 번째 파티션

그림 4.3 윈도 프레이밍의 결과

4.5.3 명명된 윈도

앞서 범위를 가진 윈도를 논의하면서 배웠듯이 윈도 정의는 꽤 복잡할 수 있습니다. 여기에는 파티션의 정의, 정렬, 윈도의 실제 범위가 포함될 수 있습니다. 때로는 주어진 윈도에 대해 하나의 집계로는 충분하지 않을 수 있습니다. 하지만 같은 윈도 정의를 반복하여 작성하면 상당히 번거롭고 지루한 작업이 됩니다.

우리의 도메인 — 태양광 시스템의 발전량 측정 — 에서 월별로 7일 단위 윈도에 대한 분위수(quantiles)를 계산함으로써 계절과 날씨를 모두 고려하는 보고서를 만들 수 있습니다. 때로는 월별 평균만으로도 충분하지만, 이 경우 차트는 월별로 변화

하는 비교적 부드러운 곡선만 보여줄 겁니다. 주간 날씨 변화에 따른 발전량의 변동은 더 크게 나타납니다. 이상치(outlier)와 폭주 값(runaway value)은 분위수를 사용하면 더 효과적으로 포착하고 표현할 수 있습니다. 그 결과는 예를 들어 이동 상자 수염 그림(moving box-and-whisker plot)을 만드는 데 쉽게 사용할 수 있습니다.

이상치를 캐싱하고 분위수를 계산하려면 세 가지 집계(min, max, quantiles)가 필요하며, 매번 윈도를 정의하고 싶지는 않습니다. 다음 코드처럼 기본적으로 코드 4.17의 정의를 가져와서 파티션에 측정값의 월을 추가합니다. 나머지 윈도 정의는 동일합니다. 이 정의를 FROM 절 뒤로 옮기고 seven_days라고 이름을 붙입니다. 이름을 붙이면 여러 집계에서 필요한 만큼 참조할 수 있습니다.

코드 4.18 명명된 윈도로 복잡한 정렬과 파티션 정의하기

```
SELECT system_id,
       day,
       min(kWh) OVER seven_days AS "7-day min",
       quantile(kWh, [0.25, 0.5, 0.75])
         OVER seven_days AS "kWh 7-day quartile",
       max(kWh) OVER seven_days AS "7-day max",
FROM v_power_per_day
WINDOW
     seven_days AS (
        PARTITION BY system_id, month(day)
        ORDER BY day ASC
        RANGE BETWEEN INTERVAL 3 Days PRECEDING
                 AND INTERVAL 3 Days FOLLOWING
     )
ORDER BY system_id, day;
```

> FROM 절 이후에 정의된 윈도 참조하기

> 분위수 함수는 분위수가 계산되어야 할 값과 원하는 분위수들의 목록을 입력받습니다.

> 윈도 절은 반드시 FROM 절 뒤에 위치해야 하며, 윈도 자체의 정의는 인라인 윈도를 따릅니다.

결과는 이제 구조화된 컬럼 타입 — kWh 7-day quartile — 을 보여줍니다.

system_id int32	day date	7-day min double	kWh 7-day quartile double[]	7-day max double
10	2019-01-01	2.19	[2.19, 5.37, 5.55]	5.72
10	2019-01-02	2.19	[4.62, 5.37, 5.55]	5.72
10	2019-01-03	2.19	[3.69, 4.62, 5.55]	5.72
10	2019-01-04	2.19	[3.69, 5.37, 5.72]	5.81
10	2019-01-05	3.69	[4.62, 5.37, 5.72]	5.81
·	·	·	·	·
·	·	·	·	·

·	·	·	·	·
1200	2020-06-22	107.68	[149.11, 191.61, 214.68]	279.8
1200	2020-06-23	0.0	[107.68, 191.61, 214.68]	279.8
1200	2020-06-24	0.0	[190.91, 191.61, 214.68]	279.8
1200	2020-06-25	0.0	[191.61, 203.06, 214.68]	279.8
1200	2020-06-26	0.0	[0.0, 203.06, 214.68]	279.8

1587 rows (10 shown)   5 columns

이미 배웠듯이 모든 집계 함수는 윈도 함수로 사용할 수 있습니다. 여기에는 그룹 내 정확한 분위수(quantile과 quantile_disc) 또는 보간된 분위수(quantile_cont)를 계산하는 복잡한 통계 함수도 포함됩니다. 이들 함수의 구현은 윈도 처리에 성능이 최적화되어 있으므로 성능 저하에 대해서는 걱정하지 않고 사용할 수 있습니다. 여러 집계를 쿼리할 때는 명명된 윈도(named windows)를 사용하세요.

4.5.4 파티션에서 이전 또는 이후 로우에 접근하기

우리는 이미 순위 계산을 다뤘으며 4.8절에서는 누적 합계를 계산하는 예시를 살펴볼 예정이지만, 파티션 내부에서 로우 사이를 앞뒤로 이동하는 기능은 사용해 보지 않았습니다. 이제 이 기능을 통해 변화량을 계산하는 방법을 살펴보려 합니다. 요즘 가격만큼 좋은 예시가 또 있을까요?

3장에서 우리는 독일에서 전력망으로 에너지를 공급하는 판매 가격(ct/kWh 단위)이 포함된 prices 테이블을 만들었습니다. 이후 재생 에너지를 장려하는 정책적 인센티브가 줄어든 결과 판매 가격이 하락했다고 가정해 보겠습니다. 이제 시간이 지남에 따라 재생 에너지에 대한 보상이 얼마나 변했는지 알고 싶을 것입니다. 이 차이를 계산하려면 n번째 로우의 가격 값을 가져와 n–1번째 로우의 값과 비교해야 합니다. 그러나 테이블의 로우는 한 로우씩 독립적으로 처리하기 때문에 윈도 없이는 불가능합니다. 하지만 만약 정렬 가능한 컬럼을 기준으로 윈도를 설정하면 lag()과 lead()를 사용하여 현재 윈도 외부의 로우에도 접근할 수 있습니다. 이를 통해 오늘의 가격과 비교하려는 어제의 가격을 선택할 수 있습니다.

lag 함수는 파티션 내에서 현재 로우의 바로 앞 로우에 있는 표현식의 값을 반환하며 이전 로우가 없는 경우에는 NULL을 반환합니다. 이는 파티션에서 첫 번째 로우인 경우입니다. lead는 반대 방식으로 작동합니다(즉, 파티션의 마지막 로우에 대해 NULL을 반환합니다). DuckDB에서 두 함수는 모두 몇 개의 로우만큼 lag하거나 lead할지 뿐만 아니라 기본 윈도도 지정할 수 있는 여러 가지 오버로드가 있습니다. 반면 NULL 값이 적합하지 않은 경우라면 coalesce를 사용하는 것이 하나의 선택지가 될 수 있습니다.

✅ coalesce 함수는 첫 번째로 NULL이 아닌 인수를 반환합니다.

다음 쿼리는 lag()를 사용하여 원래 가격(3장의 prices 테이블에 있는 것들)과 현재 가격(새로운 규제에 따라 인상된 가격)의 차이를 계산합니다.

코드 4.19 윈도의 지연 및 선행 값 계산하기

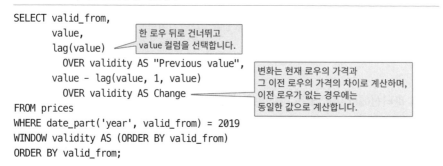

```
SELECT valid_from,
       value,
       lag(value)
         OVER validity AS "Previous value",
       value - lag(value, 1, value)
         OVER validity AS Change
FROM prices
WHERE date_part('year', valid_from) = 2019
WINDOW validity AS (ORDER BY valid_from)
ORDER BY valid_from;
```

한 로우 뒤로 건너뛰고 value 컬럼을 선택합니다.

변화는 현재 로우의 가격과 그 이전 로우의 가격의 차이로 계산하며, 이전 로우가 없는 경우에는 동일한 값으로 계산합니다.

보다시피 2019년에 각 연속적인 기간마다 가격이 상당히 하락했습니다.

valid_from date	value decimal(5,2)	Previous value decimal(5,2)	Change decimal(6,2)
2019-01-01	11.47	NULL	0.00
2019-02-01	11.35	11.47	-0.12
2019-03-01	11.23	11.35	-0.12
2019-04-01	11.11	11.23	-0.12
·	·	·	·
·	·	·	·
·	·	·	·
2019-09-01	10.33	10.48	-0.15
2019-10-01	10.18	10.33	-0.15
2019-11-01	10.08	10.18	-0.10
2019-12-01	9.97	10.08	-0.11
12 rows (8 shown)			4 columns

만약 우리가 2019년의 총 가격 변화를 계산하는 데 관심이 있다면 CTE를 사용해야 합니다. 윈도 함수 호출을 집계 함수 안에 중첩할 수 없기 때문입니다. 해결책은 다음 코드에 표시되어 있습니다.

코드 4.20 윈도에 대한 집계 계산하기

```
WITH changes AS (
    SELECT value - lag(value, 1, value) OVER (ORDER BY valid_from) AS v
    FROM prices
    WHERE date_part('year', valid_from) = 2019
    ORDER BY valid_from
)
SELECT sum(changes.v) AS total_change
FROM changes;
```

이 계산 결과는 우리가 찾고 있던 2019년 독일의 가격 차이를 보여줍니다. 민간이 생산한 재생 에너지에 대한 보상이 1.50ct/kWh만큼 삭감된 것을 확인할 수 있습니다.

4.6 WHERE 절 외부에서 조건과 필터링 처리하기

계산된 집계들이나 윈도 함수의 결과는 표준 WHERE 절을 통해 필터링할 수 없습니다. 하지만 다음과 같은 질문에 답하려면 이러한 필터링이 필요합니다.

- *집계된 값이 값 x를 초과하는 그룹을 선택* — 이를 위해서는 HAVING 절을 사용해야 합니다.
- *특정 일자 범위에서 특정 값을 초과하는 데이터를 선택하고 싶을 때* — 이 경우에는 QUALIFY 절을 사용해야 합니다.

추가로 FILTER 절을 사용하여 특정 값이 집계 함수에 전달되지 않게 필터링할 수도 있습니다. 집계에 입력되는 값이나 집계 결과를 필터링하는 옵션을 표 4.1에 요약하여 정리했습니다.

표 4.1 필터링 절과 사용 위치

	사용하는 위치	효과
HAVING	GROUP BY 이후에	그룹에 대해 계산된 집계를 기반으로 로우를 필터링함
QUALIFY	모든 윈도 표현식을 참조하는 FROM 절 이후에	해당 윈도에서 계산된 모든 것을 기반으로 로우를 필터링함
FILTER	모든 집계 함수 이후에	집계로 전달되는 값을 필터링함

4.6.1 HAVING 절 사용하기

생산량이 900kWh를 초과한 모든 날짜를 알려주세요! 3장에서 WHERE 절과 GROUP BY 가 어떻게 작동하는지 배웠습니다. 다음과 같은 조합을 시도할 수 있습니다.

```
SELECT system_id,
       date_trunc('day', read_on)       AS day,
       round(sum(power)  / 4 / 1000, 2)  AS kWh,
FROM readings
WHERE kWh >= 900
GROUP BY ALL;
```

DuckDB 0.10 버전 이전에는 쿼리를 실행하면 다음과 같은 오류 메시지를 표시했습니다.

```
Error: Binder Error: Referenced column "kWh" not found in FROM clause!
(바인더 오류: FROM 절에서 참조된 컬럼 "kWh"를 찾을 수 없습니다!)
```

최신 버전에서는 이 오류 문구를 좀 더 명확하게 개선하여 WHERE 절이 집계를 포함할 수 없다고 안내합니다.

```
Binder Error: WHERE clause cannot contain aggregates!
```

계산된 컬럼 kWh는 아직 WHERE 절이 적용되는 시점에 알려지지 않았는데, 이 시점에서는 값을 알 수 없다는 의미입니다(반면에 day 역시 계산된 컬럼이지만 개별 로우마다 계산될 수 있기 때문에 사용할 수 있습니다). 다시 말해서 WHERE 절에서 로우들을 선택하거나 필터링하면 최초에 집계될 로우들을 수정하게 됩니다. 따라서 집계 후에 필터링을 적용하고 싶다면 HAVING 절이 필요합니다. HAVING 절은 GROUP BY 절 뒤에 사용되어 선택된 모든 로우의 집계를 완료한 후에 필터 기준을 적용합니다.

　초기 작업으로 돌아가면 WHERE 절에 있던 조건을 GROUP BY 다음에 오는 HAVING 절로 옮기기만 하면 되며, 다음 코드에서 확인할 수 있습니다.

코드 4.21 집계된 값을 기반으로 로우를 필터링할 때는 HAVING 절 사용하기

```
SELECT system_id,
       date_trunc('day', read_on)       AS day,
       round(sum(power)  / 4 / 1000, 2)  AS kWh,
FROM readings
GROUP BY ALL
HAVING kWh >= 900
ORDER BY kWh DESC;
```

이제 결과는 sum 집계로 그룹화한 후에 필터링됩니다.

```
system_id |    day    |  kWh
  int32   |   date    | double

      34  | 2020-05-12 | 960.03
      34  | 2020-06-08 | 935.33
      34  | 2020-05-23 | 924.08
      34  | 2019-06-09 | 915.4
      34  | 2020-06-06 | 914.98
      34  | 2020-05-20 | 912.65
      34  | 2019-05-01 | 912.6
      34  | 2020-06-16 | 911.93
      34  | 2020-06-07 | 911.73
      34  | 2020-05-18 | 907.98
      34  | 2019-04-10 | 907.63
      34  | 2019-06-22 | 906.78
      34  | 2020-05-19 | 906.4

13 rows                    3 columns
```

4.6.2 QUALIFY 절 사용하기

윈도 함수의 결과가 특정 필터와 일치하는 로우만 반환하고 싶다고 가정해 봅시다. 이때 WHERE 절에 해당 필터를 추가할 수 없습니다. 윈도에 포함되어야 할 로우가 필터링되고 윈도 함수의 결과만 사용해야 하기 때문입니다. 그런데 윈도 함수는 집계보다 먼저 평가되기 때문에 HAVING을 사용할 수도 없습니다. 이럴 때 QUALIFY를 사용하면 윈도 함수의 결과를 기준으로 필터링할 수 있습니다.

윈도 함수를 처음 설명할 때 우리는 결과를 필터링하기 위해 CTE를 사용해야 했습니다. QUALIFY를 사용하면 쿼리를 훨씬 더 단순하고 명확하게 다시 작성할 수 있으며, 여전히 상위 3개의 순위 값을 얻을 수 있습니다.

코드 4.22 QUALIFY 절을 사용하여 윈도에서 집계된 값을 필터링하기

```
SELECT dense_rank() OVER (ORDER BY power DESC) AS rnk, *
FROM readings
QUALIFY rnk <= 3;
```

7일 이동 윈도를 사용한 우리의 예제로 돌아가 봅시다(코드 4.17 참조). 7일 평균 발전량 값은 태양광 발전 시스템의 효율성을 보여주는 좋은 지표인데, 특정 임곗값에 도달한 날짜들을 알고 싶을 수 있습니다. 다음 코드에서 볼 수 있는 것처럼 7일 윈도에서의 평균이 875kWh를 초과한 결과만 원하므로 이 조건을 QUALIFY 절에 넣습니다. QUALIFY 절은 윈도 함수를 이름으로 참조할 수 있습니다.

코드 4.23 둘 이상의 로우를 생성하는 윈도에 QUALIFY 절 사용하기

```
SELECT system_id,
       day,
       avg(kWh) OVER (
           PARTITION BY system_id
           ORDER BY day ASC
           RANGE BETWEEN INTERVAL 3 Days PRECEDING
                     AND INTERVAL 3 Days FOLLOWING
       ) AS "kWh 7-day moving average"
FROM v_power_per_day
QUALIFY "kWh 7-day moving average" > 875   ← 여기서 임곗값을
ORDER BY system_id, day;                      설정합니다.
```

예제 데이터를 분석한 결과로 서반구에서 전형적으로 태양광 발전하기 '좋은 날'을 나타내는 세 날짜를 찾았습니다.

system_id int32	day date	kWh 7-day moving average double
34	2020-05-21	887.4628571428572
34	2020-05-22	884.7342857142858
34	2020-06-09	882.4628571428572

4.6.3 FILTER 절 사용하기

때로는 집계, 평균, 또는 값의 개수를 계산하려고 할 때 포함하고 싶지 않은 로우가 있다는 것을 깨닫는 경우가 있습니다. FILTER 절을 추가할 수 있지만, 복잡한 쿼리에서는 다른 필드들을 계산하기 위해 해당 로우를 유지해야 할 수도 있습니다. 예를 들어 가끔 잘못된 측정값이 음수 값으로 표시되는 경우가 있다고 가정해 봅시다. 이때 측정값의 총 개수와 센서의 평균 측정값을 계산하고 싶습니다. WHERE 절에서 잘못된 측정값을 필터링하면 측정값의 총 개수를 계산할 수 없습니다. 하지만 단순히 모든 측정값의 평균을 낸다면 잘못된 음수 값이 포함됩니다. 이러한 유형의 문제를 해결하려면 FILTER 표현식을 집계 함수에 포함하여 사용하면 됩니다.

4.1절로 돌아가 보면 우리는 일관성 없는 센서 측정값을 다뤄야 했으며 실제로 NULL 값이 평균 계산에 포함되는 문제에 직면했는데, 이는 보통 우리가 원하는 결과가 아닙니다. NULL 값을 0으로 처리하는 대신 다음과 같이 평균값에서 완전히 제외할 수 있습니다.

코드 4.24 의미 없는 데이터를 집계에서 제외하기

```
INSERT INTO readings(system_id, read_on, power)
SELECT any_value(SiteId),
       time_bucket(
           INTERVAL '15 Minutes',
           CAST("Date-Time" AS timestamp)
       ) AS read_on,
       coalesce(avg(ac_power)
         FILTER (
           ac_power IS NOT NULL AND
           ac_power >= 0
         ),0 )                          이제 NULL이거나 0보다 작은 값은
FROM                                     평균에 포함되지 않습니다.
    read_csv_auto(
        'https://developer.nrel.gov/api/pvdaq/v3/' ||
        'data_file?api_key=DEMO_KEY&system_id=10&year=2019'
    )
GROUP BY read_on
ORDER BY read_on                         이미 데이터가 채워진 데이터베이스에서
ON CONFLICT DO NOTHING;                  이 문장을 실행할 때 실패를 피하기 위해
                                         ON CONFLICT 절을 사용합니다.
```

왜 우리가 coalesce 함수를 사용하는지 궁금할 수 있습니다. 모든 데이터가 필터링되면 집계에 아무것도 전달되지 않아서 전체 표현식이 NULL이 됩니다. 집계에서 모든 입력을 필터링하면 값이 NULL이 되며 readings 테이블에 정의된 제약 조건을 위반하게 됩니다. 늘 그렇듯이 이 문제를 해결하는 방식이 하나만 있지는 않습니다—코드 4.1이나 4.24의 해결책 모두 괜찮습니다. 이 경우 FILTER 기반 솔루션을 coalesce와 결합하여 사용하는 방법이 의도를 좀 더 명확하게 드러내기 때문에 더 나은 선택이라고 할 수 있습니다.

4.7 PIVOT 문

쿼리 하나에서 여러 집계 함수를 사용할 수 있으며, 각각을 개별적으로 필터링할 수도 있습니다. 이 기능은 다음과 같은 작업을 해결하는 데 유용합니다.

시스템별, 연도별 발전량 보고서가 필요하며 연도는 컬럼으로 표시해 주세요!

시스템별이나 연도별로 발전량을 집계하는 작업은 어렵지 않습니다. 두 가지 키로 그룹화하는 작업도 어렵지 않습니다. 다음 문장처럼 작성하면 됩니다.

```
SELECT system_id, year(day), sum(kWh)
FROM v_power_per_day GROUP BY ALL ORDER BY system_id;
```

잘 작동하며 결과를 반환합니다.

system_id int32	"year"("day") int64	sum(kWh) double
10	2019	1549.2800000000002
10	2020	677.1899999999999
34	2020	101033.75000000004
34	2019	205742.60000000003
1200	2020	30709.33
1200	2019	62012.11

우리가 데이터를 시스템과 연도별로 그룹화했지만, 시스템별 연도가 컬럼이 아닌 로우로 표시됩니다. 우리는 2019년과 2020년을 컬럼으로 하고 시스템별로 세 개의 로우로 된 결과를 원하는데, 이는 스프레드시트 프로그램에서 데이터를 볼 때와 매우 비슷합니다. 이렇게 테이블을 재구성하는 과정을 *피벗팅*(pivoting)이라고 하며, DuckDB는 이를 달성하기 위한 몇 가지 방법을 제공합니다 — 그중 하나가 여러 개의 FILTER 절을 활용한 집계 함수 정의입니다. sum 집계 함수를 하나만 정의하는 대신 여러 개를 정의하고 특정 컬럼에 필요 없는 값을 각각 필터링합니다. 그러면 다음과 같은 문장이 됩니다.

코드 4.25 선택한 모든 집계에 필터를 적용하여 결과를 정적으로 피벗하기

```
SELECT system_id,
    sum(kWh) FILTER (WHERE year(day) = 2019)
        AS 'kWh in 2019',
    sum(kWh) FILTER (WHERE year(day) = 2020)
        AS 'kWh in 2020'
FROM v_power_per_day
GROUP BY system_id;
```

합계 값은 동일하지만, 이제 연도가 개별 그룹이 아닌 컬럼으로 표시됩니다. 이제 가상의 상사가 스프레드시트 프로그램에서 익숙하게 보던 방식 그대로 데이터를 볼 수 있습니다.

system_id int32	kWh in 2019 double	kWh in 2020 double
10	1549.2799999999997	677.19
34	205742.60000000003	101033.75
1200	62012.11	30709.33

이 접근 방식에는 한 가지 단점이 있습니다. 기본적으로 컬럼을 하드코딩했기 때문에 연도가 추가될 때마다 해당 쿼리를 다시 수정해야 합니다. 만약 원하는 컬럼 집합이 변하지 않는다고 확신하거나 피벗팅을 지원하지 않는 데이터베이스를 대상으로 하고 있다면 정적 접근 방식이 여러분에게 맞는 해결책일 수 있습니다.

이 문제를 DuckDB에서 해결하려면 다음 코드에 나오는 PIVOT 절을 사용하세요. DuckDB의 PIVOT 절은 임의의 표현식을 기준으로 테이블을 동적으로 피벗할 수 있습니다.

코드 4.26 DuckDB의 PIVOT 문 사용하기

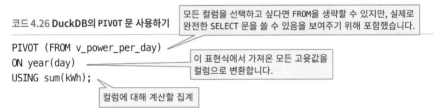

```
PIVOT (FROM v_power_per_day)
ON year(day)
USING sum(kWh);
```

모든 컬럼을 선택하고 싶다면 FROM을 생략할 수 있지만, 실제로 완전한 SELECT 문을 쓸 수 있음을 보여주기 위해 포함했습니다.

이 표현식에서 가져온 모든 고윳값을 컬럼으로 변환합니다.

컬럼에 대해 계산할 집계

앞의 문장을 그림 4.4에 시각적으로 표현했습니다. 코드 4.26에 나온 모든 단계를 볼 수 있습니다. 모든 컬럼을 선택한 다음, ON 절을 사용하여 고유한 모든 연도를 컬럼으로 변환하고 sum 집계를 사용하여 해당 연도의 값을 계산합니다. 각 단계는 코드에 나온 순서 그대로 번호가 매겨져 있습니다.

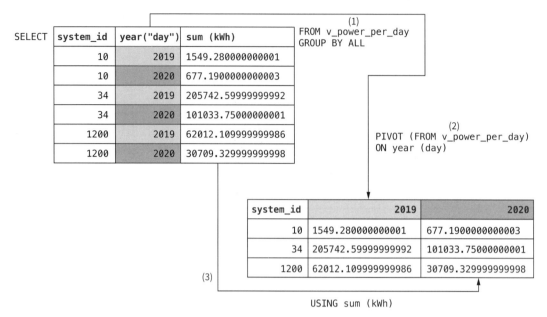

그림 4.4 연도별 발전량 데이터 피벗하기

단순화된 동적 문장으로 생성한 결과는 코드 4.25에서 정적으로 구성한 결과와 정확히 일치합니다 — 연도가 컬럼으로, 시스템이 로우로 표시되며 로우와 컬럼의 교차점에는 시스템과 연도에 따라 발전량의 합이 표시됩니다.

```
| system_id | 2019                | 2020      |
| int32     | double              | double    |
|        10 | 1549.2799999999997  |    677.19 |
|        34 | 205742.59999999998  | 101033.75 |
|      1200 | 62012.11000000001   |  30709.33 |
```

셀 값에 대한 집계를 사용할 때 ON 절에 포함되지 않은 모든 컬럼은 집계를 위한 그룹화 키로 사용됩니다. 하지만 반드시 집계를 사용할 필요는 없습니다. PIVOT v_power_per_day ON day는 1,382개의 로우와 545(!)개의 컬럼을 결과로 생성합니다. 왜 그럴까요? v_power_per_day에 고유한 (system_id, kWh) 값 1,382개를 포함하고 있으며, 이 값으로 로우를 구성하기 때문입니다. 시스템은 year(day)가 아닌 day를 사용하여 컬럼을 생성하라는 요청을 받았고, 서로 다른 날짜가 543개 기록되어 있습니다. 두 개의 추가 컬럼은 system_id와 kWh 컬럼입니다. 그렇다면 셀에는 어떤 값이 들어갈까요? 대부분은 0이고, 일부 셀만 1입니다. USING 절이 없다면 DuckDB는 값이 없는 날짜에 대해서는 0, 값이 있는 날짜에 대해서는 1로 셀을 채웁니다. 따라서 모든 날짜를 표 형식으로 보고 싶다면 다음과 같이 first 집계를 사용해 보세요.

```
PIVOT (
    FROM v_power_per_day WHERE day BETWEEN '2020-05-30' AND '2020-06-02'
)
ON DAY USING first(kWh);
```

수백 개의 컬럼을 출력하는 대신 의도적으로 며칠만 선택했음을 기억하세요. 앞의 쿼리는 이 결과를 날짜에 따른 표 형식 보기로 피벗합니다.

system_id int32	day date	kWh double
1200	2020-05-30	280.4
1200	2020-05-31	282.25
1200	2020-06-01	288.29
1200	2020-06-02	152.83
.	.	.
.	.	.
.	.	.
10	2020-05-30	4.24
10	2020-05-31	3.78
10	2020-06-01	4.47
10	2020-06-02	5.09

12 rows (8 shown)   3 columns

이 결과라면 어떤 스프레드시트 아티스트라도 만족할 겁니다.

system_id int32	2020-05-30 double	2020-05-31 double	2020-06-01 double	2020-06-02 double
10	4.24	3.78	4.47	5.09
34	732.5	790.33	796.55	629.17
1200	280.4	282.25	288.29	152.83

앞서 살펴본 쿼리는 모두 DuckDB의 독자적인 PIVOT 변형을 사용합니다. DuckDB 문법에서는 피벗하려는 테이블의 로우들을 직접 지정(static enumeration)하지

않아도 되므로 피벗 문을 훨씬 더 쉽게, 오류도 적게 작성할 수 있습니다. 또한 DuckDB는 SQL 표준 형식에 가까운 PIVOT도 지원합니다. 하지만 PIVOT 절에 대한 지원은 데이터베이스 시스템마다 크게 다르며 다른 데이터베이스가 동일한 표준을 지원할 가능성은 작습니다. 따라서 우리는 이런 경우에 이식성을 기대하기보다는 가독성이 뛰어난 독자적인 문법을 선호합니다.

DuckDB에서는 USING 절에서 여러 집계를 동시에 계산할 수 있으며 컬럼을 여러 개 조합하여 피벗을 적용할 수도 있습니다. 이를 활용하여 연간 총발전량(즉, 모든 날의 sum)을 계산할 뿐만 아니라 최고 발전량을 기록한 날을 강조하는 컬럼을 두 개 더 추가했습니다.

```
PIVOT v_power_per_day
ON year(day)
USING round(sum(kWh)) AS total, max(kWh) AS best_day;
```

결과의 가독성을 위해 총계를 반올림했습니다.

system_id int32	2019_total double	2019_best_day double	2020_total double	2020_best_day double
10	1549.0	7.47	677.0	6.97
34	205743.0	915.4	101034.0	960.03
1200	62012.0	337.29	30709.0	343.43

4.8 ASOF JOIN 사용하기

하루 중 임의의 시간에 변동성이 큰 제품을 판매한다고 상상해 보세요. 예를 들어 일정한 간격, 여기서는 15분 간격으로 가격을 예측할 수 있지만, 이보다 더 정확하게 알 수는 없습니다. 하지만 사람들은 끊임없이 여러분의 제품을 요구하므로 다음과 같은 가상의 상황으로 이어집니다. 코드 4.27의 쿼리는 CTE를 두 개 생성합니다. 하나는 임의의 날짜에 대해 1시간 동안 4개 항목으로 구성된 가상의 가격 테이블(prices)이고, 다른 하나는 12개 항목으로 구성된 판매 테이블(sales)입니다. 그런 다음 두 테이블을 단순하게 조인하면서 판매 가격 12건을 기대했지만, 실제 결과는 4건입니다.

코드 4.27 **타임스탬프에 대해 내부 조인 사용하기**

```
WITH prices AS (
  SELECT range AS valid_at,
         random()*10 AS price
  FROM range(
      '2023-01-01 01:00:00'::timestamp,
      '2023-01-01 02:00:00'::timestamp, INTERVAL '15 minutes')
),
sales AS (
  SELECT range AS sold_at,
         random()*10 AS num
  FROM range(
      '2023-01-01 01:00:00'::timestamp,
      '2023-01-01 02:00:00'::timestamp, INTERVAL '5 minutes')
)
SELECT sold_at, valid_at AS 'with_price_at', round(num * price,2) as price
FROM sales
JOIN prices ON prices.valid_at = sales.sold_at;
```

판매가 상당히 부진한데, 다음 결과와 그림 4.5에서 명확하게 드러납니다.

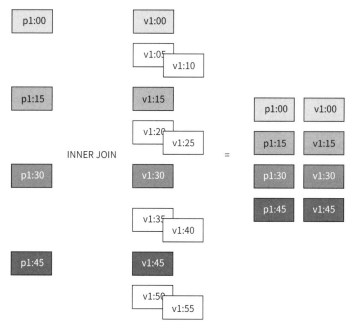

그림 4.5 시계열 데이터의 내부 조인 오류

```
| sold_at             | with_price_at       | price  |
| timestamp           | timestamp           | double |

| 2023-01-01 01:00:00 | 2023-01-01 01:00:00 | 21.17  |
| 2023-01-01 01:15:00 | 2023-01-01 01:15:00 | 12.97  |
| 2023-01-01 01:30:00 | 2023-01-01 01:30:00 | 44.61  |
| 2023-01-01 01:45:00 | 2023-01-01 01:45:00 |  9.45  |
```

ASOF JOIN을 소개합니다. ASOF(*as of*로 발음) JOIN은 불일치 조건에 대해 조인을 수행하는 JOIN 절입니다. JOIN 컬럼이 정확히 일치하지 않은 데이터 간의 시점 차이(gap)에 대해 '충분히 좋은' 값을 선택합니다. 코드 4.27로 돌아가서 두 가지를 바꿔야 합니다. JOIN 키워드를 ASOF JOIN으로 교체하고 부등호(inequality) 연산자를 추가합니다.

```
prices.valid_at <= sales.sold_at
```

위 부등호 조건은 판매 시점이나 그 이전에 유효한 모든 가격을 사용하여 총가격을 계산하라는 뜻입니다.

코드 4.28 타임스탬프에 ASOF JOIN 사용하기

```sql
WITH prices AS (
  SELECT range AS valid_at,
         random()*10 AS price
  FROM range(
       '2023-01-01 01:00:00'::timestamp,
       '2023-01-01 02:00:00'::timestamp, INTERVAL '15 minutes')
),
sales AS (
  SELECT range AS sold_at,
         random()*10 AS num
  FROM range(
       '2023-01-01 01:00:00'::timestamp,
       '2023-01-01 02:00:00'::timestamp, INTERVAL '5 minutes')
)
SELECT sold_at, valid_at AS 'with_price_at', round(num * price,2) as price
FROM sales
ASOF JOIN prices          ◁─ JOIN을 ASOF로
                             지정합니다.
    ON prices.valid_at <= sales.sold_at;   ◁─ 코드 4.27의 =과는 달리
                                              <=를 사용합니다.
```

DuckDB가 판매 시점에 가장 가까운 가격을 어떻게 선택하지는 주목하세요. 또한 이제 예상했던 로우 12개를 얻습니다.

sold_at timestamp	with_price_at timestamp	price double
2023-01-01 01:00:00	2023-01-01 01:00:00	1.59
2023-01-01 01:05:00	2023-01-01 01:00:00	3.56
2023-01-01 01:10:00	2023-01-01 01:00:00	2.71
2023-01-01 01:15:00	2023-01-01 01:15:00	29.12
2023-01-01 01:20:00	2023-01-01 01:15:00	14.92
2023-01-01 01:25:00	2023-01-01 01:15:00	4.83
2023-01-01 01:30:00	2023-01-01 01:30:00	2.84
2023-01-01 01:35:00	2023-01-01 01:30:00	3.84
2023-01-01 01:40:00	2023-01-01 01:30:00	4.95
2023-01-01 01:45:00	2023-01-01 01:45:00	23.1
2023-01-01 01:50:00	2023-01-01 01:45:00	30.07
2023-01-01 01:55:00	2023-01-01 01:45:00	11.6

12 rows	3 columns

알고리즘은 그림 4.6에 시각화했습니다. 항목 p는 4개이며 각각의 타임스탬프는 15분 간격으로 증가하고, 항목 v는 12개이며 타임스탬프는 5분 간격으로 증가합니다. 그림의 ASOF JOIN은 p<=v로 정의되어 있어서 각 p 항목은 같거나 더 나중 시점의 타임스탬프를 갖는 v 항목 3개와 조인됩니다.

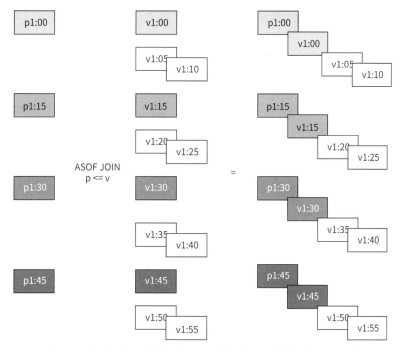

그림 4.6 ASOF JOIN을 사용하여 정확히 일치하지 않는 모든 타임스탬프를 조인하기

ASOF JOIN은 주가, 가격, IoT 센서 같은 시계열 데이터를 다룰 때 자주 사용됩니다. 우리의 예제에서는 변동 판매 가격과 시스템 측정값을 조인하여 특정 시점의 가격을 계산하는 데 사용했습니다. 다음의 최종 예제는 우리의 태양광 예제 데이터를 다시 사용하고 위와 동일한 로직을 적용하여 유효 가격을 선택합니다. 또한 ASOF JOIN과 4장에서 배운 문법과 구조를 함께 사용하는 방법, 즉 서로 다른 가격이 적용되는 판매 기간 동안 누적 총수익을 계산하기 위해 윈도를 사용하는 예를 보여줍니다.

코드 4.29 ASOF JOIN과 윈도 함수로 누적 총수익 계산하기

```
SELECT power.day,
       power.kWh,
       prices.value as 'ct/kWh',
       round(sum(prices.value * power.kWh)
            OVER (ORDER BY power.day ASC) / 100, 2)
            AS 'Accumulated earnings in EUR'
FROM v_power_per_day power
    ASOF JOIN prices
    ON prices.valid_from <= power.day
WHERE system_id = 34
ORDER BY day;
```

결과는 날짜, 발전량(kWh), 해당 일의 가격(ct/kWh 단위), 그리고 발전량과 가격의 곱의 누적 합계를 보여줍니다.

day date	kWh double	ct/kWh decimal(5,2)	Accumulated earnings in EUR double
2019-01-01	471.4	11.47	54.07
2019-01-02	458.58	11.47	106.67
2019-01-03	443.65	11.47	157.56
2019-01-04	445.03	11.47	208.6
.	.	.	.
.	.	.	.
.	.	.	.
2020-06-23	798.85	9.17	31371.86
2020-06-24	741.15	9.17	31439.83
2020-06-25	762.6	9.17	31509.76
2020-06-26	11.98	9.17	31510.86

543 rows (8 shown)   4 columns

DuckDB는 폭넓은 활용도를 지원하는 OLAP 데이터베이스로 자리매김하고 있습니다. 시계열 데이터 처리도 확실한 사례 중 하나이며, `ASOF JOIN`도 이런 예입니다. 도메인과 관계없이 — 우리 예제의 센서 측정값에서부터 환자의 심장 박동 모니터 측정값, 주식 시장의 변동에 이르기까지 어떤 형태든 — 특정 시간에 기록된 값은 일정 시간 동안 유효한 특정 키 값과 조인하여 의미 있는 데이터로 확장됩니다. `ASOF` 지원이 있으면 타임스탬프가 완벽하게 정렬되지 않은 모든 시나리오에서 조인을 활용할 수 있습니다.

4.9 테이블 함수 사용하기

SQL 함수는 대부분 매개변수를 받아서 단일 값을 반환합니다. 반면에 *테이블 함수* 는 단일 값이 아닌 여러 로우로 구성된 컬렉션(collection)을 반환합니다. 따라서 테이블 함수는 테이블이 올 수 있는 곳이라면 어디서든 사용할 수 있습니다. 테이블 함수는 그 기능에 따라 파일이나 URL 같은 외부 자원에 접근하여 표준 SQL 문장의 일부로 활용할 수 있는 관계형 데이터로 변환합니다. DuckDB가 테이블-생성 함수 개념을 지원하는 유일한 관계형 데이터베이스는 아니지만 다양한 사용 사례를 충족하는 인상적인 테이블 함수 세트를 제공합니다. DuckDB에 설치된 모든 테이블 함수 목록은 다음 문장에 쓴 `duckdb_functions()` 테이블 함수로 검색할 수 있습니다.

코드 4.30 사용 가능한 모든 테이블 함수 목록 얻기

```
SELECT DISTINCT ON(function_name) function_name
FROM duckdb_functions()
WHERE function_type = 'table'
ORDER BY function_name;
```

> FROM 절은 테이블 생성 함수를 호출하는 가장 일반적인 위치입니다.

4장의 예제와 데이터를 수집하는 과정에서 이미 `read_csv*`, `read_parquet`, 등을 폭넓게 사용했습니다. 외부 리소스들을 읽고 관계형 데이터를 생성하는 테이블 함수 목록은 공간 확장과 같은 추가 확장을 통해 더욱 확장할 수 있습니다.

`range(start, stop)`와 `generate_series(start, stop)`는 매우 유용한 테이블 함수입니다. 두 함수 모두 start와 stop 범위 사이의 값 리스트를 생성합니다. start 매개변수는 항상 포함됩니다. `range` 함수는 stop 매개변수를 제외하지만, `generate_series` 함수는 stop 매개변수를 포함합니다. 두 함수 모두 세 번째 매개변수 step으

로 증분 크기(기본값은 1)를 설정할 수 있는 오버로드를 제공합니다. stop 매개변수만 전달하면 start는 기본값 0으로 설정하는 변형도 있습니다. 일반 함수로 사용할 때도 유용한 구조를 제공하지만, 테이블처럼 쿼리할 때 진가를 발휘합니다.

만약 1부터 5까지의 숫자 리스트가 필요하고 하드코딩을 하고 싶지 않다면, SELECT generate_series(1, 5);를 사용할 수 있습니다. 숫자 리스트도 유용하지만, 이들 함수는 시간 데이터 생성에도 사용할 수 있습니다. 단, 시간 데이터를 생성할 때는 start과 end 매개변수를 모두 지정해야 한다는 점에 유의하세요. 시간 데이터에는 적절한 기본값이 없기 때문입니다. 실제로 활용해 봅시다. 우리가 사용하는 예제 데이터는 측정값이 2020년 중반에 끝납니다. 만약 이 데이터를 기반으로 연간 보고서를 생성한다면 다음 코드 조각에서 보듯이 보고서가 중간에 끝나게 됩니다.

```
SELECT strftime(day, '%Y-%m') AS month, avg(kwh)
FROM v_power_per_day WHERE year(day) = 2020
GROUP BY ALL ORDER BY month;
```

결과는 다음과 같이 출력됩니다.

| month | avg(kwh) |
varchar	double
2020-01	222.13169014084497
2020-02	133.52356321839076
2020-03	207.86670454545438
2020-04	309.7838888888888
2020-05	349.5753763440861
2020-06	337.80820512820515

차트를 만들어야 하는 작업이 주어진다면 미래의 월을 어떻게 표현할지 고민해야 하는 상황에 처하게 됩니다. range() 함수로 1년 전체를 포함하고 누락된 값은 0으로 표시하는 한 가지 방법을 보여드리겠습니다.

코드 4.31 날짜 범위를 기준 테이블(driving table)로 사용하기

```
WITH full_year AS (
    SELECT generate_series AS day
    FROM generate_series(          ← 1년의 첫 날부터 마지막 날까지
        '2020-01-01'::date,            1일 간격으로 정의된 범위
        '2020-12-31'::date, INTERVAL '1 day')
)
```

```
SELECT strftime(full_year.day, '%Y-%m') AS month,
       avg(kWh) FILTER (kWh IS NOT NULL) AS actual
FROM full_year
LEFT OUTER JOIN v_power_per_day per_day
  ON per_day.day = full_year.day
GROUP BY ALL ORDER BY month;
```

> 테이블 함수의 출력을 FROM 절에 기준 테이블로 사용하세요.

> 관심 있는 값을 OUTER JOIN으로 연결합니다.

이제 결과는 1년 전체에 대한 보고서이지만, 안타깝게도 2020년 6월 이후의 값은 비어 있습니다.

month varchar	actual double
2020-01	222.13169014084508
2020-02	133.52356321839082
2020-03	207.86670454545455
2020-04	309.78388888888884
2020-05	349.575376344086
2020-06	337.80820512820515
2020-07	NULL
2020-08	NULL
2020-09	NULL
2020-10	NULL
2020-11	NULL
2020-12	NULL
12 rows	2 columns

이 아이디어를 한 단계 더 발전시켜서 전년 동월의 값을 이용하여 발전량을 예측해 보겠습니다. 이를 위해 다음 코드와 같이 1년 오프셋을 사용해서 v_power_per_day 를 두 번째로 조인해야 합니다.

코드 4.32 과거 데이터를 미래로 프로젝션하기

```
WITH full_year AS (
    SELECT generate_series AS day
    FROM generate_series(
        '2020-01-01'::date,
        '2020-12-31'::date, INTERVAL '1 day')
)
```

```
SELECT strftime(full_year.day, '%Y-%m') AS month,
       round(avg(present.kWh) FILTER (present.kWh IS NOT NULL),3) AS actual,
       round(avg(past.kWh) FILTER (past.kWh IS NOT NULL), 3) AS forecast,
FROM full_year
LEFT OUTER JOIN v_power_per_day present
  ON present.day = full_year.day
LEFT OUTER JOIN v_power_per_day past
  ON past.day = full_year.day - INTERVAL '1 year'
GROUP BY ALL ORDER BY month;
```

> FROM 절에서 생성한 시계열 데이터를 기준 테이블로 사용하기

> 생성한 시계열 데이터의 값에서 1년을 빼고 일별 발전량을 두 번째로 조인하기

참고로 실측값(actual)과 예측값(forecast) 컬럼 모두에 round 함수를 호출하여 데이터를 깔끔하게 표현했습니다. kWh 값에 3자리 이상의 소수점은 큰 의미가 없기 때문입니다. 또한 이 변경사항은 FILTER 절이 전체 컬럼이 아닌 avg 집계 함수에 속하기 때문에 함수 호출 내부에서도 사용할 수 있음을 보여줍니다. 결과가 훨씬 더 깔끔해져서 사실상 추가 작업 없이 올해와 작년의 데이터를 비교할 수 있게 되었습니다.

```
| month   | actual  | forecast |
| varchar | double  | double   |

| 2020-01 | 222.132 | 161.593  |
| 2020-02 | 133.524 | 111.073  |
| 2020-03 | 207.867 | 150.652  |
| 2020-04 | 309.784 | 316.178  |
| 2020-05 | 349.575 | 325.369  |
| 2020-06 | 337.808 | 351.607  |
| 2020-07 |    NULL | 334.323  |
| 2020-08 |    NULL | 314.929  |
| 2020-09 |    NULL | 289.605  |
| 2020-10 |    NULL | 253.829  |
| 2020-11 |    NULL | 191.384  |
| 2020-12 |    NULL | 164.886  |

| 12 rows          3 columns |
```

4.10 LATERAL 조인 사용하기

4.3절에서 우리는 상관 및 비상관 서브쿼리에 대해 배웠습니다. 코드 4.5에서 비상관 서브쿼리를 외부 쿼리와 한 번만 조인하는 방법을 보여주었습니다. 성능 측면에서는 서브쿼리를 단 한 번만 평가하고 메모리에 저장된 값을 다른 테이블의 각 로

우와 조인하기 때문에 이점이 있습니다.

하지만 때로는 외부 쿼리의 각 값에 대해 내부 쿼리를 정확히 평가하고 싶을 때가 있습니다. 이럴 때 LATERAL JOIN을 사용합니다. 이는 외부 쿼리가 제어 구조 역할을 하는 for 루프의 내부 블록처럼 생각할 수 있습니다.

배열의 중첩 해제, 데이터 확장 및 유사한 작업은 LATERAL을 사용하여 처리할 수 있습니다. 태양광의 강도, 특히 과거나 미래의 하루 중 특정 시간에 여러분의 위치에 도달하는 태양 에너지양에 관심이 있다고 가정해 봅시다. 오픈 메트로(Open Meteo)는 수평면 전일사량(Global Horizontal Irradiance, GHI)을 포함한 광범위한 기상 데이터를 제공하는 무료 API를 제공합니다 ─ 이는 지면에 수평인 표면이 위에서 받는 단파 복사의 총량입니다. 이 값은 태양광 설비에 특히 중요하며 W/m^2로 측정됩니다. 다음 코드에서 보듯이 오픈 메트로 API는 타임스탬프가 있는 배열과 선택한 값이 있는 배열, 두 개의 개별 배열을 포함하는 JSON 객체를 생성합니다. 후자의 배열이 관심 있는 배열이며, 주어진 팩트에 맞는 특정 값을 추출하려 합니다.

코드 4.33 오픈 메트로의 GHI 데이터를 포함한 JSON 응답 발췌

```
{
    "latitude": 50.78,
    "longitude": 6.0799994,
    "utc_offset_seconds": 7200,
    "timezone": "Europe/Berlin",
    "timezone_abbreviation": "CEST",
    "elevation": 178.0,
    "hourly_units": {
        "time": "iso8601",
        "shortwave_radiation_instant": "W/m\u00b2"
    },
    "hourly": {
        "time": [
            "2023-08-26T00:00",
            "2023-08-26T01:00",
            "2023-08-26T02:00",
            "2023-08-26T03:00",
            "2023-08-26T04:00",
            "2023-08-26T05:00"
        ],
        "shortwave_radiation_instant": [
            0.0,
            0.0,
            0.0,
```

```
            0.0,
            0.0,
            9.1
        ]
    }
}
```

이 JSON 예제는 책의 코드 저장소 ch04/ghi_past_and_future.json에서 찾을 수 있으며 다음의 오픈 메트로 API를 통해 실시간 데이터도 얻을 수 있습니다.

```
https://mng.bz/WE5w
```

처음에는 SQL로 배열에서 아침, 정오, 저녁 시간대의 데이터를 추출하는 작업이 어려울 수 있습니다. 하지만 LATERAL을 사용하면 이 작업을 해결할 수 있습니다. 1장에서 이미 언급했듯이 DuckDB는 JSON을 처리할 수 있으며 5장에서 더 자세히 다룰 예정입니다. 현재로서는 JSON 파일을 일반 테이블처럼 FROM 절에서 사용할 수 있다는 점만 알아두면 충분합니다. 다음 쿼리는 7일 치의 날짜를 생성하고, 이를 8시, 13시, 19시(오후 7시)와 조인하여 인덱스를 생성합니다. 각 인덱스는 일 수에 24를 곱하고 원하는 시간을 더해 계산하며, 이 인덱스가 서브쿼리의 래터럴(lateral) 드라이버가 됩니다.

```
INSTALL json;
LOAD json;

WITH days AS (
  SELECT generate_series AS value FROM generate_series(7)
), hours AS (
  SELECT unnest([8, 13, 18]) AS value
), indexes AS (
  SELECT days.value * 24 + hours.value AS i
  FROM days, hours
)
SELECT date_trunc('day', now()) - INTERVAL '7 days' +
       INTERVAL (indexes.i || ' hours') AS ts,         ← 시간별 인덱스에서
     ghi.v AS 'GHI in W/m^2'                              데이터를 재생성합니다.
FROM indexes,
LATERAL (
  SELECT hourly.shortwave_radiation_instant[i+1]       ← DuckDB(및 일반적인 SQL)에서
         AS v                                            배열은 1부터 시작합니다.
  FROM 'ch04/ghi_past_and_future.json'     ← DuckDB는 이 문자열에서
) AS ghi                                      JSON 파일 참조를 자동으로 감지하고,
ORDER BY ts;                                  이를 로드한 다음 파싱합니다.
```

2023년 8월 말 아헨(Aachen)의 데이터인데, 태양광 발전에는 좋지 않은 달이었습니다.

```
|              ts              | GHI in W/m^2 |
|  timestamp with time zone    |    double    |
|                              |              |
|  2023-08-26 08:00:00+02      |       36.0   |
|  2023-08-26 13:00:00+02      |      490.7   |
|  2023-08-26 18:00:00+02      |        2.3   |
|  2023-08-27 08:00:00+02      |      243.4   |
|  2023-08-27 13:00:00+02      |      124.3   |
|              .               |        .     |
|              .               |        .     |
|              .               |        .     |
|  2023-09-01 13:00:00+02      |      392.0   |
|  2023-09-01 18:00:00+02      |        0.0   |
|  2023-09-02 08:00:00+02      |      451.0   |
|  2023-09-02 13:00:00+02      |      265.0   |
|  2023-09-02 18:00:00+02      |        0.0   |
|                              |              |
|  24 rows (10 shown)          |   2 columns  |
```

서브쿼리는 드라이빙 외부 테이블의 각 로우에 대해 0개, 1개 또는 더 많은 수의 로우를 생성할 수 있습니다. 앞선 예시에서는 각 외부 로우에 대해 로우 1개를 생성했습니다. 만약 서브쿼리가 더 많은 로우를 생성하면 외부 로우의 값이 반복되는데, 이는 CROSS JOIN과 비슷한 결과가 됩니다. 서브쿼리가 어떤 값도 생성하지 않는다면, 조인 역시 값을 생성하지 않습니다. 이런 경우에도 OUTER JOIN을 적용해야 합니다. 이때는 LATERAL 키워드만으로는 충분하지 않으며, 전체 JOIN 문법을 다음과 같이 사용해야 합니다. 다음 쿼리는 문법을 보여주기 위한 목적을 제외하면 인위적이며 실질적인 가치는 없습니다. 두 쿼리 모두 1부터 4까지의 값을 연속 데이터로 생성하는데, 외부는 단계 크기를 1, 내부는 단계 크기를 2로 설정했습니다. ON 절에서 두 값을 비교합니다.

```
SELECT i, j
FROM generate_series(1, 4) t(i)
  LEFT OUTER JOIN LATERAL (
    SELECT * FROM generate_series(1, 4, 2) t(j)
  ) sq ON sq.j = i
ORDER BY i;
```

> 이제 조건이 외부에 있고 다르게 표현할 수 없지만, 이는 여전히 상관 서브쿼리입니다.

이 쿼리의 결과는 다음과 같습니다.

```
|   i   |   j   |
| int64 | int64 |
|       |       |
|     1 |     1 |
|     2 |  NULL |
|     3 |     3 |
|     4 |  NULL |
```

4.8절의 가격 문제는 서브쿼리와 LATERAL JOIN으로도 해결할 수 있습니다. 본질적으로 서브쿼리는 판매 시점의 날짜와 가장 가까운 유효 기간인 가격 테이블의 로우를 반환해야 합니다. 이 작업에는 일반 JOIN을 사용할 수 없습니다. 서브쿼리가 들어오는 각 날짜에 대해 서로 다른 값을 생성해야 하기 때문입니다. 따라서 보통 JOIN의 일부가 되는 날짜 컬럼이 서브쿼리 내부로 이동해야 합니다. 이로써 조인된 서브쿼리는 외부 쿼리와 상관관계를 갖게 됩니다. 즉, 외부 쿼리와 LATERAL JOIN으로 연결됩니다. 다음 예시에서의 상관관계는 발전량이 기록된 날짜와 비교되는 가격의 유효성입니다.

코드 4.34 ASOF JOIN과 LATERAL JOIN의 비교

```
SELECT power.day, power.kWh,
       prices.value as 'EUR/kWh'
FROM v_power_per_day power,
    LATERAL (
        SELECT *                              상관관계를 허용하도록 서브쿼리를
        FROM prices                           LATERAL로 표시합니다.
        WHERE prices.valid_from <= power.day      부등호로 상관관계를
        ORDER BY valid_from DESC limit 1          보여줍니다.
    ) AS prices                               ASOF JOIN이 자동으로 가장 가까운 값을
WHERE system_id = 34                          선택하는 반면, LATERAL을 사용할 때는
ORDER BY day;                                 값을 직접 정렬해야 합니다.
```

DuckDB에서 시계열 관련 계산을 할 때 우리는 대부분의 경우 확실하게 ASOF JOIN을 사용할 겁니다. 반면에 이식성을 고려한다면 LATERAL이 매력적이며 ASOF JOIN보다 LATERAL을 지원하는 데이터베이스가 아마 더 많을 겁니다. 데이터세트에서 더 많은 로우를 생성할 경우에는 LATERAL을 사용하세요.

요약

- SQL 표준은 1992년(SQL-92)의 마지막 주요 개정 이후 크게 발전했습니다. DuckDB는 CTE(SQL:1999), 윈도 함수(SQL:2003), 리스트 집계(SQL:2016) 등을 비롯한 최신 SQL 기능을 폭넓게 지원합니다.
- 그룹화 집합은 여러 그룹에 대한 집계 계산을 동시에 할 수 있으며, 이를 통해 서로 다른 상세 수준으로 데이터를 세분화할 수 있습니다. `ROLLUP`과 `CUBE`는 그룹화 키의 하위 집합이나 조합을 생성하는 데 사용될 수 있습니다.
- DuckDB는 명명된 윈도와 범위를 비롯한 윈도 함수를 완벽히 지원하며 누적 합계, 순위 등의 계산도 가능합니다.
- 통계 계산과 보간을 포함한 모든 집계 함수는 윈도 컨텍스트에서의 사용에 최적화되어 있습니다.
- `HAVING`과 `QUALIFY`는 집계와 윈도가 계산된 후에 원하는 데이터를 선택하는 데 사용되며, `FILTER`는 집계에서 원하지 않는 데이터를 제외합니다.
- DuckDB는 시계열 데이터를 다루는 사용 사례에 필요한 `ASOF JOIN`을 제공합니다.
- DuckDB는 또한 데이터를 펼치고(fan out) 루프와 유사한 동작을 에뮬레이션할 수 있는 `LATERAL` 조인도 지원합니다.
- 결과는 간소화된 DuckDB 전용 `PIVOT` 문이나 더 정적인 표준 SQL 접근 방식을 통해 피벗할 수 있습니다.

5장

지속성 없이 데이터 탐색하기

> **☑ 5장에서 다루는 내용**
> - CSV 파일을 Parquet 파일로 변환하기
> - 파일 유형과 데이터 스키마 자동 추론하기
> - 중첩된 JSON 문서의 쿼리를 단순화하기 위한 뷰 생성하기
> - Parquet 파일의 메타데이터 탐색하기
> - SQLite 같은 다른 데이터베이스 쿼리하기

이 장에서는 DuckDB에서 데이터를 따로 보존하지 않고 쿼리하는 방법을 학습합니다. 이는 데이터베이스에서 꽤 특이하고 직관적이지 않은 기술이지만, 적절한 상황에서는 유용합니다. 예를 들어 데이터를 한 포맷에서 다른 포맷으로 변환할 때 이 작업을 수행하는 동안 중간 저장 모델을 반드시 만들 필요가 없습니다.

또한 이 장에서는 데이터가 네이티브 형식으로 저장되어 있지 않더라도 DuckDB의 분석 엔진이 강력한 성능을 발휘하는 모습을 보여줍니다. JSON, CSV, Parquet를 비롯한 여러 범용 데이터 포맷과 SQLite 같은 다른 데이터베이스들을 어떻게 쿼리하는지 살펴보겠습니다.

이 장에서 작업할 JSON과 CSV 소스들은 GitHub의 예제 저장소[1] 중 ch05 폴더에 있습니다. 이 장의 예제들을 위해 DuckDB CLI를 실행하기 전에 이 저장소의 루트로 이동했다고 가정합니다.

---

1 *https://github.com/duckdb-in-action/examples*

5.1 왜 데이터를 따로 보존하지 않고 데이터베이스를 사용할까요?

원격 위치에 저장된 데이터로 작업할 때는 데이터를 따로 보존하지 않고(without persisting) 탐색하고 분석하는 것이 합리적입니다. 예를 들어 Amazon S3에 저장된 파일이 있다고 가정해 봅니다. 이 데이터로 실제 운영 환경의 파이프라인을 구축할지 아직 확실하지 않기 때문에 3장에서처럼 데이터 모델을 정의하고 원격 데이터를 DuckDB의 저장 포맷으로 가져오는 데 많은 시간을 들일 필요가 없습니다. 또는 개인 정보 보호를 위해 데이터를 영구적으로 저장하지 않는 것이 더 적절할 수도 있습니다. 그럼에도 불구하고 여전히 이전 장에서 배운 DuckDB와 SQL에 대한 지식을 활용하여 데이터의 형태(shape)와 볼륨을 파악하고 싶을 겁니다. 파일 포맷과 저장 위치에 따라 DuckDB는 파일의 내용 전체를 다운로드하지 않아도 됩니다. 이후 단계에서 필요에 따라 데이터를 DuckDB로 가져오면 됩니다.

대부분의 경우 여러분의 인프라에 이미 어떤 형태로든 데이터베이스가 있을 겁니다. DuckDB는 다른 데이터베이스의 저장 시스템을 사용할 수 있습니다. 특히 주목할 만한 것은 SQLite와 Postgres 통합입니다. 전자는 SQLite 저장 파일에서 직접 작동하고, 후자는 Postgres 클라이언트-서버 프로토콜의 *바이너리 전송 모드*로 작동합니다. 두 경우 모두 데이터가 DuckDB 프로세스 내부에 있지 않더라도 DuckDB의 빠른 쿼리 엔진과 SQL 지원을 활용할 수 있습니다. 많은 경우 22개의 TPC-H 벤치마크 쿼리에서 Postgres 자체보다 Postgres와 DuckDB를 통합하여 사용할 때 더 빨랐습니다(그리고 자체 저장소를 사용할 때는 모든 쿼리에서 더 빨랐습니다).

 TPC-H 벤치마크란? TPC-H는 비즈니스 중심의 특수 목적 쿼리와 동시(concurrent) 데이터 수정 작업으로 구성된 의사 결정 지원 벤치마크입니다. 이 벤치마크는 판매 주문을 위한 전형적인 스타 스키마를 사용하며, 판매와 라인 아이템 같은 팩트 테이블과 제품과 고객 같은 몇 개의 차원 테이블로 구성되어 있습니다. 이 벤치마크는 대규모 데이터를 검토하고, 고도로 복잡한 쿼리를 실행하며, 핵심 비즈니스 질문에 대한 답을 제공하는 의사 결정 지원 시스템을 평가하는 데 사용됩니다. TPC-H는 분석용으로 가장 일반적으로 사용되는 벤치마크이지만, 많은 사람이 사양에 포함된 업데이트 작업이 아닌 읽기 전용 쿼리만 실행하는 경우가 많습니다.

5.2 파일 유형과 스키마 추론하기

DuckDB는 파일이나 파일 세트를 매우 쉽게 처리하는 두 가지 기능을 지원합니다. 읽고 있는 파일이 어떤 종류인지(*파일 유형 자동 추론*(auto-inferring)이라고도 함)와 파일의 데이터 스키마를 판별할 수 있습니다.

- *파일 유형 자동 추론* ─ DuckDB를 사용하면 CSV, JSON, Parquet 같이 지원되는 파일 포맷의 내용을 `FROM 'flights.csv';` 간단하게 쿼리할 수 있습니다. 이 기능은 별도 설정 없이 기본으로 제공되며 앞서 장에서 소개한 SQL 절과 함수를 모두 지원합니다. 이러한 쿼리를 실행하면 DuckDB는 먼저 현재 스키마에 있는 테이블이나 뷰에 대한 쿼리가 아님을 확인합니다. 파일 시스템에 파일이 있으면 DuckDB는 해당 확장자를 사용하여 파일 유형을 판별하고 해당 데이터 포맷을 처리하는 방법을 아는 적절한 함수를 호출하여 파일을 읽습니다. 이러한 함수들은 동작(예: 데이터 타입을 결정하기 전 샘플링할 개수)과 형식(예: 날짜와 시간 형식)에 대해 최적화된 기본값을 제공합니다. 이러한 기본값이 적합하지 않다면 테이블 함수 `read_csv_auto`, `read_json_auto`, `read_parquet_auto`를 살펴보세요. 이들 함수는 앞서 설명한 쿼리를 실행할 때 내부적으로 호출되며, 컬럼 이름, 객체 구조 등을 자동으로 유추하면서도 세부 설정을 변경할 수 있는 다양한 인수를 제공합니다. 따라서 단순히 `FROM 'a_file.csv'` 또는 `FROM 'data*.json'`을 쿼리하는 대신 필요한 설정값을 적절한 인수로 추가하여 `FROM read_json_auto('data*.json')`와 같이 사용할 수 있습니다.

- *스키마 자동 추론* ─ DuckDB는 처리를 요청받은 모든 데이터 소스의 스키마를 자동으로 추론합니다. Parquet 데이터 포맷은 파일 내부에 스키마 정보를 포함하고 있어 DuckDB가 이를 활용해 스키마를 더 쉽게 추론할 수 있습니다. CSV나 JSON 형식은 설정 가능한 개수만큼 샘플 객체에서 가져와 스키마를 추론합니다. 또한 DuckDB는 CSV 파일의 변형된 문법을 추론하고 헤더 로우가 포함되어 있는지 감지합니다. 만약 추론된 결과가 완전히 만족스럽지 않다면 모든 컬럼 또는 일부 컬럼의 타입을 직접 재정의할 수 있습니다. 이런 경우에는 일반 파일 이름 대신 `read_csv` 같은 스키마 자동 추론을 적용하지 않는 '비자동(non-auto)' 함수를 사용합니다.

```
FROM read_csv(
  'flights.csv',          ← 읽을 파일
  auto_detect=true,       ← 모든 인수에 대해
                             자동 감지 사용
  columns={
    'FlightDate': 'DATE',
    'UniqueCarrier': 'VARCHAR',
    'OriginCityName': 'VARCHAR',
    'DestCityName': 'VARCHAR'
  }                       ← 나열된 컬럼들이 지정된
);                           데이터 타입으로 변환되는지 확인
```

DuckDB는 글롭(glob) 문법을 사용하거나 파일 목록을 제공하여 서로 다른 유형의 여러 파일(CSV, Parquet, JSON 파일 등)을 동시에 읽을 수 있습니다. 여러 파일을 읽을 때 DuckDB는 각 파일의 스키마를 통합해야 합니다. 각 파일은 서로 다른 자신만의 스키마를 가질 수 있기 때문입니다. DuckDB는 여러 파일의 스키마를 통합하는 두 가지 방법, 컬럼 위치 기준 통합과 컬럼 이름 기준 통합을 제공합니다. 기본적으로 DuckDB는 제공된 첫 번째 파일의 스키마를 읽고 이후의 파일에서는 컬럼 위치를 기준으로 통합합니다. 이 방식은 모든 파일이 같은 스키마이고 동일한 위치에 같은 이름일 때 올바르게 작동합니다. 그러나 파일마다 컬럼의 이름이나 위치가 다르면 read_xxx 함수에서 union_by_name 옵션을 사용하면 되며, 이 옵션을 지정하면 DuckDB는 컬럼 이름을 모두 읽어 스키마를 구성합니다.

5.2.1 CSV 파싱에 대한 참고 사항

CSV 포맷은 간단하고 처음 봤을 때는 직관적으로 보이지만, CSV 파싱은 의외로 까다롭습니다. DuckDB는 read_csv_auto를 사용하거나 read_csv에서 auto_detect를 true로 설정하면 모든 경우에 샘플링을 사용합니다. 파일에서 특정 개수의 로우(기본값 20,480개)를 읽어 다음 사항을 감지합니다.

- CSV 파일의 변형된 문법(구분자, 인용 규칙, 이스케이프 문자 등)
- 각 컬럼의 데이터 타입
- 파일에 헤더 로우(제목 표시줄) 포함 여부

우리는 타입 감지(type detection)가 이후 단계에서 좋은 데이터 품질을 보장하는 가장 중요한 요소라고 봅니다. DuckDB는 다음 유형을 내림차순 우선순위로 판별합니다.

- BOOLEAN

- BIGINT

- DOUBLE

- TIME

- DATE

- TIMESTAMP

- VARCHAR

마지막으로 모든 값은 VARCHAR로 변환할 수 있습니다. 이 타입의 우선순위가 가장 낮습니다. 즉, 다른 어떤 타입으로도 변환할 수 없으면 VARCHAR로 변환됩니다.

read_csv_auto나 read_csv의 동작을 제어하고 싶거나 해야 할 경우가 있습니다. DuckDB 공식 문서에서는 주요 매개변수를 전용 섹션(*https://mng.bz/8w5B*)에 정리해 두었습니다. 이러한 매개변수는 읽기에 대응하는 내보내기 함수에도 적용됩니다. 우리가 유용하다고 생각한 매개변수에는 헤더 로우가 없을 때 컬럼 이름을 구성하는 names, 날짜와 숫자 형식을 위한 dateformat, timestampformat, decimal_separator, 그리고 여러 파일을 한 번에 다룰 때 사용하는(처리할 때 처리된 파일의 파일 이름을 포함하는 인공 컬럼을 추가하는) filename 옵션이 있습니다.

만약 앞서 언급된 문서에 접근할 수 없는 상황이라면 DuckDB에 직접 쿼리하여 함수의 매개변수 목록을 얻을 수 있습니다.

```
SELECT distinct function_name,
       unnest(parameters) as parameter
FROM duckdb_functions()
WHERE function_name = 'read_csv'
ORDER BY parameter;
```

다른 함수(예: read_json)에도 적용할 수 있습니다.

 JSON과 Parquet 처리도 구성할 수 있습니다. 포맷마다 중점이 다릅니다. JSON에서 가장 중요한 옵션은 날짜와 숫자에 대한 서식 지정이며 Parquet는 — 특히 쓰기 시에 — 로우 그룹의 크기와 압축에 대해 고려해야 합니다.

5.3 중첩된 JSON 쪼개기

DuckDB의 내장 JSON 확장은 JSON 문자열을 생성, 읽기, 조작하는 함수를 제공합니다. 이는 타입과 컬럼명을 자동으로 감지하고 JSON 내의 값들을 DuckDB의 벡터로 변환함으로써 이루어집니다.

우리는 프리미어리그 축구 경기의 슈팅 기록을 표현한 JSON 파일 세트를 활용해 이 기능을 탐색하려 합니다. 이 파일들은 언더스탯API(understatapi) 라이브러리[2]를 사용하여 생성했습니다. 소스 데이터는 한 줄당 하나의 경기를 나타내는 JSON lines 형식입니다. 파일들은 xg(예상 득점(expected goals)의 용어, 언더스탯 사이트에서 차용한 용어) 하위 디렉터리에 저장되어 있습니다.

DuckDB CLI에서 다음 SQL 쿼리를 실행하여 각 JSON 문서의 상위 수준 구조를 탐색할 수 있습니다. 이 예제는 단일 파일뿐만 아니라 여러 파일을 한 번에 쿼리할 수 있음을 보여줍니다. xg/shots_*.json은 xg 디렉터리에서 shots_로 시작하고 .json으로 끝나는 모든 파일을 찾는 와일드카드 표현식입니다. 우리의 예제 파일들은 스키마마다 약간씩 다르기 때문에 컬럼 위치나 이름을 기준으로 한 자동 병합 방식이 제대로 작동하지 않으므로 기본 설정인 컬럼 위치 기준 병합(union by position)을 유지하면서 직접 해결해야 합니다. JSON 객체를 개별 행으로 풀어(unnest)내고 이 과정에서 드러나는 불일치 문제를 해결해야 합니다. 필드 개수가 많아 기본 duckbox 표시 모드를 사용하면 일부 데이터가 잘릴 수 있으므로 DuckDB CLI 모드에서는 line 모드 사용을 추천합니다.

```
.mode line
DESCRIBE FROM 'xg/shots_*.json';
```

 기본적으로 unnest는 JSON 객체의 첫 번째 레벨만 풀어냅니다. 깊이 중첩된 객체들을 풀어 내려면 recursive := true 매개변수를 사용합니다.

다음은 이 쿼리를 실행한 출력입니다. 출력 결과는 줄바꿈을 적용했으니 참고해 주세요. line 모드에서 DuckDB CLI는 줄바꿈 없이 타입 정보를 출력합니다. 예상 득점 JSON 데이터에서 추론한 스키마는 다음과 같습니다.

```
column_name = h
column_type = STRUCT(
  id BIGINT, "minute" BIGINT, result VARCHAR,
  X VARCHAR, Y VARCHAR, xG VARCHAR,
  player VARCHAR, h_a VARCHAR, player_id BIGINT,
  situation VARCHAR, season BIGINT, shotType VARCHAR, match_id BIGINT,
```

---

2 *https://pypi.org/project/understatapi/*

```
h_team VARCHAR, a_team VARCHAR, h_goals BIGINT, a_goals BIGINT,
date TIMESTAMP, player_assisted VARCHAR, lastAction VARCHAR)[]
        null = YES
         key = NULL
     default = NULL
       extra = NULL

column_name = a
column_type = STRUCT(
  id BIGINT, "minute" BIGINT, result VARCHAR,
  X VARCHAR, Y VARCHAR, xG VARCHAR,
  player VARCHAR, h_a VARCHAR, player_id BIGINT,
  situation VARCHAR, season BIGINT, shotType VARCHAR, match_id BIGINT,
  h_team VARCHAR, a_team VARCHAR, h_goals BIGINT, a_goals BIGINT,
  date TIMESTAMP, player_assisted VARCHAR, lastAction VARCHAR)[]
        null = YES
         key = NULL
     default = NULL
       extra = NULL
```

이 출력 결과를 보면 각 항목에는 STRUCT 배열을 가리키는 h와 a 속성이 있으며, 각 STRUCT는 단일 이벤트를 표현한다는 것을 알 수 있습니다. 내용은 동일하지만, DuckDB가 위치나 이름으로 컬럼을 매칭할 수 없었기 때문에 입력 파일들에 대한 통합 스키마를 만들 수 없었습니다. 이 배열을 풀어내면 데이터를 다루기가 더 쉬워집니다. 여기서 풀어내기(unpacking)란 배열 내 요소를 개별 요소로 변환하여 LIMIT 절을 사용해 반환되는 결과 개수를 제한하기 쉽게 만드는 과정을 의미합니다. unnest 함수가 이러한 배열들을 풀어냅니다. unnest 함수를 활용하면 h와 a 속성에 저장된 배열에 있는 각 값을 개별 행으로 생성할 수 있습니다. 이 과정은 두 개의 개별 SELECT 문으로 수행한 후 UNION ALL 절을 사용해 결합하는 방식으로 이루어집니다. 또한 우리는 결과를 1보다 크지만 적절한 개수로 제한할 것입니다(JSON 문서는 반드시 동일한 구조를 가질 필요가 없기 때문에 결과가 하나만 나오는 경우에는 너무 적을 수 있고, 모든 형을 포함하기엔 결과가 지나치게 많아질 수 있습니다).

```
FROM 'xg/shots_*.json'
SELECT unnest(h) AS row
UNION ALL ─────────────        이 절 앞뒤 SQL 문의 결과를 결합하며
                               중복을 포함합니다(ALL 키워드로 지시됨).
FROM 'xg/shots_*.json'
SELECT unnest(a) AS row
LIMIT 3; ──────────────        데이터 품질을 평가하기에 충분하면서도 부담스럽지
                               않을 만큼의 결과를 반환하도록 숫자를 선택하세요.
```

이 쿼리를 실행하면 로우 3개를 받게 됩니다. 각 로우의 출처는 JSON 객체이지만, DuckDB는 DuckDB 구조체로 반환하며, 이는 JSON과 일부 유사한 부분이 있지만 JSON으로 파싱되지는 않습니다. 아래는 예시로 가져온 로우이며 가독성을 높이기 위해 줄바꿈을 적용했습니다.

```
row = {'id': 54521, 'minute': 43, 'result': MissedShots,
    'X': 0.9419999694824219, 'Y': 0.52, 'xG': 0.07078909873962402,
    'player': Chancel Mbemba, 'h_a': h, 'player_id': 849,
    'situation': FromCorner, 'season': 2015, 'shotType': Head,
    'match_id': 229, 'h_team': Newcastle United, 'a_team': Liverpool,
    'h_goals': 2, 'a_goals': 0, 'date': 2015-12-06 20:00:00,
    'player_assisted': Papiss Demba Cissé, 'lastAction': Pass}
```

추가 분석을 진행하기 전에 해당 쿼리 결과를 기반으로 뷰를 생성해 보겠습니다. 뷰는 물리적으로 구체화되지 않고 대신에 기반이 되는 쿼리를 매번 실행합니다. 뷰를 정의하면 매번 파일의 전체 경로를 작성하지 않아도 간단한 방식으로 데이터를 조회할 수 있다는 장점이 있습니다.

```
CREATE VIEW shots AS
FROM (
  FROM 'xg/shots_*.json'
  SELECT unnest(h) AS row
  UNION ALL
  FROM 'xg/shots_*.json'
  SELECT unnest(a) AS row
);
```

다음으로 해당 뷰의 스키마를 살펴보겠습니다.

```
DESCRIBE shots;
```

다음과 비슷한 출력을 보게 될 것입니다.

```
column_name = row
column_type = STRUCT(
  id BIGINT, "minute" BIGINT, result VARCHAR, X VARCHAR, Y VARCHAR,
  xG VARCHAR, player VARCHAR, h_a VARCHAR, player_id BIGINT,
  situation VARCHAR, season BIGINT, shotType VARCHAR, match_id BIGINT,
  h_team VARCHAR, a_team VARCHAR, h_goals BIGINT, a_goals BIGINT,
  date TIMESTAMP, player_assisted VARCHAR, lastAction VARCHAR)
      null = YES
       key = NULL
   default = NULL
     extra = NULL
```

DuckDB의 추론이 완벽하지는 않았습니다. 원본 JSON에서 X, Y, xG는 좌푯값이므로 모두 숫자 타입(예: DOUBLE)이어야 합니다. 그렇지 않으면 해당 필드에서 숫자 연산을 할 수 없습니다. 이를 해결하기 위해 추론된 STRUCT 타입을 가져와서 해당 필드의 타입 정의를 바꾼 후에 각 로우를 새로운 STRUCT로 변환합니다.

다음 코드는 이러한 필드들을 DOUBLE 타입으로 설정하여 row를 STRUCT로 변환하는 방법을 보여줍니다. 해당 필드들을 올바른 타입으로 변환한 새로운 뷰로 교체해 보겠습니다.

코드 5.1 전체 **STRUCT**에 **CAST**를 사용하여 일부 속성에 대해 잘못 추론된 타입을 수정하기

```
CREATE OR REPLACE VIEW shots AS
FROM (
  FROM 'xg/shots_*.json'
  SELECT unnest(h) AS row
  UNION ALL
  FROM 'xg/shots_*.json'
  SELECT unnest(a) AS row
)
SELECT CAST(ROW AS STRUCT(
  id BIGINT, "minute" BIGINT, result VARCHAR,
  X DOUBLE, Y DOUBLE, xG DOUBLE,          데이터 타입이 다르다는 점에
  player VARCHAR, h_a VARCHAR, player_id BIGINT,    주의하세요.
  situation VARCHAR, season BIGINT, shotType VARCHAR,
  match_id BIGINT, h_team VARCHAR, a_team VARCHAR,
  h_goals BIGINT, a_goals BIGINT, date TIMESTAMP,
  player_assisted VARCHAR, lastAction VARCHAR)) AS row;
```

이제 뷰의 스키마를 다시 살펴보겠습니다.

```
DESCRIBE shots;
```

해당 타입들이 DOUBLE로 업데이트되었습니다.

```
column_name = row
column_type = STRUCT(
  id BIGINT, "minute" BIGINT, result VARCHAR,
  X DOUBLE, Y DOUBLE, xG DOUBLE,
  player VARCHAR, h_a VARCHAR, player_id BIGINT,
  situation VARCHAR, season BIGINT, shotType VARCHAR,
  match_id BIGINT, h_team VARCHAR, a_team VARCHAR,
  h_goals BIGINT, a_goals BIGINT, date TIMESTAMP,
  player_assisted VARCHAR, lastAction VARCHAR)
      null = YES
```

```
       key = NULL
   default = NULL
     extra = NULL
```

이번 경우처럼 운이 좋다면 DuckDB의 샘플링이 잘못되었을 때 단순히 전체 타입을 변환하여 문제를 해결할 수 있습니다. 그러나 DuckDB의 샘플링이 정확했고, 실제로 문자열이 아닌 타입으로 자동 변환할 수 없는 필드가 있다면 뷰에 대한 쿼리가 문제 될 수 있습니다. 예를 들어 숫자 타입에서는 예상치 못한 문제가 발생할 수 있으며, 우리의 경험상 날짜와 타임스탬프 형식에 대한 적절한 ISO 표준이 있음에도 불구하고 타임스탬프 변환이 가장 까다로운 경우가 많습니다.

DuckDB는 JSON 구조의 속성 이름을 검증하지만, 뷰를 정의하는 시점에 각 값을 변환하지는 않으므로 예상한 형식을 따르지 않는 데이터가 입력값에 숨어 있을 수 있습니다. 또한 파이프라인에 새로운 파일을 추가하면 새롭고 유효하지 않은 데이터가 나타날 수 있습니다. 이 경우 SELECT row.x FROM shots와 같이 쿼리하면 Conversion Error: Could not convert string 'abc' to DOUBLE 같은 오류가 발생하게 됩니다. 때로는 이러한 동작이 정확하게 원하는 결과일 수도 있지만, 때로는 그렇지 않을 수 있습니다.

이 문제를 해결하는 두 가지 방법이 있습니다. 첫 번째 방법은 각 속성을 필드 레벨에서 검사하고 개별적으로 수정하는 것입니다(5.4절 참조). 이 접근 방식을 선택한다면 변환하기 전에 DuckDB가 제공하는 날짜 서식 지정 함수 중 하나를 반드시 사용해야 합니다(어느 것을 사용해도 됩니다). 이러한 탐색적 사용 사례에서는 필드 레벨까지 내려가는 작업에 많은 노력이 필요하며, 반드시 가치 있는 작업이 아닐 수도 있습니다. 대신 cast 함수에서 try_cast로 전환하는 것을 추천합니다 (try_cast(row AS STRUCT(…)) AS row의 사용법을 자세히 설명하는 코드 5.1 참조). DOUBLE로 변환할 수 없는 데이터가 있는 필드는 이제 문자 그대로의 NULL 값으로 반환됩니다.

이 시점에서 이 뷰에 대해 쿼리를 직접 작성할 수 있지만, DuckDB는 구조체를 컬럼으로 풀어내는 또 하나의 깔끔한 기능을 지원합니다. 즉, 단일 컬럼 안에 중첩된 필드를 두는 대신 각 필드를 독립적인 자체 컬럼으로 변환합니다. 이렇게 하면 처음부터 해당 컬럼을 직접 참조하거나 어떤 종류의 함수나 집계라도 쉽게 적용할 수 있습니다. 원본 JSON 파일에서 리스트를 중첩 해제(unnest), 즉 평탄화(flattened)하는 방식과 비교할 수 있습니다. 즉, [1, 2, 3] 같은 구조를 개별 로우 세 개 1, 2, 3으로 변환하는 것입니다. 이 기능은 구조체뿐만 아니라 맵 형태의 타입도 지원합니다. 이들을 중첩 해제하면 속성이나 키마다 컬럼 하나가 생성됩니다. SELECT unnest({'x':1, 'y':2, 'z':3}); 문은 익명 구조체를 컬럼 세 개로 중첩 해제, 즉 평탄화합니다.

| x | y | z |
int32	int32	int32
1	2	3

* 연산자는 구조체를 컬럼으로 확장할 때 단축 표현으로 사용될 수 있습니다. 단, 다음 문장처럼 구조체를 변수로 참조할 수 있어야 합니다. 이렇게 하면 이전 결과와 동일한 출력을 얻을 수 있습니다.

```
WITH src AS (SELECT {'x' :1, 'y':2, 'z': 3} AS row)
SELECT row.* FROM src;
```

이 기법을 사용하면 구조체의 요소에 접근할 때마다 한정자를 사용해야 하는 번거로움을 줄일 수 있습니다. 이 지식을 활용하여 리스트에서 추출한 로우를 평탄화하는 새로운 뷰를 만들어 보겠습니다.

```
CREATE OR REPLACE VIEW shotsFlattened AS (
  SELECT row.*          ┌─ .* 문법은 구조체의 최상위 필드마다
  FROM shots               컬럼 하나를 생성합니다.
);
```

그러면 새로운 뷰를 설명하겠습니다.

```
.mode duckbox
DESCRIBE shotsFlattened;
```

새로운 스키마가 개별 컬럼 형태로 변환된 것을 볼 수 있습니다. 가독성을 위해 일부 출력 내용은 생략되었습니다.

column_name	column_type	null
varchar	varchar	varchar
id	BIGINT	YES
minute	BIGINT	YES
result	VARCHAR	YES
X	DOUBLE	YES
Y	DOUBLE	YES
xG	DOUBLE	YES
player	VARCHAR	YES
h_a	VARCHAR	YES
player_id	BIGINT	YES
situation	VARCHAR	YES
season	BIGINT	YES
shotType	VARCHAR	YES
match_id	BIGINT	YES
h_team	VARCHAR	YES
a_team	VARCHAR	YES
h_goals	BIGINT	YES
a_goals	BIGINT	YES
date	TIMESTAMP	YES
player_assisted	VARCHAR	YES
lastAction	VARCHAR	YES
20 rows		

중첩된 JSON 파일 탐색을 마무리하면서, 2022 시즌에서 예상 득점이 가장 높은 팀을 찾는 쿼리를 살펴보겠습니다. 예상 득점 지표와 관련된 데이터를 제공하는 것은 언더스탯[3]의 미션이며, DuckDB는 이를 다루는 데 적합한 기술이기 때문입니다.

```
SELECT CASE
    WHEN h_a = 'h' AND result <> 'OwnGoal' THEN h_team
    WHEN h_a = 'a' AND result = 'OwnGoal' THEN h_team
    ELSE a_team
    END AS team,
    round(sum(xg), 2) AS totalXG,
    count(*) FILTER(WHERE result IN ('Goal', 'OwnGoal')) AS goals
FROM shotsFlattened
WHERE season = 2022
GROUP BY ALL
ORDER BY totalXG DESC
LIMIT 10;
```

---

3 *https://understat.com*

예상 득점(xG)은 팀과 선수의 성과를 평가하는 데 사용하는 축구 지표입니다. 축구처럼 득점이 적은(low-scoring) 경기에서는 최종 경기 점수로 각 팀의 성과를 명확하게 판단하기 어렵습니다. 이 때문에 점점 더 많은 스포츠 분석가가 xG와 같은 고급 모델을 채택하고 있습니다. xG는 득점 기회의 질을 평가하는 통계적 지표로 공격 측면에서는 창출된 득점 기회, 수비 측면에서는 허용된 득점 기회를 정량적으로 측정합니다. 본질적으로 이와 같은 분석 문제에서는 DuckDB 같은 분석용 데이터베이스가 매우 유용하게 활용될 수 있습니다.

프리미어리그 축구를 즐겨 보는 사람이라면 리그 최고의 팀인 맨체스터 시티가 2022년 xG 지표에서도 가장 높은 수치를 기록했다는 사실이 전혀 놀랍지 않을 것입니다.

```
|       team        | totalXG | goals |
|     varchar       | double  | int64 |
|-------------------|---------|-------|
| Manchester City   |  45.66  |  53   |
| Arsenal           |  41.2   |  45   |
| Liverpool         |  39.96  |  34   |
| Newcastle United  |  38.17  |  33   |
| Brighton          |  34.2   |  37   |
| Manchester United |  34.03  |  32   |
| Tottenham         |  33.49  |  40   |
| Brentford         |  31.7   |  32   |
| Fulham            |  30.12  |  32   |
| Leeds             |  27.32  |  26   |
|-------------------|---------|-------|
| 10 rows                     3 columns |
```

5.4 CSV를 Parquet로 변환하기

데이터 엔지니어링에서 흔한 작업은 데이터 포맷을 다른 포맷으로 변환하는 일입니다. 이 분야의 초기 도구는 소스 데이터세트 전체를 메모리에 로드한 후에야 대상 데이터 포맷으로 변환할 수 있다고 가정했습니다. DuckDB는 메모리 제한을 설정하여 제한된 수의 소스 데이터 로우만 메모리에 로드해서 변환할 수 있습니다. 대용량 데이터세트를 다루거나 자원이 제한된 머신에서 작업할 때 유용합니다.

이 절에서는 CSV 파일을 Parquet 포맷으로 변환하는 방법을 배웁니다. *Parquet*는 Apache Spark 같은 빅데이터 처리 프레임워크를 위해 설계된, 일반적으로 사용되는 컬럼 저장 파일 포맷입니다. 효율적인 압축과 인코딩 기술을 활용하여 메타데이터가 없는 텍스트 기반 형식인 CSV와 JSON보다 더 적은 저장 공간을 사용하고 쿼리 성능이 향상되는 이점이 있습니다. 이 파일 유형은 또한 조건자 푸시다운(predicate pushdown)과 프로젝션 푸시다운(projection pushdown)을 지원하며 선택적 쿼리 실행이 가능하고 데이터 전송량을 최소화합니다—특히 분산 환경에서 유용합니다. 이러한 메커니즘을 통해 저장 계층에 선택한 컬럼이나 쿼리에 필요한 특정 데이터 세그먼트만 가져오거나 지정한 조건에 맞는 데이터만 가져오도록 지시할 수 있으며, 나머지 저장된 데이터는 전혀 건드리지 않고 그대로 남겨둘 수 있습니다.

책의 GitHub 저장소에서 ch05 디렉터리로 이동하세요.

```
cd ch05
```

atp 디렉터리에는 atp_rankings_ 접두사가 붙은 파일 세트가 보일 것입니다. 이 파일들은 1970년대부터의 프로 테니스 선수들의 랭킹 데이터를 담고 있습니다. 또한 선수들의 메타데이터가 포함된 atp_players.csv 파일도 하나 있습니다.

운영체제에 따라 UI에서 또는 ls나 du 같은 명령줄 도구를 사용하여 이 디렉터리를 볼 수 있습니다. 후자는 파일의 크기를 보기 좋게 사람이 읽을 수 있는 형태로 보여줍니다.

```
du -h atp/*.csv
```

어떤 방식을 사용하든 파일의 대략적인 크기를 볼 수 있습니다.

```
2,1M    atp/atp_players.csv
 20M    atp/atp_rankings_00s.csv
 20M    atp/atp_rankings_10s.csv
3,3M    atp/atp_rankings_20s.csv
412K    atp/atp_rankings_70s.csv
5,7M    atp/atp_rankings_80s.csv
 16M    atp/atp_rankings_90s.csv
2,1M    atp/atp_rankings_current.csv
```

우리가 다루는 데이터는 기본적으로 *정규화된* 테이블입니다. 즉, 관계형 모델에서처럼 선수 정보와 랭킹 데이터가 각각 분리된 상태로 저장되어 있습니다. 최종적으로 우리의 Parquet 파일에는 비정규화된 데이터를 담아야 하며, 이를 위해 우리는 파이프라인에서 랭킹 데이터와과 선수 정보를 조인할 것입니다.

du, Windows 탐색기, macOS용 Finder 같은 가장 일반적인 파일 브라우징 프로그램 중 어느 것도 각 파일의 로우나 레코드 수 같은 직접적인 정보를 제공하지 못합니다. 모든 CSV 파일의 내용을 Parquet 파일 하나로 변환하려는 작업에서는 이러한 정보가 매우 중요합니다. Parquet 파일은 컬럼 포맷 유형이라서 로우들을 그룹으로 저장합니다. 따라서 적절한 로우 그룹 크기를 찾는 것이 중요합니다. 로우 그룹 크기가 너무 작으면 압축 효율이 떨어집니다. 이렇게 되면 파일의 상당 부분을 로우 그룹 헤더가 차지하게 되며, 압축은 더 큰 블록 단위에서 실행될 때 더 효과적으로 작동합니다. 즉, 파일 크기가 더 커지고 헤더를 읽는 데 더 많은 처리 시간이 소요됨을 의미합니다. 반면에 로우 그룹 크기가 너무 크면 DuckDB가 읽기를 병렬화할 수 없어서 성능이 저하될 수 있습니다.

우선 각 랭킹 파일의 레코드 수를 세는 쿼리부터 작성해 보겠습니다. 이 쿼리는 자동 구조와 타입 추론을 사용하면서도 일부 측면을 변경하는 방법을 보여주는 좋은 예시입니다. 따라서 read_csv_auto 함수를 사용합니다. 이 함수는 FROM 'atp/atp_rankings_*.csv'와 동일하게 각 필드의 타입을 자동으로 추론할 뿐만 아니라 filename=true 플래그도 전달할 수 있습니다. 이 플래그를 사용하면 읽은 각 CSV 파일의 파일 이름을 포함하는 계산된 컬럼을 결과에 추가합니다.

```
SELECT filename, count(*)
FROM read_csv_auto(
  'atp/atp_rankings_*.csv',
  filename=true ──────── [결과 로우에 각 파일의 파일 이름을 추가합니다.]
)
GROUP BY ALL
ORDER BY ALL;
```

문장을 실행하면 개별 파일 이름과 파일당 로우 수가 출력됩니다.

filename varchar	count_star() int64
atp/atp_rankings_00s.csv	920907
atp/atp_rankings_10s.csv	915618
atp/atp_rankings_20s.csv	149977
atp/atp_rankings_70s.csv	20726
atp/atp_rankings_80s.csv	284809
atp/atp_rankings_90s.csv	725606
atp/atp_rankings_current.csv	95618

일부 시스템에서는 wc -l atp/atp_rankings_*.csv와 같이 라인을 세는 -l 옵션을 사용하는 wc 같은 카운팅 유틸리티를 사용할 수 있지만, 그렇게 하면 재미가 없겠죠?

300만 개가 넘는 레코드가 7개의 파일에 흩어져 있습니다. 그중 두 파일에는 거의 100만 개의 레코드가 포함되어 있고, 가장 작은 파일에는 20,000개만 포함되어 있습니다. 이러한 분포를 고려할 때, 최종적으로 만들 Parquet 파일의 로우 그룹 크기는 비교적 클 것이라고 안전하게 예상할 수 있습니다.

CSV 파일과 달리 Parquet 파일은 자체 설명 스키마에 전용 데이터 타입도 함께 담고 있습니다. CSV에서는 기본적으로 모든 값이 문자열이며, 각 컬럼이 실제로 어떤 종류의 데이터를 포함하고 있는지 판단하려면 샘플링이 필요하지만, Parquet 파일은 이미 이 정보를 포함하고 있습니다. Parquet는 소수의 기본 데이터 타입 — 물리적 데이터 타입 — 만 저장합니다. 하지만 애너테이션(annotation) — 논리적 타입 — 을 추가하여 더 다양한 데이터 타입을 표현할 수 있습니다. 예를 들어 Parquet 파일은 날짜를 숫자 값으로 저장하지만, 메타데이터 추가로 이러한 숫자 값을 날짜로 해석해야 한다고 알려줍니다.

가치 있는 Parquet 파일을 만들기 위해, 우리가 다루는 각 컬럼이 가장 구체적이고 정확한 데이터 타입을 포함하고 있는지 확인하려면 먼저 CSV 파일을 검사해야 합니다. 이렇게 결정된 타입은 대상 파일의 스키마에 작성됩니다. 다음 쿼리를 실행하여 개별 레코드가 어떻게 생겼는지 살펴보겠습니다.

```
SELECT *
FROM 'atp/atp_rankings_*.csv'
LIMIT 5;
```

결과 출력은 2000년 1월 첫 주에 해당하는 여러 선수의 랭킹을 나타내며, 레코드는 5개로 제한됩니다.

ranking_date int64	rank int64	player int64	points int64
20000110	1	101736	4135
20000110	2	102338	2915
20000110	3	101948	2419
20000110	4	103017	2184
20000110	5	102856	2169

ranking_date 컬럼은 DuckDB에 의해 숫자 값으로 인식됩니다. 자세히 보면 실제로 %Y%m%d 형식으로 포맷된 날짜를 표현한다는 것을 꽤 확신할 수 있습니다. ISO 날짜 형식처럼 보이지만 실제로는 그렇지 않으며, 이 형식에서는 날짜에 대해 정렬과 같은 일부 연산만 할 수 있습니다. 그렇지 않으면 이런 형식의 날짜는 사용하기 불편하며 SQL 날짜 조작 함수의 인수로 전달할 수도 없습니다. 특히 Parquet에서 적절한 논리적 데이터 타입으로 변환되지 않을 것입니다. strptime 함수를 사용하여 해당 컬럼을 날짜로 변환해 보겠습니다. strptime은 문자 인수를 두 개 받습니다. 날짜로 파싱할 문자열과 형식입니다. DuckDB는 strptime에 전달하기 전에 int64인 ranking_date를 암시적으로 문자열로 변환합니다. strptime의 결과는 날짜로 변환되며, 이 과정에서 시간 정보는 제거됩니다.

```
SELECT * REPLACE (
cast(strptime(ranking_date::VARCHAR, '%Y%m%d') AS DATE)
    AS ranking_date
)
FROM 'atp/atp_rankings_*.csv'
LIMIT 5;
```

> * REPLACE()는 모든 컬럼을 선택하고 그중 일부를 교체한다는 점을 기억하세요.

이제 결과는 다음과 같이 보이며 ranking_date는 적절한 날짜로 표시됩니다.

ranking_date date	rank int64	player int64	points int64
2000-01-10	1	101736	4135
2000-01-10	2	102338	2915
2000-01-10	3	101948	2419
2000-01-10	4	103017	2184
2000-01-10	5	102856	2169

첫 번째 컬럼만 변경되었고, 다른 컬럼은 이전과 같습니다.

 FROM read_csv_auto('atp/atp_rankings_*.csv', dateformat='%Y%m%d');를 사용하여 가능한 모든 컬럼에 날짜 형식을 지정할 수도 있었습니다. 이 방법은 8자리 숫자만을 해당 형식에 맞는 것으로 간주하기 때문에 다소 과감한 선택으로 보입니다. 그래서 우리는 개별 컬럼 단위에서 직접 수정하기로 결정했습니다.

현재 우리는 각 로우가 어떤 선수를 참조하는지 모르지만 atp_players.csv 파일을 조인하여 이를 해결할 수 있습니다. 또한 players CSV 파일의 **dob**[4] 필드에 있는 문제도 수정하겠습니다. 이 필드 역시 %Y%m%d 형식의 문자열로 포맷되어 있습니다. 최종적으로 완성한 쿼리는 다음과 같습니다.

```
SELECT * EXCLUDE (          ┌ 간단히 하기 위해
        player,             └ 일부 컬럼을 제외합니다.
        wikidata_id,
        name_first,
        name_last, player_id, hand, ioc
    )
    REPLACE (
     cast(strptime(ranking_date::VARCHAR, '%Y%m%d') AS DATE) AS ranking_date,
     cast(strptime(dob, '%Y%m%d') AS DATE) AS dob
    ),
    name_first || ' ' || name_last AS name
FROM 'atp/atp_rankings_*.csv' rankings
JOIN (FROM 'atp/atp_players.csv' ) players      ┌ rankings CSV 파일의 player 컬럼과
  ON players.player_id = rankings.player        │ 일치하는 player_id 컬럼을 기준으로
ORDER BY ranking_date DESC                      └ atp_players.csv 파일을 조인합니다.
LIMIT 5;
```

이 쿼리를 실행하면 선수의 이름을 포함한 결과를 확인할 수 있습니다!

ranking_date date	rank int64	points int64	dob date	height int64	name varchar
2022-12-26	1	6820	2003-05-05	185	Carlos Alcaraz
2022-12-26	2	6020	1986-06-03	185	Rafael Nadal
2022-12-26	3	5820	1998-12-22	183	Casper Ruud
2022-12-26	4	5550	1998-08-12	193	Stefanos Tsitsipas
2022-12-26	5	4820	1987-05-22	188	Novak Djokovic

다음은 결과를 Parquet 파일로 내보내는 작업입니다. Parquet 파일을 생성하는 명령을 스크립트화된 데이터 파이프라인의 일부로 실행할 것이므로 먼저 .exit를 입력하여 CLI를 종료하겠습니다. 우리가 내보내려는 데이터의 양은 메모리에 충분히 올릴 수 있지만 필요하다면 memory_limit 설정을 조정하여 DuckDB가 사용하는 메모리의 양을 제한할 수도 있습니다. 메모리 사용을 제한하는 기능은 제한된 메모리

---

4 dob = date of birth, 생년월일

환경에서 실행되는 파이프라인이나 서버리스 환경에서 가치가 있습니다. DuckDB 의 기본 설정에 따르면 사용 가능한 모든 RAM의 80%를 사용합니다. 이 설정을 조 정한 후 COPY ... TO 절을 사용하여 CSV 파일의 내용을 단일 Parquet 파일로 변환하 겠습니다. 이 절에서 개발한 전체 문장에는 더 이상 LIMIT 절이 포함되지 않는다는 점에 주목하세요. 데이터 조사와 탐색에는 LIMIT 절이 유용했지만, 최종적으로 모 든 로우가 처리되기를 원합니다. DuckDB는 Parquet 파일을 쓸 때 사용할 압축 알 고리즘을 구성할 수 있으며 여기서는 GZIP 대신 SNAPPY 코덱을 선택했습니다. 일반 적으로 GZIP의 압축률이 더 높지만, SNAPPY는 속도에 최적화되어 있습니다. 여기서 속도는 파일을 생성할 때 우리가 가장 중요하게 고려한 요소였습니다. 데이터의 양 을 고려할 때 로우 그룹 크기는 적절해 보입니다.

```
duckdb -s "SET memory_limit='100MB';
COPY (
  SELECT * EXCLUDE (player, wikidata_id)
         REPLACE (
           cast(strptime(ranking_date::VARCHAR, '%Y%m%d') AS DATE)
             AS ranking_date,
           cast(strptime(dob, '%Y%m%d') AS DATE) AS dob
         )
  FROM 'atp/atp_rankings_*.csv' rankings
  JOIN (
    FROM 'atp/atp_players.csv'
  ) players ON players.player_id = rankings.player
)
TO 'atp_rankings.parquet'
(FORMAT PARQUET, CODEC 'SNAPPY', ROW_GROUP_SIZE 100000);"
```

-s 플래그를 사용하면 종료하기 전에 실행할 명령을 전달할 수 있습니다. 위 작업 은 실행에 몇 초 정도만 소요되며, 실행이 완료되면 생성된 Parquet 파일의 크기를 확인할 수 있습니다.

```
du -h *.parquet
```

출력은 다음과 같습니다.

```
36M    atp_rankings.parquet
```

✅ 쿼리 출력을 CSV와 JSON 형식으로 내보내 보고 파일 크기의 차이를 확인해 보세요.

5.5 Parquet 파일 분석하고 쿼리하기

Parquet 파일은 데이터 처리 파이프라인에서 광범위하게 사용될 뿐만 아니라 DuckDB 내에서 쿼리할 수 있는 훌륭한 데이터 소스도 될 수 있습니다. Parquet 파일은 메타데이터에 스키마를 제공하기 때문에 CSV 파일이나 JSON 파일보다 데이터베이스에 더 가깝습니다. 따라서 atp_rankings.parquet 파일을 직접 만들지 않고 다른 사람에게서 받은 경우라고 가정해 보겠습니다. 여러분은 이 파일의 구조나 내용은 모르지만 이 데이터 대한 보고서를 작성해야 하는 업무를 받았습니다. 이 절에서는 Parquet 파일에서 스키마와 추가 메타데이터를 검색하는 방법을 배워 보고, 예시의 일관성과 단순화를 위해 우리가 방금 만든 파일을 사용하겠습니다.

Parquet 파일 내에 포함된 컬럼 이름과 타입에만 관심이 있다면, 다른 지원되는 데이터 소스와 마찬가지로 Parquet 파일에 DESCRIBE 절을 사용합니다.

```
DESCRIBE FROM 'atp/atp_rankings.parquet';
```

이 쿼리의 출력은 다음과 같습니다. ranking_date와 dob 컬럼을 자세히 살펴보세요—둘 다 DATE 타입이며, 이는 앞 절에서 수행한 타입 변환이 성공적으로 적용되었음을 의미합니다.

column_name varchar	column_type varchar	null varchar	key varchar	default varchar	extra varchar
ranking_date	DATE	YES	NULL	NULL	NULL
rank	BIGINT	YES	NULL	NULL	NULL
points	BIGINT	YES	NULL	NULL	NULL
player_id	BIGINT	YES	NULL	NULL	NULL
name_first	VARCHAR	YES	NULL	NULL	NULL
name_last	VARCHAR	YES	NULL	NULL	NULL
hand	VARCHAR	YES	NULL	NULL	NULL
dob	DATE	YES	NULL	NULL	NULL
ioc	VARCHAR	YES	NULL	NULL	NULL
height	BIGINT	YES	NULL	NULL	NULL

```
10 rows                                          6 columns
```

앞 절에서 다룬 컬럼이 모두 있으며, 타입도 적절하게 변환되었습니다.

데이터 조회와 분석만이 목적이라면 이 스키마로 충분합니다. 따라서 여기서 멈

추고 파일을 테이블처럼 다루면서 3장과 4장에서 배운 SQL 지식을 적용하면 됩니다. 정말로 방금 DuckDB를 사용하여 파일을 생성했다면 더 깊이 살펴보고 싶을 수 있습니다. Parquet는 몇 가지 물리적 타입—불, 다양한 크기의 숫자, 바이트 배열—만 지원하며 이들 타입을 '더 상위 레벨'의 데이터 타입으로 변환해야 한다는 점을 기억하세요. 대규모 데이터세트를 다룰 때는 숫자가 특히 중요할 수 있습니다—Parquet는 정수 타입에 int32, int64, int96를 지원합니다. 더 작은 숫자 데이터 타입을 사용하면 더 많은 벡터 기반 연산을 병렬로 실행할 수 있습니다. 최적의 성능이 최종 목표라면 데이터를 저장할 수 있는 한도 내에서 가능한 한 가장 작은 데이터 타입을 사용하는 것이 좋습니다.

parquet_schema 함수는 Parquet 파일 내에 포함된 내부 스키마를 조회하는 데 사용합니다. 이는 파일 내부에 메타데이터로 저장된 스키마입니다. 이를 통해 어떤 컬럼이 기존의 물리적 Parquet 데이터 타입을 사용할 수 있는지, 변환이 필요 없는 컬럼과 변환이 필요한 컬럼이 무엇인지 파악할 수 있습니다. 이 함수는 반환하는 필드 개수가 많으므로 우선 함수 앞에 DESCRIBE를 접두사로 붙여서 필드 목록부터 확인해 보겠습니다.

```
DESCRIBE FROM parquet_schema('atp/atp_rankings.parquet');
```

parquet_schema 함수를 사용한 결과는 다음과 같습니다.

column_name varchar	column_type varchar	null varchar	key varchar	default varchar	extra varchar
file_name	VARCHAR	YES	NULL	NULL	NULL
name	VARCHAR	YES	NULL	NULL	NULL
type	VARCHAR	YES	NULL	NULL	NULL
type_length	VARCHAR	YES	NULL	NULL	NULL
repetition_type	VARCHAR	YES	NULL	NULL	NULL
num_children	BIGINT	YES	NULL	NULL	NULL
converted_type	VARCHAR	YES	NULL	NULL	NULL
scale	BIGINT	YES	NULL	NULL	NULL
precision	BIGINT	YES	NULL	NULL	NULL
field_id	BIGINT	YES	NULL	NULL	NULL
logical_type	VARCHAR	YES	NULL	NULL	NULL

11 rows · 6 columns

이 경우 가장 관심이 있는 필드는 이름과 타입이므로 name과 type만 반환하는 쿼리를 작성해 보겠습니다.

```
FROM parquet_schema('atp/atp_rankings.parquet')
SELECT name, type, converted_type, logical_type;
```

바뀐 결과는 다음과 같습니다.

```
┌────────────────┬─────────────┬────────────────┬──────────────┐
│      name      │     type    │ converted_type │ logical_type │
│     varchar    │   varchar   │    varchar     │   varchar    │
├────────────────┼─────────────┼────────────────┼──────────────┤
│ duckdb_schema  │ NULL        │ NULL           │ NULL         │
│ ranking_date   │ INT32       │ DATE           │ NULL         │
│ rank           │ INT64       │ INT_64         │ NULL         │
│ points         │ INT64       │ INT_64         │ NULL         │
│ player_id      │ INT64       │ INT_64         │ NULL         │
│ name_first     │ BYTE_ARRAY  │ UTF8           │ NULL         │
│ name_last      │ BYTE_ARRAY  │ UTF8           │ NULL         │
│ hand           │ BYTE_ARRAY  │ UTF8           │ NULL         │
│ dob            │ INT32       │ DATE           │ NULL         │
│ ioc            │ BYTE_ARRAY  │ UTF8           │ NULL         │
│ height         │ INT64       │ INT_64         │ NULL         │
├────────────────┴─────────────┴────────────────┴──────────────┤
│ 11 rows                                           4 columns   │
└───────────────────────────────────────────────────────────────┘
```

type 필드는 디스크에 사용되는 실제 타입을 보여주며 가능한 한 최소한의 크기로 저장하도록 설계되어 있습니다. converted_type과 logical_type 필드는 type이 어떻게 해석되어야 하는지에 대한 설명을 포함합니다. 예를 들어 ranking_date는 INT32로 저장하지만 처리할 때는 DATE로 취급해야 합니다. converted_type은 Parquet에서 더 이상 사용하지 않지만, 보다시피 여전히 하위 호환성을 위해 Parquet 필드에 기록됩니다.

메타데이터를 보면 rank, points, player_id, height가 모두 64비트 정수로 표현된다는 점이 눈에 띕니다. 부호가 있는 64비트 정수의 최댓값은 9,223,372,036,854,775,807입니다. points나 height 필드의 값이 이렇게 큰 공간이 필요할 가능성은 작지만, 쿼리를 작성해서 실제로 저장된 최댓값을 확인하겠습니다.

```
FROM 'atp/atp_rankings.parquet'
SELECT max(rank), max(points), max(player_id), max(height);
```

다음 출력에서 최댓값을 확인할 수 있습니다.

max(rank) int64	max(points) int64	max(player_id) int64	max(height) int64
2271	16950	211767	211

이들 값 중 어느 것도 32비트 정수의 상한값에 근접하지도 않습니다. 따라서 Parquet 포맷으로 내보내기 전에 해당 필드들을 INT32로 변환하여 이후 있을 데이터 처리 연산을 최적화할 수 있습니다.

 이들 필드에 int32를 사용하면서 어떻게 데이터를 Parquet 포맷으로 내보낼 수 있는지 알아보세요. 기본적으로 points 같은 관련 필드들을 변환하기를 원합니다. 우리는 앞에서 소스 CSV 파일의 구조를 분석했으며 이들 필드가 DuckDB 용어로 int64 또는 BIGINT로 인식된다는 점을 확인했습니다. 변환은 CAST(points AS INTEGER) 또는 points::integer로 작성할 수 있으며, INTEGER는 Parquet의 int32에 대응합니다. DuckDB는 TINYINT(int8), SMALLINT(int16), INTEGER(int32), BIGINT(int64), 그리고 각 타입의 부호 없는 변형과 HUGEINT(int128)를 지원합니다.

또한 parquet_metadata 함수를 사용하여 Parquet 파일 자체의 구조를 탐색할 수도 있습니다. 이 함수는 컬럼당 로우 그룹별로 하나의 레코드를 반환합니다.

```
.mode line
FROM parquet_metadata('atp/atp_rankings.parquet')
LIMIT 1;
```

이 함수는 많은 컬럼을 반환하기에 라인 모드를 사용하여 결과를 표 형태로 출력되지 않게 합니다. 다음은 파일의 첫 번째 로우 그룹에서 ID가 0인 컬럼을 보여줍니다.

```
              file_name = atp/atp_rankings.parquet
           row_group_id = 0
     row_group_num_rows = 20726
  row_group_num_columns = 10
        row_group_bytes = 2374571
```

```
         column_id = 0
        file_offset = 0
         num_values = 20726
     path_in_schema = ranking_date
               type = INT32
          stats_min = 1973-08-27
          stats_max = 1979-12-26
   stats_null_count = 0
stats_distinct_count = NULL
    stats_min_value = 1973-08-27
    stats_max_value = 1979-12-26
        compression = SNAPPY
          encodings = PLAIN
  index_page_offset = NULL
dictionary_page_offset = NULL
    data_page_offset = 4
total_compressed_size = 5479
total_uncompressed_size = 82934
  key_value_metadata = {}
```

이 레코드는 첫 번째 로우 그룹(row_group_id = 0)의 ranking_date 컬럼에 대한 정 보입니다. stats_min을 보면 이 로우 그룹에서 가장 작은 값이 1973년 8월 27일이 고 stats_max를 보면 가장 큰 값이 1979년 12월 26일임을 알 수 있습니다.

DuckDB는 쿼리를 실행할 때 이 메타데이터를 사용합니다. 예를 들어 ranking_ date가 1980년 이후인 레코드를 찾는 쿼리를 작성했다면 이 로우 그룹의 최댓값이 1979년임을 알고 있으므로 이 로우 그룹의 모든 값을 안전하게 무시할 수 있습니 다. Parquet는 데이터베이스 엔진에 많은 정보를 제공하는 뛰어난 파일 포맷이며, 이를 통해 쿼리를 최적화하여 최대한 효율적으로 실행하려 합니다.

5.6 SQLite와 다른 데이터베이스 쿼리하기

DuckDB의 또 다른 흥미로운 특징은 다른 데이터베이스에 연결하여 해당 내용을 쿼리할 수 있다는 점입니다. 그러한 데이터베이스 중 하나가 임베디드 OLTP 데이 터베이스인 *SQLite*입니다. 복잡한 분석 쿼리를 작성하면서도 DuckDB 쿼리 엔진 의 장점을 활용하고 싶다면 기존 SQLite 파일을 DuckDB에서 쿼리하는 방법이 유 용합니다.

SQL 표준에서 일부 데이터 타입과 동작을 정의하지만, 각 데이터베이스 벤더의 구현에는 이름이나 의미상의 차이가 있습니다. 외부 데이터베이스를 DuckDB에 연결한다면 이러한 불일치를 해결해야 한다는 의미입니다. 대부분의 경우엔 자동 추론이 잘 작동하지만, 때로는 그렇지 않습니다. 그런 점에서 외부 저장소를 쿼리할 때 앞 절에서 다룬 CSV 파일과 같은 타입 변환 작업이 필요할 수 있습니다.

25,000개 이상의 유럽 프로 축구 경기, 선수, 팀 속성에 대한 데이터를 포함하는 Kaggle 유럽 축구 데이터베이스[5]를 다운로드했습니다. 파일은 300MB 크기의 SQLite 데이터베이스로 제공되며 예제 저장소에도 압축 파일로 포함되어 있습니다. 다음 예제를 따라 하기 전에 unzip이나 선택한 Windows 프로그램을 사용하여 데이터베이스의 압축을 해제해야 합니다. 다음은 unzip을 사용하여 압축을 해제하는 방법입니다.

```
unzip database.sqlite.zip
```

SQLite를 쿼리하려면 먼저 sqlite 확장 기능을 설치하고 로드해야 합니다.

```
INSTALL sqlite;
LOAD sqlite;
```

이를 완료하면 모든 테이블을 fifa 데이터베이스에 연결할 수 있습니다. 파일 확장자를 통해서 TYPE sqlite가 추론됩니다.

```
ATTACH 'database.sqlite' AS fifa (TYPE sqlite);
USE fifa;
```

SQLite의 테이블은 DuckDB에서 뷰로 등록됩니다. 다음 SQL 명령어(또는 .tables CLI 명령어)를 실행하여 목록을 확인할 수 있습니다.

```
PRAGMA show_tables;
```

이 데이터베이스에는 몇 개의 테이블이 있습니다.

```
┌─────────┐
│  name   │
│ varchar │
├─────────┤
│ Country │
│ League  │
│ Match   │
```

---

5 *https://www.kaggle.com/datasets/hugomathien/soccer*

```
|  Player            |
|  Player_Attributes |
|  Team              |
|  Team_Attributes   |
|  sqlite_sequence    |
```

모두 성공적으로 연결된 것 같습니다. 이제 Player 뷰를 쿼리해 보겠습니다.

```
FROM Player
LIMIT 5;
```

글을 쓰는 시점에서 예상치 못하게 다음과 같은 오류가 발생했습니다.

```
Mismatch Type Error:
Invalid type in column "height":
→column was declared as integer, found "182.88" of type "float" instead.
* SET sqlite_all_varchar=true to load all columns as VARCHAR and skip type
conversions
```

이는 현재 DuckDB 버전(1.2.1)의 버그일 수 있으며, 향후 수정될 수 있습니다. 하지만 이는 실제로 꽤 흥미로운 문제입니다.[6] SQLite는 *약타입 데이터베이스 시스템*으로 데이터를 저장할 때 엄격한 타입 검사를 적용하지 않습니다. 반면에 DuckDB는 *강타입 데이터베이스 시스템*이므로 모든 컬럼에 명확하게 타입이 정의되어 있어야 합니다. DuckDB는 SQLite의 타입 시스템을 충실히 따르지만, 이 경우에는 제대로 작동하지 않았습니다. 즉, SQLite에서 height 컬럼이 INT로 정의되었지만 실제로는 float 값을 일부 포함하고 있기 때문입니다.

Player 뷰는 DESCRIBE FROM Player; 명령으로 보면 됩니다. 이 명령어는 각 필드의 타입을 반환하며, 결과는 다음과 같습니다. 이전 쿼리 결과에서 height가 BIGINT로 정의되어 있었지만 실제로는 float 값을 포함하고 있었습니다. weight 필드에서도 문제가 발생할 가능성이 있지만, 다행히도 이 필드에는 소수점 값이 발견되지 않았습니다.

column_name varchar	column_type varchar	null varchar

---

6 (옮긴이 주) 저자의 버전(0.10) 및 현재 버전(1.2.1) 모두 해당 오류가 확인되었습니다.

```
| id                 | BIGINT  | YES |
| player_api_id      | BIGINT  | YES |
| player_name        | VARCHAR | YES |
| player_fifa_api_id | BIGINT  | YES |
| birthday           | VARCHAR | YES |
| height             | BIGINT  | YES |
| weight             | BIGINT  | YES |
```

이 문제를 해결하기 위해 Player 뷰를 직접 생성하겠습니다. 하지만 먼저 SQLite 데이터베이스의 연결을 해제해야 합니다.

```
USE memory;
DETACH fifa;
```
> 우선 현재 사용 중인 데이터베이스는 연결을 해제할 수 없으므로 다른 데이터베이스를 사용해야 합니다.

다음으로 변환 오류를 방지하기 위해 모든 SQLite 컬럼을 VARCHAR 타입으로 변환하겠습니다.

```
SET GLOBAL sqlite_all_varchar=true;
```

이제 sqlite_scan 명령을 사용하여 Player 테이블의 모든 레코드를 가져올 수 있습니다. 그런 다음 각 필드를 올바른 타입으로 수동 변환하고 이에 맞춰 Player 뷰를 재정의하겠습니다.

```
USE main;
CREATE OR REPLACE VIEW Player AS
FROM sqlite_scan('database.sqlite', 'Player')
SELECT * REPLACE (
  id :: BIGINT AS id,
  player_api_id :: BIGINT AS player_api_id,
  player_fifa_api_id :: BIGINT AS player_fifa_api_id,
  birthday :: DATE AS birthday,
  height :: FLOAT AS height,
  weight :: FLOAT AS weight
);
```

이제 앞서 시도했던 Player 뷰를 쿼리할 수 있습니다.

```
FROM Player SELECT * EXCLUDE player_fifa_api_id
LIMIT 5;
```
> 간결성을 위해 player_fifa_api_id 필드를 제외합니다.

이제 제대로 작동합니다! ID는 int64 컬럼으로 올바르게 설정되었습니다.

```
| id    | player_api_id | player_name      | birthday   | height | weight |
| int64 | int64         | varchar          | date       | float  | float  |

|     1 |        505942 | Aaron Appindangye | 1992-02-29 | 182.88 |  187.0 |
|     2 |        155782 | Aaron Cresswell  | 1989-12-15 | 170.18 |  146.0 |
|     3 |        162549 | Aaron Doran      | 1991-05-13 | 170.18 |  163.0 |
|     4 |         30572 | Aaron Galindo    | 1982-05-08 | 182.88 |  198.0 |
|     5 |         23780 | Aaron Hughes     | 1979-11-08 | 182.88 |  154.0 |
```

여기까지는 잘 진행되었습니다. 이제 sqlite_all_varchar를 false로 다시 설정하고 나머지 뷰도 수동으로 생성하겠습니다.

```
SET GLOBAL sqlite_all_varchar=false;

CREATE OR REPLACE VIEW Player_Attributes AS
FROM sqlite_scan('database.sqlite', 'Player_Attributes');

CREATE OR REPLACE VIEW Country AS
FROM sqlite_scan('database.sqlite', 'Country');

CREATE OR REPLACE VIEW League AS
FROM sqlite_scan('database.sqlite', 'League');

CREATE OR REPLACE VIEW Match AS
FROM sqlite_scan('database.sqlite', 'Match');

CREATE OR REPLACE VIEW Team AS
FROM sqlite_scan('database.sqlite', 'Team');

CREATE OR REPLACE VIEW Team_Attributes AS
FROM sqlite_scan('database.sqlite', 'Team_Attributes');
```

이제 가장 최근의 순위를 기준으로 상위권 선수들을 찾는 쿼리를 작성할 수 있습니다.

```
SELECT player_name, arg_max(overall_rating, date) AS overall_rating
FROM Player
JOIN Player_Attributes PA ON PA.player_api_id = Player.player_api_id
WHERE overall_rating is not null
GROUP BY ALL
ORDER BY overall_rating DESC, player_name
LIMIT 10;
```

이 쿼리는 두 개의 SQLite 테이블을 조인한 후 각 선수의 최고 overall_rating을 찾습니다. 상위 10명의 선수는 다음과 같습니다.

```
|  player_name         |  overall_rating  |
|  varchar             |  int64           |
|                      |                  |
|  Lionel Messi        |              94  |
|  Cristiano Ronaldo   |              93  |
|  Luis Suarez         |              90  |
|  Manuel Neuer        |              90  |
|  Neymar              |              90  |
|  Arjen Robben        |              89  |
|  Zlatan Ibrahimovic  |              89  |
|  Andres Iniesta      |              88  |
|  Eden Hazard         |              88  |
|  Mesut Oezil         |              88  |
|                      |                  |
|  10 rows             |      2 columns   |
```

모든 작업이 정상적으로 수행되었으며 DuckDB에서 SQLite를 성공적으로 쿼리했습니다.

 DuckDB는 Postgres 데이터베이스를 쿼리할 수 있는 postgres 확장 기능도 제공합니다. 설치 방법은 SQLite 확장 프로그램과 비슷하며 DuckDB 세션에서 INSTALL postgres; LOAD postgres; 명령어를 실행하면 됩니다. 그 후에는 ATTACH 명령으로 Postgres 데이터베이스에 연결하고 인스턴스에 연결 정보를 제공하면 됩니다.

Postgres 확장에 대한 자세한 내용은 DuckDB 공식 문서[7]를 참조하세요. Postgres 테이블을 쿼리할 때 DuckDB가 내부적으로 모든 것을 처리하며 DuckDB의 모든 SQL 기능을 그대로 사용할 수 있습니다.

5.7 엑셀 파일로 작업하기

DuckDB는 Microsoft Office Open XML(OOXML, 파일 확장자 .xlsx)로 저장된 엑셀 파일을 읽고 쓸 수 있습니다. OOXML 포맷은 2007년부터 마이크로소프트 오피스에서 사용되었으며 리브레오피스, 구글 시트를 비롯한 다양한 애플리케이션에

---

7 *https://duckdb.org/docs/extensions/postgres.html*

서 이 포맷을 지원합니다. DuckDB에서 이 기능을 사용하려면 spatial 확장을 설치해야 합니다. 원래 spatial 확장은 주로 공간 데이터(spatial data)를 처리하는 용도로 사용되었지만 내부적으로 OOXML도 지원합니다. 다음은 DuckDB CLI에서 spatial 확장을 설치하는 방법입니다.

코드 5.2 spatial 확장 설치하기

```
INSTALL spatial;
LOAD spatial;
```

INSTALL 문은 한 번만 실행하면 되며, 이후 확장을 사용할 각 세션에서는 LOAD 문만 실행하면 됩니다. 엑셀 파일을 읽으려면 st_read 함수를 사용해야 합니다. 우리는 5.4절에서 다룬 CSV 데이터의 일부를 가져와서 이 책의 예제 저장소에 엑셀 파일로 넣었습니다. 다음 문장은 엑셀 파일(apt_rankings.xlsx)의 첫 번째 시트를 읽습니다.

```
SELECT ranking_date, rank, name_last
FROM st_read('atp_rankings.xlsx')
ORDER BY ranking_date limit 5;
```

타입 감지 기능은 DuckDB에 직접 구현되어 있지 않고 사용 중인 확장 프로그램에 구현되어 있습니다. 따라서 CSV와 JSON 파일의 타입 감지보다 최적화 수준이 낮은 편입니다. 이전 쿼리의 결과를 보면 date 컬럼은 올바르게 읽혔지만, rank 컬럼은 실제로는 정수여야 하는데 일반적인 더블 타입으로 감지되었습니다.

ranking_date date	rank double	name_last varchar
1973-08-27	129.0	Gonzalez
1973-08-27	114.0	Ulrich
1973-08-27	6.0	Rosewall
1973-08-27	19.0	Emerson
1973-08-27	82.0	Phillips Moore

엑셀 파일에는 수식이 포함되는 경우가 많습니다. 기본적으로 수식은 원시 수식 문자열(raw formula string)로 읽히며 수식으로 계산되지 않습니다. 일부 작성 도구는

수식과 함께 마지막 계산값을 저장하기도 하는데, 이 경우에는 해당 값을 읽을 수 있습니다.

엑셀 파일 작성에 대한 지원도 제한적입니다. 날짜와 타임스탬프 같은 일부 데이터 타입은 지원되지 않으며, 다음 문장처럼 문자열로 형변환하거나 문자열로 포맷해야 합니다. 다음 예제에서는 이러한 변환을 적용했습니다. 저자의 컴퓨터에서 이 문장을 실행하는 데 약 1분이 걸렸으며 결과물은 299MB 크기의 엑셀 파일입니다(참고로 같은 데이터를 Parquet 형식으로 저장하면 약 36MB 크기에 불과합니다).

```
COPY (
  SELECT * EXCLUDE (player, wikidata_id)
         REPLACE (
            strftime(strptime(ranking_date::VARCHAR46[8], '%Y%m%d'), '%Y-%m-%d')
              AS ranking_date,
            strftime(strptime(dob, '%Y%m%d'), '%Y-%m-%d') AS dob
         )
  FROM 'atp/atp_rankings_*.csv' rankings
  JOIN (
    FROM 'atp/atp_players.csv'
  ) players ON players.player_id = rankings.player
  ORDER BY ranking_date ASC
)
TO 'atp_rankings_full.xlsx' WITH (FORMAT GDAL, DRIVER 'xlsx');
```

이 명령어는 ATP 순위를 나타내는 CSV 파일 세트에서 Parquet 파일 하나로 만들 때 사용했던 것과 기본적으로 같은 문장입니다. 대상 파일이 이미 있다면 GDAL Error (1). File extension should be XLSX라는 오류 메시지가 출력되는데, 이 오류 메시지는 다소 오해의 소지가 있으며 확장 프로그램의 향후 버전에서 수정될 수 있습니다.[9]

일반적으로 가능하다면 엑셀 파일을 CSV로 내보낸 후 DuckDB에서 처리하는 방법을 권장합니다. CSV 포맷이 DuckDB와의 호환성이 더 높아, 데이터를 다루기가 더 편리하기 때문입니다.

---

8 (옮긴이 주) 원문은 ranking_date이지만 CAST(ranking_date AS VARCHAR)로 처리하지 않으면 오류가 발생합니다. 5.4절에서 ::VARCHAR로 변환했으니 :: 문법을 적용했습니다.
9 (옮긴이 주) v1.2.1에서는 대상 파일이 이미 존재하는 상태에서 오류 없이 수행됩니다.

요약

- DuckDB의 강력한 쿼리 언어와 엔진을 사용하여 파일에 저장된 데이터든, 파이프라인을 통해 흐르는 데이터든 처리할 수 있으며 이 과정에서 반드시 DuckDB의 데이터베이스 저장 기능을 사용할 필요는 없습니다.

- DuckDB의 쿼리 엔진은 다양한 데이터 소스, 예를 들어 다양한 포맷의 파일, 다른 데이터베이스의 저장소를 사용할 수 있습니다. 또한 DuckDB는 JSON, CSV, Parquet 파일의 내용과 데이터 타입을 정확하게 추론하는 데 기능이 뛰어납니다.

- DuckDB의 JSON 처리 기능을 활용하면 복잡하고 비정규화된 JSON 문서도 쿼리하고 정규화할 수 있으며 어떤 쿼리에서도 JSON을 자연스러운 표 형태의 데이터처럼 다룰 수 있습니다.

- DuckDB를 사용한 데이터 변환 ─ 예를 들어 필터링, 타입 변환, 평탄화, 또는 다른 소스와의 조인 ─을 할 때 DuckDB에 데이터를 영구 저장할 필요는 없습니다.

- 벡터 기반의 DuckDB 쿼리 엔진은 특정 워크로드와 쿼리를 매우 효율적으로 처리할 수 있습니다. 외부 데이터베이스 저장소와 함께 DuckDB를 사용하면 외부 데이터베이스의 기능을 유지하면서도 성능상의 이점을 얻을 수 있습니다. 또한 서로 다른 두 데이터세트를 동기화할 필요 없이 사용할 수 있습니다.

- 뷰는 외부 데이터 타입을 변환하는 데 필요한 작업을 캡슐화하는 유용한 도구입니다.

6장

파이썬 생태계와 통합하기

> **☑ 6장에서 다루는 내용**
> - DuckDB의 파이썬 DB-API 2.0 구현과 DuckDB 관계형 API 간의 차이점
> - 파이썬 API를 통해 pandas 데이터프레임, Apache Arrow 테이블 등에서 데이터 가져오기
> - DuckDB 메서드를 사용하여 pandas 데이터프레임 조회하기
> - 다양한 데이터프레임 형식과 Apache Arrow 테이블로 데이터 내보내기
> - DuckDB의 관계형 API를 사용하여 쿼리 작성하기

지금까지는 일관되게 DuckDB CLI를 사용하여 쿼리를 관리하고 실행해 왔습니다. 이 도구는 즉각적인 분석과 CLI 기반 파이프라인에서 매우 효과적입니다. 하지만 많은 데이터 워크플로는 파이썬과 그 생태계를 상당히 많이 활용합니다. 예를 들어 pandas 데이터프레임은 무시할 수 없는 도구입니다. 6장에서는 DuckDB의 파이썬 API가 단순히 파이썬 DB-API를 구현한 것이 아니라 강력한 기능을 제공한다는 점을 배우게 됩니다. DuckDB의 파이썬 API를 활용하면 파이썬 프로세스에서 임베디드 데이터베이스를 사용할 수 있을 뿐만 아니라 파이썬 객체를 테이블처럼 조회할 수도 있습니다. 또한 쿼리 결과를 데이터프레임으로 쉽게 변환할 수 있습니다. 6장에서는 DuckDB 파이썬 패키지에 직접 포함된 통합 기능에 초점을 맞춥니다.

이 책에서는 널리 사용하는 파이썬 SQL 도구인 SQLAlchemy[1]는 다루지 않습니다. SQL Alchemy는 다양한 데이터베이스를 추상화하고 기업 환경에서 널리 사용되는 영속성 패턴을 파이썬에 제공하는데, 이는 이 책의 범위를 벗어납니다. duckdb_engine[2]이라는 이름으로 SQLAlchemy용 드라이버를 사용할 수 있으며, 이는 SQLAlchemy의 거의 모든 기능을 지원합니다.

6.1 시작하기

우선 DuckDB 파이썬 패키지를 설치하고 프로그램에 필요한 의존성을 가져오는 방법을 배워 보겠습니다. 그다음으로 인메모리 DuckDB 연결을 얻거나 데이터베이스 파일을 여는 다른 방법도 알아보겠습니다. 이러한 개념 이해는 이 장뿐만 아니라 앞으로의 장에서도 중요합니다. 앞으로 DuckDB와 상호작용을 하는 파이썬 생태계의 다양한 도구를 배워 나갈 것이기 때문입니다.

6.1.1 파이썬 패키지 설치하기

DuckDB 파이썬 패키지는 PyPI에 등록되어 있으며 다음 명령어로 설치할 수 있습니다.

```
pip install duckdb
```

설치가 완료되면 파이썬 명령 프롬프트를 열어서 duckdb 라이브러리를 가져오세요.

```
import duckdb
```

이어서 다음 명령어로 DuckDB의 버전을 확인하세요.

```
duckdb.__version__
```

버전은 다를 수 있지만 출력 결과는 비슷합니다.

```
'1.2.1'
```

---

1 *https://www.sqlalchemy.org*
2 *https://pypi.org/project/duckdb_engine/*

6.1.2 데이터베이스 연결을 열기

프로그래밍 환경에서 데이터베이스를 사용할 때 자주 떠오르는 질문 중 하나가 어떻게 연결을 열까?입니다. DuckDB의 경우 답은 간단합니다. *DuckDB는 임베디드 데이터베이스라서 연결할 필요가 없습니다. DuckDB는 이미 파이썬 프로세스 내부에서 실행되고 있습니다.* 앞서 본 코드처럼 패키지를 설치하면 파이썬 인터프리터에서 duckdb를 사용하여 인메모리 데이터베이스와 상호작용을 할 수 있습니다. sql은 DuckDB의 관계형 파이썬 API의 진입점입니다. 다음 예제는 반환된 객체의 show 메서드로 SQL 문을 실행한 결과를 출력합니다.

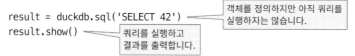

```
result = duckdb.sql('SELECT 42')    객체를 정의하지만 아직 쿼리를
                                    실행하지는 않습니다.
result.show()    쿼리를 실행하고
                 결과를 출력합니다.
```

결과는 DuckDB CLI의 출력과 비슷하게 표 형태로 출력됩니다.

프로그램에 임포트한 duckdb 객체에서 SQL 문을 실행했다는 점에 주목해 주세요. 별도로 전용 연결 객체를 가져오거나 사용하지 않았습니다. duckdb 객체가 기본적으로 인메모리 연결을 제공하기 때문입니다. 물론 필요하다면 전용 연결도 사용할 수 있습니다.

- 인메모리 데이터베이스 시작 — con = duckdb.connect(database=':memory:')
- 데이터베이스 파일 사용 — con = duckdb.connect('my-db.duckdb')
- 데이터베이스 파일을 사용하고 읽기 전용 여부를 제어 — con = duckdb.connect(-database='my-db.duckdb', read_only=True)

기본 연결은 duckdb.default_connection과 duckdb.connect(database=':default:')로 얻을 수 있으며 매개변수에 데이터베이스 이름이 있다고 가정합니다. 여기서 중요한 점은 추가 설정 없이도 DuckDB는 파이썬 모듈 내부에 전역적으로 저장된 인메모리 데이터베이스를 사용한다는 점입니다.

전역 duckdb와 전용 연결 객체 모두 데이터베이스와 상호작용을 할 수 있는 다양한 메서드를 제공합니다. sql()은 예제에서 보여준 것처럼 DuckDB의 관계형 API를 실행하며, execute()는 파이썬 DB-API 2.0을 사용합니다.

앞 예제를 DB-API로 다시 작성하면 비슷해 보이지만, 전통적인 데이터베이스 API처럼 작동합니다. SQL 문을 즉시 실행하고, 결과 로우를 하나 또는 전체를 가져올 수 있는 객체를 반환합니다.

```
result = duckdb.execute('SELECT 42')
row = result.fetchone()
print(row)
```

> 쿼리를 실행하고 연결 객체를 반환합니다.

> 연결에서 로우 하나를 가져옵니다.

> 가져온 로우를 출력합니다.

DB-API가 유용한 사용 사례가 몇 가지 있습니다. 예를 들어 준비된 문장(prepared statement)과 명명된 매개변수를 사용할 수 있지만, 6장에서는 관계형 API에 집중할 것입니다. 우리는 후자가 데이터를 쿼리하는 독특한 접근 방식이며, 관계형 데이터베이스와 메모리에서 쿼리 가능한 객체 간의 경계를 흐려 새롭고 흥미로운 솔루션의 길을 열어준다고 생각합니다. 파이썬 DB-API는 6장의 후반부에서 SQL을 이용한 쿼리를 논의할 때 다시 등장합니다.

6.2 관계형 API 사용하기

우리는 3장과 4장에서 관계의 수학적 개념을 깊이 다루지 않고 넘어갔지만, 이제 몇 가지 관계형 개념을 다루지 않을 수 없습니다. 이미 우리는 테이블뿐만 아니라 뷰와 함수도 쿼리할 수 있음을 배웠습니다. 다른 쿼리의 결과도 쿼리할 수 있습니다. 테이블, 뷰, 프로젝션, 그리고 테이블처럼 작동하는 함수는 모두 관계입니다. 관계는 본질적으로 테이블의 일반화된 버전이며 로우와 컬럼 대신 튜플과 속성으로 구성됩니다. 관계형 데이터베이스에서 튜플(tuple)은 이름이 지정된(named) 속성들을 순서대로 나열한 목록으로 정의됩니다. 관계에서 각 튜플은 레코드(record) 하나에 해당하며, 튜플의 각 속성은 컬럼 하나에 해당합니다. 관계는 대체로 테이블과 동등하다고 생각하세요.

　본질적으로 관계는 오리 테스트(duck test) ― 즉, 오리처럼 생기고, 오리처럼 헤엄치고, 오리처럼 꽥꽥거린다면, 아마도 그것은 오리일 것입니다 ― 를 통과한다는 사실로 귀결됩니다. 테이블처럼 보인다면 쿼리할 수 있습니다. 데이터베이스에서 작업하고 쿼리를 실행하는 동안 이는 보통 매우 자연스럽게 느껴지며, 다른 방식이 있을 거라고 생각하지 않습니다. DuckDB 파이썬 패키지는 이 개념을 파이썬 자체에 도입하여 다양한 객체를 데이터베이스의 테이블이나 뷰처럼 쿼리할 수 있게 해줍니다. 여기서 관계형 스키마를 갖는 영구 저장소와 단순히 관계처럼 동작하는 객체 사이의 경계는 매우 모호합니다.

6.2.1 파이썬 API를 사용한 CSV 데이터 수집하기

3장과 비슷하게 데이터베이스를 쿼리하는 다양한 방법을 보여주면서 설명하려 할 때 닭이 먼저냐 달걀이 먼저냐(hen-and-egg problem) 같은 문제가 있습니다. 즉, 데이터가 없으면 쿼리할 것도 없습니다. 따라서 데이터 수집부터 다시 시작하겠습니다. 하지만 이번에는 데이터를 위한 관계형 스키마를 만들지 않고, 제공된 객체를 그대로 관계로 사용하겠습니다.

이 절에서는 2장에서 소개한 인구 데이터 CSV 파일을 다시 사용하겠습니다. 이전과 마찬가지로 httpfs 확장을 사용합니다. 그러나 이번에는 파일 처리에 DuckDB SQL 함수 read_csv를 사용하는 대신 파이썬 API의 read_csv 함수(이름이 같은 함수)를 사용합니다.

 이 예제에서는 2장에서 준비한 국가 및 관련 통계를 포함한 CSV 파일을 재사용하기 위해 read_csv를 사용합니다. 동일한 개념과 기법이 read_parquet와 read_json에도 적용됩니다. 이들 함수는 DuckDB에서 SQL 함수와 파이썬 함수, 두 가지 형태로 제공됩니다.

DuckDB에서 SQL 명령을 실행하는 것이 강력하지만, 파이썬 API를 통해 직접 read_csv 함수를 사용하면 파이썬 기반 워크플로와 매끄럽게 통합할 수 있습니다. 이 방법은 SQL 데이터베이스와 파이썬 구조 간의 경계를 허물어 보다 '파이썬스러운' 접근 방식으로 데이터를 다룰 수 있어 파이썬 기반 프로젝트에서 선호되는 선택지가 됩니다. 반환된 객체는 파이썬 코드 내에서 바로 쿼리 가능한 관계로 다룰 수 있습니다. 다음 코드에서는 기본 인메모리 데이터베이스를 사용하지만 앞서 설명한 대로 쉽게 연결을 변경할 수도 있습니다.

코드 6.1 CSV 파일 쿼리하기

```
import duckdb

con = duckdb.connect(database=':memory:')

con.execute("INSTALL httpfs")      httpfs 확장을 설치합니다.
                                   한 번만 수행하면 됩니다.
con.execute("LOAD httpfs")
                                   httpfs 확장을 로드합니다. 새 데이터베이스를
                                   초기화할 때마다 이 작업을 수행해야 합니다.
population = \
   con.read_csv("https://bit.ly/3KoiZR0")      CSV 파일을
                                               읽습니다.
```

이 과정에서 데이터가 출력되지는 않지만, 객체가 반환되며 이를 population에 할당합니다. 파이썬의 type 함수로 population 변수의 파이썬 타입을 확인할 수 있습니다.

```
type(population)
```

결과는 다음과 같습니다.

```
<class 'duckdb.DuckDBPyRelation'>
```

DuckDBPyRelation은 DuckDB 관계형 API의 핵심입니다. 이 객체는 쿼리 가능한 관계이자 API입니다.

이 객체를 쿼리하려면 파이썬에서 다른 DuckDB 쿼리를 실행할 때와 마찬가지로 execute 메서드를 사용하면 됩니다. execute는 새 파이썬 DB 연결 객체를 제공하며, 이를 통해 결과를 가져올 수 있습니다. 결과가 더 이상 없을 때까지 fetchone을 사용하거나 모든 결과를 한 번에 가져오는 fetchall을 사용할 수 있습니다. 다음 예제에서 이를 확인할 수 있습니다.

```
con.execute("SELECT * from population limit 2").fetchall()
```

fetchall은 포맷을 지정하지 않고 가독성이 떨어지는 튜플 두 개를 파이썬 리스트로 결과를 반환하므로 여기에 출력을 옮기지는 않겠습니다. 그러나 관계형 API는 단순한 SQL 실행 이상의 기능을 제공하며 SQL 문을 직접 작성하는 대안으로 사용할 수 있습니다. 이는 본질적으로 유창한(fluent) API이며 쿼리를 점진적으로 구성할 수 있도록 설계되어 있습니다. 이 API는 SQL 쿼리를 기호 표기로 볼 수 있는 DuckDBPyRelation 노드와 관계로 구성됩니다. 이러한 노드들은 재사용할 수 있으며 집합 연산, 필터, 프로젝션, 집계를 지원합니다. 이 과정에서 사용된 객체들은 어떠한 데이터도 직접 보유하지 않으며 fetch나 show, 또는 이와 유사한 트리거 메서드가 호출될 때까지 쿼리를 실행하지 않습니다.

우리의 관계형 객체에서 레코드 개수를 세어보겠습니다. 당연하게도 레코드를 세는 빌더 메서드는 count라고 불립니다. 이 메서드의 반환값도 다시 관계형 객체입니다. 이때 실제 쿼리는 아직 실행되지 않습니다. 예제에서는 실행을 트리거하기 위해 show 메서드를 사용하지만, print로 결과 객체를 출력할 수도 있습니다.

```
(population
  .count("*")
  .show()
)
```

이는 SQL의 SELECT count(*)와 같습니다.

다음과 같이 show 메서드와 암시적 문자열 표현은 모두 결과를 보기 좋게 렌더링해 줍니다.

```
| count_star() |
|    int64     |
|--------------|
|          227 |
```

show 함수를 호출할 때마다 CSV 파일을 다운로드하기 때문에 인터넷 연결이 느린 경우 결과를 반환하는 데 상당히 오래 걸릴 수 있습니다. 이는 이상적이지 않습니다! to_table 함수를 사용하여 DuckDB 테이블을 영구적으로 저장하면 이 문제를 해결할 수 있습니다. 이 함수는 내부에서 CREATE TABLE AS SELECT 문을 수행하여 관계형 객체에서 선택한 population 테이블을 생성합니다.

```
population.to_table("population")
```

이제 population이라는 테이블이 생성되었으며, table 함수로 다음과 같이 접근할 수 있습니다.

```
population_table = con.table("population")
```

코드 6.1에서 생성한 population 객체는 항상 CSV를 새로 다운로드하고 읽지만, 한 번 생성된 테이블은 해당 시점에 사용 가능했던 데이터의 스냅샷을 나타낸다는 점에 유의하세요. 이제 관계형 API를 통해 해당 테이블에 접근하더라도 변하지 않습니다. 이 테이블은 접근할 때마다 다시 계산되는 뷰가 아닙니다.

 type(population_table)을 호출하면 이 객체도 DuckDBPyRelation임을 확인할 수 있습니다. 따라서 특성과 기능도 이전과 같습니다.

이제 국가 수를 세는 코드를 다시 실행하면 이번에는 결과가 즉시 표시됩니다.

```
population_table.count("*").show()
```

이제 데이터가 인메모리 테이블에 저장되었으므로 관계형 API로 쿼리를 구성하는데 집중하겠습니다.

6.2.2 쿼리 구성하기

지금까지 우리는 DuckDB API를 사용하여 관계에서 레코드 개수를 세는 방법을 주로 살펴보았습니다. 하지만 이는 DuckDB API가 제공하는 기능의 일부에 불과합니다. 이 API는 `DuckDBPyRelation`에 데이터 조작을 위한 함수를 제공합니다.

- `filter` — 제공된 조건 함수를 만족하는 레코드만 포함
- `project` — 지정된 컬럼만 반환
- `limit` — 처음 n개의 레코드 반환
- `aggregate` — 제공된 집계 표현식 적용
- `order` — 제공된 컬럼으로 레코드 정렬

관계형 API를 빌더 방식으로 사용하면 일반 SQL을 사용할 때 발생할 수 있는 몇 가지 문제를 해결할 수 있습니다. 특히 쿼리가 동적으로 생성되거나 사용자 입력을 기반으로 구성되는 경우가 많습니다. SQL에서는 값을 나타내는 매개변수를 쿼리에 사용할 수 있지만 테이블 이름이나 컬럼 이름을 매개변수로 지정할 수 없습니다. 이로 인해 동적 테이블에서 선택하는 쿼리를 만들 때 문자열 연결을 사용하는 경우가 많습니다. 관계형 API는 이러한 쿼리를 프로그래밍 방식으로 만드는 데 강점이 있습니다. 즉, 문자열 연결을 직접 처리하지 않고 상황을 인식하는 전용 메서드를 호출하면 됩니다. 따라서 유효하지 않은 쿼리나 SQL 인젝션에 취약한 쿼리를 생성할 가능성이 줄어들며 코드는 가독성과 구성이 더 쉬워집니다.

이제 이러한 함수를 몇 가지 조합하여 어떤 작업을 수행할 수 있는지 살펴보겠습니다. 인구가 10,000,000명이 넘는 국가를 찾고, 처음 5개 국가의 국가와 인구수를 반환해 보겠습니다. 이를 위해 `filter`, `project`, `limit` 함수를 사용합니다. Population이 10,000,000보다 큰 처음 5개의 로우만 포함하고, 국가 이름과 실제 인구수만 확인하겠습니다.

```
(population_table
  .filter('Population > 10000000')
  .project("Country, Population")
  .limit(5)
  .show()
)
```

> 이는 WHERE 절 내부의
> 필터 조건에 해당합니다.

> 이 과정은 결국 SELECT Country, Population으로 변환되며,
> 이는 관계형 용어로 프로젝션이라고 합니다.

관계형 API를 사용할 때는 중간에 결과가 구체화되지 않기 때문에 작업 순서가 성능에 영향을 미치지 않습니다. 이는 뒤에서 다룰 pandas 통합과는 다릅니다. 결과 집합이 pandas 데이터프레임으로 변환되면 해당 데이터프레임은 pandas의 특성을 가지게 되며, 이는 보통 값이 즉시 계산된다는 것을 의미합니다. 앞의 쿼리를 실행한 출력은 다음과 같습니다.

Country varchar	Population int64
Afghanistan	31056997
Algeria	32930091
Angola	12127071
Argentina	39921833
Australia	20264082

이제까지 살펴본 내용을 정리하면 쿼리는 show 함수를 호출할 때까지 실행되지 않는다는 점이 중요합니다. 메서드가 반환하는 객체는 여전히 동일한 쿼리 빌더 역할을 합니다. 예를 들어 limit 이후에도 건너뛸 로우 수를 지정하기 위해 offset을 호출할 수 있습니다. 이제 1천만 명 이상의 인구를 가진 데이터만 대상으로 작동하는 쿼리를 사용하고 싶다고 가정해 봅시다. 간단한 접근 방식은 코드를 복사하고 필터 기준을 변경하는 것입니다. 하지만 이 방법은 DuckDB의 관계형 API에 내재된 우아함과 효율성이 부족합니다. 복사-붙여넣기 대신 쿼리의 filter 부분을 변수로 만들고 over_10m이라는 새로운 관계형 객체를 생성할 것입니다. 이 관계형 객체는 다양한 쿼리에서 재사용할 수 있으며, 이처럼 잘 정의된 필터는 일관성 있게 재사용하기 좋습니다.

```
over_10m = population_table.filter('Population > 10000000')
```

이제 aggregate와 order 함수를 사용하여 중간 규모부터 대규모 대륙과 지역의

평균 인구를 계산하고 인구가 많은 순으로 정렬할 수 있습니다. over_10m 관계는
테이블, 뷰 또는 공통 테이블 표현식처럼 작동합니다. 다음 예제에서는 aggregate
함수도 함께 사용합니다. 이 함수는 하나의 표현식을 받으며, 이 표현식은 하나 이
상의 SQL 집계 함수 호출로 구성될 수 있으며 집계에 포함되지 않은 0개 이상의 컬
럼도 포함될 수 있습니다. DuckDB는 이러한 컬럼을 자동으로 그룹화하므로 평균
인구를 계산하면서 Region을 그룹화 키로 사용합니다.

```
(over_10m
  .aggregate("Region, CAST(avg(Population) AS int) as pop")
  .order("pop DESC")
)
```

```
┌───────────────────────┬───────────┐
│         Region        │    pop    │
│        varchar        │   int32   │
├───────────────────────┼───────────┤
│ ASIA (EX. NEAR EAST)  │ 192779730 │
│ NORTHERN AMERICA      │ 165771574 │
│ LATIN AMER. & CARIB   │  48643375 │
│ C.W. OF IND. STATES   │  48487549 │
│ WESTERN EUROPE        │  38955933 │
│ NORTHERN AFRICA       │  38808343 │
│ NEAR EAST             │  32910924 │
│ SUB-SAHARAN AFRICA    │  30941436 │
│ EASTERN EUROPE        │  23691959 │
│ OCEANIA               │  20264082 │
├───────────────────────┼───────────┤
│ 10 rows               │ 2 columns │
└───────────────────────┴───────────┘
```

이 결과는 ASIA (EX. NEAR EAST)와 NORTHERN AMERICA 지역의 인구 규모가 크다는 점
을 강조하며 두 지역 모두 평균 인구에서 다른 지역을 크게 앞선다는 점을 보여줍
니다. 다른 관점으로 이러한 인구가 많은 국가의 경제적 지위에 관심이 있을 수 있
습니다. 이를 위해 over_10m 관계에 filter 절을 추가로 적용하면 1인당 GDP가
10,000달러를 초과하는 국가들을 집중적으로 분석할 수 있습니다.

```
(over_10m
  .filter('"GDP ($ per capita)" > 10000')
  .count("*")
)
```

이 결과는 앞서 필터링한 데이터에서 20개국이 경제적 기준을 충족한다는 사실을 보여주며 인구가 많을 뿐만 아니라 1인당 경제 생산성이 상대적으로 높은 국가도 일부 강조합니다. 이전 앞선 두 예제에서 우리는 over_10m 관계를 변경하지 않고 지역별 집계를 수행하거나 추가 필터를 적용하여 확장할 수 있었습니다. 두 경우 모두 원래 정의된 객체를 쉽게 재사용했습니다.

```
| count_star() |
|     int64    |
|              |
|           20 |
```

데이터베이스 작업 시 여러 관계 간의 상호작용이 필요한 시나리오가 자주 발생합니다. 관계형 API는 이러한 다중 관계 연산을 위해 특별히 설계한 함수를 제공합니다.

- except_ — 첫 번째 관계에 포함되지만 두 번째 관계에는 없는 모든 로우를 반환
- intersect — 두 관계에 모두 있는 모든 로우를 반환
- join — 제공된 키나 조건에 따라 관계를 조인
- union — 관계를 조합하여 첫 번째 관계의 모든 로우를 반환한 후 두 번째 관계의 모든 로우를 반환

관계형 API의 except_ 함수가 제공하는 기능을 설명하기 위해 다음 시나리오를 고려해 보겠습니다. 인구가 1천만 명 이하인 국가를 분석하는 과제가 주어졌습니다. 이를 위해서는 먼저 over_10m 관계에 포함된 국가들을 제외하고 남은 국가들을 지역별로 분류하여 각 지역의 평균 인구와 해당 지역에 속한 국가 수를 계산하면 됩니다.

```
(population_table
  .except_(over_10m)          ← over_10m 관계에 포함되지 않은
  .aggregate("""                 레코드를 포함합니다.
  Region,
  CAST(avg(population) AS int) AS population,
  count(*)
  """)                        ← 지역별로 그룹화하여 평균 인구를 계산하고
)                                레코드 수를 집계합니다.
```

Region varchar	population int32	count_star() int64
EASTERN EUROPE	5426538	9
OCEANIA	643379	20
WESTERN EUROPE	2407190	19
LATIN AMER. & CARIB	2154024	35
C.W. OF IND. STATES	5377686	7
NEAR EAST	2773978	11
SUB-SAHARAN AFRICA	3322228	30
NORTHERN AMERICA	43053	3
ASIA (EX. NEAR EAST)	2796374	9
BALTICS	2394991	3
NORTHERN AFRICA	3086881	2
11 rows		3 columns

결과 테이블은 지역별로 분류되어 인구 1천만 명 미만인 국가들의 평균 인구와 해당 국가 수를 보여줍니다. 특히 ESTERN EUROPE은 9개국의 평균 인구가 약 540만 명인 데 비해 OCEANIA는 평균 인구가 더 적지만 20개국으로 구성되어 있다는 점이 눈에 띕니다. 이 데이터는 인구가 적은 국가들의 지역별 분포에 대한 세밀한 관점을 제공합니다.

데이터를 더 깊이 탐색해 보려면 더 구체적인 조건으로 설정해서 국가들을 살펴봐야 합니다. 여기서는 인구 1천만 명 이상의 동유럽 국가를 고려해 보겠습니다. 이를 위해 우선 ESTERN EUROPE 지역에 속하는 국가들을 필터링합니다. 이때 정규 표현식 필터링을 위해 POSIX 스타일의 ~ 연산자를 사용한다는 점도 눈여겨보세요. 여기서는 ESTERN EUROPE이라는 문구가 포함된 모든 레코드를 찾는 표현식을 사용합니다.

```
eastern_europe = population_table \
  .filter("Region ~ '.*EASTERN EUROPE.*'")
```

 패턴 매칭

DuckDB는 다음 네 가지 방식의 패턴 매칭을 지원합니다.

1. LIKE: 문자열이 전체 패턴과 일치하는지 테스트하며, %와 _를 와일드카드로 사용할 수 있습니다.

2. SIMILAR TO: 문자열이 정규 표현식 전체와 일치하는지 테스트합니다.

3. GLOB: 문자열이 GLOB 패턴과 일치하는지 테스트하며, 특정 패턴을 따르는 파일 이름을 검색할 때 유용합니다.

4. 함수를 통한 일반적으로 적용 가능한 정규 표현식입니다.

SQL 연산자에 대한 단축 표현이 있습니다. ~~는 LIKE, ~는 SIMILAR TO, ~~~는 GLOB을 의미합니다.

eastern_europe 관계를 설정한 후, 다음 단계는 앞서 정의한 over_10m 관계와 교집합되는 국가들을 찾는 것입니다.

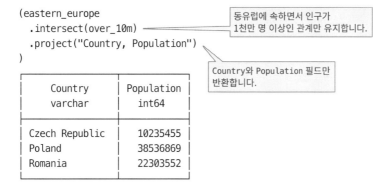

```
(eastern_europe
    .intersect(over_10m)          동유럽에 속하면서 인구가
    .project("Country, Population")  1천만 명 이상인 관계만 유지합니다.
)
                                  Country와 Population 필드만
                                  반환합니다.
```

Country varchar	Population int64
Czech Republic	10235455
Poland	38536869
Romania	22303552

결과 테이블은 동유럽 세 국가 ─ 체코 공화국(Czech Republic), 폴란드(Poland), 루마니아(Romania) ─ 를 명확하게 보여주며, 각 국가의 인구는 1천만 명을 초과합니다.

이러한 세밀한 분석은 세세한 데이터 요구사항도 충족하는 DuckDB 관계형 API의 강력함을 잘 보여줍니다.

6.2.3 SQL 쿼리하기

관계형 객체들은 SQL 테이블과 동일한 유연성으로 취급할 수 있습니다. 이러한 기능 덕분에 파이썬 기반 데이터 작업과 SQL 방식의 쿼리 작성 사이를 매끄럽게 전환할 수 있습니다. 실용적인 예시로 1인당 GDP가 10,000달러를 초과하는 중대형 규모 국가의 수를 파악하는 것이 우리의 목표라고 가정해 보겠습니다. 이를 달성하기 위한 과정은 다음과 같습니다.

```
con.sql("""
SELECT count(*)
FROM over_10m
WHERE "GDP ($ per capita)" > 10000
""")
```

> over_10m를 참조하고 있지만, 쿼리에서는 이를 테이블처럼 취급하고 있습니다.

DuckDB의 관계형 API는 광범위한 기능을 제공하지만, 특히 매개변수화된 쿼리를 다루는 특정 시나리오에서는 이 고유한 기능이 제한적으로 느껴질 수 있습니다.

> ✅ 매개변수화된 쿼리(parameterized query)는 문장 텍스트에서 위치지정자(placeholder)를 사용합니다. 문장 텍스트와 위치지정자에 대입될 실제 값(매개변수)은 쿼리 엔진에 별도로 전달됩니다. 매개변수 사용에는 몇 가지 장점이 있습니다. 예를 들어 사용자 입력은 항상 매개변수로 전달되어야 하며 절대로 문장 텍스트에 직접 삽입해서는 안 됩니다. 사용자 입력을 문장의 문자열 조각과 단순히 연결하면 SQL 인젝션 공격(SQL injection attack)의 위험이 커집니다. SQL 인젝션 공격은 특별히 고안한 텍스트로 쿼리의 의미를 바꾸는 공격입니다. 그러나 사용자 입력을 쿼리 엔진에 매개변수로 전달하면 쿼리 엔진은 해당 값을 쿼리 구조에 영향을 주지 않는 방식으로 안전하게 처리합니다. 또한 매개변수화된 문장은 문장의 내용이 일정하고 매개변수만 변경된다면 쿼리 엔진에서 파싱을 한 번만 할 수도 있습니다.

매개변수화된 쿼리는 동적 입력을 안전하게 처리해 SQL 인젝션 위험을 줄이고, 보안을 강화하는 동시에 쿼리를 재사용할 수 있는 이점도 제공합니다. 이러한 관계형 API의 한계를 보완하기 위해 DuckDB는 파이썬 DB-API 2.0을 준수하는 execute 함수를 제공합니다. 이 함수는 매개변수화된 쿼리의 사용을 쉽게 해줄 뿐만 아니라 자동으로 연결 객체도 생성합니다. 연결 객체는 파이썬 데이터베이스 API 사양서 v2.0을 준수하며 예상되는 모든 메서드를 제공합니다. 쿼리 실행이 완료되면 다양한 방식으로 결과를 추출할 수 있습니다. 파이썬 DB-API 2.0에서 자주 사용하는 메서드는 fetchall과 fetchone입니다. 전자는 모든 로우를 가져오고, 후자는 결과 세트의 첫 번째 레코드의 값을 가져옵니다. 여기서는 쿼리에 사용된 집계 count가 로우 하나만 반환하므로 로우의 리스트를 반복하지 않고 바로 fetchone을 사용하여 결과를 가져옵니다.

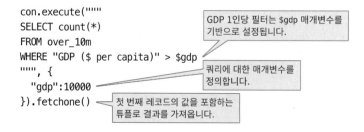

```
con.execute("""
SELECT count(*)
FROM over_10m
WHERE "GDP ($ per capita)" > $gdp
""", {
    "gdp":10000
}).fetchone()
```

> GDP 1인당 필터는 $gdp 매개변수를 기반으로 설정됩니다.
> 쿼리에 대한 매개변수를 정의합니다.
> 첫 번째 레코드의 값을 포함하는 튜플로 결과를 가져옵니다.

결괏값 (20,)은 20개국이 해당 기준을 충족한다는 의미입니다. 더 중요한 사실은 execute에 전달된 쿼리가 명명된 매개변수를 사용하며, 이는 준비된 문장(prepared statement)처럼 보인다는 점입니다. 그러나 이 쿼리는 실제 테이블이 아닌 관계형 객체 over_10m을 조회합니다. 이 관계형 객체는 프로젝션될 컬럼이나 조회할 기반 테이블에 대해서도 매개변수를 사용하는 방식으로 만들어졌을 수 있습니다. 따라서 모든 경우에 문자열 연결을 사용할 필요가 없습니다. 관계형 API와 표준 DB-API가 서로 보완적인 역할을 수행할 수 있습니다. DB-API는 형식이 올바른 SQL만 실행할 수 있으며 테이블과 컬럼에 매개변수화를 허용하지 않습니다. 그러나 관계형 API에서는 매개수변화를 허용하며 관계형 객체도 일반 테이블처럼 쿼리할 수 있습니다.

6.3 pandas 데이터프레임 쿼리하기

DuckDB가 데이터 생태계에서 인기를 얻는 주요 이유는 강력한 쿼리 엔진 덕분입니다. 이 엔진은 파일 기반 작업에만 국한되지 않으며 다양한 데이터 인프라 도구의 인메모리 데이터 구조와도 매끄럽게 통합됩니다. 이 분야에서 주목할 만한 도구는 *pandas*로 데이터 커뮤니티에서 널리 사용되는, 잘 정립된 오픈 소스 데이터 분석 라이브러리입니다. DuckDB와 pandas를 조합하면 데이터베이스 엔진의 성능과 데이터 조작 라이브러리의 유연성을 연결하여 강력한 데이터 작업이 가능합니다. 이 절에서는 DuckDB를 사용하여 pandas 데이터프레임을 쿼리하는 방법을 살펴보겠습니다. 시작하기 전에 우리의 환경에 pandas가 설치되어 있는지 확인해야 합니다. 다음 명령으로 pandas 라이브러리를 설치합니다.

```
pip install pandas
```

다음으로 pandas와 DuckDB 라이브러리를 불러옵니다.

```
import duckdb
import pandas as pd
```

라이브러리가 준비되었으니 저자 정보를 담고 있는 pandas 데이터프레임을 생성하겠습니다.

```
people = pd.DataFrame({
    "name": ["Michael Hunger", "Michael Simons", "Mark Needham"],
    "country": ["Germany", "Germany", "Great Britain"]
})
```

데이터프레임 people에는 세 명의 저자와 이들이 거주하는 국가에 대한 데이터가 포함되어 있습니다. DuckDB의 특징 중 하나는 pandas 데이터프레임과 직접 상호작용을 할 수 있다는 점입니다. 다시 말해 우리가 앞서 다룬 모든 관계와 동일하게 취급됩니다. people 데이터프레임에 SQL과 유사한 쿼리를 실행할 수 있으며, 이는 일반적인 데이터베이스 테이블을 쿼리하는 방식과 같습니다.

```
duckdb.sql("""
SELECT *
FROM people
WHERE country = 'Germany'
""")
```

```
┌────────────────┬─────────┐
│      name      │ country │
│    varchar     │ varchar │
├────────────────┼─────────┤
│ Michael Hunger │ Germany │
│ Michael Simons │ Germany │
└────────────────┴─────────┘
```

쿼리 결과로 Germany에 거주하는 저자가 두 명 나왔습니다. 이 예제는 파이썬 생태계 내에서 DuckDB의 매끄러운 통합과 쿼리 기능을 보여줍니다. 관계형 데이터가 테이블로 생성되었든, 파일에서 가져왔든, 또는 pandas 데이터프레임으로 표현되었든 관계없이 동일하게 쿼리할 수 있습니다.

독일에 거주하지 않는 사람들을 쿼리하려면 다음 예제처럼 매개변수화된 쿼리를 사용하면 됩니다. execute.fetchall이나 execute.fetchone이 아닌 fetchdf를 사용한다는 점에 주목하세요. 이는 결과를 파이썬 DB-API 커서[3] 대신 데이터프레임으로 반환합니다. 커서를 사용하여 로우를 반복할지 아니면 데이터프레임을 사용할지는 사용 사례에 따라 다릅니다. 커서가 더 가볍지만, 데이터프레임이 pandas를 사용한 추가 분석에서 훨씬 더 효율적으로 통합됩니다. DuckDB는 결과 집합에서 데이터프레임을 생성하는 지루한 작업을 대신 처리해 줍니다.

```
params = {"country": "Germany"}
duckdb.execute("""
SELECT *
FROM people
```

---

3 (옮긴이 주) 커서(Cursor)는 쿼리 결과 집합을 가리키는 포인터로 데이터베이스에서 로우 단위로 처리할 수 있게 해주는 도구입니다.

```
WHERE country <> $country
""", params).fetchdf()

name    country
0  Mark   Great Britain
```

관계형 API가 요구사항에 더 적합하다면 다음과 같이 데이터프레임을 쿼리할 수 있습니다.

```
(duckdb.sql("FROM people")
  .filter("country <> 'Germany'")
  .show()
)
```

데이터프레임에서
새로운 관계형 객체를 만듭니다.

이러한 기능을 확장하여 DuckDB는 Polars 데이터프레임과 PyArrow 테이블 같은 다른 인메모리 데이터 구조도 쿼리할 수 있습니다. 작동 방식은 pandas에서 본 것과 유사합니다. 이러한 데이터 구조에 대한 자세한 예제와 구현은 이 책의 GitHub 저장소에서 찾아볼 수 있습니다.

 SQLAlchemy 드라이버인 duckdb_engine도 데이터프레임 쿼리를 지원합니다. 드라이버의 인스턴스에 데이터프레임을 등록할 수 있습니다(*https://mng.bz/EZpj* 참조).

6.4 사용자 정의 함수

데이터를 다루는 실무자로서 우리는 기존 데이터베이스 함수가 특수한 요구사항을 충족시키지 못하는 상황을 자주 접하게 됩니다. 이러한 이유로 DuckDB는 강력한 기능을 제공합니다. 바로 파이썬 패키지 내에서 *사용자 정의 함수*(User-Defined Function, UDF)를 생성하는 기능입니다. UDF의 매력은 SQL 언어 자체의 기능을 확장할 수 있다는 점입니다. UDF를 사용하면 사용자가 맞춤형 함수를 직접 정의할 수 있으며, 파이썬 라이브러리의 광범위한 생태계를 활용할 수 있습니다. 이를 통해 복잡한 데이터 처리, 수학적 계산, 외부 도구 및 API와의 통합 등 다양한 작업을 수행할 수 있으며, 그 가능성은 사실상 무한합니다. 실용적인 관점에서 보면 DuckDB에서 SQL 쿼리를 작성할 때 어떤 함수가 필요했다면 이제 파이썬으로 직접 함수를 생성하고 SQL 코드에서 호출할 수 있다는 의미입니다.

데이터 수집은 모든 데이터 분석 파이프라인에서 기본적인 단계이지만, 그만의 고유한 과제들이 따릅니다. 미가공 데이터는 지저분하며, 의미 있는 분석을 수행하기 전에 수정이 필요한 오류를 마주치는 경우도 흔합니다. 현재 상황에서는 이 장의 시작 부분에서 수집한 CSV 파일에서 해결해야 할 데이터 이상 현상(anomaly)이 있습니다.

우리 데이터세트의 Region 필드에는 눈에 띄는 문제가 있습니다. 이 필드는 과도하게 많은 공백 문자로 채워져 있어 데이터 처리와 분석을 어렵게 합니다. 이 문제가 어느 정도인지 확인하기 위해 다음 쿼리를 실행합니다. 이 쿼리는 Region 필드의 고윳값을 가져오고 개별 Region의 총 문자 길이를 계산합니다.

```
con.sql("""
select DISTINCT Region, length(Region) AS numChars    ← 지역과 문자 수를
from population                                            반환합니다.
""")
```

다음 표에서 numChars 컬럼에 후행 공백이 많다는 사실을 확인할 수 있습니다.

Region varchar	numChars int64
LATIN AMER. & CARIB	23
ASIA (EX. NEAR EAST)	29
EASTERN EUROPE	35
WESTERN EUROPE	35
NEAR EAST	35
C.W. OF IND. STATES	20
SUB-SAHARAN AFRICA	35
OCEANIA	35
NORTHERN AFRICA	35
BALTICS	35
NORTHERN AMERICA	35
11 rows	2 columns

예를 들어 BALTICS는 원래 7자이지만 후행 공백을 포함한 총길이는 35자입니다. 물론 DuckDB에는 내장 SQL 함수 trim이 있지만, 우리는 구현 세부 사항에 집중하는

대신 UDF를 정의하는 방법에 초점을 맞추기 위해 자체 버전을 간단한 예시로 만들어 보겠습니다.

```
def remove_spaces(field:str) -> str:
  if field:
    return field.lstrip().rstrip()
  else:
    return field
```

> 데이터 타입 애너테이션이 있는 파이썬 함수를 정의합니다.

> 필드가 null이 아닌지 확인합니다.

> 값의 시작과 끝에서 공백을 제거합니다.

remove_spaces라는 적절한 이름을 붙인 이 함수는 주어진 문자열의 시작과 끝에서 공백을 제거하도록 설계되었습니다. 데이터 타입 애너테이션을 보면 이 함수는 문자열을 입력받고 문자열을 반환합니다.

함수를 정의한 후에는 DuckDB에 등록해야 합니다.

```
con.create_function('remove_spaces', remove_spaces)
```

함수가 등록되었는지 확인하려면 duckdb_functions SQL 함수를 쿼리하면 됩니다.

```
con.sql("""
SELECT function_name, function_type, parameters, parameter_types, return_type
from duckdb_functions()
where function_name = 'remove_spaces'
""")
```

결과로 반환된 테이블에는 우리가 정의한 함수에 대한 메타 정보가 포함되어 있습니다.

function_name varchar	function_type varchar	parameters varchar[]	parameter_types varchar[]	return_type varchar
remove_spaces	scalar	[col0]	[VARCHAR]	VARCHAR

이제 함수를 정의한 연결에서 실행되는 모든 SQL 문에서 이 함수를 호출할 수 있습니다.

```
con.sql("select length(remove_spaces(' foo '))")
```

length 함수로 감싸서 새로운 문자열의 길이를 반환했습니다. 그렇지 않았다면 파이썬 프로그램의 출력에서 앞뒤 공백이 제거되었음을 확인하기 어려웠을 것입니다.

SQL은 타입을 지정하는 언어이므로 DuckDB는 함수의 매개변수와 반환 타입을 모두 알아야 합니다. DuckDB는 일반적으로 파이썬 데이터 타입 애너테이션에서 이러한 타입을 추론할 수 있습니다. 그러나 이러한 추론 기능이 항상 정확하지는 않습니다. 특히 우리가 코드에서 파이썬 타입 힌트를 사용하지 않기로 했거나 타입 힌트가 없는 서드파티 라이브러리에서 제공된 함수라면 더욱 그렇습니다. 이러한 시나리오에서는 명시적으로 타입을 정의해서 함수가 정확하게 실행되게 해야 합니다.

타입을 명시적으로 지정하면 명확성을 높이고 타입 추론 과정에서 발생할 수 있는 오류를 방지하며 다양한 환경에서 일관된 동작을 보장하는 데 도움이 됩니다. 명시적 타입으로 함수를 재정의하려면 먼저 이전에 등록된 버전의 함수를 제거하여 충돌을 피해야 합니다.

```python
con.remove_function('remove_spaces')
```

기존 함수를 제거했으니 이제 함수를 다시 등록할 수 있지만, 이번에는 타입을 명시적으로 정의하겠습니다. 다음 코드에서 볼 수 있듯이 함수의 매개변수 타입과 반환 타입이 명확하게 지정되어 있습니다.

- 이 함수는 VARCHAR 타입의 단일 입력 매개변수를 받습니다.
- VARCHAR 타입의 값을 반환합니다.

```python
from duckdb.typing import *

con.create_function(
    'remove_spaces',
    remove_spaces,
    [(VARCHAR)],          이 함수에는 VARCHAR 입력 매개변수
    VARCHAR               하나만 있습니다.
)                         이 함수는 VARCHAR를
                          반환합니다.
```

이러한 정의에서 타입을 명시적으로 지정하면, 함수의 사용 방법과 기대하는 반환 값을 명확히 규정하는 계약의 역할을 하며 시스템과 개발자 간의 일관성을 높이는 데 기여합니다.

다음으로 이 함수를 사용하여 Region 컬럼에서 공백을 제거하면 어떤 결과가 나오는지 보여주는 쿼리를 작성해 보겠습니다. 이 쿼리는 두 가지 작업을 수행합니다.

- 원래 Region 값과 해당 문자 길이(len1)를 표시합니다

- 정리된 Region 값(remove_spaces 사용)과 해당 문자 길이(len2)를 보여줍니다.

```
con.sql("""
SELECT DISTINCT Region, length(Region) AS len1,
        remove_spaces(Region) AS cleanRegion,
        length(cleanRegion) AS len2
FROM population
WHERE len1 BETWEEN 20 AND 30
LIMIT 3
""")
```

> 해당 지역과 문자 수를 반환합니다.

> 공백이 제거된 지역과 문자 수를 반환합니다.

> 출력의 간결성을 위해 제한했습니다.

len1과 len2의 차이를 살펴보면 우리의 함수가 불필요한 공백을 실제로 제거했음을 바로 확인할 수 있습니다.

Region varchar	len1 int64	cleanRegion varchar	len2 int64
ASIA (EX. NEAR EAST)	29	ASIA (EX. NEAR EAST)	20
LATIN AMER. & CARIB	23	LATIN AMER. & CARIB	19
C.W. OF IND. STATES	20	C.W. OF IND. STATES	19

우리의 함수가 예상대로 작동한다는 확신을 얻었으니, 이번에는 원본 데이터세트를 업데이트하겠습니다.

```
con.sql("""
UPDATE population
SET Region = remove_spaces(Region);
""")
```

그리고 이 작업이 완료되면 고유한 지역명과 해당 문자의 수를 반환해 보겠습니다.

```
con.sql("""
select DISTINCT Region, length(Region) AS numChars
from population
""")
```

Region varchar	numChars int64
ASIA (EX. NEAR EAST)	20
EASTERN EUROPE	14

```
| NORTHERN AFRICA      |          15 |
| OCEANIA              |           7 |
| WESTERN EUROPE       |          14 |
| SUB-SAHARAN AFRICA   |          18 |
| LATIN AMER. & CARIB  |          19 |
| C.W. OF IND. STATES  |          19 |
| NEAR EAST            |           9 |
| NORTHERN AMERICA     |          16 |
| BALTICS              |           7 |

| 11 rows                  2 columns |
```

공백이 사라졌습니다! 이제 데이터세트도 훨씬 더 깔끔해졌습니다. 각 Region 값 주변의 불필요한 공백을 제거했고, 데이터의 구조와 일관성이 더 향상되었습니다.

다양한 출처의 데이터를 다룰 때는 지역적 차이에서 발생하는 문제에 직면하는 경우가 많습니다. 그 대표적인 예가 소수점 숫자의 표기 방식입니다. 유럽 지역에서는 일반적으로 소수점 구분자로 쉼표(,)를 사용하지만, 다른 지역에서는 마침표(.)를 사용합니다. 데이터를 데이터베이스로 수집할 때 이러한 지역별 표기 방식은 복잡성을 유발할 수 있으며, 특히 시스템의 로캘(locale)이 데이터 포맷과 일치하지 않으면 문제가 더 심각해질 수 있습니다.

DuckDB에서 사용하는 우리의 데이터세트에서도 소수값을 나타내는 필드에서 이러한 문제가 발생했습니다. 문제가 발생한 값들은 유럽식 표기법을 따르기 때문에 DuckDB는 이 값을 VARCHAR로 해석했고, 이는 수치 분석을 방해할 가능성이 있습니다.

이 문제를 해결하기 위해 파이썬의 방대한 라이브러리 생태계를 활용할 수 있습니다. locale 모듈이 유럽식 표기법 문제에 대한 해결책을 제공합니다. 우리는 convert_locale 함수를 정의하여 유럽식 소수점 표기 값을 DuckDB가 숫자 타입으로 해석할 수 있는 포맷으로 변환합니다.

```python
from duckdb.typing import *
import locale

def convert_locale(field:str) -> float:
  locale.setlocale(locale.LC_ALL, 'de_DE')
  return locale.atof(field)
```

함수를 정의한 후 다음 단계는 DuckDB가 이 함수의 존재를 인식하게 하는 것입니다. 이 함수를 등록하면 SQL 쿼리에서 사용할 수 있습니다.

```
con.create_function('convert_locale', convert_locale)
```

이 함수의 효과를 눈으로 확인하기 위해 Coastline (coast/area ratio)[4]과 Pop. Density (per sq. mi.)[5] 두 개의 컬럼에 적용해 보겠습니다.

```
con.sql("""
SELECT "Coastline (coast/area ratio)" AS coastline,
        convert_locale(coastline) as cleanCoastline,
        "Pop. Density (per sq. mi.)" as popDen,
        convert_locale(popDen) as cleanPopDen
FROM population
LIMIT 5
""")
```

coastline varchar	cleanCoastline double	popDen varchar	cleanPopDen double
0,00	0.0	48,0	48.0
1,26	1.26	124,6	124.6
0,04	0.04	13,8	13.8
58,29	58.29	290,4	290.4
0,00	0.0	152,1	152.1

결과를 검토해 보면 원래 값과 정리된 값에 차이가 분명합니다. 우리의 함수는 0,00과 같은 값을 성공적으로 0.0으로 변환했습니다. 이는 단순히 쉼표를 마침표로 기계적으로 대체한 것이 아니라 지역화 문제를 다루고 있다는 의미론적 인식을 갖고 의미에 맞게 변환한 결과입니다.

함수가 잘 작동한다는 확신이 들면 이러한 변경사항을 데이터세트에 영구적으로 적용하는 것이 바람직합니다. ALTER TABLE 절을 사용하면 컬럼의 타입을 수정하면서 값도 동시에 업데이트할 수 있습니다.

```
con.sql("""
ALTER TABLE population
ALTER "Coastline (coast/area ratio)"
```

---

4 해안선/면적 비율
5 인구 밀도, 제곱마일당 인구 수

```
SET DATA TYPE DOUBLE ──┐ 데이터 타입을 더블로
USING                   │ 업데이트합니다.
  convert_locale("Coastline (coast/area ratio)") ──┐ convert_locale 함수를 사용하여
""")                                                 │ 이 컬럼의 모든 값을 업데이트합니다.
```

이 과정은 지역별 데이터 특성을 이해하고 적절히 대응하는 것의 중요성을 강조합
니다. 또한 DuckDB의 유연성과 통합 기능을 잘 보여주는 예로, 사용자가 파이썬
의 방대한 라이브러리 생태계를 활용해 SQL 기반 데이터 조작을 손쉽게 수행할 수
있도록 지원합니다.

 이 과정을 반복하여 다른 컬럼을 정리하는 작업은 독자를 위한 연습 문제로 남겨두겠습니
다. 아직 정리가 필요한 컬럼은 다음과 같습니다. Pop. Density (per sq. mi.), Coastline
(coast/area ratio), Birthrate, Deathrate.

6.5 Apache Arrow 및 Polars와의 상호운용성

데이터 분석 영역에서 적응성(adaptability)은 견고한 시스템을 결정짓는 중요한 요
소입니다. 서로 다른 포맷이나 플랫폼 간의 매끄러운 전환 능력은 데이터의 조작,
저장, 시각화를 보다 효율적으로 할 수 있게 해줍니다. DuckDB의 강점 중 하나는
인메모리와 외부 데이터 모두에서 다양한 데이터 포맷과의 상호작용입니다. 이러
한 상호운용성은 특히 다른 도구와 통합하거나 결과를 내보내서 추가 분석을 수행
할 때 매우 유용합니다.

현재 데이터 과학 생태계에는 수많은 도구가 있지만, 성능을 향상시키거나 고유
한 기능을 제공하는 라이브러리들이 끊임없이 발전하고 있습니다. 그중에서도 주
목받고 있는 스타가 Polars입니다. 오랫동안 pandas가 파이썬에서 데이터 분석의
사실상 표준 역할을 해왔는데, 최근에는 Polars가 흥미로운 대안으로 떠오르고 있
습니다. Polars는 높은 성능으로 잘 알려진 Rust 언어로 개발되었으며 빠르고 메모
리 효율적인 데이터프레임 연산을 제공합니다. Polars는 Apache Arrow를 기반 메
모리 모델을 사용합니다. Apache Arrow는 인메모리 데이터를 위한 크로스 언어 개
발 플랫폼으로 플랫 데이터와 계층적 데이터에 대해 표준화된 언어 독립적인 컬럼
기반 메모리 포맷을 정의합니다. Arrow는 제로 카피(zero-copy) 읽기를 지원하며
언어 및 시스템 직렬화 부담 없이 빠른 데이터 접근과 교환이 가능합니다. 사실 Po-
lars만 Arrow를 인메모리 포맷으로 사용하는 것은 아닙니다. pandas 데이터프레임

뿐만 아니라 NumPy, PySpark 같은 다른 파이썬 라이브러리도 Arrow를 인메모리 포맷으로 활용합니다.

6장에서 이미 pandas를 살펴보았으니, Polars를 직접 사용해 보면서 미묘한 차이점과 장점을 직접 경험해 보는 것이 도움이 될 수 있습니다. DuckDB와의 통합을 원활하게 수행하려면 파이썬 환경에 pandas와 Polars 두 라이브러리가 모두 설치되어 있어야 합니다. 이전에 정의한 객체와 관계를 유지한 채로 진행하려면 실행 중인 파이썬 인터프리터를 종료하지 않고 다른 셀에서 다음 명령을 실행해야 합니다.

```
pip install polars pyarrow
```

그런 다음 pl 함수를 사용하여 population 테이블을 Polars로 변환하고 처음 5개 로우에서 일부 컬럼을 선택합니다.

```
import polars

population_table = con.table("population")

(population_table
    .limit(5)
    .pl()
  [["Country", "Region", "Population"]]
)
```

(관계형 API를 사용하여) 처음 5개 로우를 선택합니다.

인구 테이블을 Polars 데이터프레임으로 변환합니다.

처음 다섯 로우에서 Country, Region, Population을 추출합니다.

이 코드 조각의 출력은 다음과 같습니다.

```
shape: (5, 3)
┌────────────────┬────────────────────┬─────┬────────────┐
│ Country        │ Region             │     │ Population │
│ ---            │ ---                │     │ ---        │
│ str            │ str                │     │ i64        │
╞════════════════╪════════════════════╪═════╪════════════╡
│ Afghanistan    │ ASIA (EX. NEAR EAST)│    │ 31056997   │
│ Albania        │ EASTERN EUROPE     │ ... │ 3581655    │
│ Algeria        │ NORTHERN AFRICA    │ ... │ 32930091   │
│ American Samoa │ OCEANIA            │ ... │ 57794      │
│ Andorra        │ WESTERN EUROPE     │ ... │ 71201      │
└────────────────┴────────────────────┴─────┴────────────┘
```

이 코드를 실행하면 간결한 Polars 데이터프레임이 생성되며 처음 5개 항목의 Country, Region, Population 컬럼만 포함됩니다. 출력에서 보듯이 DuckDB에서

Polars로의 전환은 매우 원활하게 수행되며, 변환된 데이터프레임은 Polars가 제공하는 모든 연산에 참여할 수 있습니다. 하지만 여러분의 코드에서는 가능하면 DuckDB에서 Polars로의 전환을 최대한 늦추는 게 좋습니다. 먼저 데이터프레임으로 변환한 후 head(5)를 사용하여 처음 5개 로우를 가져오는 방법도 가능하지만, 이렇게 하면 모든 로우가 파이썬 런타임에 로드된 후 클라이언트 측에서 변환이 수행되기 때문에 비효율적일 수 있습니다. Polars와 pandas를 사용할 때 가능한 한 관계형 API 또는 데이터베이스 API를 사용하고 외부 데이터와 결합해야 하거나 SQL로 수행하기 어려운 연산이 필요할 때만 데이터프레임으로 변환하기를 권장합니다.

또한 DuckDB 테이블을 Apache Arrow 테이블로 변환하여 Arrow를 지원하는 수많은 도구와 플랫폼을 활용할 수도 있습니다. 이 변환을 수행하려면 `to_arrow_table` 함수를 사용하면 됩니다.

```
arrow_table = population_table.to_arrow_table()
```

DuckDB 테이블을 Arrow 포맷으로 변환했으므로 이제 Arrow의 파이썬 API를 통해 다양한 연산을 수행할 수 있습니다. NEAR EAST 지역의 국가들에 관심이 있다고 가정해 보겠습니다. 상위 5개 NEAR EAST 항목의 Country, Region, Population를 검색하고 싶습니다. 다음 코드 조각에서 다음과 같은 작업을 수행하겠습니다.

- *필터링*—NEAR EAST 지역에 속하는 국가만 선택합니다. 이는 데이터 추출의 주요 기준입니다.
- *컬럼 선택*—분석을 위해 필요한 컬럼은 Country, Region, Population 세 개뿐입니다.
- *로우 제한*—출력을 간결하게 유지하기 위해 상위 5개 항목으로 제한합니다.

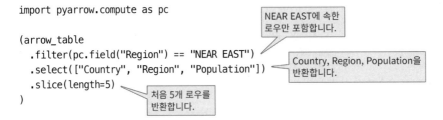

```
import pyarrow.compute as pc

(arrow_table
    .filter(pc.field("Region") == "NEAR EAST")          ← NEAR EAST에 속한 로우만 포함합니다.
    .select(["Country", "Region", "Population"])         ← Country, Region, Population을 반환합니다.
    .slice(length=5)                                     ← 처음 5개 로우를 반환합니다.
)
```

결과 테이블은 우리의 요구사항을 잘 반영합니다. 간결하고, 필요한 컬럼만 포함하며, 상위 5개 항목으로 제한했습니다. 나열된 국가—Bahrain, Cyprus, Gaza Strip,

Iraq, Israel—는 NEAR EAST 지역을 대표하며, 각각의 인구와 함께 표시됩니다.

```
pyarrow.Table
Country: string
Region: string
Population: int64
------
Country: [["Bahrain ","Cyprus ","Gaza Strip ","Iraq ","Israel "]]
Region: [["NEAR EAST","NEAR EAST","NEAR EAST","NEAR EAST","NEAR EAST"]]
Population: [[698585,784301,1428757,26783383,6352117]]
```

이러한 예시들은 Apache Arrow와 Polars의 강력한 기능을 보여줄 뿐만 아니라 데이터 저장과 연산 사이의 격차를 해소할 수 있는 잠재력도 보여줍니다. 모든 결과를 Apache Arrow 객체로 변환할 수 있는 기능은 Arrow 기반의 모든 스트리밍, 직렬화, 프로세스 간 통신(Interprocess Communcation, IPC)을 활용할 수 있는 가능성을 열어줍니다.

요약

- DuckDB의 파이썬 API는 데이터베이스 내의 테이블과 뷰, 그리고 외부 객체를 자연스럽게 넘나들 수 있게 합니다.
- DuckDB는 다양한 종류의 객체를 일관된 방식으로 쿼리할 수 있게 합니다.
- Polar 데이터프레임, pandas 데이터프레임, Apache Arrow 테이블 및 기타 소스를 SQL 쿼리의 테이블처럼 취급할 수 있습니다.
- 관계형 API는 재사용 가능한 쿼리 조각을 활용하여 유지보수가 쉬운 애플리케이션을 작성할 수 있습니다.
- 관계형 API를 사용하면 동적 관계를 재사용할 수 있으며, 이는 정적 뷰와 유사한 방식으로 작동합니다.
- 사용자 정의 함수를 활용하면 파이썬 생태계의 다양한 라이브러리 기능을 구현할 수 있으며, 이를 SQL 쿼리에 통합할 수 있습니다. 이를 통해 더 높은 유연성과 맞춤형 워크플로를 데이터 분석 경험에 제공할 수 있습니다.
- 데이터는 pandas 데이터프레임, Polars 데이터프레임, Apache Arrow 테이블을 비롯해 다양한 포맷으로 내보낼 수 있습니다.
- DuckDB의 변환 기능을 활용하면 데이터프레임, Apache Arrow 테이블 및 기타 소스를 동일하게 처리함으로써 다양한 플랫폼 간 전환이 훨씬 쉬워집니다.

7장

DuckDB를 클라우드에서 MotherDuck과 함께 사용하기

☑ **7장에서 다루는 내용**

- MotherDuck의 기본 개념
- 아키텍처가 내부적으로 작동하는 방식 이해하기
- 서버리스 SQL 분석의 활용 사례
- MotherDuck 데이터베이스 생성, 관리, 공유하기
- MotherDuck 사용 최적화를 위한 팁

지금까지 우리는 DuckDB의 기능을 활용하여 로컬이나 원격 저장소에 있는 데이터세트를 직접 쿼리하는 방법에 집중해 왔습니다. 이러한 접근 방식으로 폭넓은 요구사항을 충족할 수 있지만, 특정 시나리오에서는 원격 데이터베이스 서버가 이점을 제공할 수 있습니다.

MotherDuck을 소개합니다. MotherDuck은 단순화된 스케일 업 전략을 통해 SQL 분석을 향상시키는 솔루션입니다. 이 장에서는 MotherDuck이 어떻게 로컬 머신에서 작동하는 DuckDB와 원격으로 호스팅되는 DuckDB를 함께 활용하여 하이브리드 쿼리 실행을 가능하게 하는지 알아보겠습니다.

7.1 MotherDuck 소개

MotherDuck[1]은 브라우저나 DuckDB API를 사용하여 클라우드 데이터베이스와 클라우드 스토리지의 데이터를 쿼리하고 분석할 수 있는 협업형 서버리스 분석 플랫

---

1 *https://motherduck.com*

폼입니다. 이 맥락에서 *서버리스*(serverless)는 사용자가 직접 서버, 클러스터를 운용하거나 데이터베이스 인스턴스를 구성할 필요가 없음을 의미합니다. 사용자는 단순히 데이터베이스를 생성하면 되고, 나머지 관리는 서비스가 자동으로 처리합니다.

MotherDuck 플랫폼은 2023년 6월에 비공개 베타가 출시되었고, 2023년 9월에 정식 서비스를 시작했습니다. MotherDuck은 DuckDB Labs 팀과 긴밀히 협력하여 클라우드 플랫폼에서 모든 기능에 대해 최상의 상호운용성과 가용성을 보장합니다. MotherDuck 서비스에 대한 문서는 *https://motherduck.com/docs/*에서 찾을 수 있습니다.

7.1.1 작동 방식

MotherDuck을 사용하는 방법은 여러 가지가 있습니다. 서비스에 가입하면 브라우저에서 실행되는 MotherDuck 웹 UI로 이동합니다. 이 UI는 MotherDuck과 통신할 수 있는 특별한 버전의 DuckDB를 브라우저에서 실행합니다. 또한 MotherDuck 데이터베이스를 관리하는 도구인 동시에 노트북 기반 접근 방식으로 쿼리를 입력하여 실행하고 결과를 확인할 수 있습니다. 이에 대해서는 7.2.1절에서 다룹니다.

MotherDuck은 물론 CLI나 파이썬 같은 언어를 통해서도 접근할 수 있습니다. MotherDuck은 확장 기능을 통해 오픈 소스 데이터베이스 DuckDB에서 선택적으로 활성화할 수 있는 기능으로 제공됩니다. `md:` 또는 `motherduck:` 프로토콜을 사용하여 데이터베이스를 열 때 이 확장이 자동으로 로드되며 쿼리 파서와 엔진에 통합됩니다. 이 확장은 데이터베이스와 공유 관리 기능을 추가하여 쿼리 파서를 향상시킵니다. 또한 쿼리 엔진에서 테이블이 로컬에서 사용 가능한지 또는 원격으로 사용 가능한지 분석한 후 적절한 실행 엔진을 사용하여 데이터를 조인합니다. 필요한 경우 일부 로컬 데이터를 서버로 전송하여 조인하거나 필터링할 수 있으며, 원격 데이터를 가져와 로컬에서 조인하는 방식도 가능합니다.

MotherDuck의 아키텍처는 그림 7.1에 나와 있으며 운영의 핵심에는 다음 구성요소가 있습니다.

- *서비스 계층* – 공유, 관리, 서비스, 모니터링
- *Ducklings* – 서버리스 DuckDB 컴퓨팅 인스턴스
- *카탈로그* – 데이터베이스와 테이블
- *스토리지* – 내부 스토리지와 유지보수

MotherDuck의 서비스 계층은 보안 신원, 권한 부여, 관리, 모니터링, 결제 등의 기능을 제공합니다. 서버리스 DuckDB 'Duckling' 인스턴스는 쿼리의 '원격' 부분을 실행하며, 카탈로그는 스토리지 계층에서 관리되는 데이터베이스, 테이블, 뷰를 노출합니다. 스토리지는 내구성이 뛰어나고 안전하며 최상의 성능을 위해 자동으로 최적화됩니다. MotherDuck은 다른 현대적인 클라우드 데이터 플랫폼들과 마찬가지로 스토리지와 컴퓨트 설비를 분리하며, 이는 MotherDuck 사용 시 발생하는 비용 관리에 중요한 요소가 됩니다.

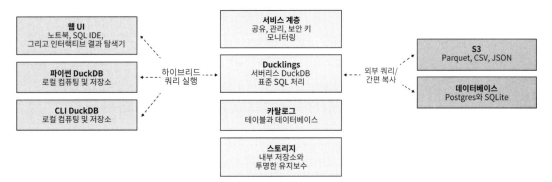

그림 7.1 MotherDuck 내에서 구현된 하이브리드 쿼리 실행

MotherDuck은 사용자가 오직 쿼리에 집중하도록 설계되어서 쿼리를 빠르게 실행하기 위해 클라우드에서 구동해야 하는 머신(인스턴스)의 크기에 대해서는 신경 쓰지 않아도 됩니다. 스토리지와 컴퓨팅 계층의 분리는 비용에 어느 정도 영향을 미칠 수 있으며 이에 대해서는 7.3절에서 자세히 다루겠습니다.

7.1.2 왜 MotherDuck을 사용하는가?

무엇보다도 MotherDuck은 DuckDB를 기반으로 단순하고, 성능이 뛰어나고, 효율적인 데이터 웨어하우스를 제공합니다. 대부분의 사용자는 클라우드 데이터 웨어하우스 사용자층의 롱테일에 속하며 수십 또는 수백 테라바이트의 핫 데이터[2]에

---

2 (옮긴이 주) 핫 데이터는 실시간으로 자주 액세스되며 빠른 처리 속도가 중요한 데이터이고, 콜드 데이터는 드물게 사용되며 저비용으로 장기 보존되는 데이터입니다.

대한 분석-처리 기능이 필요하지 않습니다. 이러한 사용 사례는 분산 시스템 기반이 아니며 대신 클라우드를 주요 데이터 스토리지로 사용하고 DuckDB를 쿼리 엔진으로 사용하는 더 간단하고 효율적인 아키텍처가 적합합니다. 3장과 4장에서 제시한 가상의 시스템, 발전량 모니터링을 다시 생각해 보세요. 수백에서 수천 개의 사이트에서 15분 단위로 일일 발전량을 모니터링하더라도, 연간 10억 건에 이르는 경우는 거의 없을 것이며 전체 데이터 크기도 기껏해야 몇 기가바이트 수준일 것입니다. 이는 빅데이터라고 보기 어려우며 MotherDuck이 쉽게 처리할 수 있는 범위에 속합니다.

MotherDuck을 활용하는 또 다른 방법은 Parquet로 저장된 콜드 데이터, S3에 저장된 CSV 또는 Apache Iceberg에 저장된 데이터와 같은 이기종 소스로 구성된 데이터 레이크를 위한 쿼리 엔진으로 사용하는 것입니다. 이 데이터를 MotherDuck에 직접 저장된 핫 데이터와 쉽게 조인할 수 있습니다.

MotherDuck은 데이터 애플리케이션, 대시보드, API를 위한 서버리스 백엔드로 사용되기도 합니다. 주요 트랜잭션 데이터베이스에서 분석 쿼리를 실행하는 대신 MotherDuck을 사용하여 전용 분석 데이터베이스에서 분석 쿼리를 실행할 수 있습니다.

마지막으로 중요한 점은 MotherDuck은 데이터베이스의 읽기 전용 스냅샷을 다른 MotherDuck 사용자와 공유할 수 있습니다. 사용자는 공유된 소스를 그대로 사용하거나 자신의 인스턴스 데이터와 여러분이 공유한 데이터세트를 함께 조인하여 사용할 수도 있습니다.

MotherDuck을 활용하려는 계획이 무엇이든 상관없이 클라우드 서비스를 이용하려면 MotherDuck 서비스에 가입해야 합니다. 이에 대해서는 다음 절에서 다루겠습니다.

7.2 MotherDuck으로 시작하기

책 전반에 걸쳐서 우리는 CLI 또는 파이썬과의 통합 기능을 사용했습니다. MotherDuck을 시작하려면 먼저 선호하는 브라우저를 실행해야 합니다. *https://motherduck.com/*으로 이동한 후 회원 가입(Sign Up) 버튼을 클릭해 주세요. GitHub 계정이나 Google 계정 또는 이메일 주소를 입력하여 무료 계정을 만들 수 있습니다. 계정을 만든 후에는 MotherDuck UI에서 작업할 수 있습니다. 그림 7.2에 표시된 UI

는 왼쪽에 데이터베이스와 스키마를 탐색 가능한 트리로 보여주며 메인 화면에는
쿼리와 그 결과를 인라인 막대 차트를 포함하여 보여줍니다.

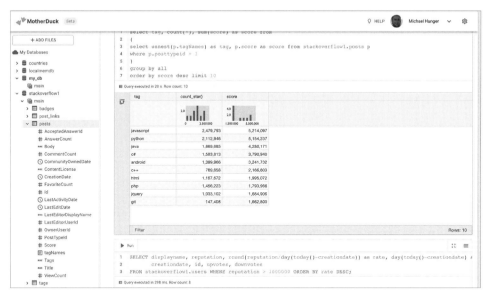

그림 7.2 MotherDuck UI

7.2.1 UI를 통한 MotherDuck 사용하기

웹 기반 MotherDuck UI(*https://app.motherduck.com*)는 모든 원격 데이터베이스
에 접근하여 쿼리를 실행하고, 계정 설정을 관리하고, S3에 저장된 원격 데이터 소
스를 쿼리하는 데 필요한 보안 키를 저장하는 중앙 허브 역할을 합니다. 또한 UI 외
부에서 MotherDuck에 접근할 때 필요한 MotherDuck API 토큰도 확인할 수 있습
니다.

 웹 UI에서 실행 중인 데이터베이스도 사실 로컬 임베디드 데이터베이스입니다! WebAssembly
(WASM)로 컴파일된 Duck 버전을 사용하여 브라우저에서 로컬로 실행됩니다. 앞서 설명한 대
로 쿼리는 당연히 MotherDuck 클라우드에서 실행됩니다. 또한 MotherDuck 계정이 없거나
원하지 않는 경우 *https://shell.duckdb.org* 사이트를 이용하면 됩니다. 이 사이트는 CLI처럼
작동하지만 데이터를 영구 저장하거나 MotherDuck에 연결할 수는 없습니다.

SQL 쿼리를 실행한 결과는 브라우저 내의 로컬 DuckDB 인스턴스에 캐시되어 즉
시 정렬, 피벗, 필터링이 가능합니다! UI는 왼쪽 영역에 데이터베이스, 해당 데이
터베이스의 테이블과 컬럼, 업로드된 파일을 표시합니다. 컨텍스트 메뉴에서 데이

터베이스를 사용, 공유, 삭제, 분리하거나 이름을 복사할 수 있습니다. 트리 구조를
탐색할 때 그림 7.3과 같은 메뉴가 컨텍스트 항목으로 표시됩니다.

그림 7.3 내비게이터의 컨텍스트 메뉴

DuckDB는 주피터 노트북과 유사한 환경에서 쿼리를 실행하는 경험을 제공합니
다. SQL 문장을 자동 완성 기능으로 작성하고 실행하면 쿼리 결과가 셀 아래의 데
이터 그리드에 표시됩니다. 출력 데이터 그리드는 로컬 정렬, 출력 컬럼 선택, 컬럼
헤더에서 히스토그램과 집계 표시, 데이터의 피벗 및 필터링을 지원합니다. 쿼리와
함께 UI 상태가 세션 간에 유지되므로 브라우저를 닫았다가 나중에 다시 열어도 마
지막 작업부터 그대로 이어갈 수 있습니다.

웹 기반 UI는 기존, 공유, 신규 데이터베이스를 위한 훌륭한 작업 환경을 제공합
니다. 5장에서 살펴본 SQL과 쿼리 작성, 그리고 다양한 데이터 소스 활용에 대해
지금까지 학습한 모든 것을 적용할 수 있습니다. UI에서 CSV와 Parquet 파일을 직
접 업로드하는 기능을 지원합니다. 이러한 파일은 모든 쿼리에서 접근할 수 있으며
CREATE TABLE AS SELECT 문을 사용하거나 필요에 맞게 데이터 구조를 변환할 수 있
습니다. DuckDB CLI에서 기존 데이터베이스를 가져오거나 지원되는 프로그래밍
언어 바인딩을 통해 MotherDuck을 사용하려면 해당 CLI 또는 선택한 언어 바인딩
을 MotherDuck에 인증해야 합니다.

7.2.2 토큰 기반 인증으로 DuckDB와 MotherDuck 연결하기

진행하기 전에 MotherDuck 계정으로 로그인되어 있는지 확인해 주세요. DuckDB
는 공유 데이터베이스 인스턴스를 열려고 시도하는 순간 MotherDuck과의 인증 절
차를 시작합니다. 공유 데이터베이스 인스턴스는 이름이 지정된(named) 데이터베
이스이거나 기본 데이터베이스일 수도 있습니다.

MotherDuck 연결 시 데이터베이스를 지정하지 않으면 my_db라고 하는 기본 데이터베이스에 연결됩니다. 이 데이터베이스가 현재 사용 중인 데이터베이스가 됩니다. 테이블 이름을 지정하여 이 데이터베이스 내의 모든 테이블을 쿼리할 수 있습니다. USE 명령을 사용하면 현재 데이터베이스를 전환할 수 있습니다.

CLI에서 .open md:를 실행하여 계정의 MotherDuck에서 기본 데이터베이스를 엽니다. 미리 인증된 상태가 아니라면 다음과 같은 메시지가 표시됩니다.

```
Attempting to automatically open the SSO authorization page in your
→default browser.
1. Please open this link to login into your account:
→https://auth.motherduck.com/activate
2. Enter the following code: XXXX-XXXX
```

인증 절차를 완료하면 터미널에서 다음과 같은 내용이 표시됩니다.

```
Token successfully retrieved [√]
You can store it as an environment variable to avoid having to log in again:
  $ export motherduck_token='eyJhbGciOiJI..._Jfo'
```

브라우저가 자동으로 열리며 그림 7.4와 비슷한 디바이스 확인 메시지가 표시됩니다.

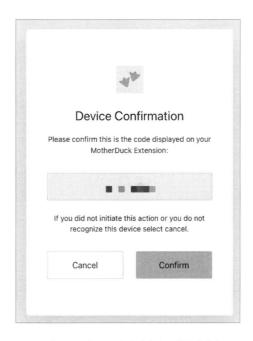

그림 7.4 MotherDuck의 디바이스 확인 메시지

이제 MotherDuck의 데이터베이스에 접근할 수 있으며, 메시지에서 안내하는 것처럼 향후 세션에서 자동으로 로그인하려면 MotherDuck 토큰을 환경 변수로 추가해야 합니다. 또는 다음과 같이 md: 프로토콜의 매개변수로 토큰을 직접 지정하여 사용할 수 있습니다.

```
.open 'md:?motherduck_token=eyJhbGciOiJI..._Jfo'
```

이 URL 형식은 개별 프로그래밍 언어 바인딩에도 적용됩니다. 파이썬 생태계와의 통합에서 연결 관리를 다룬 6장을 떠올려 보세요. 파이썬에서 MotherDuck에 연결하려면 다음과 같이 사용하면 됩니다.

```
import duckdb

con = duckdb.connect('md:?motherduck_token=eyJhbGciOiJI..._Jfo')
```

다음으로 MotherDuck에서 다양한 작업을 수행하는 방법을 살펴보겠습니다. 웹 UI와 CLI 중 어느 것을 사용할지는 전적으로 여러분의 선택이지만, MotherDuck 계정을 설정하고 UI나 CLI로 접근할 수 있는지 확인하기를 바랍니다.

7.3 MotherDuck 최대한 활용하기

이 절에서는 MotherDuck 확장을 통해 DuckDB에 추가된 기능을 학습하고 이를 활용하여 MotherDuck과 상호작용을 하며 그 잠재력을 최대한 활용하는 방법을 살펴봅니다. 데이터를 클라우드로 가져오고 동료 및 파트너와 데이터베이스를 공유할 수 있도록 도와주는 모든 기능에 대해 논의하면서 시작하겠습니다.

- 로컬 머신에서 클라우드로 데이터베이스 업로드하기
- 데이터베이스 관리(생성, 삭제, 목록 조회)
- URL을 통한 데이터베이스 공유, 공유 새로고침, 로컬 DuckDB 인스턴스에 연결하기
- S3 버킷의 데이터 접근하기

그런 다음에 완전히 원격, 완전히 로컬 또는 부분적으로 원격 및 부분적으로 로컬인 데이터베이스에서 쿼리가 실행되는지에 여부를 제어하는 방법에 대해 알아보겠습니다.

마지막으로 MotherDuck에는 스키마를 자동으로 설명하여 이를 기반으로 SQL 문장을 생성하거나 수정하는 기능과 같은 AI 관련 기능이 몇 가지 포함되어 있습니다. 로컬 DuckDB 데이터베이스를 업로드하면서 이러한 기능을 살펴보겠습니다.

7.3.1 데이터베이스를 MotherDuck에 업로드하기

앞서 6장에서 파이썬 통합 기능을 사용하여 국가 데이터를 포함하는 데이터베이스를 구축한 경험을 떠올려 보세요. 당시 우리는 작업을 마쳤고, 데이터세트에 있는 문제점을 정리했으며, 이제 이 작업 결과물을 동료들과 공유하고자 합니다. 공유하는 한 가지 방법은 '스프레드시트 방식'을 따르는 것입니다. 단순히 countries.duckdb 저장소 파일을 이메일에 첨부하거나 네트워크 폴더에 복사한 후 공유하는 방식이죠. 그러나 이보다 더 나으면서도 덜 취약한 공유 방법은 MotherDuck을 사용하는 것입니다. 먼저 DuckDB CLI를 실행하고 다음 명령어로 데이터베이스를 여세요(만약 해당 저장소 파일이 없다고 해도 걱정하지 마세요—다음 명령어를 실행하면 자동으로 생성됩니다).

```
.open countries.duckdb
```

특히 새 데이터베이스를 생성했다면 여기에 cities 테이블을 추가해 보겠습니다.

```
CREATE TABLE cities AS
SELECT *
FROM (VALUES ('Amsterdam', 1), ('London', 2)) cities(Name, Id);
```

데이터베이스를 공유하기 전에 모든 잠금을 해제하기 위해 연결을 분리해야 합니다.

이를 수행하는 방법은 두 가지가 있습니다. 하나는 인메모리 데이터베이스로 전환한 후 .open 명령어를 매개변수 없이 실행한 후 LOAD motherduck;을 입력하여 확장을 로드하는 방법이고, 다른 하나는 .open md:를 호출하여 한 번에 수행하는 방법입니다. 후자는 MotherDuck 기본 데이터베이스에 CLI를 연결합니다. 그리고 다음과 같이 CREATE DATABASE 문으로 원격 데이터베이스를 생성합니다.

```
.open md:
CREATE DATABASE "countries" FROM 'countries.duckdb';
```

데이터베이스의 크기와 인터넷 연결 속도에 따라 업로드에 시간이 걸릴 수 있습니다. 실험 결과 40Mbps 업스트림 가정용 인터넷 연결을 사용하는 일반 노트북에서 16GB 데이터베이스를 업로드하는 데 약 40분이 걸렸습니다. 이 글을 쓰는 시점에서 MotherDuck은 이 문제를 적극적으로 개선 중이며 업로드 성능은 가까운 미래에 개선되리라고 예상합니다. 현재로서는 데이터베이스를 Parquet 파일로 내보내고, 이를 클라우드 스토리지에 업로드한 후 해당 파일을 기반으로 MotherDuck에서 데이터베이스를 생성하는 방법이 더 빠를 수 있습니다.

데이터베이스 업로드가 완료되면 정상적으로 사용할 수 있는지 확인해 보세요. 현재 세션은 여전히 MotherDuck의 기본 데이터베이스에 연결되어 있습니다. `FROM countries.cities`처럼 테이블에 데이터베이스 이름을 접두사로 붙이거나 새 데이터베이스로 변경해야 한다는 의미입니다. 다음 코드 조각에서는 먼저 `USE` 문을 실행하여 데이터베이스를 변경합니다. 이렇게 하면 해당 데이터베이스의 모든 테이블에 대해 접두사를 생략할 수 있으며, 이는 앞의 예제들과 같은 방식입니다.

```
USE countries;
FROM cities;
```

> USE 문은 원격 MotherDuck 카탈로그에서
> 데이터베이스 이름을 조회합니다.

만약 CLI를 이미 종료했다면 `.open md:countries`를 통해 새 데이터베이스에 직접 연결할 수 있습니다. 어느 방법을 사용하든 쿼리를 실행하여 데이터가 있는지 확인합니다. `FROM cities`로 cities 테이블의 모든 데이터를 선택하면 방금 생성한 모든 내용이 표시됩니다.

```
| Name      | Id    |
| varchar   | int32 |

| Amsterdam |     1 |
| London    |     2 |
```

로컬 데이터베이스를 MotherDuck에 업로드할 때 반드시 기억해야 할 매우 중요한 규칙이 있습니다. *로컬명과 원격명은 반드시 서로 달라야 합니다.* 이 규칙을 잊고 같은 이름을 부여하면 다음과 같은 오류가 발생합니다.

```
create database "countries" from 'countries';
Invalid Input Error: Database 'countries' has already been
➥created and attached
```

그리고 현재 사용 중인 데이터베이스를 업로드하려고 시도하면 다음과 같은 오류가 발생합니다.

```
Binder Error: Database "countries.duckdb" is already attached
→with alias "countries"
```

예제에서는 이러한 오류를 방지하려고 `.open md:`를 호출했습니다. 이 명령어는 두 가지 작업을 수행합니다. MotherDuck 확장을 로드하고, 기본 MotherDuck 데이터베이스에 연결합니다. 또 다른 방법으로는 `.open` 명령어를 실행해서 인메모리 데이터베이스로 전환하는 것입니다.

7.3.2 MotherDuck에서 데이터베이스 생성하기

앞 절에서는 기존 데이터베이스를 MotherDuck에 업로드했습니다. 클라우드에서 직접 스키마를 처음부터 구축하는 방법도 가능합니다. 스키마의 내용을 다른 퍼블릭 클라우드에 저장된 파일에 크게 의존한다면, 로컬 DuckDB 인스턴스에 다운로드한 후 다시 데이터베이스를 MotherDuck에 업로드하는 방식은 시간과 리소스를 낭비하는 일이 됩니다. 대부분의 경우 MotherDuck은 로컬 시스템보다 S3 버킷과 더 가까운 환경에서 실행되므로 데이터를 클라우드에서 직접 MotherDuck으로 가져오는 것이 시간과 비용을 절약하는 방법이 될 수 있습니다.

`CREATE DATABASE` 명령을 사용하여 MotherDuck에서 새 데이터베이스를 생성합니다. 데이터베이스 이름에는 특수 문자를 사용할 수 없으며, 영숫자와 밑줄만 허용됩니다.

다음 명령으로 my-test 데이터베이스를 생성합니다.

```
CREATE DATABASE "my-test";
```

SHOW DATABASES 명령으로 데이터베이스가 생성되었는지 확인합니다.

```
SHOW DATABASES;
```

database_name
varchar
my-test

대안으로 CLI 명령어 .databases를 사용할 수도 있습니다. 이들 명령어는 로컬 DuckDB CLI에서 실행하거나 MotherDuck UI[3]에서 직접 실행할 수 있습니다.

CREATE DATABASE 문은 데이터베이스를 생성만 할 뿐 현재 세션을 변경하지 않으므로 USE 'my-test';를 먼저 실행해야 합니다. 그런 다음 current_database 함수로 현재 연결된 데이터베이스를 확인할 수 있습니다.

```
SELECT current_database();
```

모두 예상대로 작동한다면 올바른 데이터베이스 이름이 표시됩니다.

```
| current_database() |
|        varchar     |
|--------------------|
| my-test            |
```

이제 MotherDuck 데이터베이스에 people 테이블을 생성하고 로우 두 개를 추가해보겠습니다.

```
CREATE TABLE people (name varchar, born date);
INSERT INTO people VALUES ('Mark', '1989-01-01'), ('Hannes', '1990-01-01');
```

계속해서 다음 쿼리를 실행하여 people 테이블의 레코드 개수를 확인합니다.

```
SELECT count(*)
  FROM people;
```

```
| count_star() |
|    int64     |
|--------------|
|            2 |
```

테이블 이름 앞에 데이터베이스 이름을 접두사로 붙여서 같은 쿼리를 실행할 수도 있습니다.

```
SELECT count(*)
FROM "my-test".people;
```

---

3 *https://app.motherduck.com/*

MotherDuck 사용 방법을 충분히 익혔다면 테스트용 데이터베이스를 제거할 수 있습니다. 이를 위해서는 `DROP DATABASE` 명령을 실행하기 전에 먼저 기본 데이터베이스인 `my_db`로 전환해야 합니다.

```
USE my_db;
DROP DATABASE "my-test";
```

`SHOW DATABASES;`의 출력에 `my-test` 테스트 데이터베이스가 더 이상 표시되지 않아야 합니다.

7.3.3 데이터베이스 공유하기

MotherDuck은 데이터베이스의 읽기 전용 스냅샷을 공유할 수 있는 기능을 제공합니다. 이는 데이터 공유뿐만 아니라 공동 분석과 기능 공유에도 매우 유용합니다. 스냅샷에는 데이터뿐만 아니라 모든 뷰와 이 뷰를 생성하는 과정에서 투입한 모든 작업도 함께 포함됩니다. 이는 '정말 강력한 스프레드시트'로 생각하면 됩니다.

   `CREATE SHARE` 문을 사용하여 데이터를 다른 사람과 공유할 수 있습니다(*https://mng.bz/NRW7*). 이 명령을 실행하면 공유 가능한 링크가 생성되며 다른 사용자는 `ATTACH` 명령(*https://mng.bz/Ddea*)을 통해 연결할 수 있습니다.

 국가 데이터베이스에 대한 공유를 생성하는 경우 MotherDuck 계정과 데이터베이스에 따라 생성되는 링크가 달라집니다.

앞서 안내한 대로 countries 데이터베이스를 생성했다면 다음과 같이 공유할 수 있습니다.

```
CREATE SHARE shared_countries
FROM countries;
```

공유된 데이터베이스의 이름
공유할 데이터베이스의 이름

다음과 유사한 링크를 받게 됩니다.

```
|                    share_url                     |
|                     varchar                      |
| md:_share/countries/1acb80cf-d872-4fab-8077-64975cce0452 |
```

— DuckDB

공유 데이터베이스를 생성하는 데 걸리는 시간은 원본 데이터베이스의 크기에 따라 달라집니다. 우리의 경우 16GB 데이터베이스를 공유하는 데 약 1분이 걸렸습니다.

이 데이터베이스에 연결하려면 친구나 동료도 MotherDuck 계정이 있어야 합니다. 그런 다음 자신의 DuckDB 데이터베이스에서 다음 명령을 실행하여 데이터베이스에 연결할 수 있습니다.

```
ATTACH 'md:_share/countries/1acb80cf-d872-4fab-8077-64975cce0452'
AS shared_countries;
```

DESCRIBE SHARE 명령으로 공유 데이터베이스의 내용을 확인할 수 있습니다.

```
.mode line
DESCRIBE SHARE shared_countries;
```

위 명령어는 다음과 같은 출력을 생성하는데, 소스 링크와 원래 이름뿐만 아니라 데이터베이스와 최신 스냅샷의 ID를 반영한 내용이 출력됩니다.

```
        name = shared_countries
         url = md:_share/shared_countries/1acb80cf-d872-4fab-8077-
64975cce0452
source_db_name = countries
source_db_uuid = 9d7586ac-add9-46dc-a4fb-def6b42f0f7c
      access = ORGANIZATION
  visibility = DISCOVERABLE
      update = MANUAL
  created_ts = 2025-01-28 00:35:45+09
```

생성한 공유 목록도 조회할 수 있습니다.

```
LIST SHARES;
```

게시 시점까지는 공유된 데이터베이스의 내용을 변경해도 공유가 자동으로 업데이트되지 않습니다. 스키마와 데이터의 변경사항은 공유 사이트에서 UPDATE SHARE 문을 통해 명시적으로 업데이트해야 합니다.

```
UPDATE SHARE shared_countries;
```

196   7장 DuckDB를 클라우드에서 MotherDuck과 함께 사용하기

더 이상 필요 없는 공유는 DETACH 문을 실행해서 삭제하세요. 현재 해당 공유에 연결된 상태라면 먼저 다른 데이터베이스로 전환해야 합니다.

```
USE my_db;
DETACH shared_countries;
```

우리는 여러분이 관심이 있을 만한 공유 데이터를 몇 가지 준비했으며, 그중에는 3장과 4장에서 생성한 모든 테이블과 뷰가 포함된 전체 데이터베이스도 포함되어 있습니다. 다음 명령어로 접근할 수 있습니다.

```
ATTACH
  'md:_share/duckdb_in_action_ch3_4/d0c08584-1d33-491c-8db7-cf9c6910eceb'
AS duckdb_book_ch3_and_4;
USE duckdb_book_ch3_and_4;
SHOW tables;
```

또한 스택 오버플로(Stack Overflow)의 전체 덤프도 가져왔으며, 이 데이터세트를 활용하여 다양한 실습을 해볼 수 있습니다.

```
ATTACH
  'md:_share/stackoverflow/6c318917-6888-425a-bea1-5860c29947e5'
AS stackoverflow_analysis;
USE stackoverflow_analysis;
SELECT count(*) FROM posts;
```

이 공유 데이터에는 무려 58,329,356개의 게시물과 답변이 포함되어 있으며, 데이터 실험에 활용하기 좋은 말뭉치(corpus)입니다. 또한 다양한 흥미로운 공유 데이터도 수집했으며 다음 명령으로 sample_data 데이터베이스에 공유 데이터를 로드할 수 있습니다.

```
ATTACH 'md:_share/share_sample_data/23b0d623-1361-421d-ae77-62d701d471e6'
AS sample_data;
```

테이블에는 접두사가 붙어 있으며 정규화된 전체 이름(예: sample_data.nyc.yellow_cab_nyc_2022_11, 표 7.1 참조)을 통해 접근할 수 있습니다.

표 7.1 샘플 데이터베이스의 테이블 목록

이름	테이블 이름	로우 수	설명
Hacker News	hn.hacker_news	3.9M	해커 뉴스의 댓글 샘플
NYC 311 Complaint Data	nyc.service_requests	32.5M	NYC의 311 민원 핫라인에 접수된 전화 및 웹 요청
Air Quality	who.ambient_air_quality	41k	세계보건기구(WHO)의 과거 대기질 데이터
Taxi Rides	nyc.taxi	3.3M	2020년 11월 NYC 옐로우 캡 운행 데이터
Rideshare	nyc.rideshare	18.1M	NYC의 승차 공유 운행(Lyft, Uber 등) 데이터

다양한 주제를 담고 있는 데이터세트를 활용하여 SQL 실력을 키우거나 Mother-Duck의 활용 가능성을 탐색할 수 있습니다.

7.3.4 S3 보안 정보 관리 및 S3 버킷에서 데이터 로드하기

지금까지 학습한 장에서는 http:// 또는 https:// 프로토콜로 직접 접근할 수 있는 파일에서 데이터를 수집했습니다. 흔히 사람들은 파일 저장에 아마존 S3를 사용하며 저장된 파일은 s3:// 프로토콜로 접근합니다.

MotherDuck과 DuckDB도 해당 프로토콜을 지원하지만, 아마존 S3에 사용자를 대신하여 인증하려면 사용자의 비밀 키가 필요합니다. MotherDuck을 사용할 때 비밀 키를 시스템에 저장하면 MotherDuck에 연결된 모든 세션에서 사용할 수 있습니다. 이 작업은 웹 UI나 DuckDB 전용 **CREATE OR REPLACE SECRET** 문으로 설정할 수 있습니다.

```
CREATE OR REPLACE SECRET (
  TYPE S3,
  KEY_ID 'access-key',
  SECRET 'secret-key',
  REGION 'ap-northeast-2'⁴
);
```

설정을 완료하면 보안이 적용된 S3 버킷에서 데이터를 쿼리할 수 있습니다. 앞서 http나 파일 시스템에서 CSV나 Parquet 파일을 쿼리했던 방식처럼 작동합니다.

---

4 (옮긴이 주) 원문의 리전은 us-east-1 미국 동부(버지니아 북부)이지만, 여기서는 ap-northeast-2 아시아 태평양(서울)로 변경했습니다.

```
CREATE OR REPLACE TABLE mytable AS
FROM 's3://...';
```

버킷 작업을 마치면 비밀 키를 제거하는 것이 좋습니다.

```
DROP SECRET (TYPE s3);
```

비밀 키를 생성할 때 다음 사항에 유의하세요.

- 영구적인 S3 비밀 키만 사용할 수 있습니다 — 현재 세션 동안만 유효한 S3 임시 비밀 키는 지원하지 않습니다.

7.3.5 데이터 수집과 MotherDuck 사용 최적화

클라우드 기반 솔루션을 실행하면 컴퓨팅, 스토리지, 데이터 수신, 데이터 송수신 (ingress/egress) 비용 등 다양한 유형의 비용이 발생합니다. MotherDuck 확장 기능으로 함수를 클라우드에서 실행할지 로컬 머신에서 실행할지 세밀하게 제어할 수 있습니다. 이미 로컬 머신에 있는 대용량 Parquet 파일을 처리하고자 할 때, 이를 먼저 S3에 업로드한 후 MotherDuck에서 처리하는 것은 의미가 없습니다. MotherDuck의 연산 비용과 S3의 데이터 송신(egress) 비용을 모두 지급해야 하기 때문입니다. 빠른 인터넷 환경이 갖춰져 있다면 로컬에서 처리한 후 MotherDuck 으로 직접 업로드하는 것이 더 효율적입니다. MotherDuck 확장 기능은 read_json 과 read_csv_auto와 같이 read_로 시작하는 모든 함수에 MD_RUN 매개변수를 추가 했습니다. MD_RUN 매개변수를 사용하면 함수가 실행될 위치를 제어할 수 있으며 다음과 같은 값을 지원합니다.

- MD_RUN=LOCAL — 함수를 로컬 DuckDB 환경에서 실행합니다.
- MD_RUN=REMOTE — 함수를 클라우드의 MotherDuck이 호스팅하는 DuckDB 런타임에서 실행합니다.
- MD_RUN=AUTO — 모든 s3://, http://, https:// 요청을 원격으로 실행하지만, local-host/127.0.0.1에 대한 요청은 제외됩니다. 이 옵션이 기본값입니다.

예를 들어 MotherDuck이 호스팅하는 DuckDB 런타임에서 DuckDB IP의 데이터 세트를 쿼리하고 싶다면 다음 쿼리를 실행하면 됩니다. 이 예시에서는 쿼리 실행 시간을 얻기 위해 .timer on을 사용합니다.

```
.timer on
SELECT count(*)
FROM read_csv_auto(
  'https://github.com/duckdb/duckdb/raw/main/data/csv/ips.csv.gz',
  MD_RUN=REMOTE
);
```

이 글을 작성하는 시점에서 해당 쿼리는 MotherDuck 클라우드에서 실행 시 1초 미만이 소요되었습니다. `MD_RUN=LOCAL`을 사용했을 때는 저자의 느린 인터넷 환경에서 약 2초가 소요되었습니다.

MotherDuck은 무료 티어 외에도 100GB 스토리지와 100 컴퓨팅 시간에 대해 월 25달러의 기본요금으로 표준 티어 서비스를 제공합니다. 표준 사용 할당량을 초과하는 자원이 필요한 경우 콜드 스토리지는 GB당 0.08달러, 컴퓨팅 시간은 시간당 0.25달러로 추가 구입할 수 있습니다. 단, 이는 로컬 실행이 아닌 클라우드 사용에만 해당한다는 점에 유의하기를 바랍니다.[5]

콜드 스토리지는 데이터베이스와 파일을 위한 영구 저장소를 의미합니다. 반면 핫 스토리지는 쿼리 실행을 위한 공간이며 메모리 사용량과 같은 개념으로 볼 수 있습니다. 최댓값을 설정할 수 있으며 필요에 따라 조정할 수 있습니다. DuckDB에서 핫 스토리지는 상한선까지 자동으로 확장되며 초 및 GB 단위로 사용량이 측정됩니다.

이러한 구분은 실제로 매우 합리적입니다. 연구에 따르면 처리되는 데이터 대부분은 24시간 이내의 최신 데이터입니다. 데이터가 일주일이 지나면 가장 최근 날짜의 데이터보다 쿼리될 가능성이 약 20배 낮아집니다. 또한 작업량(workload) 크기는 전체 데이터 크기보다 훨씬 작은 경우가 많습니다. 예를 들어 대시보드는 보통 집계된 데이터를 기반으로 생성됩니다. 즉, 최근 1시간 동안의 데이터는 실시간으로 집계하여 최신 변경사항을 반영할 수 있습니다. 일주일 이상 지난 데이터는 미리 집계하여 별도의 테이블에 저장할 수 있습니다. 이렇게 사전에 집계한 데이터는 일반적으로 로우 수가 훨씬 적고 저장 공간도 훨씬 덜 차지합니다.

비용을 절감하려면 불필요한 데이터를 MotherDuck에 직접 저장하지 않아야 합니다. 필요할 때만 데이터를 로드하거나 처리하고, 한 번에 사용할 핫 스토리지의 최대 사용량을 적절하게 설정하세요. 또한 핫 스토리지의 가용 용량은 쿼리 성능에도 영향을 미칩니다.

---

5 *https://motherduck.com/pricing/*

7.3.6 AI로 데이터 쿼리하기

SQL은 영어와 어느 정도 유사하지만, 완전히 습득하기는 쉽지 않습니다. 특히 SQL을 처음 접하면 일부 SQL 문법과 구조가 상당히 어렵게 느껴질 수 있습니다.

 SQL의 초기 이름은 *SEQUEL*(Structured English QUEry Language)인데, 이는 관계형 모델을 기반으로 한 또 다른 쿼리 언어인 QUEL을 활용한 언어유희입니다. 그러나 상표권 문제로 더 이상 이 이름은 사용하지 않게 되었습니다.

하지만 쿼리는 구조화된 언어이므로 자동 생성하기가 좋으며 MotherDuck은 자연어를 사용하여 데이터를 쿼리할 수 있는 생성형 AI 기능(*https://mng.bz/lMjB*)을 제공한다는 점을 소개할 수 있어 기쁘게 생각합니다. 이 기능은 데이터를 분석하여 설명하고 SQL 문을 생성하거나 기존 SQL 문을 수정해 줍니다. 이 기능은 데이터베이스 스키마를 상세한 프롬프트 및 사용자의 질문과 함께 대규모 언어 모델(Large Language Model, LLM)에 전송하여 요청된 SQL문을 생성하고 선택적으로 실행할 수 있게 설계되었습니다.

경험상 이 기능은 매우 잘 작동하며 테스트 데이터세트에서 직접 시도해 볼 수 있습니다. 다음 예시는 스택 오버플로 데이터세트를 사용하며 다음 문장으로 연결합니다.

```
ATTACH
  'md:_share/stackoverflow/6c318917-6888-425a-bea1-5860c29947e5'
AS stackoverflow_analysis;
USE stackoverflow_analysis;
```

prompt_schema 프로시저를 호출하면 데이터베이스 스키마에 대한 설명을 얻을 수 있습니다.

```
.mode line
CALL prompt_schema();
```

이를 여러 번 실행한 결과는 다음과 같습니다.

```
summary = The database contains tables for storing data related to votes,
-tags, posts, post links, badges, users, and comments.
Run Time (s). real 3.672 user 0.007355 sys 0.002674
```

실행하는 데 몇 초 정도 걸리지만 결과가 크게 인상적이지는 않습니다. 단순히 테이블 목록을 확인해도 같은 출력을 얻을 수 있기 때문입니다. 이 함수를 다시 호출하면 아마도 다른 응답이 반환될 가능성이 큽니다.

```
summary = The data in the database is about votes, tags, posts, post links,
→badges, users, and comments.
Run Time (s). real 3.054 user 0.007354 sys 0.003175
```

LLM이 매번 같은 응답을 보장하지 않는 확률적 모델이라는 점을 고려하면 처음에는 놀라워 보일 수 있습니다.

다음 예시에서는 가장 인기 있는 태그를 쿼리하기 위해 SQL 문 대신 단순한 영어 문장을 사용하겠습니다. *가장 인기 있는 태그는 무엇인가요?* 물론 이 문장은 유효한 SQL 문이 아니므로 특수 프라그마인 prompt_query를 사용해야 합니다. 프라그마(pragma)는 컴파일러나 쿼리 파서에 입력을 처리하는 방법을 알려주는 특별한 지시문입니다. 여기서는 입력을 프롬프트로 처리하라고 지시합니다.

```
.mode duckbox
pragma prompt_query('What are the most popular tags?');
```

구체적인 방법을 보여주지는 않았지만, 의미 있는 로우를 10개 얻었습니다.[6]

```
┌────────────┬─────────┐
│  TagName   │  Count  │
│  varchar   │  int64  │
├────────────┼─────────┤
│ javascript │ 2479947 │
│ python     │ 2113196 │
│ java       │ 1889767 │
│ c#         │ 1583879 │
│ php        │ 1456271 │
│ android    │ 1400026 │
│ html       │ 1167742 │
│ jquery     │ 1033113 │
│ c++        │  789699 │
│ css        │  787138 │
├────────────┴─────────┤
│ 10 rows     2 columns │
└──────────────────────┘
```

```
-- Run Time (s). real 3.763 user 0.124567 sys 0.001716
```

---

6 (옮긴이 주) 'What are the most popular tags?'로 질문하면 64,465개의 전체 로우를 얻게 되며, 'What are the most popular top 10 tags?'로 질문해야 상위 10개 로우만 얻을 수 있습니다.

이는 정확한 답변이지만, 어떤 SQL 쿼리가 이 답변을 계산하는 데 사용되었는지 궁금할 수 있습니다. prompt_sql 프로시저를 사용하여 이를 확인할 수 있습니다(확률적으로 약간 다를 수 있다는 점에 유의하기 바랍니다).

```
.mode line
call prompt_sql('What are the most popular tags?');

query = SELECT TagName, Count FROM tags ORDER BY Count DESC;
Run Time (s). real 5.425 user 0.010331 sys 0.005074
```

잘 작동하네요. 테이블의 컬럼을 인식하고 정렬과 제한까지 적용하여 가장 인기 있는 태그를 조회할 만큼 충분히 똑똑합니다. 이러한 AI 프롬프트의 실행 시간은 2~10초 정도 소요되며 대부분의 시간이 LLM 내부 처리에 사용됩니다. 더 복잡한 질문에는 어떻게 대응하는지 살펴보겠습니다. *댓글이 가장 많은 게시물 5개의 제목과 댓글 수는 무엇인가요?*

```
.mode duckbox
pragma prompt_query("Which 5 questions have the most comments, what is the
  post title and comment count");
```

Title varchar	comments int64
UIImageView Frame Doesnt Reflect Constraints	108
Is it possible to use adb commands to click on a view by find	102
How to create a new web character symbol recognizable by html	100
Why isnt my CSS3 animation smooth in Google Chrome (but very	89
Heap Gives Page Fault	89

```
Run Time (s). real 19.695 user 2.406446 sys 0.018353
```

어떤 쿼리가 사용되었는지 확인해 보겠습니다. 흥미롭게도 posts 테이블에서 PostTypeId = 1인 모든 항목이 답변이 아닌 질문으로 인식합니다. 아마도 이 모델이 스택 오버플로 데이터세트로 학습되었기 때문일 가능성이 있습니다.

```
.mode line
call prompt_sql("Which 5 questions have the most comments, what is the
post title and comment count");

query = SELECT p.Title, COUNT(c.Id) AS comment_count
FROM posts p
```

```
JOIN comments c ON p.Id = c.PostId AND p.PostTypeId = 1
GROUP BY p.Title
ORDER BY comment_count DESC
LIMIT 5;
Run Time (s). real 4.795 user 0.002301 sys 0.001346
```

그림 7.5는 MotherDuck UI에서 이 과정이 어떻게 표시되는지를 보여줍니다.

그림 7.5 AI 쿼리를 사용 중인 MotherDuck UI

댓글 개수는 posts 테이블의 컬럼에 있으므로 comments 테이블과 조인하지 않아도 됩니다. 프롬프트를 약간 조정하여 posts 테이블만 사용하는 쿼리를 생성할 수 있는지 살펴보겠습니다.

```
call prompt_sql("System: No joins! User: Which 5 questions have the most comments, what is the post title and comment count");

query = SELECT Title, CommentCount
```

```
FROM posts
WHERE PostTypeId = 1
ORDER BY CommentCount DESC
LIMIT 5;
Run Time (s). real 3.587 user 0.001733 sys 0.000865
```

훨씬 낫네요!

또한 call prompt_fixup()을 사용하여 SQL 문의 코드를 수정할 수 있습니다(예: 악명 높은 'GROUP BY를 깜빡했어!' 같은 경우).

```
call prompt_fixup("select postTypeId, count(*) from posts");

query = select postTypeId, count(*) from posts group by postTypeId
Run Time (s). real 12.006 user 0.004266 sys 0.002980
```

또는 잘못된 조인 컬럼 이름 한두 개를 수정하는 데에도 쓸 수 있습니다.

```
call prompt_fixup("select count(*) from posts join users on
➥posts.userId = users.userId");
query = SELECT COUNT(*) FROM posts JOIN users ON
➥posts.OwnerUserId = users.Id
Run Time (s). real 2.378 user 0.001770 sys 0.001067
```

LLM을 사용하여 데이터베이스를 위한 쿼리를 작성하는 방식은 상당한 잠재력이 있다고 생각하며, 특히 데이터베이스 스키마로 모델을 보강할 때 더 강력한 기능을 발휘할 수 있습니다. 물론 보고서나 애플리케이션을 위해 전문가가 작성하고 최적화한 쿼리를 대체하지는 않겠지만, 더 많은 사용자가 데이터베이스 시스템에 쉽게 접근하는 데 도움이 될 것입니다. 특히 2024년 초에 MotherDuck이 같은 기술을 기반으로 한 *FixIt*이라는 빠른 SQL 오류 수정기를 UI에 도입했습니다. 문법적으로 잘못된 SQL 문이나 UI에서 인라인으로 직접 작성된 SQL 문을 교정하는 기능을 제공합니다(*https://mng.bz/Bdar*).

7.3.7 통합

그림 7.6에서 보듯이 MotherDuck은 다양한 데이터 전송, 비즈니스 인텔리전스, 데이터 시각화 도구를 지원합니다. 데이터 흐름을 왼쪽에서 오른쪽으로 살펴보면 중간 단계에서 선택적으로 데이터를 변환하며, MotherDuck이 파이프라인의 중심에서 작동합니다. 데이터 소스는 직접 수집하거나 추가 서비스를 통해 MotherDuck

스토리지에 저장한 후 비즈니스 인텔리전스 용도나 데이터 사이언스 도구로 쿼리할 수 있습니다. 또한 LLM 모델을 위한 *RAG* (Retrieval Augmented Generation, 검색 증강 생성) 정보 검색 컴포넌트로도 사용될 수 있습니다.

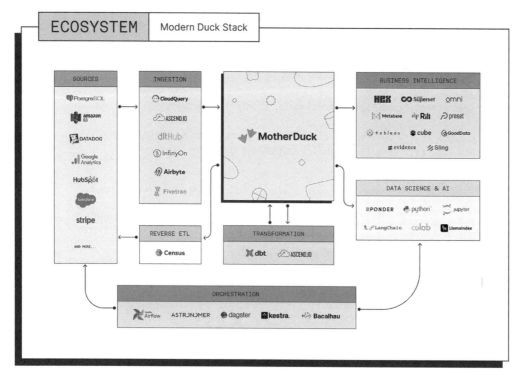

그림 7.6 MotherDuck 통합 생태계[7]

기존의 DuckDB 통합 기능과 드라이버는 MotherDuck에서도 그대로 작동하므로 DuckDB를 사용할 수 있는 모든 환경에서는 MotherDuck을 사용할 수 있습니다. 사용 방법은 간단합니다. 데이터베이스 연결 문자열에 md: 접두사를 삽입하고 ?motherduck_token=<token> 매개변수를 추가하면 됩니다.

요약

- MotherDuck은 서버리스 데이터 분석 플랫폼으로 브라우저에서 클라우드 스토리지의 데이터를 쉽게 쿼리하고 분석할 수 있습니다.

---

7 (옮긴이 주) 최신 MotherDuck 통합 생태계 그림은 *https://motherduck.com/*에서 확인 가능하며, 상세 내용은 *https://motherduck.com/ecosystem/*을 확인해 주세요.

- DuckDB CLI, 파이썬, 다른 언어 통합 기능과 매끄럽게 통합되며, md: 프로토콜을 사용하면 MotherDuck 확장이 자동으로 로드됩니다.
- MotherDuck을 통해 구조화된 데이터를 저장하고, SQL로 해당 데이터를 쿼리하며, 다른 사용자와 공유할 수 있습니다.
- 이 서비스의 주요 원칙 중 하나는 사용 편의성입니다. 인스턴스, 클러스터, 웨어하우스를 구성하거나 운용할 필요가 없습니다. 로컬 환경에서 같은 도구로 또는 같은 생태계 내에서 SQL을 작성하고 제출하면 됩니다.
- 많은 경우에 MotherDuck은 데이터 소스와의 근접성 덕분에 로컬보다 훨씬 더 빠르게 데이터를 수집할 수 있습니다.
- 로컬, 원격, 공유 데이터세트는 스키마 및 관계의 정규화된 이름을 사용하여 쉽게 조인할 수 있습니다.
- MotherDuck 플랫폼은 자연어로 데이터세트를 쿼리하는 기능을 지원해서 SQL을 배우지 않은 사용자도 분석 데이터베이스의 이점을 활용할 수 있습니다.

8장

DuckDB로 데이터 파이프라인 구축하기

☑ **8장에서 다루는 내용**

- 데이터 파이프라인의 의미와 관련성
- 파이프라인에서 DuckDB가 수행할 수 있는 역할
- DuckDB가 수집을 위한 파이썬 기반 데이터 로드 도구와 변환을 위한 dbt Labs의 데이터 빌드 도구와 어떻게 통합되는지
- Dagster를 사용한 파이프라인 오케스트레이션

6장에서 DuckDB가 파이썬과 같은 주요 데이터 처리 언어들, 그리고 pandas, Apache Arrow, Polars 같은 라이브러리와 매끄럽게 통합되는 과정을 살펴보았기에, DuckDB와 그 생태계가 데이터 파이프라인에 속하는 다양한 작업을 처리할 수 있으며 데이터 파이프라인 내에서 활용될 수 있음을 확인했습니다. 강력한 SQL 엔진, 잘 통합된 도구, 클라우드 기반 활용 잠재력이 결합하면서 DuckDB는 단순한 데이터베이스 시스템을 넘어섰습니다.

8장에서는 더 넓은 데이터 생태계 내에서 DuckDB가 수행하는 역할을 더 깊이 살펴보고 견고한 데이터 파이프라인 구축과 워크플로 개선에서 DuckDB의 중요성을 강조하겠습니다. 이를 위해 먼저 한 걸음 물러서서 데이터 파이프라인의 의미와 관련성에 대해 논의하겠습니다. 그런 다음 견고한 파이프라인을 구축할 때 도움이 된다고 생각하는 몇 가지 도구를 평가해 보겠습니다. 이들 도구는 데이터 수집, 구조 변환, 오케스트레이션을 다룹니다. 먼저 기본 개념부터 살펴보고 해결하려는 문제를 살펴보겠습니다.

8장에서는 외부 실시간 소스와 업데이트된 저장소에서 데이터를 로드하므로 예시의 레코드 출력값이나 개수가 여러분이 실습할 때의 실제 실행 결과와 다를 수 있습니다.

8.1 데이터 파이프라인과 DuckDB의 역할

*데이터 파이프라인*은 일반적으로 다양한 소스에서 데이터를 검색하고 수집하여 데이터베이스, 클라우드에 플랫 파일로 저장된 데이터 레이크, 또는 데이터 웨어하우스와 같은 데이터 저장소에 저장되도록 설정됩니다. 데이터를 저장하기 전에 보통 다양한 방식으로 처리 및 구조 변환(transformation)을 합니다. 이러한 변환 과정에는 데이터세트를 조인, 필터링, 집계, 마스킹하는 작업이 포함되며, 데이터의 원활한 통합과 표준화를 목표로 합니다. 필터링과 집계에 대해서는 3장과 4장에서 이미 자세히 이야기했지만, 마스킹(masking)은 새로운 개념입니다. *마스킹*은 기밀 데이터 또는 규제 대상 데이터를 익명화하거나 변형하는(distorting) 과정입니다.

데이터 저장만으로는 충분하지 않습니다. 파이프라인으로 가치를 창출해야 합니다. 데이터 파이프라인 사용은 궁극적으로 대시보드, API, 머신러닝(ML) 모델 등과 같은 제품을 만드는 일이어야 합니다. 그림 8.1은 데이터에 수행하는 작업과 데이터를 활용하는 다양한 방향을 보여주는 데이터 파이프라인의 예시입니다.

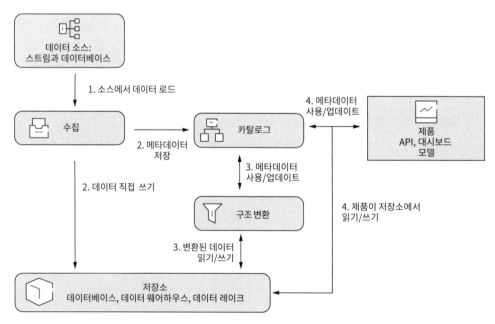

그림 8.1 데이터 파이프라인의 흐름: 데이터 소스 → 구조 변환 → 저장소 → 제품

데이터 파이프라인은 일반적으로 배치(batch) 처리를 다루는 파이프라인과 스트리밍 데이터를 다루는 파이프라인으로 나뉩니다. 8장에서는 데이터의 배치 처리를 다루는 파이프라인을 살펴보겠습니다. *배치 처리*는 보통 순차적인 명령어로 구성된 워크플로로 구성되며, 각 명령어의 출력이 다음 명령어의 입력으로 사용됩니다. 마지막 구조 변환이 완료되고 데이터를 원하는 장소에 저장하면 전체 처리가 완료됩니다. 각각의 데이터 변경사항을 즉시 분석하거나 대응할 필요가 없을 때는 배치 처리가 적합한 방식입니다.

> ✅ **추출, 구조 변환, 로드**(Extract, Transform, Load, ETL)의 흐름은 데이터 파이프라인의 하위 카테고리입니다. 그러나 모든 파이프라인이 반드시 이 순서를 따르지는 않습니다. 대부분의 경우 데이터 추출이 첫 번째 단계이지만, 먼저 데이터를 원하는 저장소에 로드한 다음 변환하는 방식도 가능합니다. 이 순서는 ELT(Extract, Load, Transform)로 알려져 있습니다. ETL 또는 ELT 파이프라인 중 어떤 방식을 선택할지는 MotherDuck과 같은 클라우드 서비스를 사용할 때 중요한 결정 요소이며, 리소스 사용을 최대한 활용하려면 적절한 방식을 선택해야 합니다. 어떤 경우에는 로컬 리소스를 데이터를 변환하는 것이 더 효율적이며, 반대로 이미 클라우드에 저장된 데이터를 변환하는 것이 더 효과적일 수도 있습니다.

그렇다면 데이터 파이프라인에서 DuckDB의 역할은 무엇일까요? DuckDB는 파이프라인에서 저장 시스템으로 사용할 수도 있지만, 단순하면서도 강력한 실행 모델 때문에 보통 파이프라인의 변환과 처리 단계에서 활용됩니다. 이는 DuckDB가 단일 바이너리(single binary)로 동작하면서도 대규모 데이터세트를 효율적으로 처리할 수 있고 다양한 데이터 소스와 저장 포맷을 입력으로 사용하며 강력한 SQL 엔진으로 데이터를 여러 가지 방식으로 변환할 수 있기 때문입니다.

DuckDB의 광범위한 SQL 지원은 파이프라인에서 사용할 수 있는 첫 번째 공통 언어를 제공하며, 8장의 뒤에서 다룰 dbt 같은 데이터 관련 처리 도구와 원활하게 통합됩니다. 두 번째 공통 언어는 특히 데이터 레이크에 저장할 때 출력 포맷으로 주로 Parquet를 사용합니다.

DuckDB를 활용한 데이터 파이프라인을 어떻게 구성하는지 살펴보겠습니다. 먼저 데이터 수집부터 시작하겠습니다.

8.2 dlt를 사용한 데이터 수집

데이터 로드 도구 dlt(*https://dlthub.com/*)는 다양하고 종종 정리되지 않은 데이터 소스에서 여러 목적지(destination)로 데이터 로드를 수행하는 오픈 소스 파이썬 라이브러리입니다. 수집용 파이썬 스크립트를 직접 작성하여 파이프라인을 구축하지 않고 dlt를 사용하는 이유는 무엇일까요? dlt의 주요 진입점인 pipeline 함수는 소스 데이터에서 스키마를 자동으로 추론하고 해당 데이터를 목적지에 로드하며 적절한 스키마를 생성할 수 있습니다. 이 파이프라인을 사용하여 JSON 데이터, 데이터프레임, 또는 제너레이터 함수와 같은 다른 반복 가능한 객체를 처리할 수 있으며, 이후에 이어지는 데이터 처리 과정에서 추가적인 변경 없이 활용할 수 있습니다. 또한 dlt 엔진은 버전 관리도 자동으로 처리하므로 데이터 팀은 데이터 활용과 가치 창출에만 집중할 수 있으며, 모든 변경사항에 대한 즉각적인 알림을 통해 거버넌스 효율을 보장합니다.

dlt는 SQL 데이터베이스, GitHub, 기타 유용한 API 등을 비롯해 다양한 사전 정의된 데이터 소스와 목적지 세트를 제공합니다. dlt가 기본으로 지원하는 목적지 중 하나가 DuckDB입니다. 사용자 정의 소스와 목적지도 정의할 수 있지만, 이 책에서는 이 내용을 다루지 않습니다.

dlt의 재미있는 내장 소스 중 하나는 chess.com입니다. 이 API를 통해 선수와 게임에 대한 정보를 제공받을 수 있습니다. 이 절에서는 해당 소스를 사용하여 DuckDB로 간단한 체스 데이터베이스를 구축해 보겠습니다. 전체 흐름은 그림 8.2와 같습니다.

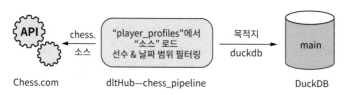

그림 8.2 chess.com에서 DuckDB로 데이터 수집하기

dlt는 파이썬으로 작성된 라이브러리입니다. 따라서 파이썬 환경이 정상적으로 구성되어 있고 pip 명령어를 사용할 수 있다고 가정합니다. pip는 파이썬에서 권장하는 패키지 관리자이며, 다음 명령어를 실행하여 dlt를 설치할 수 있습니다.

```
pip install dlt
```

6장을 건너뛰었다면 아마도 DuckDB 파이썬 확장을 설치하지 않았을 것입니다. 파이프라인이 작동하려면 반드시 DuckDB 파이썬 확장이 설치되어 있어야 합니다.

```
pip install duckdb
```

이어지는 절에서 대화식으로 구축할 파이프라인의 전체 소스 코드는 GitHub의 예제 저장소 *https://mng.bz/d6pv*에서도 확인할 수 있습니다.

8.2.1 지원되는 소스 설치하기

이제 Chess.com 파이프라인(*https://mng.bz/rVle*)을 초기화하겠습니다. 초기화는 dlt init으로 하며, 이때 두 가지 인수, 소스와 목적지를 지정해야 합니다. 소스는 dlt에서 제공하는 chess.com 내장 데이터 소스를 지정하고, 목적지는 duckdb로 지정합니다. 우리가 원하는 소스와 목적지 모두 dlt에서 공식적으로 지원하므로 다음 명령어를 실행하면 첫 번째 파이프라인에 필요한 모든 파일과 정의가 생성됩니다.

```
dlt init chess duckdb
```

위 명령어를 실행하면 로컬에 실행 가능한 스크립트를 비롯한 여러 파일이 생성되므로 이 작업을 진행할지 확인해야 합니다.

```
Looking up the init scripts in
➡https://github.com/dlt-hub/verified-sources.git...
Cloning and configuring a verified source chess (A source loading player
➡profiles and games from chess.com api)
Do you want to proceed? [Y/n]:
```

명령어 실행이 완료되면 다음과 같은 출력이 표시됩니다.

```
Verified source chess was added to your project!
* See the usage examples and code snippets to copy from chess_pipeline.py
* Add credentials for duckdb and other secrets in ./.dlt/secrets.toml
* requirements.txt was created. Install it with:
pip install -r requirements.txt
* Read https://dlthub.com/docs/walkthroughs/create-a-pipeline
➡for more information
```

이제 chess라는 디렉터리가 생성되며, 여기에 예제 파이프라인 chess_pipeline.py 파일과 헬퍼 함수가 포함되어 있습니다. 이 파일을 그대로 사용하거나 이를 참고하여 자신만의 실험도 할 수 있고 새로운 파이프라인을 처음부터 구축해 볼 수도 있습니다. 이 책의 예제 저장소에 있는 예제 파이프라인의 원본 파일 이름을 chess_pipeline.py.sample로 변경해 두었습니다.

8.2.2 파이프라인 구축하기

dlt 파이프라인도 파이썬으로 작성되어 있습니다. 다음 파이썬 코드 조각은 새 파이썬 파일, 파이썬 REPL, 또는 주피터 노트북에 입력할 수 있습니다. 우리는 파이썬 REPL을 사용할 것이며, 이어지는 실험은 파이프라인을 초기화한 디렉터리에서 파이썬 셀을 실행했다고 가정합니다.

첫 번째 단계는 다음 코드와 같이 dlt와 Chess.com 데이터 소스를 가져오는 것입니다.

코드 8.1 새 dlt 파이프라인을 위한 필수 라이브러리 가져오기

```
import dlt
from chess import source
```

가져오기를 마쳤으면 파이프라인을 초기화할 차례입니다. 파이프라인의 이름은 chess_pipeline으로 설정하고, 목적지는 DuckDB로 지정합니다. 전체 파이프라인 정의는 pipeline 변수에 저장합니다.

코드 8.2 dlt 파이프라인 정의하기

파이프라인의 이름은
생성된 DuckDB 파일의 이름에도 반영됩니다.

```
pipeline = dlt.pipeline(
    pipeline_name="chess_pipeline",
    destination="duckdb",
    dataset_name="main"
)
```

데이터세트 이름은 DuckDB에서 스키마 이름으로 사용합니다.
여기서는 DuckDB의 기본 스키마 이름인 main을 스키마 이름으로 사용됩니다.

DuckDB 데이터베이스는 〈파이프라인-이름〉.duckdb 형식의 파일(우리의 경우 chess_pipeline.duckdb)로 작성됩니다.

이제 2022년 11월 기준으로 가장 인기 있는 선수 4명과 이들의 경기 데이터를 수집할 소스를 생성하겠습니다.

코드 8.3 **dlt 소스 정의하기**

```
data = source(
    players=[
        "magnuscarlsen", "vincentkeymer",
        "dommarajugukesh", "rpragchess"
    ],
    start_month="2022/11",
    end_month="2022/11",
)
```

이는 dlt에서 제공하는
체스 소스에서 불러온 함수입니다.

이 함수의 인수들은
Chess.com API에
특화되어 있습니다.

이 소스 데이터에는 선수의 프로필, 경기 정보, 온라인 상태 등 다양한 관련 데이터가 포함되어 있습니다. 선수의 프로필만 가져오려면 코드를 다음과 같이 작성합니다.

코드 8.4 **dlt 소스에서 흥미로운 데이터세트 선택하기**

```
players_profiles = data.with_resources("players_profiles")
```

지금까지는 파이프라인이 어떤 모습이어야 하는지, 즉 구조만 정의했습니다. 최종적으로 이를 실제로 실행하려면 players_profile로 정의한 소스를 파이프라인의 run 메서드에 전달해야 합니다.

코드 8.5 **dlt 파이프라인 실행하기**

```
info = pipeline.run(players_profiles)
print(info)
```

실행하면 다음과 비슷한 결과를 볼 수 있습니다.

```
Pipeline chess_pipeline completed in 0.62 seconds
1 load package(s) were loaded to destination duckdb and into dataset main
The duckdb destination used
-duckdb:////path/to/code/ch08/dlt/chess_pipeline.duckdb
-location to store data
Load package 1696519035.883884 is LOADED and contains no failed jobs
```

실행 결과를 보니 잘 작동합니다. 아직 파이썬 셀을 종료하지 마세요. 대신 두 번째 터미널을 열어서 DuckDB에서 데이터베이스를 로드합니다.

```
duckdb chess_pipeline.duckdb
```

그런 다음 SHOW TABLES;로 어떤 테이블이 생성되었는지 확인합니다.

```
|        name         |
|       varchar       |
|---------------------|
| _dlt_loads          |
| _dlt_pipeline_state |
| _dlt_version        |
| players_profiles    |
|---------------------|
```

dlt는 자체 메타데이터를 저장하기 위한 테이블을 여러 개 생성했으며, 테이블 목록 맨 아래에 players_profiles 테이블도 보입니다. 아마도 이 테이블에 스크립트에서 지정한 선수들의 프로필이 포함되어 있으리라 예상합니다. 레코드를 하나 조회해 보겠습니다.

```
.mode line
FROM players_profiles LIMIT 1;

     avatar = https://images.chesscomfiles.com/uploads/v1/user/
►138850604.80351cd5.200x200o.3129ed9b015d.jpeg
  player_id = 138850604
        aid = https://api.chess.com/pub/player/dommarajugukesh
        url = https://www.chess.com/member/DommarajuGukesh
       name = Gukesh Dommaraju
   username = dommarajugukesh
  followers = 3
    country = https://api.chess.com/pub/country/IN
   location = Chennai
last_online = 2022-07-16 19:18:02+01
     joined = 2021-05-05 10:27:46+01
     status = basic
is_streamer = false
   verified = false
     league = Wood
_dlt_load_id = 1696519035.883884
    _dlt_id = kldRaeRA400GBA
      title =
```

Gukesh Dommaraju의 프로필이 정상적으로 출력되어서 파이프라인이 올바르게 잘 작동하고 있음을 확인할 수 있습니다.

이제 게임(game) 데이터도 로드하고 싶다면 어떻게 해야 할까요? DuckDB를 종료하고 파이썬 셀로 돌아가서 소스를 약간 변경하고 파이프라인을 다시 실행해야 합니다. 이전과 달리 이번에는 리소스를 할당하지 않고 run 메서드에 직접 전달하는 방식을 사용했습니다.

코드 8.6 다른 데이터세트로 파이프라인 실행하기

```
info = pipeline.run(data.with_resources("players_profiles", "players_games"))
print(info)
```

실행하면 다음과 비슷한 출력을 볼 수 있으며, 이는 우리가 관심이 있는 선수들의 여러 아카이브를 로드했음을 가리킵니다. 또한 이전과 같은 저장소를 사용했습니다.

```
Getting archive from https://api.chess.com/pub/player/
➥magnuscarlsen/games/2022/11
Getting archive from https://api.chess.com/pub/player/
➥vincentkeymer/games/2022/11
Getting archive from https://api.chess.com/pub/player/
➥rpragchess/games/2022/11
Pipeline chess_pipeline completed in 1.89 seconds
1 load package(s) were loaded to destination duckdb and into dataset main
The duckdb destination used duckdb:////path/to/code/ch08/dlt_example/
➥chess_pipeline.duckdb location to store data
Load package 1696519484.186974 is LOADED and contains no failed jobs
```

이제 다시 DuckDB로 어떤 데이터가 수집되었는지 살펴보겠습니다. 두 번째 터미널을 열어서 다음을 실행합니다.

```
duckdb chess_pipeline.duckdb "SELECT count(*) FROM players_games"
```

```
| count_star() |
|    int64     |
|              |
|          589 |
```

좋아 보이네요. 경기 데이터가 수집되었습니다. 파이프라인을 다시 실행하면 어떻게 될까요? dlt는 이미 모든 데이터를 수집했음을 발견하고는 새로운 데이터를 추가로 가져오지 않습니다. 매우 인상적인 기능입니다. 왜냐하면 중단된 지점에서 배치된 데이터를 재개하는 작업은 쉽지 않기 때문입니다. dlt가 이 기능을 제어하는 데 필요한 정보는 세 가지 테이블(_dlt_loads, _dlt_pipeline_state, _dlt_version)에 저장됩니다. 이 메타데이터는 DuckDB나 SQL을 사용하여 조회할 수 있습니다. 또는 dlt에서 제공하는 도구를 사용할 수도 있습니다.

8.2.3 파이프라인 메타데이터 탐색하기

dlt에서 제공하는 info 명령어로 파이프라인 정의와 저장소 내의 메타테이블을 분석하여 파이프라인 자체의 상태를 확인할 수 있습니다. info 명령어는 다음과 같이 호출합니다.

```
dlt pipeline chess_pipeline info
```

우리의 출력을 보면 파이프라인이 세 번 실행되었으며 생성된 테이블의 이름이 나열되어 있습니다. 여러분의 출력 결과는 날짜와 시간이 다를 것이고 상태도 다를 가능성이 큽니다.

```
Found pipeline chess_pipeline in /Home/.dlt/pipelines
Synchronized state:
_state_version: 2
_state_engine_version: 2
schema_names: ['chess']
pipeline_name: chess_pipeline
destination: dlt.destinations.duckdb
default_schema_name: chess
staging: None
dataset_name: main

sources:
Add -v option to see sources state. Note that it could be large.

Local state:
first_run: False
_last_extracted_at: 2023-11-04T19:16:35.873231+00:00

Resources in schema: chess
players_profiles with 1 table(s) and 0 resource state slot(s)
players_games with 1 table(s) and 1 resource state slot(s)

Working dir content:
Has 3 completed load packages with following load ids:
1699125395.876516
1699125399.292224
1699125402.854308

Pipeline has last run trace. Use 'dlt pipeline chess_pipeline trace'
↪to inspect
```

SQL로 로드한 데이터의 내용을 탐색하는 데 관심이 있다면, 물론 그것도 가능합니다. 하지만 이제 우리는 데이터세트의 구조 변환을 다루며 DuckDB를 단순한 저장소가 아닌 구조 변환의 필수 요소로 활용해 보겠습니다.

8.3 dbt를 사용한 데이터 구조 변환과 모델링

미가공(raw) 형태로 있는 데이터는 형태 변경(shaping), 정리(cleaning), 모델링 (modeling) 과정을 거쳐야 진정한 가치를 발휘할 수 있습니다. 데이터 빌드 도구 (dbt)는 SQL 중심의 구조 변환 도구로 데이터 파이프라인의 생성과 관리를 위해 설계되었습니다. dbt는 소프트웨어 공학 원칙을 강조하며 데이터 팀이 모듈성, 이식성, 문서화를 보장하도록 도와줍니다. dbt 안에 CI/CD를 통합하면 데이터 구조 변환을 일관되고 신뢰성 있게 배포하기가 쉬워집니다.

　그렇다면 dbt와 DuckDB를 함께 사용하는 방법은 무엇일까요? 바로 여기서 dbt-duckdb 라이브러리가 등장합니다. 이 라이브러리는 dbt와 DuckDB를 연결하는 브릿지 역할을 합니다. dbt-duckdb를 사용하면 두 도구의 강점을 결합하여 dbt 기반의 데이터 파이프라인에서 DuckDB를 활용한 데이터 구조 변환을 적용할 수 있습니다. dbt와 DuckDB 모두 공통으로 사용하는 언어는 당연히 SQL입니다. 이번에는 dbt-duckdb를 사용하여 GitHub에 저장된 CSV 파일을 가져와서 데이터 정리와 구조 변환을 적용한 후 변환된 데이터를 Parquet 파일로 출력하는 간단한 데이터 파이프라인을 구축하겠습니다. 따라서 DuckDB는 저장소가 아니라 변환 도구로만 사용되며, 이는 8.1절에서 설명한 개념과 비슷합니다. 그림 8.3의 다이어그램은 우리가 구축하려는 데이터 파이프라인의 개요입니다.

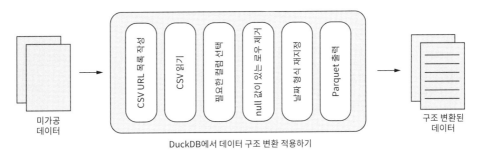

그림 8.3 CSV를 Parquet로 변환하기

그럼 시작해 보겠습니다! 먼저 다음 명령어를 실행하여 파이썬 환경에 dbt-duckdb
와 dbt를 설치해야 합니다.[1]

```
pip install dbt-duckdb dbt
```

이어지는 절에서 구축할 예제 프로젝트는 여러 단계를 반복하며 개발됩니다. 각 단
계별 코드는 예제 저장소의 하위 폴더(*https://mng.bz/VxrW*)에서 확인할 수 있습
니다.

8.3.1 dbt 프로젝트 설정하기

dbt는 프로젝트 단위로 생각하며 새 프로젝트를 생성하는 명령어를 제공합니다.
앞에서 dbt를 성공적으로 설치했다면 셸에서 다음 명령어를 실행하여 새 프로젝트
를 생성하고 작업 디렉터리를 해당 프로젝트로 변경할 수 있습니다. dbt를 처음 실
행하면 프로파일을 설정하고 사용할 데이터베이스를 선택하라는 메시지가 표시됩
니다. 이 단계에서 DuckDB를 선택하세요.

```
dbt init dbt_transformations
cd dbt_transformations
```

이제 프로젝트의 디렉터리 구조를 살펴보겠습니다. 확인을 위해 tree 명령어를 사
용하지만, 직접 디렉터리 구조를 탐색해도 됩니다.

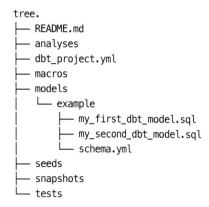

```
tree.
├── README.md
├── analyses
├── dbt_project.yml
├── macros
├── models
│   └── example
│       ├── my_first_dbt_model.sql
│       ├── my_second_dbt_model.sql
│       └── schema.yml
├── seeds
├── snapshots
└── tests
```

---

1 (옮긴이 주) Windows 환경에서는 UnicodeDecodeError: 'cp949' 에러가 표시될 수 있습니다. 이런 경우
에는 set PYTHONUTF8=1 실행 후 다시 pip install 명령을 실행하세요.

dbt의 주요 개념을 위한 폴더에는 macros, models, seeds, snapshots, tests가 있습니다. 이번 예제 프로젝트에서는 models와 test를 생성하여 사용하며, 나머지 디렉터리는 사용하지 않습니다.

프로젝트에는 몇 가지 예제 파일이 포함되어 있지만, 아직 사용할 수 있는 프로파일은 없습니다. profiles.yml 파일을 생성하고 다음 목록의 내용을 추가하여 프로필을 설정하겠습니다.

코드 8.7 모든 출력에 DuckDB를 사용하는 dbt 프로파일 정의하기

```
dbt_transformations:
  target: dev
  outputs:
    dev:
      type: duckdb
      path: '/tmp/atp.db'    ← dbt가 사용하는 DuckDB 중간 저장소입니다.
      schema: 'main'            이 저장소의 위치는 자유롭게 지정할 수 있습니다.
```

 YAML(YAML Ain't Markup Language)은 사람이 읽기 쉽도록 설계되었으며 스크립팅 언어와의 상호작용을 위한 데이터 직렬화 언어입니다. 문법은 비교적 단순하며 들여쓰기로 계층 구조를 표현합니다. 들여쓰기에는 탭이 아닌 공백만 사용합니다.

다음으로 example 디렉터리의 이름을 atp로 변경하고 기존 모델 파일을 삭제하겠습니다.

```
mv models/example models/atp
rm models/atp/*.sql
```

이제 예제를 살펴보았으니 새로운 소스와 모델을 정의해야 합니다.

8.3.2 소스 정의하기

dbt 소스는 외부 데이터베이스, 데이터 웨어하우스 또는 기타 저장소에서 미가공 데이터를 참조하고 문서화하는 표준화된 방법을 제공합니다. 소스를 정의하면 미가공 데이터에 접근하는 방식에 일관성을 보장할 수 있으며 기반 데이터세트와 관련된 메타데이터와 품질 검증 기준도 명확하게 지정할 수 있습니다. 소스는 models 디렉터리의 sources.yml 파일에서 정의할 수 있습니다.

이번에 사용할 데이터는 5장에서 처음 다루었던 제프 색먼(Jeff Sackmann)의 테니스 데이터세트[2]입니다. 우선 CSV 파일 중 하나만 처리해 보겠습니다. GitHub 의 atp_matches_2023.csv 파일을 가리키는 소스를 정의하기 위해 models/atp/ sources.yml 파일을 생성하세요.

코드 8.8 웹 위치에서 데이터를 가져오는 dbt 소스 정의하기

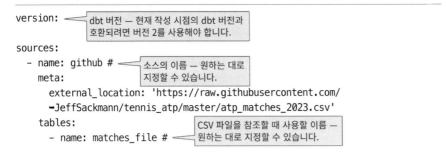

```
version:          ← dbt 버전 — 현재 작성 시점의 dbt 버전과
                     호환되려면 버전 2를 사용해야 합니다.

sources:
  - name: github #  ← 소스의 이름 — 원하는 대로
    meta:               지정할 수 있습니다.
      external_location: 'https://raw.githubusercontent.com/
        ➥JeffSackmann/tennis_atp/master/atp_matches_2023.csv'
    tables:             CSV 파일을 참조할 때 사용할 이름 —
      - name: matches_file #  ← 원하는 대로 지정할 수 있습니다.
```

이제 모델에서 소스 이름(github)과 테이블 이름(matches_file)을 조합하여 해당 소스를 참조할 수 있습니다. 다음 단계에서 모델을 정의하겠습니다.

8.3.3 모델을 사용한 구조 변환 설명

dbt 모델은 SQL 쿼리 또는 파이썬 스크립트로 구성되며 이를 통해 미가공 데이터를 원하는 구조로 변환합니다. 이러한 모델을 정의하면 데이터 분석가와 엔지니어는 데이터 구조 변환 워크 플로를 일관된 방식으로 생성, 테스트, 문서화, 버전 관리까지 할 수 있습니다.

이제 첫 번째 구조 변환을 models/atp/matches.sql 파일에 생성하겠습니다. 코드 8.8에서 정의한 CSV 파일에서 모든 경기 데이터를 가져오되 w_ 또는 l_로 시작하는 컬럼은 모두 제외하겠습니다. 이 필드는 상세한 경기 데이터를 포함하고 있지만 이번 사용 사례에는 필요하지 않습니다. 그런 다음 쿼리의 출력을 Parquet 파일로 작성합니다. 전체 코드 조각은 다음 코드에서 확인할 수 있습니다.

코드 8.9 여러 쿼리를 사용하여 DuckDB에서 데이터 구조를 변환하는 dbt 모델 정의하기

```
{{ config(
    materialized='external',
    location='output/matches.parquet',
    format='parquet'      output 디렉터리에
) }}                      Parquet 파일을 출력합니다.
```

---

2 *https://github.com/JeffSackmann/tennis_atp*

```
WITH noWinLoss AS (
    SELECT COLUMNS(col ->
      NOT  regexp_matches(col, 'w_.*') AND
      NOT regexp_matches(col, 'l_.*')
    )
    FROM {{ source('github', 'matches_file') }}
)
SELECT * REPLACE (
    cast(strptime(tourney_date::VARCHAR, '%Y%m%d') AS date) as tourney_date
)
FROM noWinLoss
```

> DuckDB의 regexp_matches 함수를 사용하여 w_로 시작하는 컬럼을 필터링합니다.

> DuckDB의 regexp_matches 함수를 사용하여 l_로 시작하는 컬럼을 필터링합니다.

> 앞서 정의한 소스 데이터를 쿼리합니다.

> tourney_date 필드의 타입을 날짜형으로 변환합니다.

다음으로 dbt가 Parquet 파일을 작성할 수 있도록 출력 디렉터리를 생성하겠습니다.

```
mkdir output
```

앞서 정의한 파이프라인은 다음 단계를 실행합니다.

1. dbt가 GitHub에서 CSV 데이터를 가져옵니다.
2. DuckDB에 내용을 전달합니다.
3. SQL로 작성한 데이터 구조 변환을 실행합니다.
4. 결과를 Parquet으로 저장합니다.

다음과 같이 실행해 보겠습니다

```
dbt run
```

이 과정의 출력은 다음과 같습니다.

```
...
09:48:35  Found 1 model, 1 source, 0 exposures, 0 metrics, 351 macros,
0 groups, 0 semantic models
09:48:35
09:48:35  Concurrency: 1 threads (target='dev')
09:48:35
09:48:35  1 of 1 START sql external model main.matches_2023
-.......................... [RUN]
09:48:37  1 of 1 OK created sql external model main.matches_2023
-..................... [OK in 1.16s]
09:48:37
09:48:37  Finished running 1 external model in 0 hours 0 minutes
-and 1.20 seconds (1.20s).
```

```
09:48:37
09:48:37  Completed successfully
09:48:37
09:48:37  Done. PASS=1 WARN=0 ERROR=0 SKIP=0 TOTAL=1
...
```

모든 과정이 정상적으로 실행되었습니다. du 명령어로 출력 디렉터리에 생성된 Parquet 파일을 확인해 보겠습니다.

```
du -h output/*
```

```
144K    output/matches.parquet
```

이제 DuckDB CLI 세션을 열어 파일의 내용을 조사해 보겠습니다.

```
SELECT count(*) FROM 'output/matches.parquet';
```

```
┌─────────────┐
│ count_star()│      글을 쓰는 시점에는 2,986개의 기록이 보이지만,
│    int64    │      시합이 계속 추가되고 있어서 이 숫자가 더 클 수 있습니다!
├─────────────┤
│        2986 │
└─────────────┘
```

```
.mode line
FROM 'output/matches.parquet' LIMIT 1;
```

```
    tourney_id = 2023-9900
  tourney_name = United Cup
       surface = Hard
 tourney_level = A
  tourney_date = 2023-01-02
     match_num = 300
     winner_id = 126203
   winner_seed = 3
  winner_entry = NULL
   winner_name = Taylor Fritz
   winner_hand = R
     winner_ht = 196
    winner_ioc = USA
    winner_age = 25.1
      loser_id = 126610
    loser_seed = 5
   loser_entry = NULL
    loser_name = Matteo Berrettini
    loser_hand = R
      loser_ht = 196
     loser_ioc = ITA
```

```
        loser_age = 26.7
            score = 7-6(4) 7-6(6)
          best_of = 3
            round = F
          minutes = 135
      winner_rank = 9
winner_rank_points = 3355
        loser_rank = 16
 loser_rank_points = 2375
```

꽤 좋아 보입니다! 첫 번째 dbt 파이프라인을 성공적으로 작성했습니다. CSV 파일에서 데이터를 추출하고 일부 필드들을 제거한 후 결과를 Parquet 파일로 출력했습니다. 그런데 Parquet 파일에 저장된 데이터가 올바른지 어떻게 확인할 수 있을까요?

8.3.4 구조 변환과 파이프라인을 테스트하기

dbt 테스트는 데이터 품질과 일관성을 보장하기 위해 데이터 모델에 적용되는 단언문(assertion)입니다. 이러한 테스트를 정의하면 NULL 값, 중복 데이터, 참조 무결성 위반 등의 문제를 찾으면서 우리가 만든 변환을 검증할 수 있습니다.

테스트 정의를 둘 만한 장소 중 하나는 models/atp/에 위치한 schema.yml 파일이며, 이는 모델 파일과 같은 위치입니다. 이번 예제에서는 컬럼 몇 개에 대해서만 테스트를 생성했지만, 실제 운영 환경의 파이프라인에서는 모든 필드에 대해 변환이 제대로 수행되었는지 확인하는 테스트를 생성해야 합니다.

다음과 같은 단언문으로 테스트를 수행하겠습니다.

- tourney_id는 NULL이 아닙니다.
- winner_id는 NULL이 아닙니다.
- loser_id는 NULL이 아닙니다.
- surface는 NULL이 아니며 Grass, Hard, Clay 중 하나의 값만 가질 수 있습니다.

models/atp/schema.yml 파일을 생성하고 다음 코드의 내용을 입력합니다.

코드 8.10 데이터세트의 다양한 품질을 검증하는 dbt 스키마

```
version: 2

models:
  - name: matches
```

```
      description: "ATP tennis matches schema"
      columns:
        - name: tourney_id
          description: "The ID of the tournament."
          tests:
            - not_null
        - name: winner_id
          description: "The ID of the winning player."
          tests:
            - not_null
        - name: loser_id
          description: "The ID of the losing player."
          tests:
            - not_null
        - name: surface
          description: "The surface of the court."
          tests:
            - not_null
            - accepted_values:
                values: ['Grass', 'Hard', 'Clay']
```

모든 필드에 대해 테스트를 생성할 필요는 없습니다. 여러분의 사용 사례에 필요한
필드만 테스트하면 됩니다. 데이터가 불완전할 가능성이 있는 필드 또는 불완전해
도 상관없는 필드에 대해서는 테스트를 생성할 필요가 없습니다.

 모험심이 생긴다면 다른 필드에 대해서도 단언문을 추가해 보세요.

테스트를 실행하려면 다음 명령어를 입력합니다.

```
dbt test
...
10:57:39  Found 1 model, 5 tests, 1 source, 0 exposures, 0 metrics,
➡351 macros, 0 groups, 0 semantic models
10:57:39
10:57:39  Concurrency: 1 threads (target='dev')
10:57:39
10:57:39  1 of 5 START test accepted_values_matches_surface__Grass__Hard
➡Clay ....... [RUN]
10:57:39  1 of 5 PASS accepted_values_matches_surface__Grass__Hard__Clay
➡............. [PASS in 0.14s]
10:57:39  2 of 5 START test not_null_matches_loser_id
➡.............................. [RUN]
10:57:39  2 of 5 PASS not_null_matches_loser_id
➡.................................. [PASS in 0.12s]
10:57:39  3 of 5 START test not_null_matches_surface
```

```
-........................... [RUN]
10:57:39  3 of 5 PASS not_null_matches_surface
-........................... [PASS in 0.12s]³
10:57:39  4 of 5 START test not_null_matches_tourney_id
-........................... [RUN]
10:57:39  4 of 5 PASS not_null_matches_tourney_id
-........................... [PASS in 0.12s]
10:57:39  5 of 5 START test not_null_matches_winner_id
-........................... [RUN]
10:57:39  5 of 5 PASS not_null_matches_winner_id
-........................... [PASS in 0.12s]
10:57:39
10:57:39  Finished running 5 tests in 0 hours 0 minutes and 0.66
-seconds (0.66s).
...
```

지금까지 모든 과정이 정상적으로 진행되었습니다.

dbt에는 여러 가지 단언문이 기본으로 제공되지만, 경우에 따라 더 세밀한 테스트가 필요할 때도 있습니다. 예를 들어 `tourney_date` 컬럼의 값이 특정 범위 안에 있는지 테스트하고 싶을 수 있습니다.

더 세밀한 테스트를 위해서는 보다 다양한 단언문을 제공하는 dbt_expectations 같은 패키지를 설치해야 합니다. 프로젝트의 최상위 디렉터리에 packages.yml 파일을 생성한 후 다음 내용을 추가합니다.

```
packages:
  - package: calogica/dbt_expectations
    version: 0.10.1
```

다음 명령어를 실행하여 패키지를 설치합니다.

```
dbt deps
```

출력은 다음과 같습니다.

```
19:30:56  Running with dbt=1.6.7
19:30:56  Installing calogica/dbt_expectations
19:30:56  Installed from version 0.10.1
19:30:56  Up to date!
19:30:56  Installing calogica/dbt_date
19:30:57  Installed from version 0.10.0
19:30:57  Up to date!
```

---

3 (옮긴이 주) not_null_matches_surface 테스트 결과에서 FAIL이 발생한다면, matches.sql 마지막 줄에 WHERE surface IS NOT NULL를 추가하여 해결 가능합니다(코드 8.14 참조).

8.3 dbt를 사용한 데이터 구조 변환과 모델링   **227**

그런 다음 models/atp/schema.yml을 업데이트하여 **tourney_date**의 값이 2023년 1월 1일부터 2023년 12월 31일 사이인지 확인하는 단언문(assertion)을 추가합니다.

코드 8.11 코드 8.10에서 정의한 스키마에 테스트를 추가하기

```
models:
  - name: matches
      # 기존 내용은 유지해 주세요
    - name: tourney_date
      description: "Verify that the tournament started in 2023"
      tests:
        - dbt_expectations.expect_column_values_to_be_of_type:
            column_type: date
        - dbt_expectations.expect_column_min_to_be_between:
            min_value: "CAST('2023-01-01' AS DATE)"
            max_value: "CAST('2023-12-31' AS DATE)"
```

dbt test를 다시 실행하면 새 단언문이 감지되며 테스트 출력에서 확인할 수 있습니다.

8.3.5 모든 CSV 파일을 구조 변환하기

지금까지는 2023년 경기 데이터만 사용했지만, 1968년까지 거슬러 올라가는 CSV 파일 목록도 처리해야 합니다. 처음에는 실행 시간을 최소화하면서 스키마와 모델이 정상적으로 작동하는지 즉각적인 피드백을 얻기 위해 파일 하나만 처리했습니다.

먼저 models/atp/sources.yml에서 파이프라인의 데이터 소스를 변경해 보겠습니다. external_location 값을 변경하여 1968년부터 2023년까지의 연도를 반복하며 모든 CSV 파일에 대한 URL 목록을 생성하고 **read_csv_auto** 함수로 해당 파일을 읽도록 설정하겠습니다. 이 과정은 DuckDB가 단순히 저장소가 아니라 파이프라인에서 데이터 처리 도구로 사용되는 대표적인 예시입니다.

코드 8.12 파이프라인의 데이터 소스로 사용할 CSV 파일 목록을 계산하기

```
version: 2

sources:
  - name: github
    meta:
      external_location: >
        (FROM read_csv_auto(
```

```
        list_transform(
          range(1968, 2023),
          y -> 'https://raw.githubusercontent.com/JeffSackmann/
          ➥tennis_atp/master/atp_matches_' || y || '.csv'
        ),
        types={'winner_seed': 'VARCHAR', 'loser_seed': 'VARCHAR'}
      ))
    formatter: oldstyle
  tables:
    - name: matches_file
```

1968년부터 2023년까지의 모든 연도 목록을 생성합니다.

각 연도를 atp_matches_<year>.csv로 끝나는 URL로 변환합니다.

external_location 속성에서 사용되는 쿼리에 {} 문자를 사용할 수 있도록 이전 스타일 포매터를 사용해야 합니다

모두 완료했으면 dbt run을 다시 실행하여 새로운 Parquet 파일을 생성합니다. 새로 생성한 Parquet 파일의 내용을 빠르게 살펴보겠습니다.

```
SELECT count(*) FROM 'output/matches.parquet';
```

| count_star() |
int64
188934

이전보다 훨씬 더 많은 로우가 나온 것을 보니 정상적으로 작동했다고 가정할 수 있습니다. dbt test를 실행해서 우리가 작성한 단언문이 여전히 통과하는지 확인합니다.

```
12:58:05  Finished running 7 tests in 0 hours 0 minutes and 1.49
➥seconds (1.49s).
12:58:05
12:58:05  Completed with 3 errors and 0 warnings:
12:58:05
12:58:05  Failure in test accepted_values_matches_surface__Grass__Hard
➥Clay (models/atp/schema.yml)
12:58:05    Got 1 result, configured to fail if != 0
12:58:05
12:58:05    compiled Code at target/compiled/dbt_transformations/models/
➥atp/schema.yml/accepted_values_matches_surface__Grass__Hard__Clay.sql
12:58:05
12:58:05  Failure in test dbt_expectations_expect_column_min_to_be
➥between_matches_tourney_date__CAST_2023_12_31_AS_DATE___CAST_2023
➥01_01_AS_DATE_ (models/atp/schema.yml)
12:58:05    Got 1 result, configured to fail if != 0
12:58:05
12:58:05    compiled Code at target/compiled/dbt_transformations/models/
➥atp/schema.yml/dbt_expectations_expect_column_3a4294205f95862ee31c
➥ce05b1e1ebf7.sql
```

```
12:58:05
12:58:05  Failure in test not_null_matches_surface (models/atp/schema.yml)
12:58:05    Got 2937 results, configured to fail if != 0
12:58:05
12:58:05    compiled Code at target/compiled/dbt_transformations/models/
➥atp/schema.yml/not_null_matches_surface.sql
12:58:05
12:58:05  Done. PASS=4 WARN=0 ERROR=3 SKIP=0 TOTAL=7
```

음, 이번에는 아니네요. 세 가지 테스트가 실패했습니다.

- not_null_matches_surface—NULL인 surface가 있다는 의미입니다.
- accepted_values_matches_surface Grass Hard Clay—Grass, Hard, Clay가 아닌 surface들이 있다는 의미입니다.
- dbt_expectations_expect_column_min_to_be_between_matches_tourney_date CAST_2023_12_31_AS_DATECAST_2023_01_01_AS_DATE—2023년이 아닌 날짜를 가진 경기 데이터가 있다는 의미입니다.

surface 필드부터 디버그해 보겠습니다. 이 필드는 Grass, Hard, Clay 값만 있어야 하는데 현재 일부 NULL 값이 있습니다.

```
FROM 'output/matches.parquet' SELECT surface, count(*) GROUP BY ALL;
```

surface varchar	count_star() int64
Clay	67537
Carpet	20900
Hard	74814
Grass	22746
	2937

Carpet은 유효한 값처럼 보이지만 surface가 NULL인 로우가 약 3,000개 있습니다. schema.yml을 업데이트하여 Carpet을 유효한 값으로 추가하고 surface 값이 NULL 인 경기를 필터링하도록 matches.sql 모델을 업데이트하겠습니다.

또한 예측 가능했을 수도 있는 문제가 tourney_date 필드에서 발생했는데, 2023 년이 아닌 날짜가 포함되어 있습니다. 이는 우리가 이제 2023년 데이터만이 아니라 모든 연도의 데이터를 가져오고 있기 때문입니다. schema.yml을 업데이트하여

1967년 12월부터 2023년 12월까지의 날짜 범위를 허용하겠습니다. 수정된 mod-els/atp/schema.yml 파일은 다음과 같습니다.

코드 8.13 스키마에 상세 정보를 추가하기

```yaml
version: 2

models:
  - name: matches
    description: "ATP tennis matches schema"
    columns:
      - name: tourney_id
        description: "The ID of the tournament."
        tests:
          - not_null
      - name: winner_id
        description: "The ID of the winning player."
        tests:
          - not_null
      - name: loser_id
        description: "The ID of the losing player."
        tests:
          - not_null
      - name: surface
        description: "The surface of the court."
        tests:
          - not_null
          - accepted_values:
              values: ['Grass', 'Hard', 'Clay', 'Carpet']
      - name: tourney_date
        description: "The date when the tournament started"
        tests:
          - dbt_expectations.expect_column_values_to_be_of_type:
              column_type: date
          - dbt_expectations.expect_column_min_to_be_between:
              min_value: "CAST('1967-12-01' AS DATE)"
              max_value: "CAST('2023-12-31' AS DATE)"
```

> 이제 Carpet도 허용합니다.

다음 코드에서 확인하듯이 models/atp/matches.sql의 변환에는 이제 surface가 없는 모든 경기를 제외하는 WHERE 절이 추가로 포함됩니다.

코드 8.14 새로운 파일 중 일부에서 발생한 이상값을 처리하도록 변환을 업데이트하기

```
{{ config(
    materialized='external',
    location='output/matches.parquet',
    format='parquet'
```

```
) }}

WITH noWinLoss AS (
    SELECT COLUMNS(col ->
      NOT  regexp_matches(col, 'w_.*')
      AND NOT regexp_matches(col, 'l_.*')
    )
    FROM {{ source('github', 'matches_file') }}
)

SELECT * REPLACE (
    cast(strptime(tourney_date::VARCHAR, '%Y%m%d') AS date) as tourney_date
)
FROM noWinLoss
WHERE surface IS NOT NULL
```

> surface에서 NULL 값을 필터링하기

모델을 변경했으므로 먼저 dbt run으로 파이프라인을 다시 실행한 후 dbt test를 실행해서 모든 테스트를 통과하고 파이프라인이 처음부터 끝까지 정상적으로 작동하는지 확인해야 합니다. 처음에는 GitHub의 CSV 파일로 시작했지만, 이제 이를 Parquet 파일 하나로 변환했으며 이 과정에서 데이터 정리까지 완료했습니다.

> ✅ 다음 단계는 개발용 파이프라인과 함께 운영용 파이프라인을 설정하는 작업입니다. 두 환경의 설정은 거의 비슷하지만, 운영 환경에서는 로컬 파일 시스템이 아니라 S3 버킷에 Parquet 파일을 저장할 수도 있습니다. 이 과정은 여러분이 직접 실습해 볼 수 있는 연습 문제로 남겨 두겠습니다.

8.4 Dagster로 데이터 파이프라인을 오케스트레이션하기

지금까지 8장에서는 외부 소스에서 DuckDB로 데이터를 로드하거나 DuckDB를 사용하여 포맷 간에 데이터를 변환하는 도구를 배웠습니다. 이는 중요한 작업이지만, 데이터 파이프라인 퍼즐에서 중요한 한 조각이 여전히 빠져 있습니다. 즉, 변환 또는 수집 코드를 어떻게 트리거하거나 오케스트레이션할 수 있을까요?

오케스트레이션 도구가 없는 세상에서는 수동으로 스케줄링하고 실행하는 코드를 직접 작성해야 합니다. dbt 명령어를 실행하기 위해 cron 작업을 설정하고 dbt 작업(task)의 순서와 의존성을 관리하는 스크립트를 직접 작성해야 합니다.

다행히도 Airflow, Luigi, Kestra, Prefect, Dagster(8장에서 사용하는 도구) 같은 도구가 있습니다. 이들 도구는 이 절에서 살펴볼 데이터 파이프라인의 오케스트레이션을 제어합니다. 앞 절과 마찬가지로 GitHub 저장소(*https://mng.bz/x2og*)에 단계별로 구성한 파이프라인을 제공합니다.

Dagster는 클라우드 네이티브 환경에서 데이터 흐름을 모듈식 파이프라인으로 관리하고 구성하는 도구입니다. Dagster의 핵심 개념 중 하나는 (소프트웨어 정의) 애셋입니다. 애셋(asset)이란 테이블, 파일, 머신러닝 모델과 같은 영구 저장소 내의 객체를 의미합니다. 소프트웨어 정의 애셋은 특정 애셋이 존재해야 하는 이유와 이를 생성하고 업데이트하는 방법을 코드로 정의한 것입니다. 애셋은 데이터 처리 작업(job)의 일부이며 스케줄링될 수 있습니다.

dlt, dbt와 마찬가지로 Dagster도 파이썬으로 작성되었습니다. Dagster의 목표는 개발자가 파이썬 함수로 데이터 애셋을 정의함으로써 데이터 애셋의 생성, 배포, 모니터링과 같은 다양한 단계에서 데이터를 더 쉽게 다룰 수 있게 하는 것입니다. 이러한 함수들은 Dagster에 어떤 데이터 애셋을 생성하거나 업데이트할지, 그리고 해당 애셋이 어떤 의존성을 가지고 있는지를 알려줍니다. 파이썬 함수로 애셋을 정의하면 모든 의존성과 상호작용을 검증 가능한 코드로 표현할 수 있으며, 이는 구성 기반 도구에 비해 특히 개발자들에게 큰 장점이 됩니다. 다음 절에서는 실제 파이프라인을 활용하여 이러한 애셋 함수를 생성하는 방법을 살펴보겠습니다. Dagster는 데이터 계보(data lineage)와 데이터 출처(data provenance)를 특히 잘 지원하며, 이는 데이터 파이프라인에서 감사, 디버깅, 추적에 중요한 요소(aspect)를 제공합니다. Dagster에는 `dagster-duckdb`라는 DuckDB 통합을 제공하며, 이 절에서 이를 사용합니다.

앞 절의 테니스 데이터세트를 그대로 사용하지만, 이번에는 Parquet 파일을 생성하는 대신 DuckDB로 데이터를 로드하겠습니다. 테니스 경기 데이터를 로드하는 것뿐만 아니라 선수 프로필을 가져오고 pandas 데이터프레임에서 정적 데이터를 로드하는 방법도 살펴보겠습니다.

먼저 Dagster와 DuckDB를 사용하기 위한 주요 의존성부터 설치하겠습니다.

```
pip install dagster dagster-duckdb
```

또한 파이프라인 시각화에 사용할 수 있고 Dagster UI를 실행에도 필요한 `dagster-webserver`도 설치합니다.

```
pip install dagster-webserver
```

dagster-webserver 설치 시 발생 가능한 오류[4]

글을 쓰는 시점에서 dagster-webserver 패키지를 설치할 때 Dagster 서버가 종료되는 경우에
다음과 같은 오류를 볼 수 있습니다.

```
ImportError: cannot import name 'appengine' from
➥'requests.packages.urllib3.contrib'
....
    aise Exception(
Exception: dagster-webserver process shut down unexpectedly
➥with return code 1
```

이 오류가 발생하면 urllib3와 requests-toolbelt 의존성을 다음 버전으로 고정해야 합니다.

```
pip install urllib3==1.26.15 requests-toolbelt==0.10.1
```

8.4.1 애셋 정의하기

이제 필요한 의존성을 설치했으니 파이프라인을 생성할 준비가 되었습니다. atp 디
렉터리를 생성하고 다음 파일을 추가합니다.

- atp/__init__.py — 오케스트레이션 코드가 여기에 들어갑니다.
- atp/assets.py — 애셋 정의 코드가 여기에 들어갈 것입니다.

먼저 assets.py에 파이썬 함수 atp_matches_dataset를 생성하여 애셋부터 정의하겠
습니다. 이 함수는 atp_matches_*.csv 파일을 DuckDB의 matches 테이블에 로드합
니다.

 두 파일의 코드는 GitHub 저장소(*https://mng.bz/AdMg*)에서 복사할 수 있습니다.

파이썬 코드에서 연도 범위(1968년부터 2024년)를 기반으로 CSV URL 목록을 구성
한 다음 DuckDB 파이썬 API를 사용하여 CSV 파일을 DuckDB에 로드합니다. 데이
터를 로드하는 동안 tourney_date 컬럼을 날짜 타입으로 변환합니다.

---

4 (옮긴이 주) 번역하는 시점에서 dagster-webserver 설치 시 오류는 없었습니다.

코드 8.15 Dagster 파이프라인에서 처리할 첫 번째 애셋 정의하기

```
from dagster_duckdb import DuckDBResource
from dagster import asset


@asset
def atp_matches_dataset(duckdb_resource: DuckDBResource) -> None:
    base = "https://raw.githubusercontent.com/JeffSackmann/tennis_atp/master"
    csv_files = [                                    ┌─ CSV 파일 목록을
        f"{base}/atp_matches_{year}.csv"             │  구성합니다.
        for year in range(1968,2024)
    ]

    create_query = """
    CREATE OR REPLACE TABLE matches AS
    SELECT * REPLACE(
        cast(strptime(tourney_date::VARCHAR, '%Y%m%d') AS date) as tourney_date
    )                                       ┌─ CSV 파일을 DuckDB로
    FROM read_csv_auto($1, types={         │  가져옵니다.
      'winner_seed': 'VARCHAR',       ┌─ $1은 execute 함수에 전달된
      'loser_seed': 'VARCHAR',        │  첫 번째 매개변수를 의미하며,
      'tourney_date': 'STRING'        │  CSV 파일 목록입니다.
    })
    """                               ┌─ tourney_date를
                                      │  날짜 타입으로 변환합니다.

    with duckdb_resource.get_connection() as conn:
        conn.execute(create_query, [csv_files])    ┌─ CSV 파일 목록을
                                                   │  매개변수로 전달합니다.
```

다음으로 __init__.py에 **atp_matches_dataset**를 애셋으로 구성하고 DuckDB 데이터베이스가 생성될 위치를 지정합니다. 이 파일은 사용 가능한 라이브러리를 관리하고 작업(job)의 실행 시점을 결정하며 필요할 때 환경 정보를 사용합니다. 또한 우리의 애셋을 포함하는 작업을 생성하고 이를 1시간에 1번씩 실행하는 스케줄을 설정합니다.

코드 8.16 __init__.py에 Dagster 작업 정의하기

```
from dagster_duckdb import DuckDBResource

from dagster import (
    AssetSelection,
    ScheduleDefinition,
    Definitions,
    define_asset_job,
    load_assets_from_modules,
)
```

```
from . import assets
```
작업 정의
```
atp_job = define_asset_job("atp_job", selection=AssetSelection.all())
```

```
atp_schedule = ScheduleDefinition(
    job=atp_job,
    cron_schedule="0 * * * *",
)
```
1시간에 1번 실행되는 스케줄. cron 문법에 대한 기본 설명은
crontab.guru(*https://crontab.guru*)를 참조하세요.

Dagster는 @asset 애너테이션이
붙은 모든 함수를 가져옵니다.

```
all_assets = load_assets_from_modules([assets])
defs = Definitions(
    assets=all_assets,
    jobs=[atp_job],
    resources={"duckdb": DuckDBResource(
        database="atp.duckdb",
    )},
    schedules=[atp_schedule],
)
```
정의는 애셋, 작업, 리소스, 스케줄을
하나로 연결합니다.

Dagster가 실행되는 위치를 기준으로 한
DuckDB 데이터베이스의 상대 위치

8.4.2 파이프라인 실행하기

이제 dagster dev 명령어를 실행할 때 -m 플래그에 atp 디렉터리를 지정하여 정의
를 찾아 Dagster UI를 실행할 수 있습니다.

```
dagster dev -m atp
```

웹 브라우저에서 *http://localhost:3000*을 열면 그림 8.4처럼 우리가 정의한 작업,
스케줄, 애셋을 볼 수 있습니다.

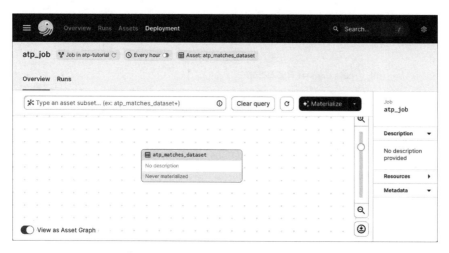

그림 8.4 Dagster UI의 초기 Dagster 작업과 애셋 그래프

화면 위에 Materialize 버튼을 클릭하여 파이프라인을 수동으로 실행할 수 있습니다. 실행하는 데 몇 초 정도 걸리지만, Refresh 버튼을 클릭하면 그림 8.5와 같이 우리의 애셋이 구체화(materialized)되었음을 볼 수 있습니다.

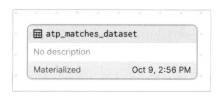

그림 8.5 Dagster의 데이터세트 상태가 구체화된 적 없음(never materialized)에서
구체화됨(materialized)으로 변경됩니다.

DuckDB 데이터베이스를 쿼리하여 경기 데이터(matches)가 성공적으로 로드되었는지 확인할 수 있습니다. 파이프라인을 구체화한 후에 Dagster가 데이터베이스를 계속 열어두거나 잠그지 않으므로 DuckDB 데이터베이스에 접근하기 전에 어떤 프로세스도 중지할 필요가 없습니다.

```
duckdb atp.duckdb "SELECT count(*) FROM matches"
```

 글을 쓰는 시점에는 데이터세트에 191920개의 경기 데이터가 포함되어 있지만 여러분이 이 예제 코드를 실행하는 시점에는 이 숫자가 증가했을 가능성이 큽니다. 0보다 크기만 하다면 아마도 가져오기가 제대로 작동한 것입니다!

이제 Dagster를 사용하여 약 200,000개의 테니스 경기 데이터를 성공적으로 DuckDB에 로드했습니다.

8.4.3 파이프라인에서 의존성 관리하기

지금까지는 테니스 경기 데이터만 가져왔습니다. 하지만 데이터베이스를 사용하는 애플리케이션에서는 경기에 참여한 테니스 선수에 대한 추가 데이터가 필요할 수 있으므로 이 데이터도 가져와야 합니다. 실제 선수 정보를 로드하는 작업은 파이프라인에서 추가적인 단계가 될 것입니다. 그런 다음 이미 생성한 matches 애셋과 새롭게 추가할 선수 애셋 간의 의존성을 설정하겠습니다.

이를 위해 파이썬 함수를 사용하여 assets.py에 애셋을 두 개 더 추가하겠습니다. 우선 `atp_players_dataset`를 추가하여 선수 데이터를 가져오겠습니다. 선수 정보는 atp_players.csv 파일에 포함되어 있습니다.

dob(생년월일) 컬럼의 값은 yyyymmdd 포맷이지만 일부 로우에서는 마지막 네 자리가 0000으로 되어 있습니다. 00은 유효한 월이나 일이 아니므로 기본값을 01로 설정한 후 strptime 함수를 사용하여 해당 값을 날짜 타입으로 강제 변환합니다. 우리가 추가하려는 애셋은 소스 데이터를 쿼리할 뿐만 아니라 구조 변환도 일부 수행합니다. 애셋은 다음 코드와 같이 정의되며 assets.py에 추가해야 합니다.

 첫 번째 단계와 마찬가지로 GitHub 저장소(*https://mng.bz/ZEn5*)에서 코드를 복사할 수 있습니다.

코드 8.17 외부 소스의 데이터를 변환하기 위해 DuckDB를 사용하는 Dagster 애셋

```
@asset
def atp_players_dataset(duckdb: DuckDBResource) -> None:
    base = "https://raw.githubusercontent.com/JeffSackmann/tennis_atp/master"
    csv_file = f"{base}/atp_players.csv"

    with duckdb.get_connection() as conn:
        conn.execute("""
        CREATE OR REPLACE TABLE players AS
        SELECT * REPLACE(
            CASE
                WHEN dob IS NULL THEN NULL
                WHEN SUBSTRING(CAST(dob AS VARCHAR), 5, 4) = '0000' THEN
                    CAST(strptime(
                        CONCAT(SUBSTRING(CAST(dob AS VARCHAR), 1, 4), '0101'),
                        '%Y%m%d'
                    ) AS date)
                ELSE
                    CAST(strptime(dob, '%Y%m%d') AS date)
            END AS dob
        )
        FROM read_csv_auto($1, types = {
            'dob': 'STRING'
        });
        """, [csv_file])
```

> NULL 날짜는 그대로 둡니다.

> 일부 날짜는 월과 일이 00으로 설정되어 있습니다. 이 코드는 이를 01로 설정하여 strptime 함수가 올바르게 파싱할 수 있게 합니다.

> strptime으로 올바른 포맷의 날짜를 파싱합니다.

> CSV 파일을 매개변수로 전달합니다.

atp_players.csv 파일에는 name_first와 name_last 컬럼이 있지만, 사용자가 더 쉽게 필터링할 수 있도록 두 필드를 연결한 name_full 컬럼을 players 테이블에 추가하려고 합니다.

이를 위해 방금 정의한 atp_players_dataset에 의존하는 새로운 애셋 atp_players_name_dataset를 추가하고 players 테이블에 name_full 컬럼을 추가합니다. name_full 컬럼은 공백으로 구분된 name_first와 name_last를 연결한 값으로 생성됩니다.

코드 8.18 기존 데이터를 구조 변환하는 Dagster 애셋

atp_players_dataset에 대한 의존성을 선언합니다.

```
@asset(deps=[atp_players_dataset])
def atp_players_name_dataset(duckdb: DuckDBResource) -> None:
    concatenate_query = """
    ALTER TABLE players ADD COLUMN name_full VARCHAR;
    UPDATE players
    SET name_full = name_first || ' ' || name_last
    """

    with duckdb.get_connection() as conn:
        conn.execute(concatenate_query, [])
```

name_first와 name_last 컬럼을 연결합니다.

atp_players_dataset에 대한 의존성을 생성한다는 것은 atp_players_dataset를 먼저 구체화하지 않고 atp_players_name_dataset를 구체화하려고 하면 Dagster가 경고를 표시하고 파이프라인 실행 시 Dagster가 애셋의 실행 순서를 의존성에 따라 정한다는 의미입니다. 이는 당연한데, players 테이블이 없다면 name_full 컬럼을 추가하라고 players 테이블을 업데이트할 수 없기 때문입니다! 이처럼 의존성을 갖는 애셋 운영 방식은 데이터 리팩터링, 정리(cleaning), 보강(augmentation)을 비롯한 많은 사용 사례에서 사용될 수 있으며 하나 이상의 애셋을 입력으로 받아 작업을 수행할 수 있습니다.

새로운 애셋을 확인하려면 dagster dev 명령어를 중지하고 다시 시작해야 합니다. 그렇게 하면 그림 8.6과 같은 애셋 그래프가 표시됩니다.

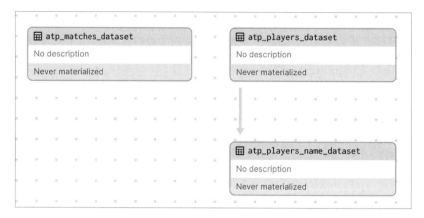

그림 8.6 선수 데이터가 포함된 Dagster 애셋 그래프

그런 다음 UI에서 모든 애셋을 구체화하는데, 터미널에서는 다음 명령어로 할 수 있습니다.

```
dagster job execute -m atp --job atp_job
```

이 명령어의 출력 중 일부는 다음과 같습니다.

```
atp_matches_dataset - STEP_START - Started execution of step
-"atp_matches_dataset".
atp_players_dataset - STEP_START - Started execution of step
-"atp_players_dataset".
atp_matches_dataset - STEP_SUCCESS - Finished execution of step
-"atp_matches_dataset" in 413ms.
atp_players_dataset - STEP_SUCCESS - Finished execution of step
-"atp_players_dataset" in 1.51s.
atp_players_name_dataset - STEP_START - Started execution of step
-"atp_players_name_dataset".
atp_players_name_dataset - STEP_SUCCESS - Finished execution of step
-"atp_players_name_dataset" in 49ms.
```

atp_matches_dataset와 atp_players_dataset 모두 즉시 실행을 시작하지만, atp_players_dataset에 의존성이 있는 atp_players_name_dataset는 해당 애셋이 완료된 후에 실행됩니다. 선수 데이터가 올바르게 로드되었는지 확인하려면 name_ 접두사가 있는 컬럼만 쿼리하면 됩니다.

```
duckdb atp.duckdb \
  "SELECT COLUMNS(col -> col LIKE 'name_%') FROM players LIMIT 5"
```

출력을 보면 각 레코드에 name_full 컬럼이 성공적으로 추가된 것을 확인할 수 있습니다.

name_first varchar	name_last varchar	name_full varchar
Gardnar	Mulloy	Gardnar Mulloy
Pancho	Segura	Pancho Segura
Frank	Sedgman	Frank Sedgman
Giuseppe	Merlo	Giuseppe Merlo
Richard	Gonzalez	Richard Gonzalez

atp_players_name_dataset 애셋은 외부 소스 데이터를 사용하지 않고 이미 저장소에 수집된 데이터를 변환했다는 점을 눈치챘을 수도 있습니다. Dagster는 애셋 내부에서 더 많은 변환도 수행할 수 있습니다. pandas와 같이 파이썬에서 사용 가능한 기능과 라이브러리를 모두 사용할 수 있습니다.

8.4.4 애셋에서의 고급 계산

6장에서 배운 것처럼 DuckDB는 pandas 데이터프레임을 쿼리할 수 있으며, 이 기능을 Dagster에서도 사용할 수 있습니다. 다음 애셋은 테니스 토너먼트 레벨 메타데이터를 제공하는 데이터프레임을 수집합니다.

> 테니스 토너먼트는 상금액과 획득 가능한 랭킹 포인트에 따라 분류됩니다. Grand Slam이 가장 가치 있는 토너먼트 카테고리이며, 그다음으로 Tour Finals, Masters 1000s, Other Tour Level, Challengers, ITFs순입니다.

이 예제가 시연에 가깝긴 하지만 pandas가 제공하는 다양한 통계 및 수치 기능을 활용하여 파이썬으로 할 수 있는 계산을 상상해 보세요. 파이썬 언어와 파이썬 기능을 활용하여 DuckDB와 Dagster 애셋을 통합한 덕분에 파이썬 개발자는 복잡한 계산과 처리를 데이터 파이프라인의 일부로 쉽게 수행할 수 있습니다.

다음 코드의 애셋을 assets.py에 추가해 보겠습니다.

코드 8.19 Dagster 애셋에서 새로운 값을 계산하여 새로운 데이터를 도출하기

```python
import pandas as pd

@asset
def atp_levels_dataset(duckdb: DuckDBResource) -> None:
    levels_df = pd.DataFrame({
        "short_name": [
            "G", "M", "A", "C", "S", "F"
        ],
        "name": [
            "Grand Slam", "Tour Finals", "Masters 1000s",
            "Other Tour Level", "Challengers", "ITFs"
        ],
        "rank": [
            5, 4, 3, 2, 1, 0
        ]
    })

    with duckdb.get_connection() as conn:
        conn.execute("""
        CREATE TABLE IF NOT EXISTS levels AS
        SELECT * FROM levels_df
        """)
```

업데이트된 애셋 그래프는 Dagster UI에서 그림 8.7과 같이 확인할 수 있습니다.

그림 8.7 메타데이터가 포함된 Dagster 애셋 그래프

그런 다음 명령줄에서 다시 한번 애셋을 구체화합니다.

```
dagster job execute -m atp --job atp_job
```

아래 코드로 레벨을 살펴보면

```
duckdb atp.duckdb "FROM levels"
```

데이터프레임의 수집이 올바르게 작동했음을 확인할 수 있습니다.

```
short_name |       name       | rank
  varchar  |     varchar      | int64
-----------|------------------|-------
G          | Grand Slam       |     5
M          | Tour Finals      |     4
A          | Masters 1000s    |     3
C          | Other Tour Level |     2
S          | Challengers      |     1
F          | ITFs             |     0
```

모두 정상적으로 작동하고 우리의 Dagster 파이프라인이 필요한 모든 데이터를 성공적으로 수집했지만, 현재 DuckDB 데이터베이스는 로컬 머신에만 저장되어 있습니다. 완전한 데이터 파이프라인이라면 데이터를 클라우드에 게시하여 애플리케이션이 클라우드에서 사용할 수 있어야 합니다.

8.4.5 MotherDuck에 업로드하기

새로 생성한 테니스 데이터베이스를 애플리케이션에서 사용할 수 있게 하려면 7장에서 배운 서비스인 MotherDuck에 업로드하기를 선택할 수 있습니다. Dagster를 사용한 파이프라인 오케스트레이션의 마지막 단계를 직접 시도해 보고 싶다면 MotherDuck 계정을 생성하고 셸에서 MotherDuck 토큰을 환경 변수로 설정해야 합니다. 7장에서 설명한 대로 로컬 데이터베이스를 MotherDuck에 게시하여 공유하거나 데이터를 클라우드 인스턴스로 직접 전송할 수 있습니다.

여기서는 설명을 간결하게 하려고 로컬 DuckDB 데이터베이스에 저장하는 대신 데이터를 MotherDuck에 직접 게시하는 데 필요한 변경사항에 집중하겠습니다. atp/__init__.py를 열고 defs 변수로 이동하여 다음과 같은 내용을 확인해 봅시다.

코드 8.20 atp/__init__.py 내부의 Dagster 작업에 새로운 정의 추가하기

```python
defs = Definitions(
    assets=all_assets,
    jobs=[atp_job],
    resources={"duckdb": DuckDBResource(
        database="atp.duckdb",
    )},
    schedules=[atp_schedule],
)
```

파이프라인을 MotherDuck에 업로드하려면 데이터베이스 문자열을 MotherDuck 문법에 맞게 변경해야 합니다. 다음 코드처럼 MotherDuck 토큰도 제공해야 합니다.

코드 8.21 DuckDB 저장소의 위치를 MotherDuck으로 변경하기

```
import dotenv ───────  CLI에서 실행할 때만 필요합니다.
import os              Dagster UI는 .env 파일에 정의된
dotenv.load_dotenv()  속성을 자동으로 가져옵니다.

mduck_token = os.getenv("motherduck_token")

defs = Definitions(
    assets=all_assets,
    jobs=[atp_job],
    resources={"duckdb": DuckDBResource(
        database=f"md:md_atp_db?motherduck_token={mduck_token}",
        schema="main"  ─────  MotherDuck의
    )},                       md_atp_db 데이터베이스에
    schedules=[atp_schedule], 연결합니다.
)
```

이제 atp_job을 실행하면 데이터가 md_atp_db라는 이름의 데이터베이스로 Mother-Duck에 업로드됩니다. 먼저 필요한 토큰을 셸로 내보냈는지 확인하세요:[5]

```
dagster job execute -m atp --job atp_job
```

작업이 완료되면 *https://app.motherduck.com*의 MotherDuck UI에서 데이터베이스가 생성되었는지 확인할 수 있습니다. 그림 8.8과 비슷한 화면이 표시됩니다.

```
∨  🗄 md_atp_db
    ∨  🔲 main
        >  ⊞ levels
        >  ⊞ matches
        >  ⊞ players
```

그림 8.8 MotherDuck의 ATP 데이터세트

---

5 (옮긴이 주) MotherDuck에서 미리 md_atp_db라는 이름의 데이터베이스를 생성해 놓고 Materialize 혹은 dagster job execute를 실행해야 정상적으로 작동했습니다.

Dagster는 데이터 로딩과 변환을 오케스트레이션하고 추가 정보를 계산하는 역할
도 수행했습니다. 마지막 단계로 결과 데이터를 클라우드 데이터 저장소에 게시하
여 제품 개발에 활용할 준비도 마쳤습니다. 9장에서는 이를 기반으로 제품을 구축
할 것입니다.

요약

- 데이터 파이프라인을 활용하면 데이터를 자동화된 방식으로 일관성 있게 로드
  하고 변환할 수 있습니다.
- DuckDB는 dlt, dbt, Dagster 같은 다양한 데이터 파이프라인 도구에 쉽게 통합
  할 수 있습니다.
- DuckDB는 데이터 파이프라인에서 데이터 로딩, 변환, 저장 등 다양한 역할을
  수행할 수 있습니다.
- 데이터 변환과 필터링은 SQL과 파이썬 API를 모두 활용하여 수행할 수 있습
  니다.
- CSV 파일 및 기타 형식의 원본 데이터뿐만 아니라 pandas 데이터프레임에서도
  원격으로 데이터를 로드할 수 있습니다.
- 데이터 파이프라인에 파이썬을 사용하면 강력한 변환과 계산이 가능합니다.
- 의존성을 선언하면 파이프라인에서 작업 순서를 효과적으로 오케스트레이션할
  수 있습니다.
- MotherDuck은 클라우드 환경에서 DuckDB 데이터를 저장하기에 적합한 목적
  지입니다.

9장

데이터 앱 구축 및 배포

☑ **9장에서 다루는 내용**

- Streamlit을 사용한 인터랙티브 웹 애플리케이션 구축
- Streamlit Community Cloud를 사용한 Streamlit 애플리케이션 배포
- Plot.ly를 사용한 인터랙티브 차트 렌더링
- Apache Superset을 사용한 비즈니스 인텔리전스 대시보드 생성
- Apache Superset을 사용한 사용자 정의 SQL 쿼리로 차트 생성

8.4절에서는 데이터를 로컬 DuckDB 데이터베이스와 MotherDuck에서 실행 중인 데이터베이스로 수집하는 파이프라인을 구축하는 방법을 배웠습니다. 많은 데이터 분석가가 DuckDB에서 SQL 쿼리로 데이터를 다루는 방식을 선호하지만, 일부 사용자는 코드를 작성하지 않고 데이터를 조회할 수 있는 인터페이스를 선호합니다. 이러한 사용자에게 가치를 제공하기 위해 SQL 쿼리나 관계형 파이썬 API와 같이 지금까지 학습한 다양한 방법을 활용하여 DuckDB에서 정보를 검색하는 애플리케이션을 만들려고 합니다. 또한 이러한 과정을 여러분이 이해하고 의미 있게 받아들일 수 있도록 구성하는 것도 중요한 목표입니다.

일부 데이터세트는 표 형식으로 표현할 수 있지만, 대부분의 경우 데이터를 차트로 시각화하고 요약하는 것이 더 유용합니다. 이렇게 하면 데이터 접근이 보다 쉬워지며 사용자가 질문에 답하고, 인사이트를 도출하며, 의사결정을 지원할 수 있습니다. 이는 데이터 기반 사용 사례에 매우 중요합니다. 그러나 데이터세트의 의미를 왜곡하지 않는 이상적인 차트를 만드는 법은 별도의 책에서 다룰 주제입니다. 여기서는 기술적인 측면에 초점을 맞추고 접근성 있는 프런트엔드를 구축하기 위

해 기존 도구와 DuckDB를 어떻게 통합하는지 살펴보겠습니다. 먼저 Streamlit으로 최종 사용자 대상 애플리케이션을 만들고 이후에 Apache Superset으로 비즈니스 인텔리전스(BI) 대시보드를 만듭니다. 인터랙티브 애플리케이션이 일반적으로 미리 만들어진 보고서에 중점을 두고 해당 보고서의 필터링에 대한 상호작용을 제한하는 반면 *BI 대시보드*는 다양한 데이터 소스를 통합하여 전체적인 개요를 제공하며 주로 원시 숫자 데이터가 아닌 전용 차트를 기반으로 정보를 시각화합니다.

9.1 Streamlit으로 맞춤형 데이터 앱 구축하기

이미 5장과 8장에서 국제 남자 프로 테니스 협회(ATP) 데이터를 다루었습니다. 5장에서는 여러 CSV 소스의 ATP 순위를 테이블 하나로 집계했고 최종적으로는 Parquet 파일 하나로 만들었습니다. 이후 8장에서는 데이터 파이프라인의 일부로 웹 리소스에서 선수 데이터를 가져왔습니다. 최종적으로 그림 9.1에서 보듯이 모든 데이터를 DuckDB 데이터베이스에 저장했습니다.

지금 배운 내용을 통해 데이터베이스 사용 방법을 알게 되었지만, 모든 사용자가 그렇지는 않습니다. 사용자는 SQL을 모르거나 데이터베이스에 직접 접근하지 못할 수도 있습니다. 애플리케이션을 활용하면 사용자가 데이터를 탐색하면서 구조

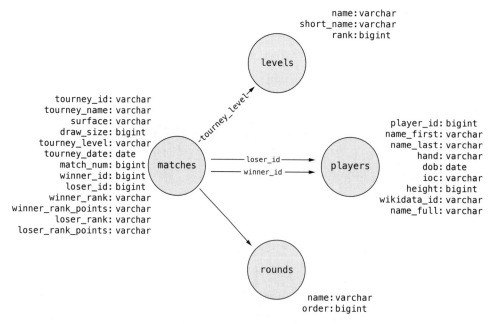

그림 9.1 ATP 데이터베이스 스키마

를 이해할 수 있도록 도울 수 있으며 인터랙티브 필터와 유용한 시각화를 결합하여 보다 직관적인 경험을 제공할 수 있습니다. 이를 위해 애플리케이션을 직접 만들어 보겠습니다. 우리의 목표는 사용자가 선수 간 전적(head-to-head statistics)을 검색하고 분석할 수 있는 플랫폼을 제공하는 것입니다. 인터랙티브 웹 인터페이스 구축에는 Streamlit을 사용합니다. 그리고 모든 데이터베이스 작업은 당연히 DuckDB를 사용하여 처리합니다. 이 실습을 통해 Streamlit과 DuckDB를 결합하여 단순성과 배포 용이성에 중점을 둔 데이터 앱을 개발하는 방법을 배우게 될 것입니다.

9.1.1 Streamlit이란?

*Streamlit*은 파이썬만을 사용하여 인터랙티브 웹 앱을 만들 수 있는 라이브러리입니다. 즉, 자바스크립트 기반 프런트엔드 라이브러리나 프레임워크에 대한 지식이 필요하지 않습니다. 보통 풀스택 엔지니어가 아닌 데이터 엔지니어, 데이터 과학자, 백엔드 개발자에게 Streamlit은 데이터 기반 애플리케이션을 빠르게 프로토타이핑하고 구축하는 좋은 방법을 제공합니다. 데이터와 BI 영역에서 흔히 사용하는 로우코드 기반의 비주얼 빌더 같은 시각화 도구와 달리, Streamlit은 코드 우선(code-fist) 방식의 도구입니다. 파이썬과 pandas, scikit-learn, matplotlib, DuckDB와 같이 이미 익숙한 도구와 라이브러리를 사용하여 앱을 작성할 수 있습니다. 이러한 이유로 Streamlit은 데이터나 머신러닝(ML) 앱을 위한 프런트엔드를 만드는 데 특히 유용합니다. 또한 Snowflake Inc.(Streamlit 개발사)에서 제공하는 Streamlit 커뮤니티 클라우드에서 사용자는 앱을 무료로 배포하고 관리할 수 있습니다.

9.1.2 앱 구축하기

Streamlit은 파이썬 패키지로 제공되므로 먼저 터미널에서 이를 설치해야 합니다.

```
pip install streamlit
```

아직 설치하지 않았다면 DuckDB 파이썬 패키지도 설치해야 합니다.

```
pip install duckdb
```

Streamlit은 애플리케이션의 기본 구조(skeleton)를 생성하지 않습니다. 대신 캔버스 역할을 하는 애플리케이션을 파이썬 스크립트로 만들고 여기에 차트, 텍스트,

위젯, 테이블 등을 배치합니다. 이제 시작해 보겠습니다. app.py 파일을 생성하고 다음 코드를 추가하세요. 이 코드는 Streamlit을 실행할 때 넓은 레이아웃과 제목을 렌더링하여 표시합니다.

코드 9.1 최소 Streamlit 앱 작성하기

```
import streamlit as st

st.set_page_config(layout="wide")
st.title("ATP Head to Head")
```

터미널로 돌아가서 다음 명령어로 앱을 실행합니다. 스크립트를 실행하면 로컬 Streamlit 서버가 즉시 시작되며 기본 웹 브라우저의 새 탭에서 앱이 열립니다.

```
streamlit run app.py
```

터미널에서 다음과 같은 출력이 표시됩니다.

```
You can now view your Streamlit app in your browser.

  Local URL: http://localhost:8501
  Network URL: http://192.168.86.207:8501
```

그림 9.2에서 초기 페이지를 확인할 수 있습니다.

그림 9.2 초기 Streamlit 앱

아직까지는 그다지 흥미롭지 않지만, 이렇게 시작하면 됩니다!

다음으로 8.4절에서 만든 **atp.duckdb** 데이터베이스를 Streamlit 앱에 연결하겠습니다. 이 데이터베이스는 책의 GitHub 저장소(*https://mng.bz/RZDD*)에서도 찾을 수 있습니다.

다음 코드 조각은 app.py 스크립트의 일부로 DuckDB 파이썬 패키지를 가져오고 6장에서 설명한 대로 **atp.duckdb** 데이터베이스에 연결하는 역할을 합니다. 데이터를 변경할 의도가 없으므로 데이터베이스를 읽기 전용 모드로 엽니다.

```
import duckdb

atp_duck = duckdb.connect('atp.duckdb', read_only=True)
```

이 설정은 클라이언트-서버 기반 데이터베이스 배포와는 다르다는 점을 기억하세요. 데이터베이스는 Streamlit 애플리케이션과 동일한 프로세스에 내장되어(em-bedded) 실행됩니다. 결과적으로 렌더링되는 프런트엔드는 원격 데이터베이스 연결이 필요하지 않습니다.

다음으로 search_players 함수를 애플리케이션 내에 생성하여 matches 테이블에서 선수 이름을 검색하도록 하겠습니다. 이 함수는 검색어를 입력받아 이를 쿼리 문자열의 일부로 사용하여 8장에서 채운 matches 테이블에서 해당하는 레코드를 찾습니다. 이 쿼리는 winner_name 또는 loser_name 컬럼에 검색어가 포함된 모든 로우를 찾습니다. 두 WHERE 절에서 우리는 컬럼에 부여된 별칭(alias)을 참조할 수 있다는 점을 활용합니다. 코드 9.2에서 보듯이 매개변수화된 쿼리를 사용하는 준비된 문장(*https://mng.bz/2K29*)에 검색어를 명명된 매개변수로 전달해서 SQL 인젝션 가능성을 피합니다(SQL 인젝션을 피하는 방법에 대해서는 6.2.3장에서 자세히 다루었습니다).

코드 9.2 준비된 문장을 사용하는 함수

```
def search_players(search_term).
    query = '''
    SELECT DISTINCT winner_name AS player
    FROM matches
    WHERE player ilike '%' || $search_term || '%'
    UNION
    SELECT DISTINCT loser_name AS player
    FROM matches
    WHERE player ilike '%' || $search_term || '%'
    '''
    values = atp_duck.execute(query, {"search_term":search_term}).fetchall()
    return [value[0] for value in values]
```

Streamlit은 데이터를 다양한 형태로 출력하는 데 중점을 둡니다. 이를 위해 리스트, 맵, 데이터프레임 등 여러 형식을 지원합니다. 다음 코드와 같이 streamlit

```
▼ [
    0 : "Novak Djokovic"
    1 : "Dennis Novak"
    2 : "Jiri Novak"
  ]
```

그림 9.3 search_players 함수를 매개변수 Novak으로 호출한 결과

패키지에서 가져온 st 인스턴스를 사용하여 search_players 함수의 결과를 출력합니다. 이렇게 생성된 HTML은 그림 9.3과 같습니다.

```
st.write(search_players("Novak"))
```

지금까지 특정 선수가 출전한 경기 목록을 표시하는 간단하지만 완전히 기능하는 페이지를 만들었습니다. 이제 이를 바탕으로 사용자가 인터랙티브하게 데이터를 탐색할 수 있도록 확장할 수 있습니다.

9.1.3 Streamlit 컴포넌트 사용하기

앱에서 특정 선수의 경기만 보여준다면 매우 지루하겠죠. 이제 검색어를 입력할 수 있는 필드를 만들어 보겠습니다.

Streamlit은 컴포넌트 단위로 생각합니다. 클라이언트 측 상호작용을 위한 개별 HTML 조각과 JavaScript 코드를 작성하는 대신 사용할 컴포넌트를 선언하고 매개변수를 설정하면 컴포넌트가 웹 페이지에 필요한 부분을 렌더링합니다. 이러한 컴포넌트 중 하나가 streamlit-searchbox입니다. 이는 m-wrzr/streamlit-searchbox[1]로 GitHub에 라이브러리로 게시되어 있으며 자동 완성과 같이 사용자가 일반적으로 기대하는 모든 기능을 제공합니다.

터미널에서 다음 명령어를 실행하여 streamlit-searchbox를 설치할 수 있습니다.

```
pip install streamlit-searchbox
```

설치가 완료되면 파이썬 코드에서 st_searchbox를 가져오겠습니다.

---

1 *https://github.com/m-wrzr/streamlit-searchbox*

```
from streamlit_searchbox import st_searchbox
```

그런 다음 이 함수로 검색 상자를 두 개 만들고 기본 선택값을 로저 페더러(Roger Federer)와 라파엘 나달(Rafael Nadal)로 설정하겠습니다. 2단 레이아웃(two-col-umn-wide layout)을 만들기 위해 HTML을 직접 작성한다고 고민하지 않아도 됩니다. Streamlit에 요청만 하면 됩니다. 파이썬 키워드 with를 사용하면 해당 레이아웃에 컴포넌트가 자동으로 배치됩니다. left와 right 변수를 미리 정의한 상태에서 두 개의 범위에 컴포넌트가 각각 배치되게 합니다. 이러한 범위 내에 생성된 검색 상자에는 각각 Player 1과 Player 2 레이블이 붙으며 기본값으로 서로 다른 선수 이름이 표시됩니다.

하지만 가장 중요한 부분은 st_searchbox의 첫 번째 인수이며, 이는 다음 코드에 정의된 실제 search_players 함수입니다. 사용자가 렌더링된 검색 상자의 내용을 수정하면 이 함수가 호출됩니다. app.py에 다음 코드를 추가하세요.

코드 9.3 파이썬으로 Streamlit 컴포넌트를 매개변수화하기

```
left, right = st.columns(2)        ← 페이지에 2단 컬럼을
with left:                            생성합니다.
    player1 = st_searchbox(search_players,
        label="Player 1",
        key="player1_search",       ← 검색 상자 컴포넌트를 생성하고
        default="Roger Federer",        search_players를 데이터 소스로
        placeholder="Roger Federer"     사용합니다.
    )
with right:
    player2 = st_searchbox(search_players,
        label="Player 2",
        key="player2_search",
        default="Rafael Nadal",
        placeholder="Rafael Nadal"
    )
```

브라우저로 돌아가면 UI가 그림 9.4와 같은 모습이어야 합니다.

그림 9.4 기본값이 설정된 검색 상자로 렌더링된 Streamlit 컴포넌트

검색 상자 컨트롤은 이미 완벽하게 작동합니다. *Murr*를 입력하여 *Andy Murray*를 검색하는 순간 내부에서 search_players 함수가 호출되며 결과가 UI에 반영됩니다. 직접 해보면 그림 9.5와 같이 표시됩니다. 결과를 클릭하는 순간 해당 값이 player1 변수에 할당되며, 이는 컴포넌트와 렌더링된 검색 상자를 동시에 나타냅니다.

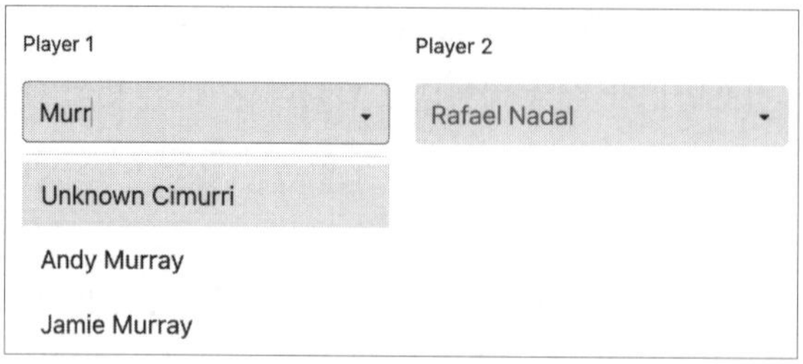

그림 9.5 앤디 머레이(Any Murray) 검색하기

지금까지 데이터베이스에서 선수 이름을 검색하고 이를 스크립트의 변수에 할당할 수 있었습니다. 선수 목록 조회도 좋지만, 사용자가 실제로 원하는 정보는 아닐 가능성이 큽니다. 사용자는 아마도 선택한 두 선수 간의 모든 경기 기록과 함께 해당 경기가 열린 토너먼트의 수준과 진행된 라운드에 대한 정보가 포함된 보고서를 보고 싶어 할 것입니다.

Streamlit을 사용하면 추가 코딩 없이 pandas 데이터프레임을 인터랙티브 테이블로 렌더링할 수 있습니다. 6장에서 배웠듯이 DuckDB는 데이터프레임을 기본으로 지원합니다. 두 선수 이름을 매개변수로 받아 matches 테이블에서 원하는 정보를 검색하고, DuckDB의 fetchdf 메서드를 사용하여 데이터프레임 형태로 결과를 반환하는 쿼리를 작성할 수 있습니다. 파이썬 코드는 다음과 같습니다.

코드 9.4 데이터베이스 쿼리 실행 및 데이터프레임 반환

```
matches_for_players = atp_duck.execute("""      각 경기에 대한 경기, 대회 수준,
SELECT                                          라운드 메타데이터를 반환합니다.
    tourney_date,tourney_name, surface, round,
    rounds.order AS roundOrder,
    levels.name AS level, levels.rank AS levelRank,
    winner_name, score                          대회의 수준을 얻기 위해
FROM matches                                    levels 테이블을 경기와 조인합니다.
JOIN levels ON levels.short_name = matches.tourney_level
JOIN rounds ON rounds.name = matches.round      경기의 라운드 메타데이터를 얻기 위해
WHERE (loser_name  = $player1 AND winner_name = $player2) OR   rounds 테이블을 조인합니다.
```

```
        (loser_name  = $player2 AND winner_name = $player1)
ORDER BY tourney_date DESC
""", {"player1":player1, "player2":player2}).fetchdf()
```

> player1과 player2를 매개변수로 전달하고 데이터프레임을 반환합니다.

먼저 선수 이름과 승리 횟수를 보여주는 경기 목록에 제목을 추가해 보겠습니다. 승리 횟수는 matches_for_player에서 winner_name이 각 선수의 이름과 일치하는 로우를 필터링하여 계산할 수 있습니다. 다음 코드 조각에서는 Streamlit에 세 개의 컬럼 세트를 정의하라고 지시합니다. 바깥쪽 컬럼은 선택한 선수들의 이름을 검색 상자 바깥에 표시하고, 가운데 컬럼은 경기 결과를 표시하도록 구성합니다.

```
left, middle, right = st.columns(3)
with left:
    st.markdown(
        f"<h2 style='text-align: left; '>{player1}</h1>",
        unsafe_allow_html=True
    )
with right:
    st.markdown(
        f"<h2 style='text-align: right; '>{player2}</h1>",
        unsafe_allow_html=True
    )

p1_wins = matches_for_players[
    matches_for_players.winner_name == player1].shape[0]
p2_wins = matches_for_players[
    matches_for_players.winner_name == player2].shape[0]

with middle:
    st.markdown(
        f"<h2 style='text-align: center; '>{p1_wins} vs {p2_wins}</h1>",
        unsafe_allow_html=True
    )
```

> 세 개의 컬럼이 있는 컨테이너를 생성합니다.

> 첫 번째 선수의 이름을 렌더링합니다.

> 이는 WHERE 절 내부의 필터 조건에 해당합니다.

> player1의 승리 횟수를 계산합니다.

> player2의 승리 횟수를 계산합니다.

> 이는 선수별 승리 횟수를 렌더링합니다. 커스텀 마크다운을 사용하므로 보기 좋게 스타일이 적용됩니다!

📦 **마크다운**

마크다운(Markdown)은 일반 텍스트 포매팅 문법을 가진 경량 마크업 언어로 읽고 쓰기 쉽게 설계되었습니다. 이 마크업은 구조적으로 유효한 HTML로 변환됩니다. 일반적으로 README 파일의 문서 형식을 지정하는 데 사용되지만, Streamlit에서도 markdown 함수를 통해 지원됩니다.

이 경우 선수 이름과 승리 횟수를 렌더링하기 위해 왼쪽, 오른쪽, 가운데 정렬된 세 개의 제목을 생성하고 마크다운 내부에 사용자 정의 스타일이 적용된 HTML을 포함하여 사용하고 있습니다. 그래서 이러한 HTML을 포함하려면 unsafe_allow_html=True를 설정해야 합니다.

이제 이 데이터프레임을 페이지에 렌더링해 보겠습니다. 데이터프레임에서 round
Order, level, levelRank 필드를 제거하겠습니다. 이 필드들은 페이지에서 지나치
게 복잡해 보이기 때문입니다. 나중에 유용하게 사용되지만, 지금 당장은 필요하지
않습니다.

```
st.markdown(f'### Matches')
st.dataframe(
    matches_for_players.drop(["roundOrder", "level", "levelRank"], axis=1)
)
```

데이터베이스 쿼리 실행, 데이터프레임 요청, 렌더링한 결과는 그림 9.6에 표시되
어 있습니다. 사용자가 다른 선수 조합을 선택하면 내용이 자동으로 새로고침됩
니다.

Andy Murray　　　　8 vs 17　　　　Rafael Nadal

Matches

	tourney_date	tourney_name	surface	round	winner_name	score
0	2016-05-02 00:00:00	Madrid Masters	Clay	SF	Andy Murray	7-5 6-4
1	2016-04-11 00:00:00	Monte Carlo Masters	Clay	SF	Rafael Nadal	2-6 6-4 6-2
2	2015-11-15 00:00:00	Tour Finals	Hard	RR	Rafael Nadal	6-4 6-1
3	2015-05-03 00:00:00	Madrid Masters	Clay	F	Andy Murray	6-3 6-2
4	2014-05-26 00:00:00	Roland Garros	Clay	SF	Rafael Nadal	6-3 6-2 6-1
5	2014-05-11 00:00:00	Rome Masters	Clay	QF	Rafael Nadal	1-6 6-3 7-5
6	2012-03-21 00:00:00	Miami Masters	Hard	SF	Andy Murray	W/O
7	2011-10-03 00:00:00	Tokyo	Hard	F	Andy Murray	3-6 6-2 6-0
8	2011-08-29 00:00:00	US Open	Hard	SF	Rafael Nadal	6-4 6-2 3-6 6-2
9	2011-06-20 00:00:00	Wimbledon	Grass	SF	Rafael Nadal	5-7 6-2 6-2 6-4

그림 9.6 앤디 머레이와 라파엘 나달 간의 경기들

모든 항목이 정상적으로 표시되며 이제 머레이와 나달의 경기를 자유롭게 탐색할
수 있습니다. 표 형태의 경기 데이터에 만족하는 사람도 있겠지만, 시각적으로 표
현된 데이터를 더 선호하는 사람도 있을 것입니다.

9.1.4 plot.ly를 사용한 데이터 시각화

훌륭한 차트는 데이터 중심 애플리케이션과 대시보드에서 중요한 요소이지만, 기술적 측면과 내용 측면 모두에서 뛰어난 차트를 만드는 일은 쉽지 않습니다. 하지만 처음부터 새로 만들 필요는 없습니다. 상용 및 오픈 소스 라이선스에서 사용할 수 있는 차트와 다이어그램을 렌더링할 수 있는 다양한 솔루션이 이미 준비되어 있습니다.

우리가 가장 좋아하는 인터랙티브 시각화 라이브러리 중 하나는 plot.ly(*https://plotly.com/*)입니다. plot.ly는 사용자에게 직관적인 API를 제공하며 사용자가 시각적으로 매력적인 차트와 다이어그램을 만들 수 있게 해주는 데이터 시각화 도구입니다. Streamlit은 plot.ly 차트 사용을 직접 지원합니다.

터미널에서 다음을 실행하여 plot.ly를 설치합니다.

```
pip install plotly
```

다음으로 app.py로 `plotly.express`를 가져옵니다. 이 모듈은 차트를 빠르게 생성하는 데 유용합니다.

```
import plotly.express as px
```

우리가 구상하는 시각화는 산점도로 *y*축에는 토너먼트 이름(대회가 열린 월과 일 순으로 정렬), *x*축에는 경기 날짜를 배치할 것입니다. 차트의 각 점은 경기를 나타내며, 우승자는 색상으로 구분합니다.

먼저 해야 할 일은 대회가 열린 월과 일 기준으로 토너먼트를 정렬한 새 데이터 프레임을 생성하는 것입니다. 데이터 정렬에는 DuckDB의 `strftime` 함수를 사용합니다.

```
sorted_matches_for_players = atp_duck.sql("""
FROM matches_for_players
ORDER BY strftime(tourney_date, '%m-%d')    ← 경기를 월과 일 기준으로
                                               정렬합니다.
""").fetchdf()
```

그런 다음 `sorted_matches_for_players`를 기반으로 산점도를 생성하는데, 점의 크기는 선수들이 경기한 라운드의 중요도에 따라 결정합니다.

```
fig = px.scatter(sorted_matches_for_players,
    x="tourney_date",
    y="tourney_name",
    color="winner_name",
    size="roundOrder",
    color_discrete_sequence=px.colors.qualitative.Plotly,
    category_orders={
        "tourney_name": (
            sorted_matches_for_players['tourney_name']
            .drop_duplicates()
            .tolist()
        )
    },
)
```

> 점에 사용된 색상입니다. 기본값은 두 가지 연한 파란색인데, 인쇄물에서는 구별하기 어렵다고 생각합니다. 색상 옵션에 대해서는 *https://plotly.com/python/discrete-color*를 참조하기 바랍니다.

> plot.ly가 토너먼트 이름을 재정렬하지 않도록 합니다.

그런 다음 Streamlit의 기본 제공 지원을 활용하여 plot.ly 차트를 렌더링합니다.

```
st.plotly_chart(fig, use_container_width=True)
```

 Streamlit은 Altair, Bokeh, PyDeck 등 다른 데이터 시각화 도구로 만든 차트를 렌더링하는 함수도 제공합니다.

결과 차트는 그림 9.7에 나와 있습니다.

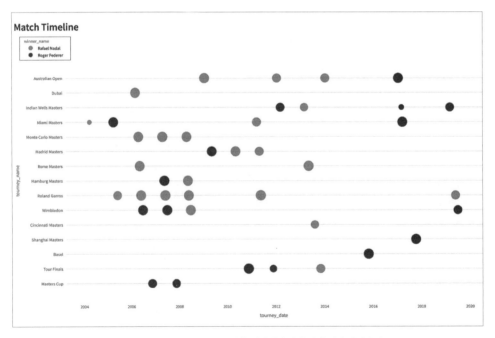

그림 9.7 plot.ly 산점도로 시각화한 머레이와 나달 간의 경기 타임라인

이제 차트가 상당히 보기 좋아졌지만, 경기가 열린 연도를 더 쉽게 구별할 수 있는 그리드가 필요합니다. 최소 연도와 최대 연도를 계산하여 각 연도마다 세로선을 그리면 됩니다.

```
min_year = sorted_matches_for_players['tourney_date']
    .dt.year.min()                                      ─── 두 선수 간 경기에서
                                                            최소 연도를 계산합니다.
max_year = sorted_matches_for_players['tourney_date']
    .dt.year.max()                                      ─── 두 선수 간 경기에서
                                                            최대 연도를 계산합니다.
unique_years = list(range(min_year, max_year+2))
                                                       최소 연도부터 최대 연도 이후 1년까지의
                                                       모든 연도가 포함된 목록을 구성합니다.
for year in unique_years:        ─── 각 연도를 반복합니다.
    fig.add_shape(               ─── 각 연도마다 세로선을 추가합니다.
        type="line",
        x0=f"{year}-01-01", x1=f"{year}-01-01",
        y0=0, y1=1,
        yref="paper",
        layer="below",
        line=dict(color="#efefef", width=2)
    )
```

그런 다음 Streamlit 앱으로 돌아가면 그림 9.8과 같이 새롭게 개선된 차트를 볼 수 있습니다.

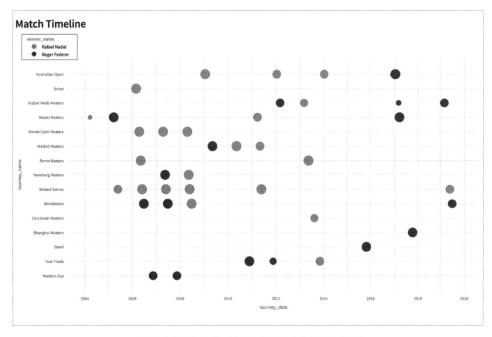

그림 9.8 세로선이 있는 머레이 대 나달 간의 경기 타임라인

이제 지난 15여 년 동안 두 선수가 언제 맞대결을 펼쳤는지 훨씬 쉽게 확인할 수 있습니다. 대부분의 경기는 2008-2009년과 2010-2011년에 집중적으로 열렸으며, 나머지는 비교적 흩어져 있습니다. 이러한 패턴은 경기 결과 테이블만 봤을 때는 파악하기 어려웠습니다. 이미 나달이 이 라이벌전에서 압도적인 우위를 점하고 있다는 사실은 알고 있었지만, 이번 시각화를 통해 그 사실이 더욱 분명해졌습니다.

데이터프레임을 테이블로 표현할지 차트로 표현할지는 DuckDB에서 해당 데이터프레임을 가져오는 방식과는 무관합니다. 데이터를 바로 Streamlit에 전달하여 표 형식으로 렌더링할지, 먼저 plot.ly를 사용하여 차트를 만든 후 Streamlit에 표시할지는 선택의 문제입니다. 이는 6장에서 보았던 경험과 유사한데, 우리가 pandas, Apache Arrow, Polars 데이터프레임으로 서로 전환하면서도 데이터베이스 기술과의 상호작용 방식은 그대로 유지한 경험과 비슷합니다.

9.1.5 커뮤니티 클라우드에서 우리의 앱을 배포하는 방법

애플리케이션 배포는 단순히 정적 파일을 웹 서버에 복사하는 수준일 수도 있고 컨테이너와 서비스, 그리고 일반적으로 많은 이동 가능 부분을 설정하는 등 복잡한 인프라를 구축하는 수준일 수도 있습니다. 경우에 따라 이러한 극단적인 방법 중 하나가 타당할 수도 있지만, 대개는 그 중간 지점에서 최적의 방법을 찾는 것이 일반적입니다. 어쩌면 이미 누군가가 복잡한 인프라 전체를 구축해 놓고 애플리케이션을 손쉽게 배포할 수 있는 '푸시하면 실행되는(push-to-run)' 시나리오를 제공할 수도 있습니다. Snowflake Inc.가 지원하는 Streamlit 커뮤니티 클라우드[2]가 바로 이런 기능을 제공합니다.

이용 약관에 동의하고 UI의 오른쪽 위에 있는 Deploy 버튼을 클릭하면 로컬 Streamlit 서버에서 바로 애플리케이션을 프로덕션 환경에 푸시할 수 있습니다. 그러면 그림 9.9에 표시된 모달 창이 표시됩니다.

아직 requirements.txt 파일이 없다면 네 가지 필수 의존성을 포함하여 저장소에 추가해야 할 수도 있습니다.

---

2 *https://streamlit.io/cloud*

코드 9.5 **requirements.txt**

```
streamlit
duckdb
streamlit-searchbox
plotly
```

배포 도구는 커뮤니티 클라우드와 사용자 지정 배포 중에서 선택할 수 있습니다(그림 9.9).

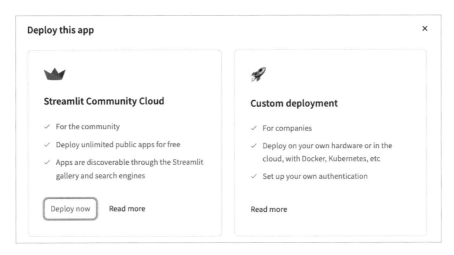

그림 9.9 새 애플리케이션을 프로덕션에 배포하는 방법 선택하기

프로젝트가 원격 GitHub 코드 저장소에 연결되어 있어야 합니다. 그렇지 않으면 그림 9.10과 같은 오류가 표시됩니다.

그림 9.10 GitHub 원격 저장소에 연결되지 않은 앱을 배포하려 할 때 나타나는 오류 메시지

앱을 GitHub 코드 저장소에 연결한 후 다시 배포 과정을 진행하면 그림 9.11과 같은 화면이 표시됩니다.

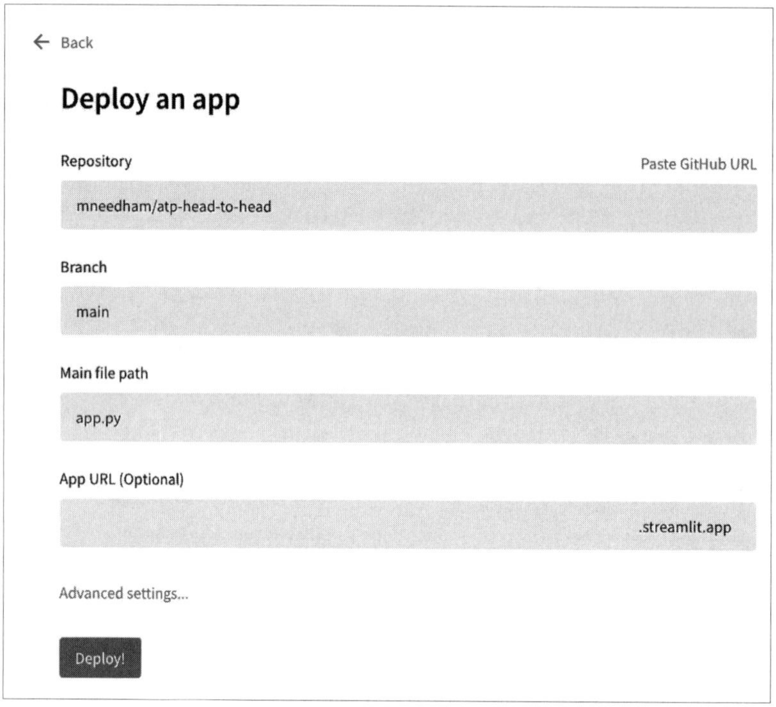

그림 9.11 우리가 만든 앱 배포하기

앱에 사용할 URL을 선택하고, 필요한 경우 브랜치나 메인 파일 경로를 조정할 수 있습니다. 또한 고급 설정에서 사용할 파이썬 버전도 변경할 수 있습니다.

스크린샷에서 보듯이 이 앱의 완성된 버전은 mneedham/atp-head-to-head 코드 저장소[3]에 있으며 atp-head-to-head.streamlit.app[4]에 배포되었습니다. 프런트엔드 프레임워크의 세계로 깊이 들어가지 않고도 몇 가지 Streamlit 컴포넌트를 사용하여 인터랙티브 웹 앱을 구축할 수 있었습니다. 이를 위해 우리가 이미 익숙한 올인원 언어인 파이썬을 사용하고, 이미 익숙한 방식으로 DuckDB에 연결했으며, 친숙한 데이터 포맷인 데이터프레임으로 데이터를 전달했습니다.

물론 여기까지 모든 기능을 구현하려면 여전히 어느 정도는 코드를 작성해야 했

---

3 *https://github.com/mneedham/atp-head-to-head*
4 *https://atp-head-to-head.streamlit.app/*

습니다! 코딩이 익숙하지 않거나 단순히 빠르게 무언가를 실행해 보고 싶다면 다른 대안도 있습니다. 인터랙티브 애플리케이션이 아니라 대시보드를 만들고 싶다면 로우코드나 BI 도구를 활용하면 됩니다.

이런 도구를 사용하면 차트의 확대/축소나 이동 같은 인터랙티브 기능은 그대로 활용할 수 있지만 애플리케이션 코드를 직접 작성할 필요는 없습니다. 이런 경우에 Apache Superset 같은 도구가 특히 유용합니다.

9.2 Apache Superset으로 BI 대시보드 구축하기

Streamlit은 전문적인 프런트엔드 지식 없이도 애플리케이션을 자유롭게 제어할 수 있지만, 경우에 따라 프런트엔드를 위한 맞춤 코드를 작성하는 데 시간을 그만큼이나 들이고 싶지 않을 수도 있습니다. DuckDB는 Hex, Tableau를 비롯한 다양한 BI 도구와 통합할 수 있으며, 이 장에서 사용할 Apache Superset도 그런 도구입니다.

9.2.1 Apache Superset이란?

Apache Superset은 Apache Airflow를 만든 것으로 잘 알려진 막심 보슈맹(Maxime Beauchemin)이 개발한 오픈 소스 데이터 탐색 및 시각화 플랫폼입니다. Superset은 다수의 데이터베이스(DuckDB 포함!)와 통합되며 모든 설정을 UI에서 직접 구성할 수 있습니다. 기본적으로 다양한 시각화 유형이 사전 설치되어 있어서 대부분의 사용 사례를 지원하며 자바스크립트로 사용자 맞춤형 시각화도 만들 수 있습니다.

Superset은 SQLAlchemy를 지원하며, 이 라이브러리는 데이터베이스와의 상호 작용을 위한 객체 지향 인터페이스를 제공합니다. 이는 데이터베이스 연결을 관리하고, 데이터베이스 스키마를 정의하며, 이러한 데이터베이스에 대한 쿼리를 수행합니다.

BI 도구는 많지만, 대부분은 계정 등록이 필요한 클라우드 서비스입니다. 반면에 Superset은 로컬 머신에서 직접 실행해 볼 수 있으며 나중에 프로덕션에 배포하기로 결정하면 Preset(*https://preset.io/*) 호스팅 서비스를 선택할 수도 있습니다.

Superset을 설치하는 다양한 방법이 있으며(*https://mng.bz/1G2y*), 도커(Docker) 컴포즈 스크립트와 쿠버네티스 배포를 위한 Helm 코드 저장소가 포함됩니다. 이러한 방법은 Superset을 프로덕션에 배포할 때는 좋은 선택지가 되겠지만, 로컬 머신에 Superset을 설치하려면 'PyPI에서 설치하기' 문서 페이지(*https://mng.bz/PZEg*)의 지침을 따라야 합니다.

먼저 다음 라이브러리를 설치합니다. 다음의 모든 명령어는 터미널에서 실행합니다.

```
pip install apache-superset
```

이제 Superset을 DuckDB에 연결할 방법이 필요합니다. `duckdb_engine`[5]은 DuckDB의 SQLAlchemy 드라이버인데, 이를 사용하여 두 도구를 연동하겠습니다. 다음 명령어를 실행하여 드라이버를 설치합니다.

```
pip install duckdb-engine
```

다음으로 Superset 실행에 필요한 환경 변수를 구성해야 합니다. 환경 변수는 새 터미널 세션을 열 때마다 설정해야 하며 다음 명령어를 실행하기 전에 반드시 적용해야 합니다. Superset은 Flask 애플리케이션을 포함하고 있으므로 `FLASK_APP` 변수를 설정하여 Flask가 찾을 파일의 이름을 정의해야 합니다. 또한 더 안전한 설치를 위해 무작위 문자열로 만든 보안 키(*https://mng.bz/JZ0P*)를 지정해야 합니다.

```
export SUPERSET_SECRET_KEY="sYBpNA2+bQHvmXcojOVp53b8xbmN3ZQ"
export FLASK_APP=superset
```

다음은 Superset의 데이터베이스 초기화입니다. Superset이 사용하는 모든 메타데이터를 저장하며 이를 설정하지 않으면 Superset이 정상적으로 작동하지 않습니다.

```
superset init
superset db upgrade
```

다음 단계는 admin 사용자 생성입니다. `admin` 사용자 계정을 생성하고 동일한 비밀번호로 설정하지만, 실제로 설정할 때 특히 머신이 인터넷에 노출되어 있을 때는 더 안전한 인증 정보를 사용해야 합니다. Superset은 Flask 앱 빌더(FAB) 프레임워크 위에 구축되었습니다. FAB는 인증, 사용자 관리, 권한, 역할 등의 기능을 제공합니다.

---

5 *https://pypi.org/project/duckdb-engine/*

```
superset fab create-admin \
  --username admin \
  --firstname Superset \
  --lastname Admin \
  --email admin@example.com \
  --password admin
```

다음과 같은 출력이 표시되어야 합니다.

```
logging was configured successfully
...
Recognized Database Authentications.
Admin User admin created.
```

이제 다음 명령어를 실행하여 8088 포트에서 Superset 웹 서버를 실행합니다.

```
superset run -p 8088 \
  --with-threads \
  --reload \
  --debugger
```

그런 다음 *http://localhost:8088*에서 Superset UI에 접속한 후 방금 생성한 `admin/`
`admin` 사용자 이름과 비밀번호로 로그인합니다.

9.2.2 Superset의 워크플로

무언가를 생성하기 전에 Superset이 사용하는 용어의 개념과 이들 용어가 서로 어떻게 연관되는지 이해하면 좋습니다. 다음은 이해해야 할 중요한 개념입니다.

- *데이터베이스* — 기반이 되는 데이터 소스(우리의 경우 DuckDB)
- *SQL 저장 쿼리* — 데이터베이스의 하나 이상의 테이블에 대한 사용자 정의 SQL 쿼리
- *데이터세트* — SQL 저장 쿼리 또는 데이터베이스 테이블을 감싸는 래퍼
- *차트* — 데이터세트를 기반으로 한 시각화
- *대시보드* — 차트 컬렉션

데이터베이스를 구성하는 테이블은 Superset의 개념은 아니지만 데이터세트에서 사용됩니다.

따라서 Superset을 사용할 때는 먼저 데이터베이스를 생성해야 합니다. 그러면 Superset이 자동으로 해당 데이터베이스의 스키마를 감지하며 이를 통해 포함된 테이블도 인식하게 됩니다. 그 후 해당 테이블을 기반으로 데이터세트를 생성하거나 SQL 쿼리를 작성하여 데이터세트로 변환할 수 있습니다. 마지막으로 생성된 데이터세트 위에 차트를 생성하고, 생성한 차트를 대시보드에서 사용합니다. 그림 9.12는 Superset 워크플로를 시각적으로 표현한 것입니다.

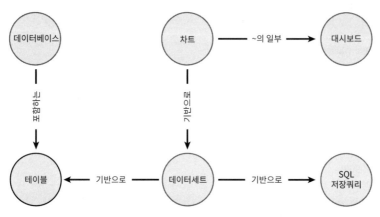

그림 9.12 Superset이 사용하는 용어들과 이들의 관계

9.2.3 첫 번째 대시보드 생성하기

이 절에서는 대시보드를 생성하는 방법을 학습하겠습니다. 대시보드는 중요한 비즈니스 지표를 시각화하여 현재 상태를 신속하게 파악할 수 있도록 도와줍니다. 또한 문제가 발생하면 데이터를 더 깊이 탐색할 수 있도록 대시보드와 상호작용을 할 수 있어야 합니다.

> ✅ 테니스 데이터세트로 만든 대시보드는 비즈니스 데이터세트를 활용한 대시보드만큼 실무적으로 중요하지는 않을 수 있습니다. 하지만 이러한 기술을 자신의 데이터에 적용하는 방법을 배울 수 있기를 바랍니다.

Superset을 DuckDB에 연결하여 첫 번째 대시보드를 만들어 보겠습니다. 그림 9.13과 같이 오른쪽 위에 있는 Settings 버튼을 클릭 후 Database Connections 버튼을 클릭하세요.

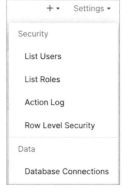

그림 9.13 데이터베이스 연결

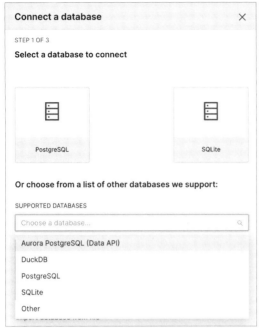

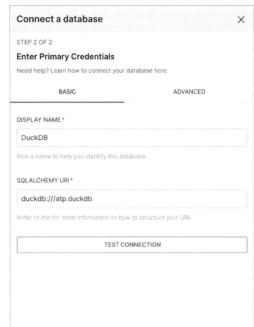

그림 9.14 새 데이터베이스에 연결하기   그림 9.15 ATP DuckDB 데이터베이스에 연결하기[6]

이후 + DATABASE 버튼을 클릭하면 그림 9.14와 같은 모달 창이 표시됩니다.

DuckDB를 클릭하고 SQLALCHEMY URI 필드에 duckdb:///<your-database> 형식의 연결 문자열을 입력하세요. 우리의 경우 그림 9.15와 같이 duckdb:///atp.duckdb가 됩니다.

앞 절의 Streamlit 애플리케이션이 아직 실행 중이라면 데이터베이스 파일의 잠금을 해제하기 위해 먼저 종료해야 합니다. Test Connection 버튼을 클릭하여 모든 연결이 올바르게 설정되었는지 확인하세요.

 duckdb:///md:<my_database>?motherduck_token=<my_token>을 사용하여 MotherDuck 데이터베이스에 연결할 수도 있습니다.

---

6   (옮긴이 주) 이 책은 Superset 3.1.2 기준이며, 최신 버전인 4.1.1에서는 메뉴에 다소 차이가 있으나 실습에는 문제가 없습니다. 현재 Superset 최신 버전은 5.0.0-rc입니다.

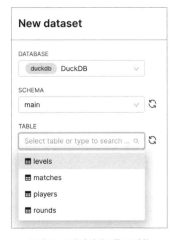

그림 9.16 데이터세트를 구성할
테이블 선택하기

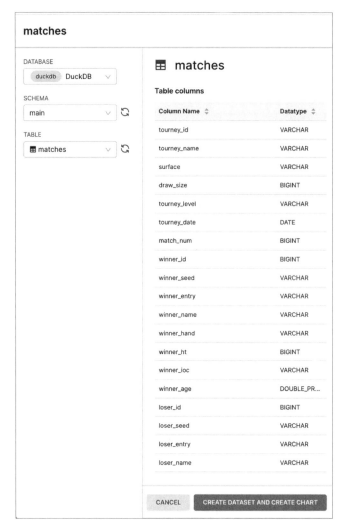

그림 9.17 matches 테이블 미리보기

이를 완료한 후 화면 위에 Data 링크를 클릭한 후 Create Dataset 버튼을 클릭하세
요. 그러면 그림 9.16과 같은 화면이 표시되며, 여기에서 사용할 데이터베이스, 스
키마, 테이블을 선택할 수 있습니다.

matches 테이블을 선택합니다. 테이블을 선택하면 그림 9.17과 같이 해당 테이블
의 모든 필드를 보여주는 UI가 나타납니다.

선택한 내용이 적절하다면 CREATE DATASET AND CREATE CHART 버튼을 클
릭하세요. 이후 그림 9.18에 표시된 화면에서 생성하고 싶은 차트를 선택하라는 메
시지가 표시됩니다.

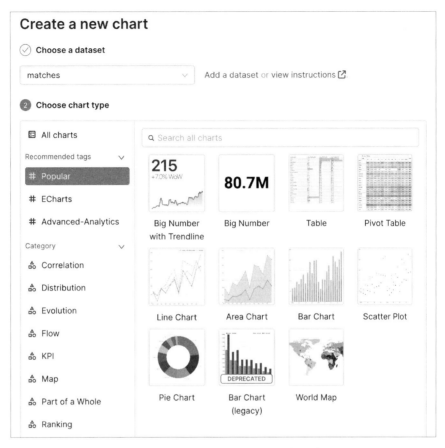

그림 9.18 특정 데이터세트를 위한 차트 선택하기

Bar Chart(막대 차트)를 선택하겠습니다. 그런 다음 1967년부터 2023년까지 연도별로 진행된 경기 수를 보여주는 차트를 생성하겠습니다. 요즘은 과거보다 훨씬 더 많은 테니스 경기가 열린다고 흔히 이야기되므로 데이터가 어떤 결과를 보여주는지 확인해 보면 흥미로울 것입니다.

이 차트를 생성하려면 다음을 구성해야 합니다.

• X-축은 tourney_date입니다.
• 시간 단위는 연도(Year)입니다.
• 메트릭(Metrics)은 COUNT(*)입니다.

그림 9.19에서 이를 설정하는 방법의 스크린샷을 볼 수 있습니다.

그림 9.19 연도별 진행된 경기 수를 보여주는 막대 차트 구성하기

차트를 생성하면 오른쪽에 미리보기가 표시됩니다. 그림 9.20과 같이 보여야 합니다.

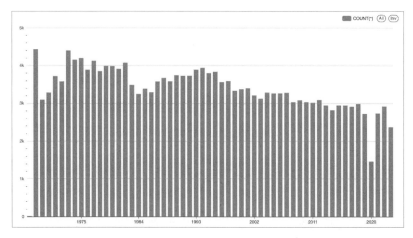

그림 9.20 연도별로 진행된 테니스 경기 수를 보여주는 막대 차트 미리보기

데이터를 보면 최근에 테니스 경기가 더 많이 열리고 있다는 증거는 보이지 않습니다. 오히려 경기 수가 약간 감소하는 추세를 보이고 있습니다. 또한 2020년에는 이상치(outlier)가 나타났는데, 이는 COVID-19 대유행으로 인해 2020년 3월부터 8월까지 테니스 시즌이 중단되었기 때문입니다.

차트가 만족스러우면 그림 9.21에 표시된 화면을 통해 저장합니다. 이때 차트를 기존 대시보드에 추가할지 새 대시보드에 추가할지를 묻는 메시지가 표시됩니다. 새 대시보드 ATP Dashboard에 추가하겠습니다.

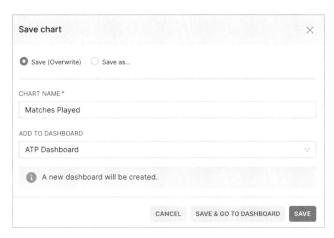

그림 9.21 차트 저장하기

✅ 대시보드 필드에 아무것도 입력하지 않으면 차트가 대시보드에 할당되지 않지만, 나중에 언제든지 대시보드에 추가할 수 있습니다.

SAVE & GO TO DASHBOARD를 클릭하면 그림 9.22와 같이 우리의 차트가 포함된 대시보드가 표시됩니다. 성공입니다! 첫 번째 대시보드를 생성했습니다.

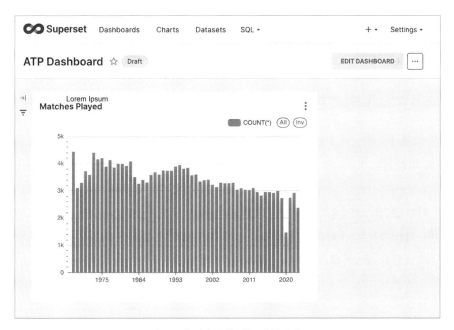

그림 9.22 총 경기 수 차트를 포함한 대시보드

개별 테이블을 기반으로 더 많은 차트를 추가하고 싶다면 이 절에서 설명한 과정을 반복하면 됩니다. 그러나 여러 테이블을 결합하여 차트를 생성하고 싶다면 약간 다른 접근 방식이 필요합니다.

9.2.4 SQL 쿼리로 데이터세트 생성하기

테이블에서 데이터세트를 생성하는 것뿐만 아니라 SQL 쿼리에서 데이터세트를 생성할 수도 있습니다. 이를 위해서는 새 데이터세트를 추가할 때 화면 위의 메뉴에서 SQL 〉 SQL Lab 링크를 클릭해야 합니다.

다음으로 새 쿼리 탭을 추가하고 사용할 데이터베이스와 스키마를 선택한 후 쿼리를 입력합니다. 예를 들어 시간이 지남에 따라 그랜드 슬램 우승자들의 나이가 증가하는지 알아보고 싶다고 가정해 보겠습니다. 이 질문에 답하려면 matches와 players 테이블 모두에서 데이터를 가져와야 합니다. 다음 쿼리는 30세 이상의 그랜드 슬램 우승자를 누적 계산합니다.

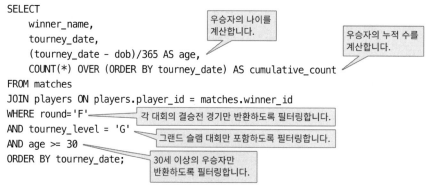

```
SELECT
    winner_name,
    tourney_date,
    (tourney_date - dob)/365 AS age,          우승자의 나이를
                                               계산합니다.
    COUNT(*) OVER (ORDER BY tourney_date) AS cumulative_count    우승자의 누적 수를
                                                                 계산합니다.
FROM matches
JOIN players ON players.player_id = matches.winner_id
WHERE round='F'          각 대회의 결승전 경기만 반환하도록 필터링합니다.
AND tourney_level = 'G'          그랜드 슬램 대회만 포함하도록 필터링합니다.
AND age >= 30
ORDER BY tourney_date;          30세 이상의 우승자만
                                반환하도록 필터링합니다.
```

해당 쿼리를 붙여넣고 RUN 버튼을 클릭하세요. 그림 9.23과 같은 출력이 표시됩니다. 쿼리 결과가 원하는 대로 나왔다면 Save Dataset 옵션을 선택하고 SAVE 〉 Save dataset 버튼을 클릭하여 데이터세트 이름을 지정하고 저장합니다.

이제 Charts 페이지로 돌아가서, 이번에는 Big Number with Trendline 차트를 선택하겠습니다. 그런 다음 그림 9.24와 같이 새 데이터세트를 선택합니다.

이 차트를 생성하려면 다음 부분을 구성해야 합니다.

- X-축은 tourney_date입니다.
- 시간 단위는 일(Day)입니다.
- 메트릭(Metrics)은 사용자 정의 메트릭인 SUM(cumulative_count)입니다.

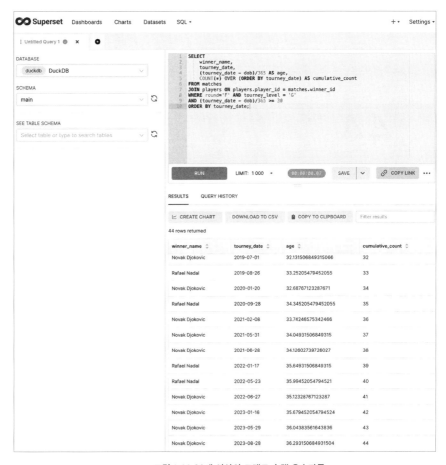

그림 9.23 30세 이상의 그랜드 슬램 우승자들

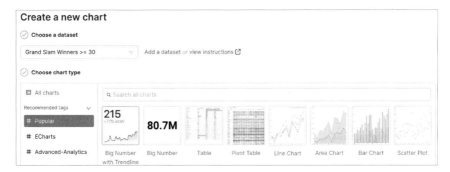

그림 9.24 큰 숫자와 추세선이 있는 차트 선택하기

CREATE CHART[7]를 클릭하면 오른쪽에 그림 9.25와 같은 시각화가 표시됩니다.

그림 9.25 30세 이상 그랜드 슬램 우승자의 수

차트를 저장(Grand Slam Winners >= 30)하고 앞서 생성한 ATP Dashboard에 추가하겠습니다. 대시보드로 이동하면 그림 9.26과 같은 화면이 표시됩니다.

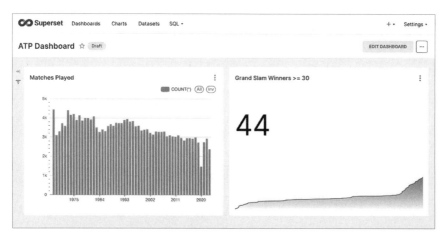

그림 9.26 30세 이상 그랜드 슬램 우승자가 포함된 대시보드

이제 Superset을 사용하여 대시보드를 구성하는 방법에 대한 개념이 잘 잡혔기를 바랍니다. 이 절과 앞 절에서 설명한 접근 방식을 따라 몇 가지 차트를 대시보드에 추가했습니다. 그림 9.27에서 최종 결과를 볼 수 있습니다.

7 (옮긴이 주) 최초 생성 시에는 CREATE CHART이고, 한 번 생성한 후에는 UPDATE CHART로 표시됩니다.

그림 9.27 ATP 대시보드

Superset으로 할 수 있는 일을 보여주고자 몇 가지 유형의 차트를 사용했습니다. 다음 절에서는 이 대시보드의 사본을 가져와서 다양한 요소를 탐색하는 방법을 설명하겠습니다.

9.2.5 대시보드 내보내기와 가져오기

일반적으로 데이터베이스, 데이터세트, 차트, 대시보드는 Superset의 UI를 사용하여 구성합니다. 하지만 이러한 대시보드를 다른 곳에 배포하는 경우(또는 책의 독자와 공유하고 싶은 경우) 처음부터 전체 과정을 다시 진행하고 싶지 않을 것입니다. 이때 Superset의 대시보드 내보내기와 가져오기 기능을 활용할 수 있습니다.

대시보드는 Dashboard 페이지에서 내보낼 수 있습니다. Dashboards 행의 Actions 열에 마우스를 올리면 그림 9.28과 같이 내보내기 버튼이 표시됩니다.

그림 9.28 대시보드 내보내기

이 버튼을 클릭하면 Superset은 데이터베이스, 데이터세트, 차트, 대시보드가 포함된 ZIP 파일을 생성합니다. 이 ZIP 파일은 책의 GitHub 코드 저장소[8]에 포함되어 있으며 ch09 디렉터리로 이동하여 해당 파일의 압축을 풀 수 있습니다.

```
unzip dashboard_export_20231203T162310.zip
```

리눅스 기반 터미널에서는 tree 명령어로(Windows에서는 tree /f /a, macOS에서는 find dashboard_export_20231203T162310) 포함된 모든 파일을 나열할 수 있습니다.

```
tree dashboard_export_20231203T162310
dashboard_export_20231203T162310
├── charts
│   ├── Grand_Slam_Winners__30_11.yaml
│   ├── Grand_Slam_winners__25_9.yaml
│   ├── Lowest_Ranked_Grand_Slam_Winners_8.yaml
│   ├── Matches_Played_7.yaml
│   └── Multi_Title_Winners_6.yaml
├── dashboards
│   └── ATP_Dashboard_1.yaml
├── databases
│   └── DuckDB.yaml
├── datasets
│   └── DuckDB
│       ├── Grand_Slam_Winners__30.yaml
│       ├── Multi_Title_Winners.yaml
│       ├── Young_Grand_Slam_Winners.yaml
│       └── matches.yaml
└── metadata.yaml
```

이 절 시작 부분에서 배운 각 개념은 다음과 같이 별도의 디렉터리에 저장되어 있습니다.

• databases/DuckDB.yaml 파일에는 데이터베이스 연결을 위한 설정이 있습니다.
• datasets/DuckDB 디렉터리에는 데이터세트 정의가 있습니다.
• charts 디렉터리에는 차트 정의가 있습니다.
• dashboards/ATP_Dashboard_1.yaml 파일에는 대시보드 설정이 있습니다.

---

[8] *https://github.com/duckdb-in-action/examples*

그림 9.29와 같이 Dashboard 페이지의 오른쪽 위에 있는 아래 방향 화살표 버튼을 클릭하여 이 대시보드를 가져올 수 있습니다.

그림 9.29 대시보드 가져오기

ZIP 파일을 선택하면 설정을 Superset으로 가져오고 그림 9.27의 대시보드가 표시됩니다.

요약

- Streamlit은 웹 앱 작성 시 반복적인 작업을 해결하는 다양한 기성 및 재사용 가능한 컴포넌트를 제공하는 로우코드 환경입니다.
- Streamlit은 파이썬으로 작성되어 있어 DB-API 2.0, 관계형 API 또는 데이터프레임을 통해 DuckDB의 파이썬 API와 다양한 방식으로 통합됩니다.
- 노코드(no-code) 및 순수 선언적 환경과 달리 Streamlit 애플리케이션에서는 사용자 정의 파이썬 코드를 작성하여 기능을 확장할 수 있습니다.
- plot.ly는 Streamlit과 매끄럽게 연동되며 시각적으로 매력적인 인터랙티브 시각화를 쉽고 빠르게 만들 수 있는 로우코드 접근 방식을 제공합니다.
- Apache Superset은 스펙트럼의 반대편에 있습니다. 기본적으로 노코드, 드래그 앤 드롭 방식으로 시각적 대시보드를 구성할 수 있는 대안입니다.
- Apache Superset에서 보통 작성해야 하는 유일한 코드는 시각화에 필요한 사용자 정의 SQL 쿼리입니다.

10장

D u c k D B   I n   A c t i o n

대규모 데이터세트에 대한 성능 고려사항

> ☑ **10장에서 다루는 내용**
>
> - DuckDB로 가져오기 위한 대용량 데이터 준비하기
> - 대규모 데이터세트에서 메타데이터를 쿼리하고 탐색적 데이터 분석(EDA) 쿼리 실행하기
> - 전체 데이터베이스를 Parquet로 동시에 내보내기
> - 통계 분석 속도를 높이기 위해 여러 컬럼에 대한 집계 사용하기
> - 쿼리 계획을 이해하기 위해 EXPLAIN과 EXPLAIN ANALYZE 사용하기

지금까지 이 책에서는 다양한 데이터세트를 활용하여 DuckDB를 사용하는 방법을 살펴보았지만, 대부분은 작은 규모 또는 중간 규모의 데이터세트였습니다. 우리가 일상 업무에서 접하는 데이터세트의 상당수가 이 정도 규모이므로 특이한 것은 아닙니다. 그러나 대규모 데이터세트도 있으며 이를 접했을 때 다른 데이터 도구를 사용해야 한다고 생각하기를 원하지 않습니다! 10장에서 우리는 두 가지 데이터세트를 살펴보려고 합니다. 첫 번째는 인기 있는 코딩 질의응답 웹사이트인 스택 오버플로(Stack Overflow)이고, 두 번째는 뉴욕시의 택시 운행 데이터입니다. 이 두 데이터세트를 활용하여 DuckDB에서 대규모 데이터세트를 처리할 때 유용한 팁과 요령을 알려주고자 합니다.

각 데이터세트에 대해 DuckDB로 가져오기 전에 어떻게 준비해야 하는지 알아보겠습니다. 그런 다음 데이터를 대상으로 몇 가지 쿼리를 실행한 후 데이터베이스를 이동 가능한(portable) 포맷으로 내보내겠습니다.

10.1 스택 오버플로 전체 데이터베이스 불러오기와 쿼리하기

스택 오버플로는 개발자와 프로그래머가 기술적인 질문과 답변을 주고받을 수 있는 온라인 커뮤니티 기반의 질의응답(Q&A) 웹사이트입니다. 2008년에 만들어졌으며 사용자가 유용한 답변과 콘텐츠를 제공할수록 점수와 특권을 얻는 평판 시스템을 사용합니다.

우리도 그랬듯이, 여러분도 기술적인 질문에 대한 답을 찾느라 스택 오버플로에서 꽤 많은 시간을 보냈을지 모릅니다. 그리고 커뮤니티에 적극적으로 기여하는 사용자라면 몇 가지 질문에 답변을 남겼을 수도 있겠죠! 하지만 이토록 유용한 사이트가 어떤 시스템과 데이터를 기반으로 운영되는지 고민해 본 적이 있나요?

아직 안 해봤다면 이제 DuckDB를 활용하여 스택 오버플로 데이터 덤프를 분석하면서 직접 바꿔 볼 시간입니다. 데이터세트 크기는 압축된 CSV 포맷으로 11GB이며 게시물 5,800만 개, 사용자 2,000만 명, 태그 65,000개를 포함하고 있습니다. '빅 데이터'[1]는 아니지만 DuckDB의 성능을 시험해 보기에는 충분히 큽니다.

이 절에서는 DuckDB를 사용하여 로컬과 MotherDuck 모두에서 스택 오버플로 데이터세트를 탐색할 것입니다. 먼저 미가공 데이터를 다운로드하여 구조 변환을 한 후 DuckDB로 불러와서 몇 가지 탐색적 데이터 분석(Exploratory Data Analysis, EDA) 쿼리로 검사한 후 Parquet으로 내보낼 것입니다.

10.1.1 데이터 덤프와 추출

스택 오버플로 데이터를 간단히 탐색하고 분석하고 싶다면 사이트에서 제공하는 Stack Exchange Data Explorer(*https://mng.bz/wx6W*)를 사용할 수 있습니다. 이 웹사이트에서 스택 오버플로 데이터에 대해 SQL 쿼리를 실행할 수 있습니다. 웹사이트는 데이터세트를 빠르게 파악하기에는 좋지만 서비스 과부하를 방지하기 위해 실행할 수 있는 쿼리의 개수와 복잡성에 제한이 있습니다.

하지만 우리는 실행하는 쿼리에 대해 더 많은 제어권을 갖고 싶으므로 미가공 데이터에 직접 접근하려 합니다. 이 절에서는 미가공 데이터를 다운로드하고 구조 변환하는 방법을 보여주겠지만, 이 과정이 그리 재미있는 부분은 아니라는 것을 알고 있으니 모든 단계를 따라 할 필요는 없습니다.

---

1 *https://motherduck.com/blog/big-data-is-dead/* 참조

최종 표 형식 데이터를 바로 사용하고 싶다면 S3에서 Parquet 파일[2]을 다운로드하거나 MotherDuck 공유[3]를 마운트하여 데이터 쿼리에 집중할 수 있습니다. 또는 스택 오버플로 데이터가 너무 크게 느껴진다면 수학이나 생명공학처럼 주제가 좁은 소규모 스택 익스체인지 커뮤니티의 데이터를 선택해도 좋습니다.

도전 정신이 있는 독자를 위해 이제 스택 오버플로 데이터세트를 DuckDB에 로드할 준비를 해보겠습니다. 스택 익스체인지는 모든 데이터를 크리에이티브 커먼즈 라이선스 하에 인터넷 아카이브 스택 익스체인지 덤프[4]에 공개적으로 게시합니다. 우리는 스택 오버플로 사이트 자체에 대한 가장 큰 파일 세트를 사용합니다. 아래처럼 명령줄 유틸리티 curl을 사용하여 이 작업을 수행하며, 서버에서 제공하는 원래 파일 이름 그대로 파일로 저장할 수 있습니다.

```
curl -OL "https://archive.org/download/stackexchange/stackoverflow.com-\
{Comments,Posts,Votes,Users,Badges,PostLinks,Tags}.7z"
```

인터넷 아카이브의 대역폭이 제한되어 있어서 데이터 다운로드 시 연결이 자주 중단될 수 있어서 다소 답답하고 느린 과정이 될 수 있습니다. 우리는 총 27GB 크기의 압축된 XML 파일 7개를 받게 됩니다.[5]

```
19G stackoverflow.com-Posts.7z
5.2G stackoverflow.com-Comments.7z
1.3G stackoverflow.com-Votes.7z
684M stackoverflow.com-Users.7z
343M stackoverflow.com-Badges.7z
117M stackoverflow.com-PostLinks.7z
903K stackoverflow.com-Tags.7z
```

다운로드가 완료된 후 7-Zip[6] 또는 p7zip[7]을 사용하여 압축 파일을 풀어야 합니다.
파일은 SQL Server 내보내기 포맷이며, 각 Row 요소가 모든 컬럼을 속성(attribute)으로 포함하고 있습니다. 다음은 파일 내용의 예시입니다.

---

2 *s3://us-prd-motherduck-open-datasets/stackoverflow/parquet/2023-05/*
3 *md:_share/ stackoverflow/6c318917-6888-425a-bea1-5860c29947e5*
4 *https://archive.org/download/stackexchange*
5 (옮긴이 주) 25년 3월 17일 기준으로는 총 32GB 크기입니다.
6 *https://7-zip.org/*
7 *https://p7zip.sourceforge.net/*

```
<?xml version="1.0" encoding="utf-8"?>
<users>
...
  <row Id="728812" Reputation="41063" CreationDate="2011-04-28T07:51:27.387"
➥DisplayName="Michael Hunger" LastAccessDate="2023-03-01T14:44:32.237"
➥WebsiteUrl="http://www.jexp.de" Location="Dresden, Germany" AboutMe=
➥"&lt;p&gt;&lt;a href=&quot;http://twitter.com/mesirii&quot; rel=&quot;
➥nofollow&quot;&gt;Michael Hunger&lt;/a&gt; has been passionate about
➥software development for a long time. If you want him to speak at your
➥user group or conference, just drop him an email at michael at jexp.de"
➥Views="7046" UpVotes="4712" DownVotes="24" AccountId="376992" />
...
```

안타깝게도 DuckDB는 아직 XML 파싱을 지원하지 않으므로 데이터를 DuckDB가 지원하는 포맷으로 변환하려면 외부 도구를 사용해야 합니다. 이 과정은 시간이 오래 걸리기는 하지만, XML을 CSV로 변환하는 신뢰할 수 있는 방법입니다.

우리는 XML을 JSON으로 변환하는 XML 처리 명령줄 도구로 xidel[8]을 사용하고 있습니다. 그런 다음 명령줄 JSON 프로세서인 jq[9]를 사용하여 JSON 출력을 CSV로 변환합니다. xidel과 jq에 대한 다운로드와 설치 방법은 해당 공식 웹사이트에서 확인할 수 있습니다. 마지막으로 공간을 절약하기 위해 변환된 CSV 파일을 gzip으로 압축합니다.

이제 댓글 데이터(comments)에 대해 이 작업을 어떻게 하는지 살펴보겠습니다. 코드 10.1에서 보듯이 먼저 zip 압축을 풀고 그 출력을 xidel로 전달합니다.

과정은 다음과 같습니다.

1. XML에서 게시물 ID, 점수, 텍스트, 생성 날짜, 사용자 ID 등 관련 필드를 추출합니다.
2. XML을 JSON으로 변환합니다.
3. JSON을 CSV로 변환합니다.
4. 헤더를 출력합니다.
5. CSV를 Comments.csv.gz 파일로 압축합니다.

DuckDB의 기본 제공 기능을 사용하여 xidel에서 생성한 JSON 파일을 직접 불러올 수도 있지만, JSON을 지원하지 않는 다른 도구에서도 사용할 수 있도록 CSV 형

---

8 *https://www.videlibri.de/xidel.html*
9 *https://jqlang.github.io/jq/*

식으로 변환해 두는 것이 유용할 수 있습니다. 또한 CSV는 중복 키 이름을 포함하지 않아서 파일 크기가 더 작습니다.

코드 10.1 XML 파일을 JSON을 통해 CSV로 변환하기[10]

```
7z e -so stackoverflow.com-Comments.7z | \
xidel -se '//row/[(@Id|@PostId|@Score|@Text|@CreationDate|@UserId)]' - | \
(echo "Id,PostId,Score,Text,CreationDate,UserId" &&
jq -r '. | @csv') |
gzip -9 > Comments.csv.gz
```

각 파일은 비슷한 방식으로 처리되지만, 간결함을 위해 여기에 모든 명령어를 포함하지는 않았습니다. 직접 시도해 보고 싶다면 이 책의 GitHub 코드 저장소에서 코드를 찾을 수 있습니다.[11]

작업이 완료되면 총 11GB 크기의 CSV 파일 목록을 갖게 됩니다.

```
5.0G    Comments.csv.gz
3.2G    Posts.csv.gz
1.6G    Votes.csv.gz
613M    Users.csv.gz
452M    Badges.csv.gz
137M    PostLinks.csv.gz
1.1M    Tags.csv.gz
```

10.1.2 데이터 모델

탐색을 시작하기 전에 스택 오버플로 데이터세트의 데이터 모델을 살펴보겠습니다. 스택 오버플로의 UI를 다시 떠올리기 위해 그림 10.1에서는 대부분의 정보가 표시된 스택 오버플로 사이트의 스크린샷을 보여줍니다.

앞서 다운로드하고 변환한 파일에는 다음과 같은 엔터티가 포함되어 있으며, 이들은 파일 이름과도 일치합니다.

- 질문(Questions, postTypeId=1인 Post)은 title, body, creationDate, ownerUser-Id, parentId, acceptedAnswerId, answerCount, tags, upvotes, downvotes, views, comments를 포함합니다. 최대 여섯 개의 Tags가 질문의 주제를 정의합니다.

---

10 (옮긴이 주) 해당 명령어 실행에는 몇 시간이 소요됩니다. 단지 실습을 위해서라면 7z과 xidel 명령어 사이에 head -n 100000 | \를 추가하여 일부 데이터만 사용하는 것을 추천합니다.

11 (옮긴이 주) 직접 시도해 보고 싶다면 292쪽에 소개된 MotherDuck 데이터를 사용하기를 바랍니다. 해당 코드는 GitHub 저장소에 없어서 이슈로 등록했으나 2025년 4월 25일 현재 시점까지 해결되지 않았습니다.

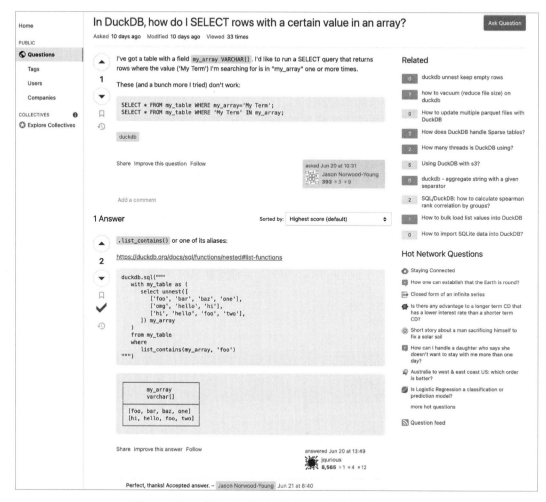

그림 10.1 스택 오버플로 UI는 사용자 질문과 채택된 답변을 보여줍니다

- 사용자(User)는 displayName, aboutMe, reputation, last login date 등을 포함합니다.

- 답변(Answers, postTypeId=2인 Post)은 ownerUserId, upvotes, downvotes, comments를 가집니다. 이 중 하나는 올바른 답변으로 채택될 수 있습니다.

- 질문(Questions)과 답변(Answers)은 text, ownerUserId, score를 포함하는 댓글을 가질 수 있습니다.

- 배지(Badges)는 사용자가 기여도에 따라 획득할 수 있는 class 컬럼을 가집니다.

- 게시물(Posts)은 다른 게시물(Posts)과 연결될 수 있습니다(예: 중복 또는 관련 질문을 PostLinks로).

파일에는 인덱스나 외래 키에 대한 정보가 없습니다. 즉, 이러한 참조를 수동으로 재생성해야 합니다. 이를 위해 그림 10.2에 데이터 모델을 그렸습니다. 이 모델은 스택 오버플로 데이터 모델을 단순화한 버전이며 앞에서 나열한 가장 중요한 컬럼을 속성으로, 외래 키를 화살표로 표시했습니다.

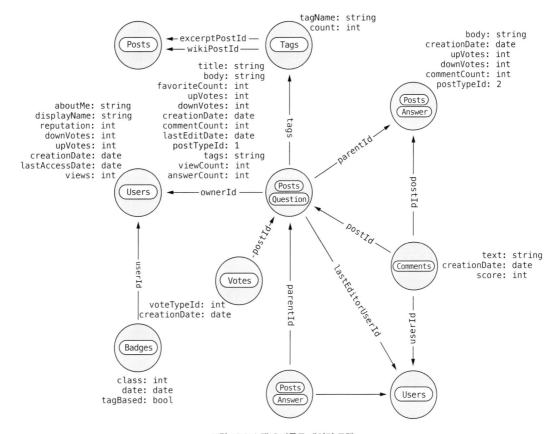

그림 10.2 스택 오버플로 데이터 모델

Post (Question 또는 Answer)가 ownerId를 통해 이를 작성한 사용자와 어떻게 연결되는지 볼 수 있습니다. Comment, Vote, Answer는 postId를 통해 원본 게시물을 참조하며, 채택된 Answer-Post는 acceptedAnswerId를 통해 Question-Post로부터 연결됩니다. Badge는 userId를 통해 User와 연결되고, PostLink는 postId와 relatedPostId를 통해 두 Post 엔터티를 연결합니다.

10.1.3 CSV 파일 데이터 탐색하기

이제 데이터가 준비되었으니 DuckDB로 데이터를 가져오는 익숙한 영역으로 돌아갑니다. 앞서 배운 것처럼 DuckDB는 read_csv 함수를 사용하면 gzip으로 압축한 CSV 파일에서 데이터를 직접 로드할 수 있습니다. read_csv는 자동으로 컬럼 타입을 추론하려 시도하며 스택 오버플로 데이터세트에서 이 기능이 효과적으로 작동합니다.

먼저 Tags 파일을 살펴보고 구조와 내용을 확인하는 쿼리를 작성해 보겠습니다. 우선 다음 쿼리로 태그 개수를 확인해 보겠습니다.

```
SELECT count(*) FROM read_csv('Tags.csv.gz');
```

태그의 개수는 약 65,000개로 꽤 많아 보이지만, 사람들이 어려움을 겪는 기술이 워낙 다양하기 때문에 충분히 납득할 수 있는 숫자입니다! 다음으로 각 컬럼의 이름과 타입을 보여주는 DESCRIBE 함수를 사용하여 Tags 파일의 데이터 구조를 살펴보겠습니다.

코드 10.2 태그 파일의 메타데이터 설명하기

```
DESCRIBE(FROM read_csv('Tags.csv.gz', null_padding=true));
```

DESCRIBE 명령어는 태그 파일의 메타데이터를 반환하며 사용 가능한 컬럼의 이름과 타입을 볼 수 있습니다.

```
| column_name   | column_type |
|   varchar     |   varchar   |
|               |             |
| Id            | BIGINT      |
| TagName       | VARCHAR     |
| Count         | BIGINT      |
| ExcerptPostId | BIGINT      |
| WikiPostId    | BIGINT      |
```

가장 인기 있는 태그를 판단하는 데 필요한 주요 필드가 TagName과 Count입니다.

이제 압축된 대용량 파일에서도 완벽하게 빠르게 실행되는 쿼리로 가장 인기 있는 태그 5개를 찾아보겠습니다.

코드 10.3 **CSV 파일에서 가장 인기 있는 태그 선택하기**

```
SELECT TagName, Count
FROM read_csv(
    'Tags.csv.gz',
    column_names=['Id', 'TagName', 'Count'],
    null_padding=true)
ORDER BY Count DESC
LIMIT 5;
```

이 결과는 우리가 예상할 수 있는 인기 프로그래밍 언어가 상위 태그로 선정되었음을 보여줍니다.

TagName varchar	Count int64
javascript	2479947
python	2113196
java	1889767
c#	1583879
php	1456271

사용량에 따라 태그가 어떻게 분포되어 있는지 보려면 다음 코드에서 보이는 것처럼 카운트를 10의 거듭제곱으로 버킷화(bucket, 구간화)하고 각 버킷에 속하는 태그 수를 집계해야 합니다.

코드 10.4 **태그 빈도의 버킷화를 위한 쿼리**

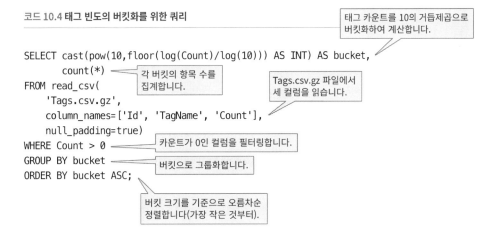

태그 카운트를 10의 거듭제곱으로 버킷화하여 계산합니다.

```
SELECT cast(pow(10,floor(log(Count)/log(10))) AS INT) AS bucket,
       count(*)
FROM read_csv(
    'Tags.csv.gz',
    column_names=['Id', 'TagName', 'Count'],
    null_padding=true)
WHERE Count > 0
GROUP BY bucket
ORDER BY bucket ASC;
```

각 버킷의 항목 수를 집계합니다.

Tags.csv.gz 파일에서 세 컬럼을 읽습니다.

카운트가 0인 컬럼을 필터링합니다.

버킷으로 그룹화합니다.

버킷 크기를 기준으로 오름차순 정렬합니다(가장 작은 것부터).

버킷을 생성하는 과정을 카운트 112를 예시로 설명하면 다음과 같습니다.

1. 각 카운트의 10을 밑으로 하는 로그를 계산합니다(log(112)/log(10) = 2.049).
2. 이를 통해 해당 카운트의 크기(order of magnitude)를 알 수 있습니다.
3. 이를 사용하여 기본 정숫값을 구합니다(floor(2.049) = 2.0).
4. 이를 다시 사용하여 10의 거듭제곱을 재계산합니다(pow(10,2.0) = 100.0).
5. 최종 결과로 원래 값을 10의 거듭제곱으로 변환한 결과를 얻습니다.
6. 그룹화를 위해 이를 정수로 변환합니다(cast(100.0 as int) = 100).

결과를 보면 태그 사용 빈도는 멱법칙 분포를 따릅니다. 즉, 대부분의 태그는 사용 빈도가 낮고 일부 태그만 사용 빈도가 높습니다. 100만 회 이상 사용된 태그는 25개에 불과합니다. 유일한 예외는 한 번만 언급된 희귀 태그인데, 예상대로 이러한 태그의 수가 적었습니다.

```
| bucket   | count_star() |
| int32    | int64        |

|       1  |         6238 |
|      10  |        23018 |
|     100  |        23842 |
|    1000  |         9126 |
|   10000  |         1963 |
|  100000  |          252 |
| 1000000  |           25 |
```

10.1.4 DuckDB로 데이터 로드하기

스택 오버플로 데이터를 DuckDB로 가져오는 방법은 두 가지가 있습니다. 먼저 테이블을 생성한 후 데이터를 수집하는 방법 또는 데이터를 읽으면서 즉시 테이블을 생성하는 방법입니다. 전자의 접근 방식이 더 명시적이고 컬럼 이름과 타입을 사전에 정의할 수 있는 장점이 있지만, 사전에 데이터의 스키마를 알고 있어야 합니다. 또한 파일 구조나 컬럼 타입이 변경되면 CREATE TABLE 문장도 수정해야 하는데, 그렇지 않으면 데이터 로드가 실패합니다. 우리는 CREATE OR REPLACE TABLE을 사용하여 테이블을 중간에 삭제하지 않고도 여러 번 가져오기를 실행하면서 테스트를 할 수 있게 했습니다.

코드 10.5에서는 후자의 접근 방식(데이터를 읽으면서 즉시 테이블을 생성하는 방법)을 사용합니다. 이 방식에서는 필요한 컬럼 이름만 선택하고 CSV 파일을 읽는 동안 DuckDB가 데이터 타입을 추론하여 '주어진 데이터를 있는 그대로' 가져옵니다.

Users와 Posts를 가져오는 문장을 살펴보겠습니다. 다른 테이블에 대한 가져오기 문장은 이 책의 GitHub 저장소에서 찾을 수 있습니다.[12]

코드 10.5 스택 오버플로 users 테이블을 생성하거나 교체하기

```
CREATE OR REPLACE TABLE users AS
SELECT *
FROM read_csv(
    'Users.csv.gz',
    auto_detect=true,
    parallel=false,
    null_padding=true,[13]
    column_names=[
        'Id', 'Reputation', 'CreationDate', 'DisplayName',
        'LastAccessDate', 'AboutMe', 'Views', 'UpVotes', 'DownVotes'
    ][14]

);
```

이제 다음 코드에서 users 테이블의 로우 수를 확인할 수 있습니다

```
SELECT count(*) FROM users;
```

대략 2,000만 명의 사용자가 있음을 알 수 있습니다

코드 10.6 스택 오버플로 posts 테이블을 생성하거나 교체하기

```
CREATE OR REPLACE TABLE posts AS
FROM read_csv(
    'Posts.csv.gz',
    auto_detect=true,
    column_names=[
        'Id', 'PostTypeId', 'AcceptedAnswerId', 'ParentId', 'CreationDate',
        'Score', 'ViewCount', 'Body', 'OwnerUserId', 'LastEditorUserId',
```

12 (옮긴이 주) 10장에 해당하는 예제 코드는 GitHub 저장소나 Manning 홈페이지 어디에서도 제공하지 않습니다. 번역 시점까지는 저장소에서 찾을 수 없었습니다.
13 (옮긴이 주) DuckDB v1.2.1에서 parallel=false, null_padding=true 인수를 넣지 않으면 오류가 발생합니다.
14 (옮긴이 주) auto_detect=true 때문에 컬럼 이름을 명시한 9개가 아니라 12개 컬럼을 모두 가져옵니다.

```
            'LastEditorDisplayName', 'LastEditDate', 'LastActivityDate', 'Title',
            'Tags', 'AnswerCount', 'CommentCount', 'FavoriteCount',
            'CommunityOwnedDate', 'ContentLicense'
        ]
    );¹⁵
```

 Tags 컬럼은 최대 6개의 스택 오버플로 태그를 < >로 감싼 문자열 컬럼입니다(예: — <sql>
<performance><duckdb>).

생성된 테이블의 구조는 다음과 같이 확인할 수 있습니다.

```sql
SELECT column_name, column_type FROM (SHOW TABLE posts);
```

그동안 null, key, default, extra 같은 관련 없는 필드는 건너뛰겠습니다.

column_name varchar	column_type varchar
Id	BIGINT
PostTypeId	BIGINT
AcceptedAnswerId	BIGINT
CreationDate	TIMESTAMP
Score	BIGINT
ViewCount	BIGINT
Body	VARCHAR
OwnerUserId	BIGINT
LastEditorUserId	BIGINT
LastEditorDisplayName	VARCHAR
LastEditDate	TIMESTAMP
LastActivityDate	TIMESTAMP
Title	VARCHAR
Tags	VARCHAR
AnswerCount	BIGINT

---

15 (옮긴이 주) 오류가 발생합니다. 아래와 같이 작성하여 posts 테이블을 생성하세요.

```sql
CREATE OR REPLACE TABLE posts AS
FROM read_csv(
    'Posts.csv.gz',
    auto_detect=true,
    delim = ',',
    parallel=false,
    null_padding=true
);
```

가능하면 미리 가공된 다음 데이터를 사용하세요.

```sql
ATTACH 'md:_share/stackoverflow/6c318917-6888-425a-bea1-5860c29947e5' AS stackoverflow;
```

```
| CommentCount        | BIGINT     |
| FavoriteCount       | BIGINT     |
| CommunityOwnedDate  | TIMESTAMP  |
| ContentLicense      | VARCHAR    |

| 19 rows             | 2 columns  |
```

이제 게시물 5,800만 개가 삽입되었으며, 다음으로 확인할 수 있습니다

```
SELECT count(*) FROM posts;
```

앞서 대규모 데이터세트를 다뤄본 경험에 비추어 보면 테이블에 있는 데이터 값을 개괄적으로 먼저 파악하는 것이 효과적인 접근 방식입니다. 4장에서 SUMMARIZE 절에 대해 배웠습니다. users와 posts 테이블의 모든 컬럼에 SUMMARIZE를 실행하면 몇 초 정도 걸리는데, 테이블에 컬럼이 많고 SUMMARIZE가 계산하는 지표가 많아서 출력이 매우 방대합니다. users 테이블의 일부 컬럼을 살펴보면서 대략적인 고유 사용자 수, 계정 생성 날짜, 게시물에 대한 추천(upvote)과 비추천(downvote)을 통해 얼마나 자주 상호작용을 하는지 확인해 보겠습니다. 다음 코드에서 보듯이 복잡한 쿼리를 작성하지 않고도 이러한 통계를 얻을 수 있습니다.

코드 10.7 컬럼의 하위 집합 요약하기

```
SUMMARIZE (
    SELECT Id, Reputation, CreationDate, Views, UpVotes, DownVotes
    FROM users
);
```

다음은 주요 사용자 속성을 요약한 결과입니다.

column_name varchar	column_type varchar	max varchar	approx_unique varchar	avg varchar
Id	BIGINT	21334825	20113337	11027766.241
Reputation	BIGINT	1389256	26919	94.752717160
CreationDate	TIMESTAMP	2023-03-05	19557978	
Views	BIGINT	2214048	7452	11.630429738
UpVotes	BIGINT	591286	6227	8.7674283438
DownVotes	BIGINT	1486341	2930	1.1697560125

CSV 파일을 생성하고 수집하는 과정 없이 따라 하고 싶다면, 다음 명령어를 실행하여 MotherDuck에서 제공하는 스택 오버플로 예제 데이터를 사용합니다(7장 참조).

```
ATTACH 'md:_share/stackoverflow/6c318917-6888-425a-bea1-5860c29947e5' AS stackoverflow;
```

10.1.5 대규모 테이블에서의 빠른 탐색적 쿼리

이제 테이블을 로드했으니 몇 가지 쿼리를 실행하면서 어떤 종류의 데이터가 있는지 확인하고 얼마나 빨리 결과를 얻을 수 있는지 살펴보겠습니다. 우리가 스택 오버플로 분석가라고 가정하고, 가장 평판이 높은 최상위 사용자가 누구이며 이들이 여전히 활동 중인지 확인하고 싶다고 해보겠습니다. 그리고 만약 그들이 더 이상 활동하지 않는다면 아마도 플랫폼으로 다시 돌아오도록 유도하는 방안을 생각해 볼 수도 있을 것입니다! 다음과 같은 쿼리를 작성하여 평판도(Reputation)가 높은 상위 사용자와 이들의 마지막 로그인 시간을 찾을 수 있습니다.

코드 10.8 평판도별 최상위 사용자들(users)

```
.timer on

SELECT DisplayName, Reputation, LastAccessDate
FROM users
ORDER BY Reputation DESC
LIMIT 5;
```

로우 2,000만 개를 분석하는 이 쿼리는 단 0.126초 만에 완료되었으며, 이는 놀라운 수준의 속도입니다.

DisplayName varchar	Reputation int64	LastAccessDate timestamp
Jon Skeet	1389256	2023-03-04 19:54:19.74
Gordon Linoff	1228338	2023-03-04 15:16:02.617
VonC	1194435	2023-03-05 01:48:58.937
BalusC	1069162	2023-03-04 12:49:24.637
Martijn Pieters	1016741	2023-03-03 19:35:13.76

```
Run Time (s). real 0.126 user 2.969485 sys 1.696962
```

스택 오버플로를 잘 안다면 전설적인 인물인 존 스키트(Jon Skeet)가 1위를 차지한 것이 놀랍지는 않겠죠. 하지만 존은 스택 오버플로를 오랫동안 사용해 왔기에 그만큼 평판을 쌓을 시간이 있었습니다.

총 평판 점수에서 그를 넘어서기는 어렵지만, 평판 비율(rate) 측면에서는 더 많은 경쟁자가 있을지도 모릅니다. 플랫폼에서의 일일 평판 포인트의 개수를 계산하여 평판 비율을 확인할 수 있으며, 이를 통해 아직 총 평판이 높지는 않지만 더 빠르게 평판 포인트를 얻고 있는 사람들을 파악할 수 있습니다. 다음 코드에서 보듯이 reputation을 오늘부터 createdAt까지의 일수로 나누어 일일 평판 비율 rate를 계산할 수 있습니다.

코드 10.9 일일 평판 비율(rate)별 상위 사용자들(users)

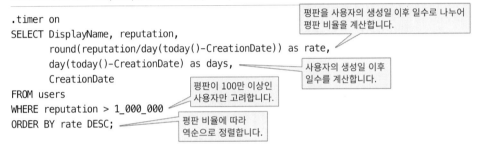

```
.timer on
SELECT DisplayName, reputation,
       round(reputation/day(today()-CreationDate)) as rate,
       day(today()-CreationDate) as days,
       CreationDate
FROM users
WHERE reputation > 1_000_000
ORDER BY rate DESC;
```

> 평판을 사용자의 생성일 이후 일수로 나누어 평판 비율을 계산합니다.

> 사용자의 생성일 이후 일수를 계산합니다.

> 평판이 100만 이상인 사용자만 고려합니다.

> 평판 비율에 따라 역순으로 정렬합니다.

이 지표에서 존은 2위로 내려가고 고든 리노프(Gordon Linoff)가 1위를 차지했습니다. 스택 오버플로에서 평판은 사람들이 과거 답변을 추천할 때도 쌓이며 제공한 답변이 유용할수록 시간이 지남에 따라 더 많은 추천을 받을 가능성이 더 커집니다.

DisplayName varchar	reputation int64	rate double	days int64	CreationDate timestamp
Gordon Linoff	1228338	294.0	4181	2012-01-11 19:53:57.59
Jon Skeet	1389256	258.0	5383	2008-09-26 12:05:05.15
VonC	1194435	221.0	5396	2008-09-13 22:22:33.173
BalusC	1069162	211.0	5058	2009-08-17 16:42:02.403
T.J. Crowder	1010006	200.0	5059	2009-08-16 11:00:22.497
Martijn Pieters	1016741	197.0	5164	2009-05-03 14:53:57.543
Darin Dimitrov	1014014	189.0	5360	2008-10-19 16:07:47.823
Marc Gravell	1009857	188.0	5380	2008-09-29 05:46:02.697

```
Run Time (s). real 0.006 user 0.007980 sys 0.001260
```

이 결과는 bar 함수를 사용하여 막대 차트로 변환할 수 있습니다. 이 함수는 값, 최솟값, 최댓값, 막대의 너비를 입력받아 검은색 블록으로 렌더링한 막대를 문자열로 반환합니다. 쿼리를 더 읽기 쉽게 만들기 위해 기존 쿼리에 WITH를 사용하여 공통 테이블 표현식CTE)으로 변환한 후 외부 쿼리에서 bar 함수를 사용할 수 있습니다. 다음 코드에서 그 예시를 확인할 수 있습니다.

코드 10.10 일일 평판 비율에 따른 상위 사용자들(users)의 막대 차트 계산하기

```
WITH top_users as (        ◀── 나중에 다시 참조하기 위해 top_users라는 이름의 CTE를 사용합니다.
    SELECT        ◀── 이전과 같은 쿼리를 래핑합니다.
        DisplayName,
        Reputation,
        round(reputation/day(today()-CreationDate)) as rate,
        day(today()-CreationDate) as days,
        CreationDate
    FROM users
    WHERE Reputation > 1_000_000        평판 비율에 대해 bar() 함수를 사용하고
)                                        최솟값 150, 최댓값 300, 너비 35로 설정합니다.
SELECT DisplayName, Reputation, rate, bar(rate,150,300,35) AS bar
FROM top_users        ◀── top_users CTE에서 데이터를 선택합니다.
ORDER BY rate DESC;
```

예상한 대로 bar 함수는 ASCII 아트 차트를 생성해 줍니다.

DisplayName varchar	Reputation int64	rate double	bar varchar
Gordon Linoff	1228338	294.0	████████████████████
Jon Skeet	1389256	258.0	█████████████████
VonC	1194435	221.0	████████████
BalusC	1069162	211.0	████████████
T.J. Crowder	1010006	200.0	██████████
Martijn Pieters	1016741	197.0	█████████
Darin Dimitrov	1014014	189.0	████████
Marc Gravell	1009857	188.0	████████

이들이 상위 사용자입니다.

계속해서 플랫폼에서 얼마나 많이 활용하는지 그리고 시간이 지남에 따라 어떻게 변화하는지를 이해하고자 합니다. 이를 위해 로우 5,800만 개가 있는 posts 테이블을 쿼리해 보겠습니다. 다음 코드에서는 최근 10년 동안 연도별로 데이터를 그룹화하여 전체 게시물 수, 평균 조회 수, 최대 답변 수를 계산합니다.

코드 10.11 스택 오버플로의 연간 활동에 대한 쿼리

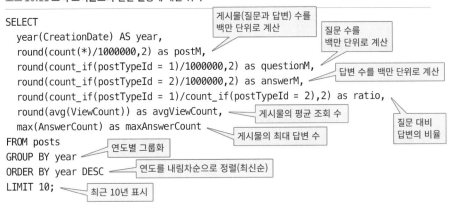

```
SELECT
  year(CreationDate) AS year,
  round(count(*)/1000000,2) as postM,
  round(count_if(postTypeId = 1)/1000000,2) as questionM,
  round(count_if(postTypeId = 2)/1000000,2) as answerM,
  round(count_if(postTypeId = 1)/count_if(postTypeId = 2),2) as ratio,
  round(avg(ViewCount)) as avgViewCount,
  max(AnswerCount) as maxAnswerCount
FROM posts
GROUP BY year
ORDER BY year DESC
LIMIT 10;
```

게시물(질문과 답변) 수를 백만 단위로 계산
질문 수를 백만 단위로 계산
답변 수를 백만 단위로 계산
게시물의 평균 조회 수
질문 대비 답변의 비율
게시물의 최대 답변 수
연도별 그룹화
연도를 내림차순으로 정렬(최신순)
최근 10년 표시

스택 오버플로의 최근 10년 통계는 다음과 같습니다.

year int64	postM double	questionM double	answerM double	ratio double	avgViewCount double	maxAnswers int64
2023	0.53	0.27	0.26	1.03	44.0	15
2022	3.35	1.61	1.74	0.93	265.0	44
2021	3.55	1.55	2.0	0.78	580.0	65
2020	4.31	1.87	2.44	0.77	847.0	59
2019	4.16	1.77	2.39	0.74	1190.0	60
2018	4.44	1.89	2.55	0.74	1648.0	121
2017	5.02	2.11	2.9	0.73	1994.0	65
2016	5.28	2.2	3.07	0.72	2202.0	74
2015	5.35	2.2	3.14	0.7	2349.0	82
2014	5.34	2.13	3.19	0.67	2841.0	92

```
10 rows                                                    7 columns
```

```
Run Time (s). real 5.977 user 7.498157 sys 5.480121 (1st run)
Run Time (s). real 0.039 user 4.609049 sys 0.078694
```

이러한 통계를 로우 5,800만 개를 대상으로 계산하더라도 처음 실행 시에는 불과 몇 초면 완료되며 데이터가 디스크에서 메모리로 로드된 이후에는 후속 실행이 약 40밀리초에 불과합니다.

이 데이터세트에는 2023년도 전체 데이터가 포함되지 않아 해당 연도의 전체 데이터를 완전히 비교할 수는 없습니다. 게시물의 총수(질문과 답변의 합)는 2014년 이후로 꾸준히 감소해 왔습니다. 질문 대비 답변의 비율 또한 낮아졌는데 최근 2년간 답변보다 질문이 더 많아졌기 때문입니다. 새로운 게시물의 조회수 또한 상대적으로 짧은 게시 기간 때문에 더 낮은 경향을 보입니다. 게시물당 최대 답변 수도 연도가 지남에 따라 약간 감소하는 추세를 보이는데, 이는 오래된 질문이 더 오랜 시간 답변을 모을 기회가 있었기 때문입니다.

10.1.6 요일별로 게시하기

사람들이 이 플랫폼을 언제 사용하는지 살펴보고자 합니다. 사용자가 업무 시간에만 질문에 답하는 것일까요, 아니면 주말에도 사용할까요?

이 질문은 에발리나 가보바(Evalina Gabova)가 자신의 스택 오버플로 분석[16]에서 제기한 바 있습니다. 우리가 에발리나의 분석을 재현할 수 있는지 살펴보겠습니다.

다음 쿼리는 sql 태그가 붙은 질문을 요일별로 그룹화하여 빈도수와 막대 차트를 함께 보여줍니다.

코드 10.12 평일에 SQL에 대해 질문하기 위한 쿼리

```
SELECT count(*) as freq,
       dayname(CreationDate) AS day,
       bar(freq, 0, 150000,20) AS plot
FROM posts WHERE posttypeid = 1
AND tags LIKE '%<sql>%'
GROUP BY all
ORDER BY freq DESC;
```

- CreationDate로부터 요일을 가져옵니다.
- 질문 수에 대한 막대 차트를 생성합니다.
- .sql 태그가 있는 질문만 살펴봅니다.
- 요일별로 그룹화합니다.
- 빈도수를 기준으로 내림차순 정렬합니다.

대부분의 질문이 평일에 게시되고 주말에 가장 적게 게시됩니다. 이러한 패턴은 사람들이 주로 업무 중에 SQL을 다루며 근무 시간 동안 질문을 올린다는 것을 가리킵니다.

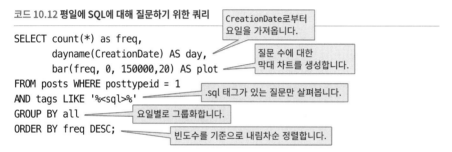

freq int64	day varchar	plot varchar
119825	Wednesday	████████████████
119514	Thursday	███████████████
115575	Tuesday	███████████████
103937	Monday	█████████████
103445	Friday	█████████████
47390	Sunday	██████
47139	Saturday	█████

```
Run Time (s). real 0.303 user 2.780285 sys 0.010856
```

---

16 *https://evelinag.com/exploring-stackoverflow/*

2,350만 개의 질문을 처리하고 결과를 계산하기까지 단 0.3초가 걸렸습니다.

그렇다면 다른 태그는 어떨까요? 러스트(Rust)는 비교적 새로운 프로그래밍 언어이고 SQL처럼 기업 환경에 깊이 자리 잡고 있지는 않습니다. 사람들은 언제 러스트에 대한 질문을 올릴까요?

코드 10.13 주중에 러스트 질문이 올라오는 패턴을 분석하는 쿼리

```sql
SELECT count(*) as freq,
       dayname(CreationDate) AS day,
       bar(freq, 0, 10000, 20) AS plot
FROM posts WHERE posttypeid = 1
AND tags LIKE '%<rust>%'
GROUP BY all
ORDER BY freq DESC;
```

질문이 주중에 고르게 분포되어 있으며 주말에는 약간 감소합니다.

freq int64	day varchar	plot varchar
5205	Wednesday	████████
5167	Tuesday	████████
5160	Thursday	████████
5054	Monday	████████
5009	Friday	████████
4784	Sunday	███████
4667	Saturday	███████

러스트에 대한 질문이 SQL보다 10배에서 20배 더 적다는 점도 주목해야 합니다!

10.1.7 태그를 위해 열거형 사용하기

DuckDB에서 대규모 데이터세트를 사용할 때는 보다 작은 데이터세트에서는 필요하지 않았던 최적화를 해야 할 때가 있습니다. 이러한 예 중의 하나가 스택 오버플로 데이터세트에서 posts에 할당된 태그 이름을 저장하고 처리하는 방식입니다.

DuckDB는 열거형 *타입*이라는 개념을 지원합니다. 열거형 타입은 고정된 명명값 집합을 표현하며 내부적으로는 정수로 저장됩니다. 이 방식은 대량의 문자열 값보다 저장과 처리에 더 효율적입니다. 자세한 내용은 DuckDB 공식 문서의 enum 항목[17]에서 읽어볼 수 있습니다.

다음과 같이 값 목록에 기반한 타입을 열거형으로 만들 수 있습니다.

코드 10.14 열거형 타입을 생성하는 예시

```
CREATE TYPE weekday AS enum (
    'monday', 'tuesday', 'wednesday',
    'thursday', 'friday', 'saturday', 'sunday'
);
```

값은 문자열 표현(예: 'saturday' 또는 saturday::weekday처럼 타입이 지정된 방식)으로 접근할 수 있습니다. 열거형 타입 자체는 NULL 값으로 참조할 수 있습니다 (예: null::weekday).

열거형을 다루는 여러 함수가 있습니다.

- enum_code(enum_str) — 열거형의 숫자 코드를 반환합니다.
- enum_range(null:enum_type) — 열거형 타입의 모든 값을 목록으로 반환합니다.
- enum_first, enum_last, enum_range_boundary — 첫 번째, 마지막, 또는 값의 범위를 위한 것입니다.

DuckDB의 열거형은 필요한 경우 자동으로 문자열 타입으로 변환됩니다. 이 기능 덕분에 열거형 값은 모든 문자열 함수에서 사용할 수 있으며 열거형과 문자열 값의 비교도 가능합니다.

tags 테이블이 있지만, 게시물 하나에는 태그를 최대 6개까지 저장할 수 있습니다. 각 태그는 <>로 감싸며(예: <sql><duckdb><performance>), 이는 해당 게시물이 sql, duckdb, performance 태그를 갖는다는 의미입니다. 이러한 방식은 분석 쿼리에 비효율적이며 여러 개의 태그로 게시물을 검색하는 것도 어렵게 만듭니다.

그래서 해당 컬럼을 다루기 쉬운 값의 집합으로 변환하려고 합니다. 예를 들어 문자열 목록을 사용할 수도 있지만 앞서 설명한 대로 열거형 타입을 사용하면 더 효율적이고 DuckDB에 내장된 열거형 함수를 사용할 수도 있습니다.

posts 테이블의 tags 컬럼을 열거형 목록으로 변환하려면 몇 가지 중간 단계를 따라야 합니다. 다음 코드에서는 tags 테이블의 값을 열거형 타입으로 생성하는 작

---

17 *https://duckdb.org/docs/sql/data_types/enum.html*

업부터 시작하겠습니다.

코드 10.15 tags 테이블에서 tags를 위한 열거형 타입 생성하기

```
CREATE TYPE tag AS enum (SELECT DISTINCT tagname FROM tags);
```

다음 쿼리를 실행하여 열거형 목록을 얻을 수 있습니다.

코드 10.16 몇 가지 열거형 값을 선택하기

```
SELECT enum_range(null::tag)[0:5];
```

우리에게 잘 알려진 태그과 덜 알려진 태그 몇 가지를 보여줍니다.

```
|        enum_range(CAST(NULL AS tag))[0:5]        |
|                    varchar[]                     |
|--------------------------------------------------|
| [textblock, idioms, haskell, flush, etl]         |
```

이제 이 열거형을 posts 테이블에서 어떻게 사용할 수 있는지 살펴보겠습니다.

먼저 문자열 배열을 위한 중간 컬럼을 추가하는데, 이를 통해 열거형 배열과의 성능 비교에도 사용할 수 있습니다.

코드 10.17 tagNames 컬럼 추가하기

```
ALTER TABLE posts ADD tagNames VARCHAR[];
```

다음으로 tags 문자열(예: '<sql><duckdb><python>')을 문자열 배열로 분할하겠습니다. 첫 번째 문자 < 다음부터 마지막 문자 > 앞까지의 부분 문자열을 추출하고 앞뒤의 〈〉는 건너뛰고 두 항목 사이의 >< 구분자를 기준으로 분할하겠습니다.

코드 10.18 tags 컬럼에서 tagNames 컬럼으로 데이터 채우기

```
UPDATE posts                                               posts 테이블을 업데이트합니다.
SET tagNames = split(tags[2:-2],'><')    tags 텍스트를(처음과 마지막 1문자를 제외하고) ><를 기준으로 배열로 분할합니다.
WHERE posttypeid = 1;
-- Run Time (s). real 51.120 user 61.063576 sys 2.088018    질문만 고려합니다 (즉, posttypeid가 1인 경우).
```

실행 시간에서 볼 수 있듯이 이 업데이트는 처리해야 할 로우가 많기 때문에(2,350만 개) 1분 이상 걸립니다. 이제 tags 테이블의 값으로 채운 새로운 열거형 타입 tag를 추가할 준비가 되었습니다.

이제 posts 테이블에 tag 열거형 배열을 추가해 보겠습니다.

코드 10.19 tagEnums 컬럼 추가하기

```
ALTER TABLE posts ADD tagEnums tag[];
```

이제 posts 테이블이 이렇게 보일 것입니다.

```
|    column_name     |    column_type    |
|     varchar        |      varchar      |
|                    |                   |
| Id                 | BIGINT            |
| PostTypeId         | BIGINT            |
| AcceptedAnswerId   | BIGINT            |
| CreationDate       | TIMESTAMP         |
| Score              | BIGINT            |
| ViewCount          | BIGINT            |
| Body               | VARCHAR           |
| Title              | VARCHAR           |
| ...                                    |
| Tags               | VARCHAR           |
| tagNames           | VARCHAR[]         |
| tagEnums           | ENUM(tag)[]       |
```

문자열 배열을 열거형 배열에 할당하면 DuckDB는 자동으로 값을 열거형 타입으로 형변환하며 다음 코드에서 확인할 수 있습니다. 이 기능은 매우 편리하고 사용자 친화적입니다.

코드 10.20 tagNames 컬럼에서 tagEnums 컬럼을 직접 채우기

```
UPDATE posts SET tagEnums = tagNames
WHERE posttypeid = 1;
```

만약 우리가 값에 대해 추가적인 구조 변환을 원한다면(태그 이름을 대문자로 변환하거나 하이픈(-)을 공백으로 변경하는 등) 문자열 배열의 값을 동등한 열거형 배열의 항목으로 변환하는 리스트 변환 함수를 사용할 수 있습니다. 이를 위해 tagNames 리스트의 각 요소에 list_transform 함수를 사용하고 각 요소를 적절한 열거형 타입으로 형변환하는 람다 함수를 전달할 수 있습니다.

```
SET tagEnums = list_transform(tagNames, x -> upper(x)::tag)
```

문자열 배열을 유지함으로써 문자열 리스트와 열거형 리스트의 동작과 성능을 비교할 수 있습니다. 예를 들어 다음 쿼리는 java라는 tag가 포함된 게시물의 수를 세어 190만 개의 로우를 반환합니다.

코드 10.21 문자열 비교로 java 태그가 포함된 게시물의 수를 세기

```
SELECT count(*)
FROM posts
WHERE postTypeId = 1
  AND tags LIKE '%<java>%';
```

이 쿼리는 2,800만 개의 로우를 대상으로 실행되며 0.3초 만에 결과를 반환합니다. 이는 이미 상당히 빠르지만, 다음 접근 방식으로 더 나은 성능을 얻을 수 있는지 확인해 보겠습니다.

코드 10.22 문자열 리스트에 list_contains를 사용하여 java 태그가 포함된 게시물을 세기

```
SELECT count(*)
FROM posts
WHERE postTypeId=1
  AND list_contains(tagNames, 'java');
```

> 이번에는 tagNames 컬럼에 대해 list_contains를 사용합니다.

list_contains 연산의 실행 시간은 0.24초이며 문자열 비교보다 0.06초(20%) 더 빠릅니다.

코드 10.23 열거형 리스트에 list_contains를 사용하여 java 태그가 포함된 게시물을 세기

```
SELECT count(*)
FROM posts
WHERE postTypeId=1 AND list_contains(tagEnums, 'java');
```

실행 시간이 0.17초로 단축되었으며, 이는 열거형 타입을 사용함으로써 추가적으로 30%(0.07초) 속도 향상을 이룬 결과이며 전체 실행 시간을 거의 절반까지 줄였습니다. 다만 이 정도로 짧은 실행 시간에서는 이러한 개선에 큰 의미를 부여하기는 어렵습니다. 여러분의 머신에서도 비슷한 정도로 작은 성능 개선만 확인할 뿐이겠죠. 따라서 이러한 단순한 집계(count) 연산에서는 성능 차이가 미미하지만, 더 복잡한 쿼리에서는 열거형 타입이 더 효율적이고 다루기 쉽습니다.

이 최적화 이후 더 빠르게 실행되리라 예상하는 쿼리를 하나 더 살펴보겠습니다. 태그별 점수와 함께 상위 순위 태그를 집계하기 위해 문자열 기반 tags 컬럼을 사용하는 쿼리를 작성했습니다.

코드 10.24 tags 컬럼을 사용하여 상위 10개 태그에 대한 통계 쿼리

```
SELECT tag,
       count(*), sum(score) AS score
FROM (
    SELECT unnest(split(p.tags[2:-2],'><')) as tag,
           p.score AS score
    FROM posts p WHERE p.posttypeid = 1
)
GROUP BY ALL
ORDER BY score DESC LIMIT 10;
```

> 게시물의 수를 세고 태그별로 점수를 합산합니다.

> 태그 텍스트를 ><를 기준으로 배열로 분할하고 (첫 번째와 마지막 문자 제외) 중첩해제하여 개별 로우로 만듭니다.

> 각 게시물의 score 컬럼을 사용합니다.

> posttypeid가 1인 질문만 고려합니다.

해당 쿼리는 6.7초가 걸리며 다음 결과를 반환합니다.

tag varchar	count_star() int64	score int128
javascript	2479793	5214097
python	2112946	5154237
java	1889685	4280171
c#	1583813	3790940
android	1399966	3241732
c++	789658	2166603
html	1167672	1995072
php	1456223	1793966
jquery	1033102	1684906
git	147408	1662800
10 rows		3 columns

```
-- Run Time (s). real 6.698 user 60.197508 sys 0.197970
```

열거형 필드를 사용할 경우의 성능은 어떨까요?

코드 10.25 tagEnums 컬럼을 사용한 상위 10개 태그에 대한 통계

```
SELECT tag, count(*), sum(score) AS score
FROM (
    SELECT unnest(p.tagEnums) as tag,
           p.score AS score
    FROM posts p
    WHERE p.posttypeid = 1
)
GROUP BY ALL
ORDER BY score DESC LIMIT 10;
-- Run Time (s). real 3.546 user 31.661123 sys 0.072986
```

> tagEnums 목록을 항목당 하나의 로우로 개별 로우로 만듭니다.

이 쿼리는 3.5초 만에 실행되며 거의 두 배 더 빠릅니다.

따라서 값 목록의 많은 값에 대해 더 복잡한 연산을 수행하는 경우 데이터 표현 방식의 변화가 성능에 큰 영향을 미친다는 점을 알 수 있습니다. 이러한 종류의 최적화를 적용하려면 초기 단계, 즉 사전 준비와 저장 측면 모두에서 더 많은 노력이 필요하지만 더 나은 성능을 기대할 수 있습니다. 특히 대시보드나 보고서처럼 분석 쿼리를 반복하여 실행하는 경우에는 이러한 최적화가 가치 있지만, 일회성 작업에는 가치가 그리 크지 않을 수 있습니다. 또한 데이터가 쿼리에 맞는 올바른 형태를 유지하려면 이러한 사전 준비 작업을 데이터 처리 파이프라인에 통합해야 합니다.

10.2 쿼리 계획 및 실행

10장에서 다루는 대규모 데이터세트에서는 효율적인 쿼리 실행이 그 어느 때보다 중요합니다. DuckDB의 쿼리 실행 엔진은 최신 하드웨어와 최신 데이터베이스 연구 및 구현 기술을 활용하여 빠르고 효율적인 실행을 목표로 설계되었습니다.

DuckDB가 내부에서 쿼리를 어떻게 처리하는지 살펴보고, EXPLAIN과 EXPLAIN ANALYZE를 사용하여 쿼리가 어떤 동작과 연산자로 변환되는지 그리고 이를 어떻게 최적화할 수 있는지 알아보겠습니다. 실행 과정의 단계는 그림 10.3에 나와 있습니다.

그림 10.3 쿼리 처리 파이프라인

10.2.1 플래너와 옵티마이저

DuckDB는 Postgres에서 파생된 유연한 파서를 사용하여 SQL 쿼리를 파싱한 후 결과로 나온 추상 구문 트리(Abstract Syntax Tree, AST)를 여러 단계를 거쳐 변환합니다. *파싱 단계*에서는 키워드 오타나 괄호 누락과 같은 문법 오류를 감지합니다.

초기에 *바인더*(binder)는 테이블, 뷰, 타입, 컬럼 이름과 같은 요소를 해석합니다. 이 단계에서는 사용된 요소(테이블, 컬럼, 타입)가 데이터베이스에 있는지 그리고 올바르게 사용되었는지를 확인합니다. 이어서 *계획 생성기*(plan generator)는 이를 스캔, 필터, 프로젝션과 같은 논리적 쿼리 연산자로 구성한 기본 논리적 쿼리 계획으로 변환합니다.

계획(planning) 단계에서 데이터베이스 시스템은 저장된 데이터와 인덱스의 통계를 사용하며, 이는 데이터 구조 변환, 조인 순서 최적화, 서브쿼리 평탄화 같은 다양한 작업을 수행합니다. 이러한 최적화 후에 *최적화 논리적 쿼리 계획*을 생성합니다. 최종적으로 플래너는 통계, 캐싱 및 기타 요소를 고려하여 논리적 계획을 환경에 가장 적합한 물리적 작업으로 정제합니다.

10.2.2 런타임과 벡터화

DuckDB의 런타임은 컬럼 기반 저장 특성을 바탕으로 하여 벡터화 및 병렬화 아키텍처에서 운용됩니다. DuckDB의 저장 포맷은 데이터를 로우 그룹(즉, 데이터를 수평 파티션으로 분할)으로 저장합니다. 데이터의 수평 파티셔닝은 데이터 샤딩(sharding)을 위한 전략으로, 각 파티션은 동일한 스키마를 가지며 데이터의 특정 하위 집합만 보관합니다. DuckDB의 데이터베이스 포맷에서 로우 그룹은 최대 122,880개 로우로 구성됩니다. 각 로우 그룹에는 각 컬럼에 대한 필수 정보가 포함되어 있습니다.

이러한 컬럼 중심 접근 방식은 컬럼 선택, 필터링, 스캐닝, 데이터 정렬 시 많은 이점을 제공합니다. 또한 CPU가 연산을 인메모리에서 처리할 수 있도록 하며 CPU 분기 예측을 최적화하고 필요한 모든 데이터를 CPU 캐시에 유지할 수 있게 합니다.

로우 기반 엔진과 비교할 때 주요 차이점은 DuckDB가 디스크 저장이나 데이터 전송(I/O) 최적화보다는 효율적인 데이터 처리를 위한 미세 조정(fine-tuning)에 초점을 맞추고 있다는 점입니다. 실행 런타임에서 모든 데이터 타입은 벡터나 값들의 압축 배열(compact array)로 표현됩니다. 이러한 타입 벡터 구현 방식은 다양한 데이터 타입과 값(숫자, 문자열, 배열 등)에 최적화되어 있으며 압축, 메타데이터, 추가 인덱스를 활용하여 데이터 선택과 처리를 단순화합니다.

데이터가 시스템을 통해 이동할 때 이러한 벡터는 푸시 기반 방식으로 계획 연산자 간에 매끄럽게 전환됩니다. 실행 모델은 파이프라인 설계를 중심으로 하며 여기서 연산자는 소스, 싱크(sink) 또는 두 역할을 동시에 수행할 수 있습니다. DuckDB의 실행은 '모슬(morsel, 작은 조각)' 접근 방식을 통해 배치 처리를 병렬화하며 값의 청크(2,048개 값의 배치)를 다수의 병렬 파이프라인을 통해 처리합니다. 각 파이프라인의 시작과 끝에는 병렬 처리를 인식하는(parallelism-aware) 연산자가 배치되어 처리 효율을 극대화합니다. 그림 10.4는 서로 다른 모슬이 런타임에서 서로 다른 파이프라인을 통과하는 과정을 보여줍니다.

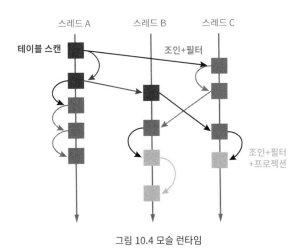

그림 10.4 모슬 런타임

또한 DuckDB는 단일 CPU 명령어에서 다중값을 처리하기 위해 단일 명령어, 다중 데이터(Single Instruction, Multiple Data, SIMD)를 사용하는 벡터화된 계산을 사용합니다. 이는 데이터 벡터와는 다른 개념이므로 혼동해서는 안 됩니다.

10.2.3 EXPLAIN과 EXPLAIN ANALYZE를 통한 쿼리 계획 시각화

옵티마이저와 플래너가 생성한 쿼리 계획도 접근할 수 있습니다. 각 SQL 문장 앞에 EXPLAIN을 붙이면 원래 쿼리가 변환된 연산자 트리를 볼 수 있습니다.

```
EXPLAIN
SELECT  year(CreationDate) AS year, count(*),
        round(avg(ViewCount)), max(AnswerCount)
FROM posts
GROUP BY year
ORDER BY year DESC LIMIT 10;
```

결과로 나온 쿼리 계획의 시각화는 다음과 같이 재현됩니다. 쿼리가 연산자로 변환된 것을 볼 수 있습니다(데이터 압축과 압축 해제에 사용된 일부 내부 연산자도 포함).

- ORDER BY와 LIMIT → TOP_N
- SELECT → PROJECTION
- GROUP BY → Perfect_Hash_Group_By
- SELECT + FROM → 예상 카디널리티(EC)를 포함한 SEQ_SCAN

이 계획은 *아래에서 위로* 실행됩니다. 저장된 데이터의 SEQ_SCAN으로 시작하여 이전 결과의 청크에 연산자를 적용합니다. 실행 시 물리적 계획은 다음과 같습니다.

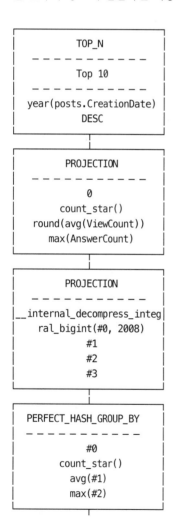

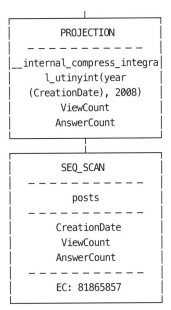

Run Time (s). real 0.003 user 0.001378 sys 0.001833

EXPLAIN ANALYZE를 사용하면 쿼리는 단순히 계획되는 것이 아니라 실행도 되어서
실제 시간, 리소스, 그리고 처리된 로우의 수를 볼 수 있습니다.

```
EXPLAIN ANALYZE
SELECT  year(CreationDate) AS year, count(*),
        round(avg(ViewCount)), max(AnswerCount)
FROM posts
GROUP BY year
ORDER BY year DESC LIMIT 10;
```

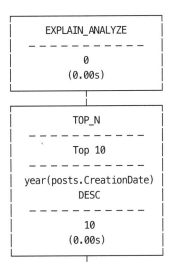

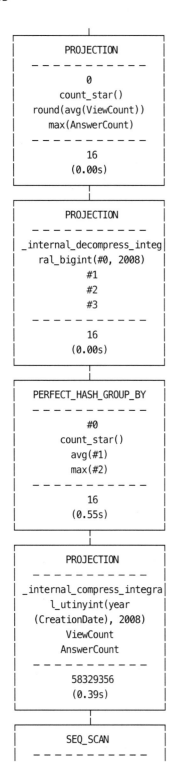

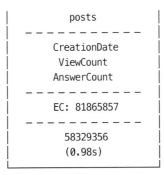

```
|        posts         |
| _ _ _ _ _ _ _ _ _ _  |
|    CreationDate      |
|     ViewCount        |
|    AnswerCount       |
| _ _ _ _ _ _ _ _ _ _  |
|    EC: 81865857      |
| _ _ _ _ _ _ _ _ _ _  |
|     58329356         |
|       (0.98s)        |
```

Run Time (s). real 0.199 user 1.367440 sys 0.379777

이를 통해 (특히 실행 속도가 느린 쿼리에서) 어떤 연산자가 가장 많은 시간을 차지하는지, 그리고 어떤 연산자가 가장 많은 중간 로우를 반환하는지 파악할 수 있습니다. 이 정보를 사용하여 — 예를 들어 인덱스를 추가하거나, 쿼리 힌트를 추가하거나, 서브쿼리를 사용하거나, 연산의 순서를 변경하는 방법을 사용하여 — 쿼리를 최적화할 수 있습니다.

10.3 스택 오버플로 데이터를 Parquet로 내보내기

테이블을 Parquet 파일로 내보내서 안전하게 보관하고, 더 쉽게 저장하며, 다양한 방식으로 처리할 수 있습니다. 앞서 설명했듯이 컬럼 형식인 Parquet는 더 잘 압축되고, 스키마를 포함하며, 컬럼 선택과 조건절 푸시다운으로 최적화된 읽기 성능을 제공합니다. 여기서는 데이터 내보내기에 얼마나 시간이 걸리는지, 어떤 최적화를 적용할 수 있는지, 그리고 전체 데이터베이스를 어떻게 내보내는지 살펴보겠습니다.

Parquet에서 지원하는 압축 형식은 UNCOMPRESSED, SNAPPY, ZSTD입니다. 다음 명령어로 users 테이블을 내보낼 수 있으며 로우 2,800만 개에 약 10초가 소요됩니다.

코드 10.26 users 테이블을 Parquet로 내보내기

```
COPY (FROM users)
TO 'users.parquet'
(FORMAT PARQUET, CODEC 'SNAPPY', ROW_GROUP_SIZE 100000);
-- Run Time (s). real 10.582 user 62.737265 sys 65.422181
```

그리고 posts 테이블을 내보내는 문장은 다음 코드와 같으며 로우 5,800만 개에 약 60초가 소요됩니다.

코드 10.27 posts 테이블을 Parquet로 내보내기

```
COPY (FROM posts)
TO 'posts.parquet'
(FORMAT PARQUET, CODEC 'SNAPPY', ROW_GROUP_SIZE 100000);
-- Run Time (s). real 57.314 user 409.517658 sys 334.606894
```

 앞서 살펴본 직렬 내보내기는 테이블당 10초에서 60초가 소요되었는데, 이는 단일 스레드에서 약 70MB/s의 쓰기 출력입니다. 쓰기 성능을 최적화하려면 멀티스레드 방식으로 Parquet 파일을 작성하는 것을 선택할 수도 있습니다. 그러면 DuckDB는 스레드당 하나의 파일을 생성합니다. 이 방법을 적용하면 CPU가 10개인 시스템에서 users 테이블은 10초에서 1.7초로, posts 테이블은 57초에서 11초로 내보내기 성능이 향상됩니다. 또한 데이터를 내보내기 전에 정렬하기를 선택하면 다음 코드에서 보듯이 Parquet 파일을 읽을 때 정렬된 필드를 더 빠르게 쿼리할 수 있습니다.

코드 10.28 users 테이블을 멀티스레드 방식으로 Parquet로 내보내기

```
COPY (
    SELECT *
    FROM users
    ORDER BY LastAccessDate DESC
) TO 'users.parquet'
(FORMAT PARQUET, CODEC 'SNAPPY', PER_THREAD_OUTPUT TRUE);
```

다른 테이블도 내보냈지만, 설명을 간략히 하기 위해 여기에는 COPY 명령어를 포함하지 않겠습니다. 관련 명령어는 이 책의 GitHub 저장소에서 확인할 수 있습니다. 모든 내보내기가 완료되면 디스크에 다음 파일이 생성됩니다.

```
6.9G comments.parquet
4.0G posts.parquet
2.2G votes.parquet
734M users.parquet
518M badges.parquet
164M post_links.parquet
1.6M tags.parquet
```

 이러한 Parquet 파일은 S3 버킷[18]에서 이용할 수 있으며 S3 버킷에서 읽을 수 있습니다.

---

18 *s3://us-prd-motherduck-open-datasets/stackoverflow/parquet/2023-05/*

호기심에서 users 데이터를 CSV 파일과 Parquet 파일에서 읽을 때의 성능을 비교하여 어느 방식이 더 빠른지 확인하려고 합니다. 다음 코드에서 보듯이 Parquet 파일부터 시작해 보겠습니다.

코드 10.29 Parquet에서 users의 로우 수 읽기

```
SELECT count(*) FROM read_parquet('users.parquet');
```

이 쿼리는 1초 미만(0.008초)의 시간 안에 **19942787**이라는 결과를 보여줍니다. 반면 CSV 파일 쿼리는 훨씬 더 오래 걸립니다.

코드 10.30 CSV에서 users의 로우 수 읽기

```
SELECT count(*) FROM read_csv_auto('Users.csv.gz');
```

결과는 같지만, 결과를 얻기까지 약 7초가 걸립니다. 따라서 Parquet 파일에서 로우 수를 읽는 방법이 CSV 파일보다 거의 1,000배 더 빠릅니다!

이는 공정한 비교가 아닙니다. Parquet 파일은 전체 파일을 스캔하지 않고 메타데이터를 사용하여 답을 제공할 수 있기 때문입니다. 이러한 메타데이터를 갖고 있다는 점이 Parquet 파일 포맷의 큰 장점 중 하나이며 CSV 파일 대신 Parquet을 선호하는 이유이기도 합니다.

전체 데이터베이스를 Parquet 파일로 대상 폴더에 내보낼 수도 있습니다. 이 방법을 사용하면 각 테이블에 개별적으로 내보내기 명령어를 호출할 필요가 없으며 자동으로 테이블 스키마를 생성하고 데이터를 다시 로드하는 단일 가져오기(import) 명령어를 포함한 파일이 생성됩니다.

코드 10.31 전체 데이터베이스를 Parquet로 내보내기

```
EXPORT DATABASE 'target_directory'
(FORMAT PARQUET);
```

Parquet 파일 외에 내보내기 과정에서 SQL 파일 두 개, `schema.sql`과 `load.sql`을 생성합니다. 이 파일들은 다음과 같이 데이터를 다시 가져올 때 데이터베이스 스키마를 생성하고 로드를 실행하는 데 사용됩니다.

```
IMPORT DATABASE 'source_directory';
```

다음 코드에서 보듯이 schema.sql 파일에서는 테이블, 뷰, 열거형을 생성합니다.

코드 10.32 schema.sql의 내용

```
CREATE TABLE posts(Id BIGINT, PostTypeId BIGINT, AcceptedAnswerId BIGINT,
 CreationDate TIMESTAMP, Score BIGINT, ViewCount BIGINT, Body VARCHAR,
 OwnerUserId BIGINT, LastEditorUserId BIGINT, LastEditorDisplayName
 VARCHAR, LastEditDate TIMESTAMP, LastActivityDate TIMESTAMP, Title
 VARCHAR, Tags VARCHAR, AnswerCount BIGINT, CommentCount BIGINT,
 FavoriteCount BIGINT, CommunityOwnedDate TIMESTAMP, ContentLicense
 VARCHAR
);
CREATE TABLE "comments"(Id BIGINT, PostId BIGINT, Score BIGINT, "Text"
  VARCHAR, CreationDate TIMESTAMP, UserId BIGINT, ContentLicense VARCHAR);
CREATE TABLE badges(Id BIGINT, UserId BIGINT, "Name" VARCHAR, Date
 TIMESTAMP, "Class" BIGINT, TagBased BOOLEAN);
CREATE TABLE users(Id BIGINT, Reputation BIGINT, CreationDate TIMESTAMP,
  DisplayName VARCHAR, LastAccessDate TIMESTAMP, AboutMe VARCHAR,
  "Views" BIGINT, UpVotes BIGINT, DownVotes BIGINT);
CREATE TABLE tags(Id BIGINT, TagName VARCHAR, Count BIGINT,
  ExcerptPostId BIGINT, WikiPostId BIGINT);
CREATE TABLE votes(Id BIGINT, PostId BIGINT, VoteTypeId BIGINT,
 CreationDate TIMESTAMP);
```

다음 코드에서 보듯이 load.sql 파일은 Parquet 파일에서 데이터를 로드합니다.

코드 10.33 load.sql의 내용

```
COPY posts FROM 'parquet/posts.parquet' (FORMAT 'parquet',
  ROW_GROUP_SIZE 100000, CODEC 'SNAPPY');
COPY "comments" FROM 'parquet/comments.parquet' (FORMAT 'parquet',
  ROW_GROUP_SIZE 100000, CODEC 'SNAPPY');
COPY badges FROM 'parquet/badges.parquet' (FORMAT 'parquet',
  ROW_GROUP_SIZE 100000, CODEC 'SNAPPY');
COPY users FROM 'parquet/users.parquet' (FORMAT 'parquet',
  ROW_GROUP_SIZE 100000, CODEC 'SNAPPY');
COPY tags FROM 'parquet/tags.parquet' (FORMAT 'parquet',
  ROW_GROUP_SIZE 100000, CODEC 'SNAPPY');
COPY votes FROM 'parquet/votes.parquet' (FORMAT 'parquet',
  ROW_GROUP_SIZE 100000, CODEC 'SNAPPY');
COPY post_links FROM 'parquet/post_links.parquet' (FORMAT 'parquet',
  ROW_GROUP_SIZE 100000, CODEC 'SNAPPY');
```

스택 오버플로 예시에서 보듯이 중간 규모 데이터세트도 DuckDB에는 문제가 되지 않습니다. 요즘 나오는 노트북이나 데스크톱의 메모리와 CPU 자원(예: 4~10개의 코어와 8~64GB RAM) 수준의 단일 머신에서도 데이터를 가져오고, 쿼리하고,

처리하고, 내보내는 작업을 매우 적절한 시간 내에 수행할 수 있습니다. 메모리 부족 오류로 실패하거나 중단되지 않으며, 데이터 처리에 몇 시간씩 걸리지도 않습니다.

하지만 더 큰 규모, 즉 *수십억 개의 레코드*도 처리할 수 있을까요?! 뉴욕시 택시 데이터세트는 새로운 데이터베이스 시스템이 빅데이터를 처리할 수 있는지 평가할 때 가장 많이 사용하는 표준 데이터세트이며, 다음 절에서 이를 살펴보겠습니다.

10.4 Parquet 파일에서 뉴욕시 택시 데이터세트 탐색하기

이 예시에서 사용하는 뉴욕시 택시 데이터세트(*https://mng.bz/qODE*)는 뉴욕시 택시 & 리무진 위원회에서 공개하고 관리합니다. 이 데이터세트에는 택시 운행 기록이 포함되어 있으며, 운행 기록에는 승하차 날짜, 시간, 위치, 운행 거리, 상세 요금, 요금 유형, 지불 유형, 그리고 운전자가 보고한 승객 수 등의 정보가 포함되어 있습니다. 데이터는 Parquet 포맷으로 공개되며 2009년 1월부터 시작하여 월별로 Parquet 파일이 하나씩 있으며 지속적으로 업데이트됩니다.

수년에 걸쳐 R, 파이썬, Spark, Redshift, SQLite, 그리고 다른 데이터베이스에서 이 데이터세트를 로드하고 쿼리하는 방법을 설명하는 많은 글이 작성되었습니다. 선호하는 검색 엔진에서 *SQL Analysis New York Taxis*를 검색하면 관련 자료를 쉽게 찾을 수 있습니다.

이 글을 작성하는 현재 데이터세트는 17억 개 이상의 로우를 담고 있으며 Parquet 파일 175개, 총 크기 28GB로 구성되어 있습니다. 모든 Parquet 파일을 수집하여 MotherDuck의 친절한 호스팅으로 S3 버킷[19]에 저장해 두었습니다.

이 절의 대규모 데이터를 탐색에서는 쿼리에 Parquet 파일을 직접 사용하는 방법에 초점을 맞추어 DuckDB가 실제로 데이터베이스를 채우지 않고도 프레디케이트(predicate)와 프로젝션 푸시다운 최적화 기법을 사용하여 이러한 파일에 대한 쿼리를 최적화하여 사용할 수 있음을 보여줄 것입니다. 이 접근 방식은 S3나 Google Cloud Storage와 같은 클라우드 스토리지 버킷에 저장된 데이터의 일회성 분석을 수행할 때 유용하게 사용됩니다. 예를 들어 웹사이트나 애플리케이션의 접속 로그나 다운로드 로그를 분석하는 데 사용할 수 있습니다.

이처럼 대량의 데이터를 다룰 때는 쿼리 계산을 데이터가 있는 곳으로 옮기고 결

---

[19] *s3://us-prd-md-duckdb-in-action/nyc-taxis/*

과만 네트워크로 전송하는 것이 유리합니다. 파일을 로컬 머신에 다운로드해 두었다면 로컬 머신에서 DuckDB를 실행할 수 있습니다. 그렇지 않다면 데이터에 가능한 한 가까운 클라우드 인스턴스에서 DuckDB를 실행하는 것이 합리적입니다. 우리의 경우 Parquet 파일이 S3에 있기 때문에 S3 버킷과 같은 리전에 있는 EC2 인스턴스에서 실행하거나 MotherDuck과 같은 호스팅 서비스를 이용할 수 있습니다. 만약 그렇지 않다면 Parquet 메타데이터만으로 처리할 수 없는 쿼리를 실행할 때 파일을 로컬 머신으로 읽어오는 과정에서 외부 전송 비용(egress cost)과 네트워크 전송 시간 및 지연 시간을 모두 부담해야 합니다.

10.4.1 S3 접근을 위한 자격 증명 구성하기

앞서 언급한 버킷의 객체는 공개 읽기 가능이므로 추가 설정 없이 DuckDB에서 직접 접근할 수 있습니다. 하지만 자신의 S3 버킷에서 테스트하고 싶다면 아마도 전 세계에서 공개 접근 가능으로 설정하고 싶지는 않을 테니 TYPE S3의 임시 또는 영구적인 시크릿을 생성하여 S3 자격 증명을 구성할 수 있습니다.

REGION은 버킷의 지역이며 KEY_ID와 SECRET은 다음 코드에서 보이는 버킷 접근을 위한 자격 증명입니다.

코드 10.34 S3 시크릿 생성하기

```
CREATE [PERSISTENT] SECRET (
    TYPE S3,
    KEY_ID 'AKIA...',
    SECRET ''Sr8VSfK...',
    REGION 'us-east-1'
);
```

httpfs 확장은 S3에 있는 파일에 접근하는 데 사용되며 필요할 때 DuckDB에서 자동으로 로드합니다. 자동으로 로드되지 않는다면 다음 코드와 같이 수동으로 로드하면 됩니다.

코드 10.35 httpfs 확장을 설치하고 로드하기

```
INSTALL httpfs;
LOAD httpfs;
```

이제 추가 구성 없이 FROM 절에 파일 이름이나 URL을 지정하는 것만으로 Parquet 파일에 직접 접근할 수 있습니다.

10.4.2 파일 타입 자동 추론하기

Parquet 파일의 로우 수를 세기 위해 다음과 같은 쿼리를 작성합니다. Parquet 파일의 로우 개수를 계산합니다.

```
SELECT count(*)
FROM
's3://us-prd-md-duckdb-in-action/nyc-taxis/yellow_tripdata_2022-06.parquet';
-- 3,558,124 rows in 600 ms
```

대용량 파일을 읽는 작업이지만 쿼리가 파일의 메타데이터를 사용하여 답을 계산하기 때문에 600밀리초 만에 완료됩니다. 내부적으로 이 쿼리는 다음과 같은 read_parquet 함수 호출로 변환됩니다.

```
SELECT count(*)
FROM read_parquet(
's3://us-prd-md-duckdb-in-action/nyc-taxis/yellow_tripdata_2022-06.parquet'
);
-- 3,558,124 rows
```

파일 확장자에 대한 추론은 단일 파일이나 URL, 또는 여러 파일과 일치하는 글롭-와일드카드 패턴으로 데이터를 처리할 때도 자동으로 작동합니다. 예를 들면 다음과 같습니다.

```
SELECT count(*)
FROM 's3://us-prd-md-duckdb-in-action/nyc-taxis/yellow_tripdata_*.parquet';

-1,721,158,822 rows in 11s
```

그러나 파일에서 특정 세트를 로드하고 한다면, 예를 들어 2021년 6월과 2022년 6월의 택시 운행 기록을 찾고자 한다면 내부적으로 read_parquet 함수를 직접 호출해야 합니다.

```
SELECT count(*)
FROM read_parquet([
's3://us-prd-md-duckdb-in-action/nyc-taxis/yellow_tripdata_2021-06.parquet',
's3://us-prd-md-duckdb-in-action/nyc-taxis/yellow_tripdata_2022-06.parquet'
]);
-- 6,392,388
```

지금까지 살펴본 쿼리는 모두 레코드 수를 계산하는 작업이었으므로 답을 계산하기 위해 실제 데이터를 읽지 않고도 Parquet 메타데이터를 사용하여 결과를 빠르게 반환할 수 있었습니다.

5장에서 이미 언급된 바와 같이 Parquet 파일의 메타데이터에는 로우 수, 스키마(컬럼 이름과 타입), 각 컬럼의 최솟값, 최댓값, NULL 값(nullability) 등의 정보가 포함되어 있습니다. 이제 해당 메타데이터를 살펴보겠습니다.

10.4.3 Parquet 스키마 탐색하기

Parquet 파일을 쿼리하기 전에 파일에 포함된 데이터의 구조를 빠르게 살펴보겠습니다. 이 책을 통해 우리는 데이터를 탐색하는 다양한 함수를 배웠습니다. 여기서는 parquet_schema 함수를 사용하겠습니다. 렌더링할 필드를 제어해야 하고 컬럼의 이름과 타입이 우리의 주요 관심사이므로 이 함수가 가장 적합합니다.

```
FROM parquet_schema(
's3://us-prd-md-duckdb-in-action/nyc-taxis/yellow_tripdata_2022-06.parquet')
SELECT name, type;
```

이 쿼리의 출력은 다음과 같습니다.

```
┌───────────────────────┬────────────┐
│         name          │    type    │
│        varchar        │  varchar   │
├───────────────────────┼────────────┤
│ schema                │            │
│ VendorID              │ INT64      │
│ tpep_pickup_datetime  │ INT64      │
│ tpep_dropoff_datetime │ INT64      │
│ passenger_count       │ DOUBLE     │
│ trip_distance         │ DOUBLE     │
│ RatecodeID            │ DOUBLE     │
│ store_and_fwd_flag    │ BYTE_ARRAY │
│ PULocationID          │ INT64      │
│ DOLocationID          │ INT64      │
│ payment_type          │ INT64      │
│ fare_amount           │ DOUBLE     │
│ extra                 │ DOUBLE     │
│ mta_tax               │ DOUBLE     │
│ tip_amount            │ DOUBLE     │
│ tolls_amount          │ DOUBLE     │
│ improvement_surcharge │ DOUBLE     │
```

```
| total_amount         | DOUBLE      |
| congestion_surcharge | DOUBLE      |
| airport_fee          | DOUBLE      |
|----------------------|-------------|
| 20 rows              |   2 columns |
```

우리는 택시 운행과 관련된 모든 유형의 정보와 데이터 타입을 볼 수 있습니다. 여기에는 승객 수, 승차 및 하차 위치, 그리고 물론 운행 요금도 포함됩니다!

 읽고 있는 Parquet 파일의 스키마가 서로 다르다면 read_parquet에 union_by_name = true 옵션을 지정하여 결과를 하나로 결합할 수 있습니다. 존재하지 않거나 이름이 다른 컬럼은 NULL 값으로 채워집니다.

10.4.4 뷰 생성하기

모든 Parquet 파일의 와일드카드 문자열을 직접 입력(혹은 아마도 복사-붙여넣기)하고 싶지는 않을 것입니다. 데이터를 대규모로 분석할 계획이라면 Parquet 파일의 내용을 테이블로 구체화하여 DuckDB 데이터베이스를 생성하는 것이 합리적일 수 있습니다. 반대로 임시 분석(ad hoc analysis)을 하고 싶다면 Parquet 파일에 대한 뷰를 생성할 수 있습니다.

DuckDB의 뷰는 물리적으로 구체화하지 않고 뷰에 대한 쿼리가 실행될 때마다 내부적으로 뷰에 대한 쿼리를 실행합니다. 뷰는 공통 테이블 표현식(CTE)과 매우 유사하게, 외부 쿼리의 쿼리 계획과 최적화 과정에 통으로 통합됩니다. 이 경우 뷰를 정의하는 이점은 S3 파일의 전체 경로를 매번 작성하지 않고도 데이터를 쿼리할 수 있는 단축 접근 방법을 제공한다는 점입니다. 또한 뷰는 데이터에 대한 안정적인 인터페이스를 제공하므로 기반 데이터가 변경되더라도 뷰를 업데이트하여 해당 변경을 반영할 수 있어서 이를 사용하는 쿼리를 수정하지 않아도 됩니다.

다음 코드와 같이 쿼리를 실행하여 뷰를 생성합니다.

코드 10.36 여러 파일에 걸친 뷰 생성하기

```
CREATE OR REPLACE VIEW allRidesView AS
FROM 's3://us-prd-md-duckdb-in-action/nyc-taxis/yellow_tripdata_202*.parquet';
```

S3에서 읽는 데이터의 양을 적절하게 유지하기 위해 2020년 이후의 파일만 포함하며, 이 범위 내에서도 여전히 1억 1,800만 개의 로우가 있습니다. 그러나 모든 데이

터를 쿼리하고 싶다면 와일드카드를 확장하여 더 많은 파일을 포함해도 좋습니다.

이 과정에서는 실제 데이터를 읽지 않고 단순히 뷰를 정의하는 작업만 수행하므로 즉시 완료됩니다. 이 뷰는 대략 1억 1,800만 개의 로우를 다루므로 작은 데이터세트는 아니지만 그렇다고 엄청나게 큰 데이터세트도 아닙니다.

10.4.5 데이터 분석하기

데이터 값과 분포에 대한 개요를 얻고 S3에서 데이터를 검색하는 동안 DuckDB의 읽기 성능을 테스트하기 위해 다음 쿼리를 실행하며, 여기서 다시 SUMMARIZE를 사용합니다.

코드 10.37 SUMMARIZE 명령어

```
.timer on
SUMMARIZE allRidesView;
```

이 쿼리는 모든 통계 정보를 얻기 위해 실제 데이터를 읽어야 하므로 결과를 반환하는 데 약간의 시간이 소요됩니다. 데이터와 가까운 위치에 있는 AWS EC2 인스턴스에서 쿼리를 실행하더라도 1억 1,800만 개의 로우 데이터에서 결과를 생성하는 데 30초 이상이 소요되었습니다.[20]

column_name varchar	column_type varchar	min varchar	max varchar	approx_uniq varchar
VendorID	BIGINT	1	6	4
tpep_pickup_datetime	TIMESTAMP	2001-01-01	2098-09-11	59777057
tpep_dropoff_datetime	TIMESTAMP	2001-01-01	2098-09-11	60115892
passenger_count	DOUBLE	0.0	112.0	12
trip_distance	DOUBLE	-30.62	389678.46	14254
RatecodeID	DOUBLE	1.0	99.0	7
store_and_fwd_flag	VARCHAR	N	Y	2
PULocationID	BIGINT	1	265	264
DOLocationID	BIGINT	1	265	265
payment_type	BIGINT	0	5	6
fare_amount	DOUBLE	-133391414	998310.03	17618
extra	DOUBLE	-27.0	500000.8	671
mta_tax	DOUBLE	-0.55	500000.5	82
tip_amount	DOUBLE	-493.22	133391363	9064

20 (옮긴이 주) 예제의 us-prd-md-duckdb-in-action은 us-east-1(미국 동부) 지역에 있는 버킷이기에 한국에서 접근 시 저자의 실행 시간보다 3~4배 더 오래 걸릴 수 있습니다.

tolls_amount	DOUBLE	-99.99	956.55	3897
improvement_surcharge	DOUBLE	-1.0	1.0	5
total_amount	DOUBLE	-2567.8	1000003.8	36092
congestion_surcharge	DOUBLE	-2.5	3.0	16
airport_fee	INTEGER	-2	2	5

```
| 19 rows
```

Run Time (s). real 33.907 user 586.582679 sys 8.706259[21]

결과를 보면 이동 거리가 음수인 탑승 기록이 있습니다. 따라서 추가 분석을 하기 전에 이러한 데이터를 필터링하는 것이 좋겠죠.

그렇다면 이동 거리가 음수인 탑승 기록을 제외하도록 기본 뷰를 재정의하여 후속 분석과 쿼리 결과가 이상치(outlier)에 의해 왜곡되지 않게 하겠습니다.

코드 10.38 필터링 뷰 생성하기

```
CREATE OR REPLACE VIEW allRidesView AS
FROM 's3://us-prd-md-duckdb-in-action/nyc-taxis/yellow_tripdata_202*.parquet'
WHERE trip_distance > 0;
```

데이터에서 단 하나의 컬럼, trip_distance만 읽는다면 읽기 속도는 훨씬 더 빨라져서 약 3~4초 정도만 소요됩니다. 다음 코드에서 볼 수 있습니다.

코드 10.39 단일 컬럼에서 요약하기

```
.timer on
.mode line
SUMMARIZE (SELECT trip_distance FROM allRidesView);
```

라인 모드에서 출력된 결과는 다음과 같으며 trip_distance 컬럼에 대한 상세 정보를 제공하며 이를 통해 데이터가 정상적인지, 이상치 필터링이 필요한지 추정할 수 있습니다.

```
column_name = trip_distance
column_type = DOUBLE
        min = 0.01
        max = 389678.46
```

---

21 (옮긴이 주) *s3://us-prd-md-duckdb-in-action/* 접근은 118초,

Run Time (s): real 118.005 user 381.675928 sys 4.771016

예제를 테스트하며 s3 ap-northeast-2(서울) 리전에 만든 s3 접근의 경우 63초 나옵니다.

Run Time (s): real 63.057 user 463.241844 sys 8.436035

비용 문제가 있어서 서울 리전으로 수정하지는 않았습니다.

```
    approx_unique = 13114
              avg = 5.430654112761637
              std = 536.0306563795983
              q25 = 1.093394143132663
              q50 = 1.8271836758492157
              q75 = 3.389607008136687
            count = 115976028
null_percentage = 0.00
Run Time (s). real 3.033 user 49.924611 sys 1.228218
```

더 합리적인 집계 결과를 얻는 것과는 별개로 약 2백만 개의 로우를 필터링했는데, 이는 이동 거리가 음수이기 때문입니다.

> 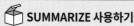 **SUMMARIZE 사용하기**
>
> DuckDB 버전 0.10.0부터 SUMMARIZE를 SELECT 문의 소스로 사용할 수 있게 되어 다음과 같이 작성할 수 있습니다.
>
> ```
> SELECT column_name, column_type, count, max FROM SUMMARIZE allRidesView;
> ```
>
> 이는 일부 컬럼에만 관심 있을 경우 유용합니다만, 이 글을 작성하는 시점에서는 여전히 나머지 컬럼에 대한 통계를 계산하므로 시간 절약은 되지 않습니다.

Parquet 메타데이터에서 제공하는 특정 집계 연산만 실행한다면 1초도 걸리지 않는 빠른 속도로 결과를 얻을 수 있습니다.

코드 10.40 단일 컬럼에 대한 집계들

```
SELECT min(trip_distance),      ◀── 같은 컬럼에 다양한
       max(trip_distance),          집계 함수를 사용합니다.
       avg(trip_distance),
       stddev(trip_distance),
       count(trip_distance) AS nonNull,
       count(*) as total,
       1-(nonNull/total) AS nullPercentage  ◀── NULL 값의 백분율을 계산하며,
FROM allRidesView;                               이는 NULL이 아닌 값의 개수를
                                                 전체 로우 개수로 나누어 구합니다.
```

출력 결과는 이전과 같지만, 실제 데이터를 읽을 필요가 없으므로 이전 실행 시간의 일부만 사용합니다.

```
   min(trip_distance) = 0.01
   max(trip_distance) = 389678.46
   avg(trip_distance) = 5.430654112761703
stddev(trip_distance) = 536.030656379596
              nonNull = 115976028
                total = 115976028
       nullPercentage = 0.0
Run Time (s). real 0.747 user 7.789698 sys 0.682236
```

DuckDB의 고급 SQL 기능을 사용하면 다중 컬럼에 대한 계산을 한 번에 적용할 수 있습니다. 코드 10.41에서 보듯이 모든 컬럼에 동일한 집계를 동시에 수행하고 있습니다.

평균과 표준편차를 계산할 때는 distance, amount, tax, surcharge, fee 단어를 포함하는 숫자형 컬럼에만 집계를 적용합니다. 이 과정에서 한 번은 정규 표현식 필터를, 한 번은 람다 함수를 적용하여 실행 방식을 비교합니다(시연 목적). 필요에 따라 결과를 반올림하는 등 후처리도 수행할 수 있습니다. 이 기능에 대한 자세한 내용은 DuckDB 공식 문서의 별표 표현식[22]을 참조하세요.

코드 10.41 다중 컬럼에 대한 집계

```
.mode line                         모든 로우를 집계합니다.       모든 컬럼의 최솟값과        distance, amount, tax,
SELECT count(*),                                               최댓값을 계산합니다.      surcharge, fee 단어가 포함된
       min(columns(*)), max(columns(*)),                                              모든 컬럼의 평균값을 계산합니다.
       round(avg(columns('_(distance|amount|tax|surcharge|fee)')),2),
       round(stddev(              각 컬럼 이름에 SIMILAR TO 정규 표현식 연산자를 사용한 람다 함수를
           columns(c ->           적용하여 일치하는 모든 컬럼의 표준편차를 계산합니다.
             c SIMILAR TO '.+(distance|amount|tax|surcharge|fee)')),2)
FROM allRidesView;
```

출력을 확인해 보면 모든 컬럼에 대한 집계가 한 번에 적용되었고 개별적으로 집계를 적용하는 것보다 훨씬 빠릅니다. 대략 7초 정도만 소요됩니다.

```
          count_star() = 115976028
              VendorID = 1
 tpep_pickup_datetime = 2001-01-01 00:03:14
tpep_dropoff_datetime = 2001-01-01 00:16:31
      passenger_count = 0.0
        trip_distance = 0.01
           RatecodeID = 1.0
  store_and_fwd_flag = N
          PULocationID = 1
```

---

22 *https://duckdb.org/docs/sql/expressions/star*

```
            DOLocationID = 1
            payment_type = 0
             fare_amount = -2564.0
                   extra = -27.0
                 mta_tax = -0.5
              tip_amount = -493.22
            tolls_amount = -91.3
   improvement_surcharge = -1.0
            total_amount = -2567.8
    congestion_surcharge = -2.5
             airport_fee = -2
                VendorID = 6
      tpep_pickup_datetime = 2098-09-11 02:23:31
     tpep_dropoff_datetime = 2098-09-11 02:52:04
         passenger_count = 112.0
           trip_distance = 389678.46
              RatecodeID = 99.0
       store_and_fwd_flag = Y
            PULocationID = 265
            DOLocationID = 265
            payment_type = 5
             fare_amount = 998310.03
                   extra = 113.01
                 mta_tax = 53.16
              tip_amount = 1400.16
            tolls_amount = 956.55
   improvement_surcharge = 1.0
            total_amount = 998325.61
    congestion_surcharge = 2.75
             airport_fee = 2
           trip_distance = 5.43
             fare_amount = 14.74
                 mta_tax = 0.49
              tip_amount = 2.65
            tolls_amount = 0.45
   improvement_surcharge = 0.43
            total_amount = 21.58
    congestion_surcharge = 2.3
             airport_fee = 0.09
           trip_distance = 536.03
             fare_amount = 157.03
                 mta_tax = 0.08
              tip_amount = 3.18
            tolls_amount = 1.9
   improvement_surcharge = 0.29
            total_amount = 157.38
    congestion_surcharge = 0.72
             airport_fee = 0.32
Run Time (s). real 6.813 user 82.841430 sys 7.124035
```

10.4.6 택시 데이터세트 활용하기

이제 뉴욕시의 도시 계획자가 되어 시민들이 도시를 어떻게 이동하는지 이해하고자 한다고 가정해 보겠습니다. 앞서 실행한 이동 거리 쿼리를 통해 이동 유형(journey type)에 상당한 차이가 있음을 알게 되었습니다. 일부는 장거리 운행(road trip)처럼 보이고, 일부는 매우 짧은 셔틀 운행(shuttle run)입니다. 이러한 차이가 연도별로 어떻게 달라지는지 다음 쿼리를 실행하여 자세히 살펴보겠습니다. 이 쿼리는 2020년부터 2024년 사이의 연평균 이동 거리(average distance), 요금(fare amount), 거리당 요금을 계산합니다. 연도는 승차 시간(pickup time)에서 가져옵니다.

코드 10.42 연간 이동(trip) 데이터 집계

```
SELECT year(tpep_pickup_datetime) AS year,
       round(avg(trip_distance)) AS dist,
       round(avg(fare_amount),2) AS fare,
       round(AVG(fare_amount/trip_distance),2) AS rate,
       count(*) AS trips
FROM allRidesView
GROUP BY year
HAVING year BETWEEN 2020 AND 2024
ORDER BY year;
```

> 쿼리에서 사용할 연도를 2024년부터 2024년 사이로 제한하고, 연도가 그룹화 키이므로 이 조건은 HAVING 절에 적용되어야 합니다.

일부 연도의 항목이 2098년, 2028년, 2001년, 2008년과 같이 잘못된 날짜 값이므로 쿼리에서 사용할 연도를 제한했습니다. 쿼리 실행 결과는 다음과 같습니다.

year int64	dist double	fare double	rate double	trips int64
2020	4.0	12.49	7.57	24316408
2021	7.0	13.42	7.09	30496201
2022	6.0	14.69	8.47	39081642
2023	4.0	19.15	9.82	22080786

```
Run Time (s). real 1.831 user 22.398789 sys 3.331710
```

시간이 지남에 따라 평균 운임이 상승하는 경향을 볼 수 있으며, 이는 인플레이션으로 인해 화폐 가치가 하락하기 때문입니다. 또한 2020년에는 운임이 급감하는 현상이 관찰되었으며, 이는 아마도 COVID-19 팬데믹의 영향일 가능성이 큽니다. 데이터세트를 전체적으로 분석한 결과 2010년대 중반에도 비슷한 하락이 관찰되었는데, 이는 우버(Uber)나 리프트(Lyft) 같은 승차 공유 서비스가 등장한 시기와 맞물려 있습니다. 이 기간에 대한 추가 분석은 공유 데이터베이스에서 직접 해볼 수 있습니다.

시간 경과에 따른 평균 승객 수도 살펴보겠습니다. 다음 코드에서는 10마일(1마일은 약 1.6km) 이상 운행 기록 중 승객 수가 10명 미만인 경우에 집중하겠습니다.

코드 10.43 승객 수별 택시 이동 현황

```
SELECT passenger_count, count(*)
FROM allRidesView
WHERE passenger_count <10
GROUP BY passenger_count
ORDER BY count(*) DESC;
```

이 쿼리의 출력은 멱법칙 분포를 보여주며, 택시 이동은 승객이 1명인 경우가 가장 많습니다.

```
┌─────────────────┬─────────────┐
│ passenger_count │ count_star()│
│     double      │    int64    │
├─────────────────┼─────────────┤
│            1.0  │    82500928 │
│            2.0  │    16759682 │
│            3.0  │     4358093 │
│            5.0  │     2436755 │
│            0.0  │     2253536 │
│            4.0  │     1976108 │
│            6.0  │     1572117 │
│            7.0  │         174 │
│            8.0  │         135 │
│            9.0  │          72 │
├─────────────────┴─────────────┤
│ 10 rows           2 columns   │
└───────────────────────────────┘
```

```
Run Time (s): real 27.807 user 11.397122 sys 0.322024
```

지금까지 보여준 예시는 데이터세트로 실행할 수 있는 쿼리 유형 중 극히 일부에 불과하지만, 사용 사례를 더 깊이 파고드는 대신 이러한 대량 데이터에서 쿼리 성능을 분석하는 데 초점을 맞췄습니다. 지금까지 배운 대로 이러한 데이터세트와 소스 데이터 위에 앱, API, 대시보드를 구축하거나 단순히 주피터 노트북에서 분석하고 결과를 출력하여 추가적인 처리를 수행할 수도 있습니다.

요약

- 데이터세트 탐색을 시작할 때는 SUMMARIZE 절을 사용하여 데이터세트의 개요를 파악하는 것이 효과적입니다.
- 문자열을 열거형으로 변환하는 기법은 쿼리 속도의 개선에 유용합니다.
- DuckDB의 최신 분석 아키텍처는 벡터 표현과 쿼리 내부 병렬 처리를 활용합니다.
- 실행 중에 SQL 쿼리는 실행 계획으로 변환되며, 실행 계획은 EXPLAIN으로 조사할 수 있습니다.
- 클라우드 버킷에 위치한 데이터세트는 네트워크 전송 비용과 지연을 피하려면 저장된 위치와 가까운 머신에서 분석해야 합니다.
- DuckDB는 프레디케이트와 프로젝션 푸시다운을 사용하여 Parquet 파일에 대한 쿼리를 최적화할 수 있으며, 이를 위해 데이터베이스를 실제로 채울 필요가 없습니다.
- DuckDB가 파일을 읽을 때 Parquet 메타데이터를 활용할 수 있으며, 이는 대규모 데이터세트를 다룰 때 매우 유용합니다. 이는 네트워크를 통해 쿼리에 필요하지 않은 데이터를 읽는 작업을 피할 수 있기 때문입니다.
- SELECT 절 내의 컬럼 표현식을 사용하면 여러 컬럼에 대해 다양한 집계를 동시에 적용할 수 있습니다.
- DuckDB는 수억 개 또는 수십억 개의 레코드를 포함하는 데이터세트도 무리 없이 쿼리할 수 있습니다.

11장

D u c k D B   I n   A c t i o n

결론

《DuckDB 인 액션》과 함께한 여정에 동행해 주셔서 감사합니다. 이 책을 통해 DuckDB와 이를 활용하여 일상적인 데이터 엔지니어링 업무를 더 생산적이고 즐겁게 만드는 방법에 대해 많이 배웠기를 바랍니다. DuckDB의 강력함과 유용성에 대한 우리의 열정과 기대를 공유하고 이를 통해 데이터 엔지니어링 문제를 해결하고 놀라운 데이터 제품을 구축하는 일을 돕게 되어 기쁘게 생각합니다. 11장에서는 지금까지 배운 내용을 정리하고 다루지 않은 부분을 언급한 뒤 DuckDB와 함께하는 데이터 엔지니어링의 미래에 대해 이야기하겠습니다.

11.1 이 책에서 배운 내용

우리는 DuckDB를 시작하는 방법, 설치 과정, 명령줄과 파이썬 API를 사용하는 방법을 살펴보았습니다. 다음으로 CSV, JSON, Parquet 파일에서 손쉽게 데이터를 불러오고—데이터를 위한 테이블을 생성하지 않고도—SQL을 사용하여 DuckDB에서 분석하는 방법을 설명했습니다. 또한 파이썬 API에서는 SQL과 유창한(fluent, 메서드 체이닝 방식을 사용하는) 쿼리를 모두 사용하여 DuckDB를 활용하는 방법을 알아보았으며 pandas 데이터프레임과 얼마나 긴밀하고 효율적으로 통합되는지도 살펴보았습니다.

　SQL을 활용하여 DuckDB를 최대한 활용하는 방법을 배웠으며, 기본 개념부터 윈도 함수와 공통 테이블 표현식(CTE) 같은 고급 기능까지 다루었습니다. SQL 탐구하는 과정에서 DuckDB가 표준 SQL 문법에 추가하는 다양한 기능도 강조했습니다. 예를 들어 JSON 지원, 중첩 데이터 구조, 고급 조인, 유연한 선택, 그룹화, 집계 기능 등이 포함됩니다.

DuckDB를 데이터 아키텍처에 통합하는 방법을 보여주기 위해 dbt, dltHub, Dagster로 데이터 파이프라인을 구축했습니다. 애플리케이션 측면에서는 Streamlit 과 Apache Superset을 사용하여 DuckDB에서 데이터를 직접 시각화했습니다.

마지막 장에서는 대규모 데이터세트를 처리하는 구체적인 방법과 성능 최적화에 대한 고려 사항을 살펴보았습니다.

11.2 DuckDB의 향후 안정 버전들

이 책의 출간과 함께 곧 첫 번째 안정 버전인 DuckDB 1.0을 사용할 수 있게 될 것입니다. 우리의 작업은 집필 당시 최신 사전 출시 버전인 0.10.0을 기반으로 했는데[1], 이는 모든 기능, API, 그리고 포맷을 안정화하고 버전 1.0과 호환성을 유지하기 위해 설계되었습니다. 이러한 버전은 데이터베이스 포맷 버전 변경을 자동으로 처리하고 이전 버전과 호환되도록(그리고 일부는 이후 버전과도 호환되도록) 설계되었으며, 이는 MotherDuck 서비스에도 적용될 예정입니다.

11.3 다루지 못한 내용

이 책은 폭넓은 내용을 다루고 있지만, DuckDB의 방대한 생태계를 모두 다룰 수는 없었습니다. 이 책의 목표는 입문자용 실용 가이드이므로 DuckDB의 내부 구조, 구현 방식, 내부 작동 원리에 대해서는 다루지 않았습니다. 아키텍처, 쿼리 실행 엔진, 인덱싱 기능, 스토리지 계층, 벡터화된 실행 모델에 대해 배울 것이 아직도 많습니다.

10장에서 일부 내용을 다루기는 했지만, DuckDB의 소스 코드, 블로그 게시물, 동영상, 공식 문서에서 더 깊이 탐구할 내용이 훨씬 더 많습니다. 또한 하네스와 마크는 여러 팟캐스트에서 인터뷰[2]하며 DuckDB의 세부 사항을 깊이 있게 다루었으니 링크를 방문해서 더 많은 인사이트를 얻어 보세요.

이 책에서는 주로 명령줄과 파이썬 API를 사용했으며 자바에 대한 내용은 부록에서 다룹니다. 하지만 DuckDB는 C, R, 러스트, 고, 자바스크립트, 등 다양한 언어

---

1 (옮긴이 주) 원저자는 0.10.0 버전을 기준으로 원고를 집필했으며, 번역자는 1.2.1 버전을 기준으로 번역하고 예제를 테스트했습니다.
2 *https://www.youtube.com/watch?v=pZV9FvdKmLc*와 *https://www.youtube.com/watch?v=f9QlkXW4H9A* 참조

를 위한 API를 제공하므로 자신이 선호하는 환경에서 사용할 수 있습니다. 더 자세한 내용은 클라이언트 API 공식 문서[3]를 참조하세요.

우리가 더 깊이 다루지 않은 영역은 성능 최적화와 그에 대한 고려사항입니다. 다행히도 DuckDB는 기본적으로 매우 뛰어난 성능을 제공하므로 성능에 대해서는 걱정할 필요가 거의 없습니다. 하지만 쿼리와 데이터 최적화를 통해 DuckDB의 성능을 극대화할 수도 있습니다. 이에 대한 자세한 내용은 성능 가이드 문서(*https://mng.bz/7d2g*)와 조던 티가니의 블로그 게시물 '성능이 전부는 아닙니다'[4]를 마음껏 참조하기를 바랍니다.

공식 문서에서는 DuckDB의 확장 프레임워크에 대한 유용한 정보도 제공합니다. 확장 기능은 C++와 러스트에서 작성될 수 있습니다. 확장에 대해 얘기하자면 이미 유용한 확장 기능이 많이 있습니다. PostGIS와 유사한 기능을 제공하는 공간 인덱스[5] 확장도 있으며 이를 활용하면 고급 지리정보 앱을 구축할 수 있습니다.

DuckDB는 고전적인 SQL 카탈로그와 일치하는 정보 스키마를 제공할 뿐만 아니라 현재 구성에 접근하고 이를 변경하는 다양한 테이블 함수도 제공합니다. 자세한 내용은 'DuckDB_% 메타데이터 함수' 공식 문서(*https://mng.bz/maWM*)에서 확인할 수 있습니다. DuckDB Labs와 MotherDuck은 DuckDB를 자사의 제품과 서비스에 통합한 50개 이상의 파트너사를 보유하고 있으며 여러분의 필요에 따라 더 많은 옵션을 탐색할 수 있습니다.

11.4 더 배울 수 있는 곳은?

DuckDB 공식 문서(*https://duckdb.org/docs*)가 시작하기에 좋습니다. 공식 문서는 매우 포괄적이며 DuckDB의 모든 측면을 자세히 다룹니다. MotherDuck 공식 문서(*https://motherduck.com/docs*)도 마찬가지입니다.

MotherDuck과 DuckDB 관계자 또는 개인이 운영하는 YouTube 채널이 있으며 여기에는 DuckDB와 MotherDuck 관련 튜토리얼, 강연, 발표가 있습니다. 활발한 커뮤니티에서 빠른 답변을 얻고 싶다면 DuckDB Discord(*https://discord.duckdb.org/*)와 MotherDuck Community Slack(*https://slack.motherduck.com/*)를 확인해 보세요.

---

3 *https://duckdb.org/docs/api/overview*
4 *https://motherduck.com/blog/perf-is-not-enough/*
5 *https://duckdb.org/docs/extensions/spatial.html*

DuckDB에 기여하고 싶다면 GitHub(*https://github.com/duckdb*)에서 소스 코드를 찾을 수 있습니다. 여기서 버그를 신고하거나 새로운 기능을 요청할 수 있습니다.

11.5 DuckDB와 함께하는 데이터 엔지니어링의 미래는 어떨까요?

우리는 DuckDB가 데이터 엔지니어링의 미래에서 중요한 역할을 할 매우 유망한 기술이라고 생각합니다. DuckDB는 다양한 시나리오에서 사용할 수 있는 매우 다재다능한 도구로 중간 규모 데이터세트가 저장된 로컬 분석부터 대규모 데이터가 저장된 클라우드 환경까지 데이터 처리의 폭이 넓습니다. 건강 모니터링, 홈 오토메이션 및 기타 개인 정보 시스템에서 로컬 데이터가 증가함에 따라 개인 디바이스에서 이러한 데이터를 효율적으로 처리하는 능력이 점점 더 중요해지고 있습니다.

DuckDB는 SQLite와 비슷한 점이 많아 현재 SQLite가 사용되는 다양한 영역에서 DuckDB가 활용될 것이라고 예상합니다. 그 예로는 앱, 게임, 브라우저, 휴대폰, IoT 및 에지 디바이스가 있으며 분석, 데이터 집계, 사전 필터링, 그리고 다른 시스템과 최종 사용자에게 데이터를 제공하는 용도가 있습니다.

흥미로운 비즈니스 사용 사례로는 BigQuery, Redshift, Snowflake 등과 같은 클라우드 데이터 웨어하우스의 롱테일 시장입니다. 이들 시스템의 대다수 사용자는 페타바이트급 데이터를 분석하거나 처리하는 것이 아니라 기가바이트 또는 테라바이트급 데이터를 다루는 경우가 많습니다. DuckDB는 이러한 데이터 규모를 훨씬 적은 비용과 자원 사용으로, 그리고 훨씬 더 낮은 복잡성으로 처리할 수 있습니다.

앞으로 주목할 만한 혁신적인 발전 가능성이 있는 분야로는 생성 AI와의 통합입니다. 여기에는 효율적인 임베딩 벡터 저장 및 인덱싱, 스트리밍 데이터 처리 지원 등이 필요합니다. DuckDB 팀은 사용 편의성에 중점을 두고 있어서 SQL 및 데이터 처리를 더욱 유연하고 접근하기 쉽고 사용자 친화적으로 발전시킬 아이디어를 기대하고 있습니다. 이러한 노력의 일환으로 시스템의 모든 요소를 보다 유연하게 쿼리하고 결합할 수 있는 구성 가능성(composability) 강화도 기대합니다.

이제 여러분이 DuckDB와 함께 데이터 엔지니어링의 미래를 만들 차례입니다!

즐거운 꽥꽥되세요!(Happy Quacking!)

부록 A

DuckDB를 위한 클라이언트 API

☑ **부록 A에서 다루는 내용**

- DuckDB를 위한 대체 클라이언트 API
- 해당 API의 활용 시점과 위치
- 동시성에 관한 간략한 설명
- 클라이언트 API를 통한 대용량 데이터를 수집하는 방법
- 자바 데이터베이스 연결(JDBC) 통합 사례 소개

지금까지는 DuckDB CLI나 파이썬 통합 기능에 중점을 두었습니다. CLI는 DuckDB 데이터베이스를 구축하고 사용하는 가장 쉽고 빠른 방법일 뿐만 아니라 복잡한 설치 과정 없이 DuckDB를 배우기에도 가장 적합한 방법이기도 합니다. 파이썬 통합으로 자연스럽게 이어지는 이유는 DuckDB의 많은 분석 사용 사례가 널리 사용되는 파이썬 세계에 뿌리를 두고 있기 때문입니다.

하지만 한 권의 책에 담을 수 있는 내용에는 한계가 있으므로 부록에서는 다양한 통합 기능을 간략하게 살펴보겠습니다. 다른 언어의 통합 기능에 관심이 있다면, 여러분이 자바의 클래스패스(classpath) 개념이나 자바와 R의 의존성 관리 방식을 이미 알고 있다고 가정하겠습니다.

A.1 공식 지원 언어

DuckDB는 다음 언어를 지원합니다.

- *C* — DuckDB는 SQLite C API를 상당 부분 따르는 사용자 정의 C API를 구현합니다. 이 API는 duckdb.h 헤더에 포함되어 있습니다. 또한 기존 SQLite 프로그램을 DuckDB와 재연결하는 데 사용할 수 있는 완전한 SQLite API 래퍼도 함께 제공합니다. C API는 libduckdb로 배포됩니다.
- *C++* — DuckDB는 C++로 작성되어 있어서 매우 자연스럽게 통합할 수 있습니다. 이것도 libduckdb로 배포됩니다. 벡터화된 사용자 정의 함수(UDF)를 제공해야 한다면 이 API를 사용해야 한다는 점에서 언급할 가치가 있습니다.
- *자바* — 이 부록에서 설명한 대로 DuckDB는 Maven central을 통해 JDBC 드라이버(org.duckdb:duckdb_jdbc)를 제공하며, 이는 주요 운영체제용 DuckDB 바이너리가 번들로 포함되어 있으며 자바 프로그램의 일부로 실행할 수 있습니다.
- *줄리아* — 이 통합은 줄리아 클라이언트와 같은 프로세스에서 실행되며 DBInterface 인터페이스를 완벽하게 지원합니다. DuckDB는 기본 줄리아 데이터프레임을 제공하여 과학 언어에서 분석 작업을 원활하게 수행하는 것을 돕습니다. 이 통합은 DuckDB 패키지로 제공됩니다.
- *파이썬* — 책 전반에서 살펴본 DuckDB는 파이썬 생태계와 잘 통합되어 있어서 파이썬 프로그램과 노트북에서 직접 분석을 실행하고 pandas 데이터프레임과도 원활하게 상호작용을 할 수 있습니다. 이 통합은 duckdb 패키지로 제공됩니다.
- *Node.js* — SQLite API를 따라 모델링한 API를 제공합니다. Apache Arrow 통합을 지원해서 제로 카피 수집이 가능하다는 점이 주목할 만합니다.
- *R* — 공식 duckdb 패키지는 R의 DBI 인터페이스 및 모든 메서드를 구현합니다. 줄리아 통합과 마찬가지로 이 패키지는 효율적인 데이터 전송을 위해 최적화합니다. 모든 DuckDB 테이블은 R 데이터프레임에 직접 매핑될 수 있으며 그 반대도 가능합니다. DuckDB의 R 통합은 dbplyr 및 dplyr와도 잘 연동되며, 이는 파이썬에서 제공하는 관계형 API와 유사한 방식으로 안전한 프로그래밍 쿼리 생성을 지원합니다.
- *러스트* — 러스트 API는 C API를 기반으로 한, 러스트 친화적이고 사용하기 편리

한 래퍼입니다. crates.io에서 설치할 수 있습니다.

- *스위프트* – 스위프트 API를 사용하면 스위프트 플랫폼에서 DuckDB의 모든 기능을 네이티브 스위프트 인터페이스로 사용할 수 있습니다. 이 API는 애플 플랫폼뿐만 아니라 리눅스에서도 사용 가능하며 성장하는 서버용 스위프트 생태계에서 새로운 기회를 열 수 있도록 돕습니다.
- *ODBC* – 개방형 데이터베이스 연결(Open Database Connectivity, ODBC)은 다양한 데이터베이스 관리 시스템(DBMS)에 접근할 수 있는 C 스타일 API입니다. ODBC API는 드라이버 관리자(DM)와 ODBC 드라이버로 구성됩니다. DuckDB는 ODBC 3.0을 지원합니다.

WebAssembly(WASM)와 Arrow Database Connectivity(ADBC) 통합은 특별히 언급할 가치가 있습니다.

- *WASM은 스택 기반 가상 머신을 위한 바이너리 명령어 포맷이며 파이어폭스, 크롬, 사파리, 에지 같은 주요 브라우저 4개에 기본으로 탑재되어 있습니다.* DuckDB는 WASM으로 컴파일할 수 있으며 브라우저에서 네이티브하게 실행됩니다. 이 환경에서 인터랙티브 웹 셸로 사용하거나 자바스크립트를 통해 프로그래밍 방식으로 사용할 수도 있습니다. MotherDuck도 이 방식으로 DuckDB 백엔드를 위한 웹 기반 인터페이스를 제공합니다.
- *Arrow Database Connectivity(ADBC)는 ODBC 및 JDBC와 유사하게 서로 다른 데이터베이스 시스템 간의 코드 이식성을 가능하게 하는 C 스타일 API입니다.* ADBC와 ODBC/JDBC의 주요 차이점은 ADBC가 데이터베이스 시스템과 애플리케이션 간의 데이터 전송에 효율적인 컬럼 형식으로 Apache Arrow를 사용한다는 점입니다. DuckDB는 ADBC 드라이버를 제공하며 이를 통해 DuckDB와 Arrow 간의 제로 카피 통합을 활용하여 데이터를 효율적으로 전송합니다. ADBC 드라이버는 C++과 파이썬에서 사용할 수 있습니다.

A.2 동시성에 관한 간략한 설명

이 책에서는 데이터 처리에 중점을 두었고 앱 개발에 대해서는 9장에서 Streamlit과 함께 간략히 언급했습니다. 대부분의 인터랙티브 앱은 동시 접근을 제공합니다. 자바와 같은 멀티스레드 환경에서 여러 개의 스레드를 활용하거나 단일 스레드의 이벤트 루프를 활용하여 동시성을 제공할 수 있습니다.

DuckDB는 동시성을 위한 두 가지 구성 가능한 옵션을 제공합니다.

- 한 프로세스가 데이터베이스에 대한 읽기와 쓰기를 모두 수행합니다.
- 여러 프로세스가 데이터베이스에서 읽기를 수행하지만, 데이터베이스가 모든 프로세스에 대해 읽기 전용 모드이므로 어떤 프로세스도 쓰기는 할 수 없습니다.

이는 DuckDB를 동시 실행되는 인터랙티브 앱에서 사용할 수 없다는 의미가 아닙니다. 다만 제한 사항을 인식하고 있어야 합니다. 첫 번째 옵션을 사용할 경우 DuckDB는 다중 버전 동시성 제어(Multi-Version Concurrency Control, MVCC)와 낙관적 동시성 제어를 결합하여 다중 작성자(multiple writer) 스레드를 지원하지만, 이는 모두 단일 작성자(single writer) 프로세스 내에서만 수행됩니다.

애플리케이션이 여러 개의 프로세스를 사용하지 않는다면 다음 규칙에 따라 하나의 공유된 인메모리 또는 파일 기반 데이터베이스에 안전하게 접근할 수 있습니다.

- 쓰기 충돌이 발생하지 않는 한, 여러 개의 동시 쓰기가 성공적으로 처리됩니다.
- 같은 테이블에 데이터를 추가하는 작업은 절대 충돌 없이 처리됩니다.
- 여러 스레드가 각각 다른 테이블을 동시에 업데이트하거나 같은 테이블의 서로 다른 하위 집합을 동시에 업데이트할 수 있습니다.
- 두 스레드가 동시에 동일한 로우를 편집(업데이트 또는 삭제)하려고 할 때 낙관적 동시성 제어가 적용됩니다. 이러한 상황에서 업데이트를 시도하는 한 스레드는 충돌 오류로 실패합니다.

제한 없이 작동하지 않는 환경은 전형적인 마이크로서비스 아키텍처입니다. 이 경우 오케스트레이터가 새 프로세스를 시작하거나 기존 프로세스를 중지하면서 앱을 확장하거나 축소하면서 동일한 기반 파일에 접근하게 되는데, DuckDB에서는 이러한 방식을 자유롭게 사용할 수 없습니다. 이러한 시나리오에서는 동일한 DuckDB 파일에 읽기 전용 접근이나 서로 다른 DuckDB 파일에 읽기-쓰기 접근으로 제한하는 방식만 가능합니다.

A.3 사용 사례

우리 모두가 매일 스마트폰에서 사용하는 많은 앱은 관계형 데이터베이스 SQLite 가 내장되어 있으며 다음과 같은 기기에서 찾아볼 수 있습니다.

- 모든 Android 기기
- 모든 iPhone과 iOS 기기
- 모든 Mac
- 다양한 텔레비전과 셋톱 케이블 박스
- 다양한 자동차 멀티미디어 시스템

SQLite는 스스로를 '가장 널리 배포되고 사용되는 데이터베이스 엔진'이라고 주장 하며 현재 약 1조 개의 SQLite 데이터베이스가 활발히 사용되고 있다고 추정합니다.[1] 데이터베이스의 인기도를 정기적으로 평가하는 웹사이트인 DB-Engines에서도 SQLite는 보통 상위 10위권에 있습니다.

 DuckDB는 SQLite와 대부분 호환되는 API를 제공하므로 iOS 앱 개발 시 SQLite 대신 DuckDB를 사용할 수도 있습니다. DuckDB를 애플리케이션에 통합하면 읽기 전용 모드에서도 데이터 수집 기능을 활용할 수 있습니다. CSV 파일 처리에 아무 API나 가져다가 사용하는 대신 DuckDB로 모든 지원하는 포맷을 일관되게 쿼리하고 SQL을 통해 앱에서 직접 결과를 사용할 수 있습니다. 이는 5장에서 설명했습니다. 하드코딩된 쿼리나 동적으로 생성한 쿼리를 실행하는 읽기 전용 DuckDB 데이터베이스에도 동일하게 적용됩니다.

 일반적인 온라인 트랜잭션 처리(Online Transaction Processing, OLTP) 앱에서 DuckDB를 기본 저장소로 사용하는 것이 적절한지에 대한 논쟁이 있습니다. DuckDB는 트랜잭션 시맨틱을 지원하고 초당 수천 건의 쓰기를 처리할 수 있지만, 작은 연산이 많은 일반적인 트랜잭션 워크로드를 처리하도록 설계된 데이터베이스는 아닙니다. 단일 프로세스 배포가 보장된다면 SQLite 또는 자바 기반의 임베디드 인프로세스 데이터베이스인 HT와 유사하게 작동할 것입니다. DuckDB는 온라인 분석 처리(Online Analytical Processing, OLAP)용으로 명확하게 설계되었으며 분석 사용 사례에서 확실히 빛을 발휘합니다.

---

1 *https://www.sqlite.org/mostdeployed.html* 참조

상황에 따라 하이브리드 접근 방식이 더 적합할 수도 있습니다. 다음은 개인적인 예시입니다.

저는 개인 스포츠 활동을 추적하는 웹사이트 페이지를 운영하고 있습니다. 모든 추적 데이터는 몇 가지 스크립트를 통해 관리되고 삽입되며 업데이트 후에는 파이썬 Flask 애플리케이션을 사용하여 웹사이트가 정적으로 다시 생성됩니다. 이는 취미로 시작한 프로젝트이지만, 이 접근 방식은 더 큰 규모의 시스템에도 확장이 가능합니다. 소스 코드는 GitHub 저장소(*https://github.com/michael-simons/biking3*)에서 확인할 수 있습니다.

A.4 대용량 데이터 가져오기

관계형 데이터베이스에 데이터를 삽입할 때는 명명된 매개변수나 인덱스 매개변수에 데이터를 바인딩하는 준비된 SQL 문장(Prepared SQL statement)을 사용하는 것이 바람직합니다. 이 방법을 권장하는 이유는 매개변수를 사용하면 대부분의 SQL 인젝션을 방지할 뿐만 아니라 성능상의 이점도 있기 때문입니다. 준비된 SQL 문장은 같은 형태이므로 데이터베이스가 반복적으로 파싱하고 실행 계획을 세울 필요가 없으며 실행 계획을 캐시할 수 있습니다. 준비된 문장은 JDBC와 C++의 데이터베이스 연결과 같은 모든 표준화된 클라이언트 API에서 지원하지만 DuckDB에서 대량 데이터를 로드하는 데에는 최적의 방법이 아닙니다. DuckDB 내부로 데이터를 수집할 때는 3장, 4장, 5장에서 배운 `read_csv`, `read_json`, `read_parquet` 메서드를 사용하고 필요할 때 테이블에 데이터를 직접 삽입하는 것이 기본적인 접근 방식이어야 합니다.

이 방법이 불가능한 경우 JDBC 드라이버와 C++ 클라이언트는 해당 테이블에 직접 쓰기가 가능한 어펜더(appender)[2]를 제공합니다. JDBC 드라이버는 Apache Arrow를 통한 가져오기와 내보내기를 추가로 제공합니다.

A.5 JDBC 드라이버를 통해 자바에서 DuckDB 사용하기

자바 데이터베이스 연결(Java Database Connectivity, JDBC) API는 자바 플랫폼에서 오래된 사양 중 하나이며, JDBC 용어에서 *드라이버*라고 하는 클라이언트가 거

---

2 (옮긴이 주) 데이터베이스 테이블에 데이터를 빠르고 효율적으로 추가할 수 있게 해주는 특수한 데이터 삽입 도구입니다.

의 모든 데이터베이스에 있습니다. JDBC 자체는 SQL 표준화 작업 및 관계형 데이터베이스와 밀접하게 연관되어 있습니다. 당연히 DuckDB도 JDBC 드라이버를 제공합니다.

이 절은 자바, JDBC 또는 JVM의 의존성 관리에 대해 설명하지 않습니다. DuckDB JDBC 드라이버의 구조와 특징, 할 수 있는 것과 할 수 없는 것을 살펴볼 것입니다. JDBC 드라이버로 대량의 데이터를 수집하는 방법도 다룰 예정입니다.

DuckDB JDBC 드라이버의 Maven 좌표는 **org.duckdb:duckdb_jdbc:1.2.1**입니다. Maven 빌드 시스템을 사용하는 프로젝트에서는 다음과 같이 JDBC 드라이버 의존성을 선언합니다.

코드 A.1 DuckDB JDBC를 위한 Maven 의존성 선언

```
<dependency>
    <groupId>org.duckdb</groupId>
    <artifactId>duckdb_jdbc</artifactId>
    <version>1.2.1/version>
</dependency>
```

 우리는 JDBC 드라이버를 provided가 아닌 compile 범위에 넣을 것을 권장합니다. 이렇게 하면 일반적인 JDBC Connection을 DuckDBConnection으로 명시적으로 변환(unwrap)하여 DuckDB에서 제공하는 전용 메서드에 접근할 수 있습니다.

자바의 또 다른 빌드 시스템인 Gradle에서도 compile 범위를 사용하여 선언합니다.

```
dependencies {
    compile 'org.duckdb:duckdb_jdbc:1.2.1'
}
```

최대한 간단하게 유지하기 위해 이어지는 예제에서는 어떠한 빌드나 의존성 관리 시스템도 사용하지 않습니다. 예제는 모두 단일 클래스 프로그램이며 JDBC 드라이버 외에는 어떤 의존성도 필요하지 않습니다.

duckdb_jdbc-1.2.1.jar 파일은 코드 저장소에서 직접 다운로드할 수 있으며 코드에 있는 링크를 사용하면 됩니다. 코드에서는 웹 리소스에 접근하는 명령줄 도구인 cURL을 활용하여 JAR 파일을 다운로드합니다. 이 작업은 한 번만 수행하면 되며, 원하는 경우 다른 도구(또는 웹 브라우저)를 사용해 다운로드할 수 있습니다.

첫 번째 예제의 파일 이름은 simple.java입니다. 이 예제는 자바 17이 필요하며 명시적으로 컴파일하지 않아도 다음 명령어로 소스 파일을 직접 실행할 수 있습니다.

```
curl -OL https://repo1.maven.org/maven2/org/duckdb/duckdb_jdbc/\
1.2.1/duckdb_jdbc-1.2.1.jar
java -cp duckdb_jdbc-1.2.1.jar simple.java
```

모든 예제 소스 코드는 코드 저장소에서 사용할 수 있습니다.[3] 코드를 수동으로 입력할 필요가 없습니다.

겉보기에 DuckDB JDBC 드라이버와 다른 JDBC 드라이버는 크게 다르지 않습니다. java.sql.Driver, java.sql.Statement, java.sql.PreparedStatement의 구현을 제공합니다. 하지만 호출 가능한 문장, 생성된 키의 검색, JDBC 명세의 일부 세부 사양은 지원하지 않습니다. 사용하려는 API가 지원되는지 확실하지 않을 때는 소스 코드를 직접 확인하거나 테스트해 보는 것이 좋습니다.

이 JAR 파일은 꽤 큽니다. 버전 1.2.1의 경우 약 73MB입니다. 파일이 이렇게 큰 이유는 매우 간단합니다. unzip -l duckdb_jdbc-1.2.1.jar로 JAR 파일을 들여다보면 이 드라이버에는 주요 운영체제용 DuckDB 바이너리가 모두 포함되어 있기 때문입니다.

libduckdb_java로 시작하는 파일이 실제 네이티브 DuckDB 바이너리입니다.

```
Archive:  duckdb_jdbc-1.2.1.jar
  Length      Date    Time    Name
---------  ---------- -----   ----
        0  2025-03-10 10:20   META-INF/
       64  2025-03-10 10:20   META-INF/MANIFEST.MF
       24  2025-03-10 10:20   META-INF/services/java.sql.Driver
     3444  2025-03-10 10:20   org/duckdb/DuckDBAppender.class
     2581  2025-03-10 10:20   org/duckdb/DuckDBArray.class
    20549  2025-03-10 10:20   org/duckdb/DuckDBArrayResultSet.class
     2753  2025-03-10 10:20   org/duckdb/DuckDBColumnType.class
      812  2025-03-10 10:20   org/duckdb/DuckDBColumnTypeMetaData.class
    11456  2025-03-10 10:20   org/duckdb/DuckDBConnection.class
    28004  2025-03-10 10:20   org/duckdb/DuckDBDatabaseMetaData.class
      676  2025-03-10 10:20   org/duckdb/DuckDBDate.class
     2289  2025-03-10 10:20   org/duckdb/DuckDBDriver.class
     5786  2025-03-10 10:20   org/duckdb/DuckDBNative.class
```

---

3 *https://github.com/duckdb-in-action/examples/tree/main/a1*

```
     ...
57876688   2025-03-10 10:31      libduckdb_java.so_linux_amd64
102039368  2025-03-10 10:58      libduckdb_java.so_osx_universal
 29597696  2025-03-10 10:58      libduckdb_java.so_windows_amd64
 54814872  2025-03-10 10:58      libduckdb_java.so_linux_arm64
---------                        -------
242889788                        37 files
```

JDBC 드라이버는 해당 운영체제에 맞는 네이티브 DuckDB 라이브러리를 자바 프로세스에 로드하며, 이는 DuckDB가 임베디드, 인프로세스 데이터베이스라는 사실을 그대로 반영합니다. 따라서 이 부록의 앞에서 설명한 동시성에 대한 내용이 여기에도 적용됩니다. 자바 프로그램 내부에서 DuckDB 드라이버와 데이터베이스 인스턴스는 여러 스레드가 동시에 안전하게 접근할 수 있으며 여러 개의 `java.sql.Connection` 인스턴스를 동시에 사용할 수도 있습니다. 하지만 여러 자바 프로세스가 동시에 같은 DuckDB 데이터베이스 파일을 쓰기 모드로 사용하는 것은 불가능합니다. 그런 경우에는 읽기 전용 모드로만 데이터베이스를 사용할 수 있습니다.

A.5.1 일반적인 사용 패턴의 이해

DuckDB JDBC 드라이버의 일반적인 사용 패턴은 다른 JDBC 드라이버와 다르지 않습니다. DuckDB의 JDBC URL은 `jdbc:duckdb:`이며, 이 URL을 사용하면 자바 프로세스가 종료될 때 디스크에 저장되지 않는 순수 인메모리 데이터베이스가 생성됩니다. 다음 코드는 JDBC 연결을 얻은 후 JDBC 문장을 생성하고, DuckDB의 모든 설정을 반환하는 쿼리를 실행하고, 이를 출력한 후 종료합니다. 여기서는 DuckDB의 기본 제공 데이터베이스 함수만 사용하여 JDBC 드라이버 사용법을 이해하는 데 필요한 핵심 부분에만 집중했습니다.

JDBC URL에 대한 연결을 얻기 위해 `DriverManager`에 요청하는 것은 JDBC 연결을 생성하는 표준 방법입니다. 물론 여기서는 DuckDB URL을 사용합니다.

코드 A.2 simple.java

```java
import java.sql.DriverManager;
import java.sql.SQLException;

class simple {

    public static void main(String... a) throws SQLException {
```

```
                    var query = "SELECT * FROM duckdb_settings() ORDER BY name";
                    try (
                            var con = DriverManager
                                    .getConnection("jdbc:duckdb:");
                            var stmt = con.createStatement();
                            var resultSet = stmt.executeQuery(query)
                    ) {
                        while (resultSet.next()) {
                            System.out.printf("%s %s%n",
                                    resultSet.getString("name"),
                                    resultSet.getString("value"));
                        }
                    }
                }
            }
```

> 쿼리는 여기서 실행됩니다. ResultSet은 리소스이며 마찬가지로 닫혀야 합니다.

> 연결은 'try-with-resources' 블록으로 감싸져 자동으로 닫히도록 처리됩니다.

> 쿼리를 실행하려면 Statement가 필요하며 사용 후 닫히도록 동일한 블록에서 생성합니다.

> 결과 세트를 반복하고 그 내용을 출력합니다.

이 자바 프로그램을 실행하면 처음 몇 줄은 저자의 머신에서 다음과 같이 출력됩니다. `java -cp duckdb_jdbc-1.2.1.jar simple.java` 명령어로 프로그램을 실행하려면 예제 코드 저장소에서 최소 자바 17을 사용해야 합니다.

```
Calendar gregorian
TimeZone Asia/Seoul
access_mode automatic
allocator_background_threads false
allocator_bulk_deallocation_flush_threshold 512.0 MiB
allocator_flush_threshold 128.0 MiB
allow_community_extensions true
allow_extensions_metadata_mismatch false
allow_persistent_secrets true
allow_unredacted_secrets false
allow_unsigned_extensions false
allowed_directories []
allowed_paths []
arrow_large_buffer_size false
arrow_lossless_conversion false
arrow_output_list_view false
autoinstall_extension_repository
autoinstall_known_extensions true
autoload_known_extensions true
binary_as_string
...
```

A.5.2 여러 스레드에서 다중 연결 사용하기

여기서는 다음 질문에 답하겠습니다. 다중 HTTP 요청에 대응하기 위해 여러 스레드를 사용하는 자바 애플리케이션의 한 인스턴스 내에서 DuckDB를 안전하게 사용할 수 있을까요? 간단히 말하면 네, 완전히 가능합니다. 하지만 여기서는 웹 앱용 백엔드를 구축하는 것이 아니라 몇 개의 스레드를 사용하여 이를 시연하고 있습니다. 실제 애플리케이션에서는 스레드마다 새로운 연결을 생성하는 대신 JDBC 연결 풀을 사용합니다. Spring Boot나 Quarkus 같은 프레임워크는 이러한 연결 관리를 자동으로 처리합니다. 이 책에서 다루지 않지만, DuckDB가 연결 풀을 사용하는 프레임워크에서 정상적으로 작동함을 확인했습니다. 이후에 설명할 내용은 웹 앱에서 다수의 동시 요청이 발생할 때 하나의 DuckDB 인스턴스에서 여러 개의 동시 쿼리로 실행되는 과정과 유사합니다.

다음 프로그램은 데이터베이스를 readings.db라는 파일로 저장하며 연결을 검색(retrieve)하기 위해 JDBC URL jdbc:duckdb:readings.db를 사용합니다. 메인 스레드에서 readings 테이블을 생성한 후 새 스레드 20개를 생성하여 임의의 값을 삽입하는 방식으로 동작합니다.

이 예제는 DuckDB 파일을 동시에 열 수 있는 프로세스는 하나뿐이지만 해당 프로세스에서 여러 스레드를 사용하여 읽기 및 쓰기 작업을 문제없이 수행하는 것을 보여줍니다.

코드 A.3 using_multiple_connections.java

```java
import java.sql.Connection;
import java.sql.DriverManager;
import java.sql.SQLException;
import java.sql.Timestamp;
import java.time.LocalDateTime;
import java.util.concurrent.Executors;
import java.util.concurrent.ThreadLocalRandom;
import java.util.concurrent.TimeUnit;
import java.util.concurrent.atomic.AtomicInteger;

import org.duckdb.DuckDBConnection;

class using_multiple_connections {

    private static final AtomicInteger ID_GENERATOR = new AtomicInteger(0);
    private static final String DUCKDB_URL
        = "jdbc:duckdb:readings.db";          readings.db를 생성할
                                              DuckDB URL입니다.

    public static void main(String... a) throws Exception {
```

```
        var createTableStatement = """
            CREATE TABLE IF NOT EXISTS readings (
                id          INTEGER NOT NULL PRIMARY KEY,
                created_on TIMESTAMP NOT NULL,
                power       DECIMAL(10,3) NOT NULL
            )
            """;
```
> 이 문장은 대상 테이블이 존재하는 것을 보장합니다.

```
        var executor = Executors.newWorkStealingPool();
        try (
            var con = DriverManager
                .getConnection(DUCKDB_URL);
```
> 연결이 메인 스레드에서 생성되고 try 블록이 종료될 때 닫힙니다.

```
            var stmt = con.createStatement()
        ) {
```
> java.sql.Statement가 사용 후 정리되도록 try 블록에서 열었습니다.

> 지금까지 id 컬럼에서 가장 큰 값을 검색합니다.

```
            stmt.execute(createTableStatement);
            var result = stmt
                .executeQuery("SELECT max(id) + 1 FROM readings");
            result.next();
            ID_GENERATOR.compareAndSet(0, result.getInt(1));
            result.close();
```

> 주어진 메서드를 병렬로 실행하는 20개의 작업을 생성합니다.

```
            for (int i = 0; i < 20; ++i) {
                executor.submit(() -> insertNewReading(con));
            }
            executor.shutdown();
            executor
                .awaitTermination(5, TimeUnit.MINUTES);
        }
```

> 모든 작업이 완료될 때까지 프로그램이 종료되지 않도록 보장합니다.

```
    }
}
```

이 프로그램은 작업(task)을 20개 생성하여 실행기(executor)에 제출하며, 이 실행기는 사용 가능한 프로세서 수만큼의 스레드를 갖는 스레드 풀을 사용합니다. 어떤 작업을 실행할까요? 이 스레드는 using_multiple_connections::insertNewReading 정적 메서드를 실행하며, 이 메서드는 코드 A.4와 같습니다. 이 메서드는 원본 연결(original connection)을 사용하여 호출됩니다. 메서드 내부에서는 원본 연결을 DuckDBConnection으로 변환하며 JDBC의 타입 안전 접근 방식을 사용하여 클래스를 언래핑합니다. 이제 DuckDBConnection은 복제할 수 있으며, 이는 DriverManager. getConnection("jdbc:duckdb:readings.db")를 다시 호출하는 것과 같지만 훨씬 더 빠릅니다. 그런 다음 이 메서드는 임의의 값을 갖는 단일 로우를 삽입하고 리소스를 올바르게 처리합니다. 검사된(checked) SQL 예외는 잡혀서 런타임 예외로 다시 던져져 외부에서 처리되며, 이는 자바에서 일반적인 패턴입니다.

코드 A.4 using_multiple_connections::insertNewReading

```
static void insertNewReading(Connection connection) {
    var sql = "INSERT INTO readings VALUES (?, ?, ?)";
    var readOn = Timestamp.valueOf(LocalDateTime.now());
    var value = ThreadLocalRandom.current().nextDouble() * 100;

    try (
        var con = connection
            .unwrap(DuckDBConnection.class)
            .duplicate();
        var stmt = con.prepareStatement(sql)
    ) {
        stmt.setInt(1, ID_GENERATOR.getAndIncrement());
        stmt.setTimestamp(2, readOn);
        stmt.setDouble(3, value);
        stmt.execute();
    } catch (SQLException e) {
        throw new RuntimeException(e);
    }
}
```

특수화된 연결로 언래핑됩니다.

복제합니다.

매개변수화될 수 있는 java.sql.PreparedStatement를 가져옵니다.

java -cp duckdb_jdbc-1.2.1.jar using_multiple_connections.java로 이 프로그램을 실행하면 같은 디렉터리에 readings.db를 생성하고 readings 테이블에 최소 20개의 로우가 채워집니다. 이 테이블에 대해 레코드가 생성된 밀리초 타임스탬프를 기준으로 정렬하는 SELECT를 실행하면 ID 값이 순차적으로 증가하지 않은 것을 확인할 수 있습니다. 실제로 삽입 문장이 비동기적으로 실행되었음을 나타냅니다.

```
java -cp duckdb_jdbc-1.2.1.jar \
  using_multiple_connections.java
duckdb readings.db -s ".maxrows 6" -s "FROM readings ORDER BY created_on"
```

id int32	created_on timestamp	power decimal(10,3)
0	2024-02-10 18:15:58.457194	73.185
4	2024-02-10 18:15:58.457272	24.159
2	2024-02-10 18:15:58.457432	46.807
·	·	·
·	·	·
·	·	·
16	2024-02-10 18:15:58.462457	55.934
18	2024-02-10 18:15:58.462785	1.298
19	2024-02-10 18:15:58.46287	55.559
20 rows (6 shown)		3 columns

JDBC를 통해 DuckDB에서 지원하는 모든 SQL 구조(construct)를 사용할 수 있습니다. SQL 문장을 위한 주요 API는 `java.sql.Statement`와 `java.sql.Prepared Statement`입니다. 문장을 매개변수화하려면 후자를 사용하세요. DuckDB의 파이썬 패키지에서 제공하는 관계형 API나 R의 기능과 유사한 쿼리 빌더를 찾고 있다면 jOOQ(*https://www.jooq.org*)를 참고해 보세요. jOOQ는 SQL과 자바 세계를 연결하는 오픈 소스 프로젝트입니다. 저는 여러 프로젝트에서 jOOQ를 사용했으며 매우 성공적이었습니다(재미도 있었죠!).

A.5.3 자바에서 데이터 처리 도구로 DuckDB 사용하기

5장에서 DuckDB의 영구적인 저장소 없이 데이터를 탐색하기 위해 DuckDB를 사용했습니다. 물론 DuckDB CLI나 파이썬 클라이언트뿐만 아니라 자바에서도 가능합니다. Parquet와 같은 일부 데이터 포맷의 경우 DuckDB는 훌륭한 해결책이 됩니다. 자바는 외부 라이브러리를 사용하지 않으면 Parquet 파일을 직접 다룰 수 없기 때문입니다. 자바에서 Parquet를 다루는 라이브러리는 대부분 Apache Hadoop, Apache Spark, Apache Avro에 의존합니다. 이들은 훌륭한 제품이지만 엄청나게 많은 의존성을 동반합니다. 의존성이 많은 프로젝트를 선호하지 않는다면 간단하게 DuckDB를 사용하는 것도 좋습니다.

예제 코드 저장소의 a1/weather 폴더에는 Wikipedia에서 수집한 날씨 데이터[4]가 포함된 Parquet 파일 목록이 있습니다. 자바 프로그램에서 이러한 기상 관측소의 이름과 연간 온도 값을 목록으로 출력하려고 합니다. 파일을 하나씩 로드하고 검사하는 많은 자바 코드를 작성하는 대신 인메모리 DuckDB 인스턴스를 활용하면 이러한 작업을 간단하게 처리할 수 있습니다. 다음 코드는 인메모리 연결을 생성한 후 필요한 데이터를 선택하여 목록을 생성하는 방법을 보여줍니다. 이 메서드는 using_the_appender.java 파일의 일부이며, 전체 프로그램은 나중에 보여드리겠습니다.

이 예제에서 사용한 쿼리는 일반적으로 상당히 많은 양의 코드와 적어도 하나 이상의 추가 라이브러리가 필요할 만한 작업을 모두 수행하고 있습니다. 이 쿼리는 `FROM` 절에서 글롭(weather/*.parquet)를 사용하여 weather 폴더 내 모든 Parquet

---

4 *https://en.wikipedia.org/wiki/List_of_cities_by_average_temperature*

파일을 읽은 다음 City별로 Year 컬럼에서 하나의 값을 추출합니다(원본은 섭씨와 화씨 단위의 온도가 둘 다 포함되어 있습니다). 이전 데이터 소스와 마찬가지로 데이터 품질이 일정하지 않기에 쿼리에서 온도 값을 숫자 값으로 읽을 수 있도록 처리해야 합니다. 다음 예시에서 보듯이 나머지 코드는 JDBC를 사용할 때 필요한 자바의 의례적인 코드(ceremony)로 구성됩니다.

코드 A.5 using_the_appender::weatherStations

```
private record WeatherStation(String id, double avgTemperature) {
}

static List<WeatherStation> weatherStations() throws SQLException {

    var query = """
            SELECT City AS id,
                    cast(replace(
                       trim(
                        regexp_extract(Year,'(.*)\\\n.*', 1)
                       ), '-', '-') AS double)
                    AS avgTemperature
            FROM 'weather/*.parquet'
        """;
    var weatherStations = new ArrayList<WeatherStation>();
    try (                              try 블록 내에 모든 리소스를 유지합니다.
        var con = DriverManager
            .getConnection("jdbc:duckdb:");
        var stmt = con.createStatement();
        var resultSet = stmt.executeQuery(query)
    ) {                          날짜를 반복하면서
        while (resultSet.next()) {   필요한 객체를 생성합니다.
            var id = resultSet.getString("id");
            var avgTemperature = resultSet.getDouble("avgTemperature");
            weatherStations.add(new WeatherStation(id, avgTemperature));
        }
    }

    return weatherStations;
}
```

A.5.4 대용량 데이터 삽입하기

이미 우리는 DuckDB에서 데이터를 '내부적으로' 수집하는 방법을 배웠습니다. 즉, CSV, Parquet, JSON 파일을 테이블처럼 다루고 DuckDB의 기능을 활용하여 데이터를 효율적으로 일괄 삽입(batch insert)하는 법을 배웠습니다. 그러나 다른 프로

세스에서 생성했지만 파일로 저장되지 않은 데이터는 어떻게 처리해야 할까요? 자바 기반 서비스는 다양한 종류의 계산을 수행할 수 있으며, 이 과정에서 다른 서비스를 호출할 수도 있습니다. 이때 대량의 계산 결과를 먼저 파일로 저장한 후 다시 수집하는 것은 비효율적일 수 있습니다.

일반적으로 java.sql.PreparedStatement의 인스턴스와 배치 처리 기능을 사용합니다. 코드 A.4에서 단일 삽입을 수행하기 위해 준비된 문장(prepared statement)을 사용했으며, 배치 삽입도 이와 유사한 방식으로 동작합니다. DuckDB JDBC 드라이버에서는 준비된 문장을 배치 삽입에 사용할 수 있지만, 필요 이상으로 느려집니다.

이번 예제에서는 앞서 생성한 기상 관측소 목록을 사용하겠습니다. 2024년 초 자바 커뮤니티에서 큰 주목을 받은 챌린지가 있었습니다. 군나르 몰링(Gunnar Morling)이 운영하는 10억 로우 챌린지(One Billion Row Challenge, 일명 1BRC)입니다.[5] 이 챌린지의 목표는 CSV 파일을 읽어 기상 관측소별 최소, 평균, 최대 온도 값을 계산한 후 결과를 특정 형식으로 출력하는 자바 프로그램을 작성하는 것이었습니다.

이 챌린지는 10억 개의 로우를 포함한 CSV 파일을 기반으로 했으며, 물론 DuckDB를 사용하여 직접 읽을 수도 있습니다. 그러나 우리는 데이터 처리를 위해 DuckDB의 네이티브 테이블 형식으로 변환하여 데이터를 더 효율적으로 처리하려고 합니다. 따라서 앞 절에서 다룬 기상 관측소 데이터를 기반으로, 특정한 로우 개수를 지정하여 하나의 테이블을 구성하는 DuckDB 데이터베이스를 만드는 과제를 수행하기로 했습니다.

우리는 org.duckdb.DuckDBAppender를 사용하여 데이터를 테이블에 직접 작성할 것입니다. 이 클래스의 인스턴스를 얻으려면 일반 JDBC 연결을 DuckDBConnection으로 다시 언래핑해야 합니다. 이렇게 하면 테이블에 데이터를 직접 작성하는 어펜더를 생성할 수 있습니다. 다음 메서드는 using_the_appender.java 프로그램의 일부입니다. 이 메서드는 연결을 하나 생성하여 데이터를 weather.db에 영구 저장하고, 일반 JDBC 연결을 DuckDBConnection으로 변환(unwrap)하여 DuckDB 전용 메서드에 접근합니다. DuckDBConnection을 사용하여 weather 테이블을 위한 어펜더를 생성하고, 어펜더는 많은 로우를 추가합니다.

---

5 *https://github.com/gunnarmorling/1brc* 참조

코드 A.6 using_the_appender::generateData

```
import java.sql.DriverManager;
import java.sql.SQLException;
import java.util.concurrent.ThreadLocalRandom;
import org.duckdb.DuckDBConnection;

static void generateData(int size) throws SQLException {

    var stations = weatherStations();
    var numStations = stations.size();

    try (var con = DriverManager.getConnection("jdbc:duckdb:weather.db")
            .unwrap(DuckDBConnection.class)
    ) {
```
> 공급업체별 메서드에 접근하려면 일반 연결을 DuckDBConnection으로 변환(unwrap)해야 합니다.

```
        var rand = ThreadLocalRandom.current();
        long start = System.currentTimeMillis();
        try (var appender = con.createAppender(
                DuckDBConnection.DEFAULT_SCHEMA,
                "weather")
```
> 데이터 어펜더는 특정 테이블(여기서는 weather 테이블)을 대상으로 생성해야 합니다.

```
        ) {
            for (int i = 0; i < size; ++i) {
                if (i > 0 && i % 50_000_000 == 0) {
                    appender.flush();
                }
                var station = stations.get(rand.nextInt(numStations));
                appender.beginRow();
```
> 새로운 로우의 시작을 표시해야 합니다.

```
                appender
                    .append(station.id());
```
> 컬럼은 테이블 컬럼이 정의된 순서대로 추가해야 합니다.

```
                appender
                    .append(station.measurement());
                appender.endRow();
```
> 로우의 끝을 표시해야 합니다.

```
            }
        }
    }
}
```

이 프로그램은 java -cp duckdb_jdbc-1.2.1.jar using_the_appender.java 1000000000 로 실행하며, 나의 로컬 머신에서 10억 개의 무작위 로우가 포함된 2.4GB 데이터베이스 파일을 생성하는 데 약 10분이 걸립니다.

다음 코드에서 보듯이 DuckDB는 10억 로우 챌린지의 답을 계산하는 데 약 3초가 걸립니다.

코드 A.7 SQL로 1BRC 해결하기

```
.mode line
WITH src AS (
    SELECT id AS station_name,
           MIN(measurement) AS min,
           CAST(AVG(measurement) AS DECIMAL(8,1)) AS mean,
           MAX(measurement) AS max
    FROM weather
    GROUP BY station_name
)
SELECT '{' || ARRAY_TO_STRING(
        LIST(station_name || '=' || CONCAT_WS('/', min, mean, max)
          ORDER BY station_name), ', ')
     || '}' AS "1BRC"
FROM src;
```

축약된 출력은 다음과 같습니다.

```
1BRC = {Abha=-33.5/18.0/71.7, Abidjan=-22.1/26.0/75.0, .. }
Run Time (s). real 3.051 user 29.247171 sys 0.033100
```

A.6 추가 연결 옵션들

DuckDB JDBC 드라이버는 어떤 URL 매개변수도 지원하지 않으며 대신 연결 옵션
을 사용합니다. read_only.java에서 사용 가능한 옵션을 확인할 수 있습니다. 여기
서는 읽기 전용 연결을 사용하여 여러 프로세스가 동일한 데이터베이스에 접근하
고 JDBC 결과 로우를 스트리밍으로 받을 수 있게 합니다. 이 프로그램은 이전과 유
사한 쿼리를 사용하여 10억 로우 챌린지 해결하고 그 결과를 자바 코드로 정리하여
출력합니다. 다음 코드에서 확인할 수 있습니다.

코드 A.8 read_only.java

```java
import java.sql.DriverManager;
import java.sql.SQLException;
import java.util.Locale;
import java.util.Properties;

import org.duckdb.DuckDBDriver;

class read_only {

    public static void main(String... args) throws SQLException {
```

```
var properties = new Properties();
properties.setProperty(
    DuckDBDriver.DUCKDB_READONLY_PROPERTY, "true");
properties.setProperty(
    DuckDBDriver.JDBC_STREAM_RESULTS, "true");

var query = """
    SELECT id AS station_name,
            MIN(measurement) AS min,
            CAST(AVG(measurement) AS DECIMAL(8,1)) AS mean,
            MAX(measurement) AS max
    FROM weather
    GROUP BY station_name
    ORDER BY station_name
    """;
var url = "jdbc:duckdb:weather.db";

try (
    var con = DriverManager
        .getConnection(url, properties);
    var stmt = con.createStatement();
    var result = stmt.executeQuery(query)
) {
    boolean first = true;
    System.out.print("{");
    while (result.next()) {
        if(!first) {
            System.out.print(", ");
        }
        var station = result.getString("station_name");
        var min = result.getDouble("min");
        var mean = result.getDouble("mean");
        var max = result.getDouble("max");
        System.out.printf(
            Locale.ENGLISH, "%s=%3.2f/%3.2f/%3.2f",
            station, min, mean, max);
        first = false;
    }
}
System.out.println("}");
```

> JDBC를 위한 옵션은 Properties 객체를 통해 전달됩니다.

> DuckDBDriver 클래스에서 제공하는 상수를 사용하고 이름을 문자열로 하드코딩하지 않습니다.

> properties 객체는 드라이버 매니저에 전달되어야 합니다.

순수 DuckDB 솔루션이 약 3초 만에 실행되지만, 자바 프로그램은 약 26초가 소요됩니다. 그러나 다음 과정을 모두 포함하고 있다는 점을 고려하면 놀라울 정도로 빠른 결과입니다.

- 자바 프로그램을 바이트 코드로 컴파일하기
- JDBC 드라이버와 네이티브 DuckDB 코드 로드하기
- 2.4 GB 크기의 데이터베이스 파일 로드하기
- 집계 수행하기
- 결과를 스트리밍하고 포매팅하기

원래 10억 로우 챌린지 설정에서의 기준 시간은 약 5분이었습니다. 2024년에 우승한 프로그램이 약 300밀리초 만에 챌린지를 해결했지만, 이는 정교하게 수작업으로 최적화된 코드 덕분이었습니다.

그럼에도 불구하고 10억 로우 챌린지와 우리의 실험은 자바는 느리지 않으며 자바와 데이터베이스의 상호작용도 느리지 않다는 점을 보여줍니다. 자바에 익숙하거나 중간 규모에서 비교적 큰 데이터 볼륨에 대한 분석이 필요한 기존 코드베이스가 있다면 자바에서 DuckDB를 사용하는 것도 충분히 실용적인 접근 방식입니다.

요약

- DuckDB는 다양한 언어에서 사용할 수 있습니다.
- 대부분의 언어는 DuckDB 또는 DuckDB Labs의 공식 확장 기능으로 지원됩니다.
- 일반적으로 데이터프레임을 지원하는 플랫폼에서는 테이블을 호스트 언어로 직접 매핑하는 메커니즘이 제공됩니다.
- 준비된 문장은 매개변수화된 쿼리를 처리할 때만 사용해야 하며 배치 로딩에서는 적합하지 않습니다.
- 가능하다면 SQL 기반의 가져오기는 내부에서만 사용합니다. 그렇지 않다면 선택한 언어에서 어펜더나 Arrow 가져오기와 내보내기 같은 전용 메커니즘을 찾아서 원하는 언어로 내보내세요.
- 하나의 DuckDB 파일은 하나의 프로세스만 쓰기 모드로 접근할 수 있으며, 여러 프로세스에서는 읽기 전용 모드로만 접근할 수 있습니다.
- 하나의 프로세스 내에서 여러 스레드가 동시에 단일 DuckDB 리소스에 접근할 수 있으며, 각 스레드는 쓰기 모드 또는 읽기 전용 모드로 작동할 수 있습니다.

부록 B

DuckDB UI

DuckDB 프로젝트는 최신 데이터베이스 기술을 누구나 쉽게 활용할 수 있도록 개발되었습니다. 그러나 기존의 CLI 환경에서는 복잡한 SQL 쿼리 작성과 제한적인 데이터 탐색 기능으로 인하여 사용자 경험에 아쉬움이 있었습니다.

DuckDB v1.2.1부터는 DuckDB Labs와 MotherDuck의 긴밀한 협업으로 개발된 로컬 웹 UI가 기본 제공됩니다. 이 UI 덕분에 DuckDB의 사용은 CLI만큼 간편해졌으며, 이제 누구나 손쉽게 DuckDB의 강력한 기능을 활용할 수 있습니다.[1]

DuckDB UI는 로컬에서 동작하는 로컬 SQL 노트북 형태로 쿼리와 결과를 함께 문서화하고 공유할 수 있어 분석 과정이 투명해집니다. 로컬 환경에서 실행되므로 민감한 데이터를 외부 서버에 전송하지 않아 보안성이 뛰어나고 네트워크 지연 없이 대용량 데이터세트도 효율적으로 처리할 수 있습니다. 이처럼 DuckDB UI는 SQL의 강력함과 노트북의 편리함을 한데 모아, 데이터 분석가들이 더 자유롭고 창의적으로 데이터와 대화할 수 있는 공간을 제공합니다.

B.1 DuckDB UI 소개

DuckDB UI를 사용하려면 v1.2.1 이상 버전이 필요하며, 터미널에서 DuckDB CLI 실행 시 -ui 인수를 추가하여 시작할 수 있습니다.

```
duckdb -ui
```

---

1   *https://duckdb.org/2025/03/12/duckdb-ui.html*

DuckDB 클라이언트(예: CLI, 파이썬, 자바 등)에서 다음 SQL 명령어를 통해 실행할 수도 있습니다.

```
CALL start_ui();
```

이 중 하나를 실행하면 기본 브라우저에서 UI가 열립니다.

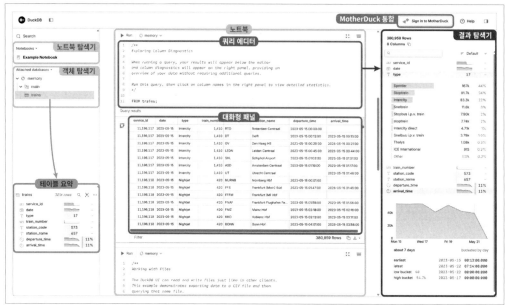

그림 B.1 DuckDB 로컬 UI의 예제 노트북 실행을 통한 레이아웃 소개

접속 후 중앙에 보이는 예제 노트북(Example Notebook) 버튼을 클릭 후 모든 예제 쿼리 셀(Cell)을 실행하면 그림 B.1과 같은 화면을 볼 수 있습니다.

주요 UI 구성 요소를 요약하면 다음과 같습니다.

- **노트북**: 여러 SQL 쿼리를 하나의 문서처럼 관리하고 실행할 수 있는 기능입니다. 데이터 분석을 진행하면서 다양한 쿼리를 체계적으로 정리할 수 있으며, 실행 결과를 저장하고 반복적으로 사용할 수 있어 분석 효율성을 높여줍니다.
- **노트북 탐색기**: 사용자가 생성한 여러 개의 노트북을 관리하는 영역입니다.
- **객체 탐색기**: 연결된 데이터베이스와 테이블 객체를 관리하고 접근하는 영역입니다.
- **테이블 요약**: 선택한 테이블의 컬럼과 데이터 통계를 간략히 확인하는 영역입니다. 컬럼별 데이터 유형과 값의 분포를 한눈에 파악할 수 있어, 데이터를 분석하

기 전 전체적인 구조를 이해하는 데 유용합니다.

- **쿼리 에디터**: SQL 쿼리를 작성하고 실행하는 공간입니다. 코드 자동 완성 및 문법 강조(Syntax Highlighting) 기능을 지원하여 편리하게 쿼리를 작성할 수 있으며, 실행 결과는 바로 대화형 패널에서 확인할 수 있습니다.
- **대화형 패널**: 실행한 쿼리 결과를 테이블 형태로 표시합니다. 결과 데이터를 바로 탐색하고 특정 조건의 필터를 적용하며, 원하는 정보를 손쉽게 추출할 수 있습니다.
- **결과 탐색기**: 컬럼별 상세한 통계와 데이터 분포를 시각적으로 분석할 수 있는 영역입니다. 테이블 요약 영역과 달리 실행된 특정 쿼리 결과를 기반으로 데이터를 탐색할 수 있으며, 이를 통해 결과 데이터의 특성을 좀 더 직관적으로 파악할 수 있습니다.
- **MotherDuck 통합**: DuckDB의 클라우드 서비스인 MotherDuck과 연동하여 확장된 기능을 제공합니다. 로컬 환경을 벗어나 클라우드 기반 데이터 분석이 가능하며, 협업을 지원합니다.

DuckDB UI는 이러한 다양한 기능을 하나의 통합된 환경에서 제공하여 데이터 전문가뿐만 아니라 일반 사용자도 손쉽게 SQL 기반의 데이터 탐색과 분석을 수행할 수 있도록 지원합니다.

모든 쿼리는 로컬에서만 실행되며 사용자의 쿼리와 데이터가 외부로 전송되지 않아 보안성이 뛰어납니다. 따라서 데이터 외부 유출 우려로 인하여 클라우드 기반 웹 UI 사용이 어려웠던 환경에서도 안심하고 활용할 수 있습니다. 기본적으로 DuckDB는 데이터를 외부와 공유하지 않지만, 사용자가 원할 경우 클라우드 서비스인 MotherDuck과 쉽게 연동하여 사용할 수도 있습니다.

자세한 내용은 DuckDB 공식 UI 확장 문서[2]를 참조하세요.

B.2 이 책의 예제를 DuckDB UI로 실행하기

이 책의 예제들은 주로 DuckDB CLI 환경을 기반으로 설명되어 있습니다. 하지만 독자 여러분은 이 예제들을 DuckDB UI에서 직접 실행해 보고 싶을 것입니다. 이번 부록에서는 CLI 환경에서 살펴보았던 예제 중 특히 5.5절 Parquet 파일 분석하

---

2 *https://duckdb.org/docs/stable/extensions/ui*

고 쿼리하기와 10.1절 Stack Overflow 전체 데이터베이스 불러오기와 쿼리하기를
DuckDB UI 환경에서 다시 다룹니다. 두 환경을 서로 비교하면서 DuckDB UI의 다
양한 기능과 장점을 소개해 보겠습니다.

B.2.1 Parquest 파일 분석하기

이 책의 5.5절 Parquet 파일 분석하고 쿼리하기에서는 프로 테니스 협회(ATP) 데이
터를 분석하는 방법을 CLI 환경에서 살펴보았습니다. 이제 DuckDB UI를 활용하면
복잡한 SQL 쿼리를 작성하지 않고 간단한 마우스 클릭 몇 번만으로 데이터를 시각
적으로 탐색하고 원하는 분석 결과를 더욱 빠르게 얻을 수 있습니다.

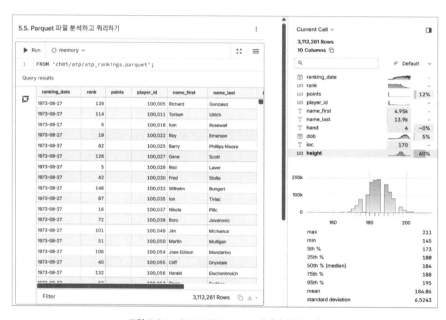

그림 B.2 DuckDB UI로 Parquet 데이터 살펴보기

그림 B.2에서 볼 수 있듯이 노트북에서 FROM 절을 사용하여 parquet 파일을 불러온
후 DuckDB UI의 대화형 패널과 오른쪽 결과 탐색기로 다양한 정보에 쉽게 접근할
수 있습니다. 특히 컬럼을 선택하면 표시되는 정보가 매우 유용합니다. 히스토그램
시각화를 통해 데이터 분포를 한눈에 파악할 수 있으며 최댓값과 최솟값도 빠르게
확인할 수 있습니다. 또한 평균값, 표준편차를 비롯한 5%, 25%, 50%, 75%, 95% 등
의 다양한 백분위수가 제공되어 분석 초기 단계에서 데이터의 특성을 빠르게 이해
하는 데 큰 도움이 됩니다.

데이터를 파악하기 위해 CLI 예제에서 자주 사용했던 .mode line이나 LIMIT 1 같은 명령어는 DuckDB UI에서 더 이상 필요하지 않습니다. UI가 데이터를 자동으로 보기 좋게 정리하여 표시하기 때문입니다.

parquet_metadata 함수를 활용한 예제도 DuckDB UI에서 확인해 보세요.

```
FROM parquet_metadata('atp/atp_rankings.parquet')
```

위 쿼리를 DuckDB UI에서 실행하면 CLI보다 훨씬 직관적이고 정돈된 결과를 얻을 수 있습니다. 데이터 분석가라면 이러한 UI 기반의 탐색 방식이 데이터를 빠르게 이해하고 인사이트를 도출하는 데 매우 효율적이라는 점을 바로 느낄 수 있을 것입니다.

B.2.2 스택 오버플로 데이터 쿼리하기

이 책의 10.1절에서 소개한 스택 오버플로 전체 데이터베이스 불러오기와 쿼리하기를 기억할 것입니다. 각 CSV 파일이 최대 20개의 컬럼을 포함하고 있어서 DuckDB CLI 환경에서는 데이터베이스 구조를 빠르게 파악하거나 데이터를 직관적으로 분석하는 데 어려움을 겪었을 것입니다. 이제 DuckDB UI를 활용하면 이 복잡한 데이터를 더 빠르고 효율적으로 탐색하고 분석할 수 있습니다.

이번 예제에서는 수십 기가바이트에 달하는 스택 오버플로 원본 데이터를 직접 가져오는 대신 DuckDB에서 바로 활용할 수 있도록 가공된 MotherDuck 공유 데이터베이스를 사용하겠습니다.

다음 명령어로 공유 데이터베이스에 간단히 연결할 수 있습니다.

```
ATTACH 'md:_share/stackoverflow/6c318917-6888-425a-bea1-5860c29947e5' AS stackoverflow;
```

위 명령어를 실행하면 브라우저에 MotherDuck 로그인 요청 화면이 나타납니다. 로그인을 완료하면 즉시 공유 데이터베이스가 DuckDB UI에 연결되며, 바로 데이터를 탐색하고 분석할 수 있는 준비가 완료됩니다.

그림 B.3 stackoverflow 데이터베이스가 정상적으로 연결된 모습

예를 들어 코드 10.3에서는 스택 오버플로에서 가장 인기 있는 태그 5개와 개수를 찾아야 하는 시나리오를 다루었습니다. 이 경우 ORDER BY와 LIMIT 5 절을 이용하여 쿼리를 작성하는 것이 일반적이지만, DuckDB UI를 활용하면 훨씬 간편하게 작업할 수 있습니다.

기본 쿼리로 데이터를 불러온 뒤 UI의 대화형 패널에서 Count 컬럼을 내림차순으로 정렬하기만 하면 인기 태그를 바로 확인할 수 있습니다. SQL을 직접 작성하지 않아도 원하는 정보를 빠르게 얻을 수 있는 점이 UI의 큰 장점입니다.

```
▶ Run    ⚙ memory ˅                                    ⬚  ☰

1    FROM stackoverflow.tags;

Query results
```

Id	TagName	▾ Count	ExcerptPostId	WikiPostId
3	javascript	2,479,947	3,624,960	3,607,052
16	python	2,113,196	3,624,965	3,607,014
17	java	1,889,767	3,624,966	3,607,018
9	c#	1,583,879	3,624,962	3,607,007
5	php	1,456,271	3,624,936	3,607,050
1,386	android	1,400,026	3,625,001	3,607,484
2	html	1,167,742	3,673,183	3,673,182
820	jquery	1,033,113	3,625,262	3,607,053

Filter   64,465 Rows ⧉ ⬇ ˅

그림 B.4 대화형 패널을 활용하여 데이터 분석하기

그림 B.4는 DuckDB UI의 대화형 패널을 활용한 데이터 분석 과정을 보여줍니다. 특히 주목할 점은 분석 결과에서 원하는 영역을 마우스로 드래그하여 선택한 뒤 Ctrl + C로 복사하고 엑셀과 같은 외부 프로그램에 Ctrl + V로 붙여넣을 수 있다는 것입니다. 이 기능 덕분에 복잡한 SQL 쿼리나 별도의 데이터 내보내기 절차 없이도 분석 결과를 즉시 활용할 수 있습니다. 데이터 분석가뿐만 아니라 SQL에 익숙하지 않은 사용자들에게도 매우 유용한 기능입니다.

한편 DuckDB CLI에서는 코드 10.7 컬럼의 하위 집합 요약하기를 실행할 때 duckbox 모드의 한계 때문에 모든 컬럼을 온전히 확인하기 어려웠습니다. `.maxrows COUNT`와 `.maxwidth COUNT` 명령어로 출력 범위를 조정하여 더 많은 데이터를 표시할 수는 있지만, 터미널의 제한된 공간에서는 여전히 복잡한 정보를 효과적으로 표현하기 어렵습니다.

반면 DuckDB UI는 수평 및 수직 스크롤 기능으로 이러한 제약을 해결합니다. 그림 B.5에서 보듯이 코드 10.7을 UI에서 실행하면 스크롤로 모든 컬럼 데이터를 자유롭게 탐색할 수 있어 데이터 분석 효율이 크게 향상됩니다. 이처럼 DuckDB UI는 복잡한 쿼리 결과를 더 직관적이고 유연하게 탐색할 수 있는 환경을 제공합니다.

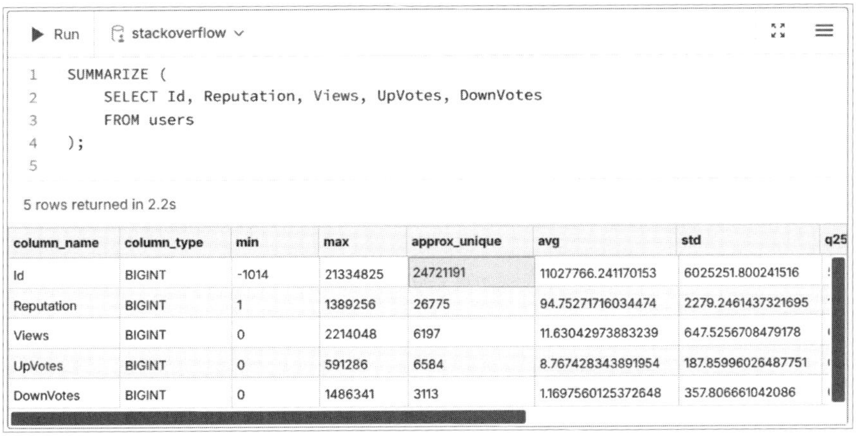

```
▶ Run    🗂 stackoverflow ∨

1    SUMMARIZE (
2        SELECT Id, Reputation, Views, UpVotes, DownVotes
3        FROM users
4    );
5
```

5 rows returned in 2.2s

column_name	column_type	min	max	approx_unique	avg	std	q25
Id	BIGINT	-1014	21334825	24721191	11027766.241170153	6025251.800241516	
Reputation	BIGINT	1	1389256	26775	94.75271716034474	2279.2461437321695	
Views	BIGINT	0	2214048	6197	11.630429738832239	647.5256708479178	
UpVotes	BIGINT	0	591286	6584	8.767428343891954	187.85996026487751	
DownVotes	BIGINT	0	1486341	3113	1.1697560125372648	357.806661042086	

그림 B.5 DuckDB UI에서 SUMMARIZE 사용하기

이번에는 코드 10.9에서 사용한 `WHERE reputation > 1_000_000 ORDER BY rate DESC;` 조건을 SQL 쿼리 대신 DuckDB UI의 대화형 패널의 설정만으로 구현해 보겠습니다.

참고로 코드 10.9 첫 줄에 있는 `.timer on` 명령어는 DuckDB UI에서 사용할 수 없습니다. 이러한 닷(.) 명령어는 DuckDB CLI 전용 기능입니다. 하지만 걱정하지 마세요. UI 환경에 익숙해지면 CLI 전용 명령어 없이도 대부분의 작업을 훨씬 직관적으로 수행할 수 있음을 곧 체감하게 될 것입니다.

```
▶ Run    🗁 stackoverflow ∨                                          🖵  ☰
1  SELECT DisplayName, reputation,
2         round(reputation/day(today()-CreationDate)) as rate,
3         day(today()-CreationDate) as days,
4         CreationDate
5  FROM users;

Query results
```

DisplayName	Reputation	▾ rate	days	CreationDate
Gordon Linoff	1,228,338	255	4,819	2012-01-11 19:53:57.59
Jon Skeet	1,389,256	231	6,021	2008-09-26 12:05:05.15
VonC	1,194,435	198	6,034	2008-09-13 22:22:33.173
BalusC	1,069,162	188	5,696	2009-08-17 16:42:02.403
T.J. Crowder	1,010,006	177	5,697	2009-08-16 11:00:22.497
Martijn Pieters	1,016,741	175	5,802	2009-05-03 14:53:57.543
Darin Dimitrov	1,014,014	169	5,998	2008-10-19 16:07:47.823
Marc Gravell	1,009,857	168	6,018	2008-09-29 05:46:02.697

```
Filter  "Reputation">1000000                    8 (19,942,787 Total) Rows  📋 ⬇ ∨
```

그림 B.6 코드 10.9의 결과를 대화형 패널의 UI 설정으로 만들기

데이터 분포를 시각적으로 확인할 수 있다는 점은 WHERE 절의 조건을 설정할 때 특히 유용합니다. 예를 들어 Reputation 최솟값을 1,000,000으로 설정할지, 다른 값이 더 적절할지는 실제 데이터 분포를 직접 확인해야만 판단할 수 있습니다. DuckDB UI는 이러한 탐색적 데이터 분석을 즉각적이고 직관적으로 수행할 수 있는 환경을 제공합니다.

코드 10.9를 직접 실행해 보면 rate와 days 컬럼 값이 저자의 결과와 다르게 나타나는 것을 확인할 수 있습니다. 이는 쿼리에 사용된 today() 함수가 현재 날짜를 기준으로 계산되기 때문에 실행 시점에 따라 결과가 달라지기 때문입니다.

저자의 결과와 정확히 동일한 값을 얻으려면 당시 기준 날짜로 고정해야 합니다. 이를 위해 today() 대신 day('2023-06-24')로 쿼리를 실행해 보았습니다.

예상과 달리 바인딩 오류가 발생했습니다. 하지만 걱정하지 마세요. 그림 B.7에서 보듯 오류가 발생하면 DuckDB UI가 올바른 쿼리를 자동으로 제안해 주며 ▶ Accept & Run 버튼만 클릭하면 수정된 쿼리를 즉시 실행할 수 있습니다.

```
▶ Run      🔒 stackoverflow ∨                              ↺ Viewing fix    ⤢  ☰
1    SELECT DisplayName, reputation,
2           round(reputation/(day(today()-CreationDate))) as rate,
−           day(day('2023-06-24')-CreationDate) as days,
3 +         day('2023-06-24'::DATE-CreationDate) as days,
                                                          ✕ Cancel   ▶ Accept & Run
4           CreationDate
5    FROM users
6    WHERE reputation > 1_000_000;

⚠  Binder Error: Could not choose a best candidate function for the function call
   "day(STRING_LITERAL)". In order to select one, please add explicit type casts.
       Candidate functions:
       day(INTERVAL) -> BIGINT
       day(TIMESTAMP) -> BIGINT
       day(TIMESTAMP WITH TIME ZONE) -> BIGINT
       day(DATE) -> BIGINT
   (Line Number: 3)
```

그림 B.7 SQL 문장 오류 및 올바른 쿼리 제안

이러한 자동 수정 기능은 SQL을 학습 중인 사용자에게 큰 도움이 됩니다. 사용자는 제안된 쿼리와 비교해 보면서 어떤 문법적 요소가 잘못되었는지 직관적으로 이해할 수 있고, 오류를 통해 자연스럽게 올바른 SQL 문법을 익힐 수 있습니다.

요약

- DuckDB UI는 v1.2.1부터 제공되는 로컬 웹 인터페이스로 SQL에 익숙하지 않더라도 손쉽게 데이터를 쿼리할 수 있도록 설계되었습니다.
- duckdb –ui 명령어로 실행되며 로컬 환경에서 동작하기 때문에 클라우드 기반 UI 환경과 달리 민감한 데이터가 외부에 노출되지 않습니다.
- 노트북 형식의 쿼리 인터페이스, 객체 탐색기, 대화형 패널을 통해 데이터 분석부터 시각화까지 한 환경에서 수행할 수 있습니다.
- CLI와 달리 컬럼을 클릭하는 것만으로 히스토그램, 최댓값/최솟값, 백분위수 등 통계 정보를 직관적으로 파악할 수 있으며 필터링과 정렬도 마우스 조작만으로 가능합니다.
- 쿼리 오류 발생 시 자동으로 수정된 쿼리를 제안해 주어 SQL 학습에 유용하며 분석 결과는 마우스 드래그로 복사하여 엑셀 등 외부 프로그램에 손쉽게 붙여넣을 수 있어 실무 활용에도 효율적입니다.

찾아보기